Kriminologische Studien

Reihe herausgegeben von

Britta Bannenberg, Professur für Kriminologie, Justus-Liebig-Universität Giessen, Gießen, Hessen, Deutschland

Tillmann Bartsch, Niedersachsen e.V., Kriminologisches Forschungsinstitut, Hannover, Niedersachsen, Deutschland

AF884065

Die Schriftenreihe umfasst qualitativ herausragende Dissertationen und ausgewählte Abhandlungen mit kriminologischem Schwerpunkt. Dabei stehen empirische Forschungsarbeiten zur Ursachenerklärung bzw. Prävention von Kriminalität im Mittelpunkt. Die einzelnen Bände zeigen aktuelle und gesellschaftlich relevante Themen der Kriminalitätsentwicklung. Fundierte Wissensvermittlung, hoher methodischer Anspruch und akribische Untersuchungen zur Verbrechenserklärung zeichnen die Reihe aus.

Maximilian Haendschke

Werte und Einstellungen von Polizeibeamtinnen und Polizeibeamten

Eine empirische Untersuchung im Kontext von Rahmenbedingungen und Erfahrungen des täglichen Dienstes

Springer VS

Maximilian Haendschke
Ruhr-Universität Bochum
Bochum, Deutschland

Diese Arbeit wurde als Inauguraldissertation zur Erlangung des akademischen Grades eines Doktors der Rechte am 27.12.2024 eingereicht und mit geringfügigen redaktionellen Anpassungen am 25.09.2025 nach Bestehen der mündlichen Prüfung zum Druck freigegeben.

Kriminologische Studien
ISBN 978-3-658-50479-3 ISBN 978-3-658-50480-9 (eBook)
https://doi.org/10.1007/978-3-658-50480-9

Die Deutsche Nationalbibliothek verzeichnet diese Publikation in der Deutschen Nationalbibliografie; detaillierte bibliografische Daten sind im Internet über https://portal.dnb.de abrufbar.

© Der/die Herausgeber bzw. der/die Autor(en), exklusiv lizenziert an Springer Fachmedien Wiesbaden GmbH, ein Teil von Springer Nature 2026

Das Werk einschließlich aller seiner Teile ist urheberrechtlich geschützt. Jede Verwertung, die nicht ausdrücklich vom Urheberrechtsgesetz zugelassen ist, bedarf der vorherigen Zustimmung des Verlags. Das gilt insbesondere für Vervielfältigungen, Bearbeitungen, Übersetzungen, Mikroverfilmungen und die Einspeicherung und Verarbeitung in elektronischen Systemen.
Die Wiedergabe von allgemein beschreibenden Bezeichnungen, Marken, Unternehmensnamen etc. in diesem Werk bedeutet nicht, dass diese frei durch jede Person benutzt werden dürfen. Die Berechtigung zur Benutzung unterliegt, auch ohne gesonderten Hinweis hierzu, den Regeln des Markenrechts. Die Rechte des/der jeweiligen Zeicheninhaber*in sind zu beachten.
Der Verlag, die Autor*innen und die Herausgeber*innen gehen davon aus, dass die Angaben und Informationen in diesem Werk zum Zeitpunkt der Veröffentlichung vollständig und korrekt sind. Weder der Verlag noch die Autor*innen oder die Herausgeber*innen übernehmen, ausdrücklich oder implizit, Gewähr für den Inhalt des Werkes, etwaige Fehler oder Äußerungen. Der Verlag bleibt im Hinblick auf geografische Zuordnungen und Gebietsbezeichnungen in veröffentlichten Karten und Institutionsadressen neutral.

Planung/Lektorat: Carina Reibold
Springer VS ist ein Imprint der eingetragenen Gesellschaft Springer Fachmedien Wiesbaden GmbH und ist ein Teil von Springer Nature.
Die Anschrift der Gesellschaft ist: Abraham-Lincoln-Str. 46, 65189 Wiesbaden, Germany

Wenn Sie dieses Produkt entsorgen, geben Sie das Papier bitte zum Recycling.

Vorwort und Danksagung

Die folgende Dissertation hat mich über knapp fünf Jahre begleitet und zahlreiche fachliche und persönliche Herausforderungen bereitgehalten. Meine Doppelfunktion als Polizeibeamter einerseits und „über die Polizei Forschender“ andererseits hatte sicherlich Vorteile, weil mir Organisationsstruktur, Ansprechpartner*innen und Abläufe bekannt waren. Gleichzeitig habe ich aber auch Skepsis und Vorbehalte in der Organisation gegenüber meiner wissenschaftlich distanzierten Betrachtung „des eigenen Vereins“ wahrgenommen. Dies resultierte möglicherweise auch aus der zeitlichen Nähe meiner Erhebung zum sogenannten Chatgruppenverfahren in NRW und den daraufhin eingeleiteten politischen Maßnahmen in der Polizei NRW. Auch die Covid-19 Pandemie hat den Erhebungszeitraum geprägt und zahlreiche Einschnitte für die Möglichkeit der Projektbewerbung bewirkt. Dass diese Arbeit dennoch so wie geplant zu Stande kommen konnte, verdanke ich zahlreichen Unterstützter*innen in- und außerhalb der Polizei NRW.

Zuallererst möchte ich mich bei meinem Doktorvater, Herrn Prof. Dr. Tobias Singelnstein, für seine Betreuung und ganz besonders für seine Ermutigung, mein Thema trotz eines kräftezehrenden Feldzugangs weiter zu verfolgen, bedanken. Auch bedanke ich mich bei Frau Prof. Dr. Ingke Goeckenjan und Frau Prof. Dr. Gina Wollinger, als Gutachterinnen meiner Dissertation, für die Begleitung während des Bearbeitungsprozesses.

Vorbehaltlose Unterstützung habe ich durch Herrn Polizeipräsident Frank Hoever erfahren, der sich meinem Forschungsvorhaben sehr offen gegenüber gezeigt und sich für die Umsetzung meines Projektes in seiner Behörde eingesetzt hat. Auch dafür möchte ich besonders danken.

Auf dem Weg meines Projektes habe ich zahlreiche interessante und bereichernde Menschen unterschiedlichster Professionen kennengelernt, die mir wertvolle Rückmeldungen gegeben und so letztlich indirekt Anteil an meinem Projekt haben. Sie alle zu nennen, würde zu weit führen; besonders danken möchte ich Frau Prof. Dr. Eva Groß, stellvertretend für alle Mitarbeitenden des Projekts „Demokratiebezogene Einstellungen und Werthaltungen innerhalb der Polizei Hamburg“ der Akademie der Polizei Hamburg, die einen engen Austausch unserer themenverwandten Forschungsprojekte und eine Abstimmung unserer Fragebögen ermöglicht hat. Dank gilt auch den Kolleginnen und Kollegen des Polizeipräsidiums Bonn, die durch ihre Teilnahme schließlich mein Forschungsprojekt erst realisierbar gemacht haben.

Zum Schluss möchte ich meiner Frau Deborah von Herzen danken, dass sie mich über den gesamten Zeitraum fortwährend unterstützt, ermutigt und mir den Rücken freigehalten hat, damit ich mein Projekt verfolgen konnte.

Interessenkonflikt Der/die Autor*in hat keine für den Inhalt dieses Manuskripts relevanten Interessenkonflikte.

Inhaltsverzeichnis

Abkürzungsverzeichnis

AZVO Pol	Arbeitszeitverordnung Polizei
BD	Bezirksdienst
BeamtStG	Beamtenstatusgesetz
BOE	Basisorganisationseinheit
BP	Bereitschaftspolizei
CC	Cop Culture
DirGE	Direktion Gefahrenabwehr / Einsatz
DirK	Direktion Kriminalitätsbekämpfung
DirV	Direktion Verkehr
DirZA	Direktion Zentrale Aufgaben
EMS/EMS-A	Einsatzmehrzweckstock/-ausziehbar
ETK	Einsatztrupp der DirK
FDGO	Freiheitlich demokratische Grundordnung
GG	Grundgesetz
GMF	Gruppenbezogene Menschenfeindlichkeit
KA	Kommissaranwärterinnen und -anwärter
KK	Kriminalkommissariat
KPB	Kreispolizeibehörde
KW	Kriminalwache
LBG NRW	Landesbeamtengesetz NRW
NRM	Neue Rechte Mentalitäten

PolG NRW	Polizeigesetz des Landes Nordrhein-Westfalen
PVB	Polizeivollzugsbeamt*innen
RP	Racial Profiling
VD	Verkehrsdienst
WWD	Wach- und Wechseldienst

Abbildungsverzeichnis

Tabellenverzeichnis

1 Einleitung

Polizeiarbeit ist ein Indikator für den Zustand des demokratischen Rechtsstaates, denn schließlich zeichnet seine freiheitlich demokratische Grundordnung (FDGO)[1] aus, dass sich alle Menschen auf den Schutz ihrer Grundrechte verlassen können. Dies gilt insbesondere für Angehörige von Minderheiten und gesellschaftlichen Gruppen, denen die Teilhabe am gesamtgesellschaftlichen Prozess der Meinungsbildung durch materielle oder soziale Umstände verwehrt oder zumindest erschwert wird. Ein demokratischer Rechtsstaat garantiert auch die Rechte der Menschen, die sich selbst nicht artikulieren oder durchsetzen können. Garant für den Schutz dieser Gruppen und damit gleichzeitig für das Fortbestehen des demokratischen Gemeinwesens sind die Instanzen von Legislative, Judikative und Exekutive.

Im Rahmen des Zuzugs Geflüchteter in den Jahren 2015/16, der Corona-Pandemie, der jüngsten wirtschaftlichen Rezession und der internationalen Konflikte in der Ukraine und im Nahen Osten sind populistische und extremistische Strömungen spürbar erstarkt.

Mit Pegida, der Reichsbürger-Bewegung, Corona-Leugnenden, Antisemiten und auch politischen Parteien wie der AfD sind Akteure zu beobachten, die das demokratische Wertefundament negieren. Auch die Legitimität des demokratischen Rechtsstaates wird aus verschiedenen Motiven heraus angezweifelt oder gar abgelehnt. Nicht selten werden zeitgleich menschenfeindliche Narrative geschürt

[1] Vgl. Fahrner 2022, S. 223.

© Der/die Autor(en), exklusiv lizenziert an Springer Fachmedien Wiesbaden GmbH, ein Teil von Springer Nature 2026

M. Haendschke, *Werte und Einstellungen von Polizeibeamtinnen und Polizeibeamten*, Kriminologische Studien,
https://doi.org/10.1007/978-3-658-50480-9_1

und gesellschaftliche Randgruppen und Minderheiten mit Schuldzuweisungen, Missgunst und Hass konfrontiert.

Demokratie- und Menschenfeindlichkeit lassen sich so nicht mehr nur auf eine überschaubare Anzahl „klassischer" Rechtsextremisten beschränken. Vielmehr haben die o. g. Strömungen an Zulauf gewonnen, weil sie gesellschaftliche Ängste und Probleme populistisch ausschlachten und unter dem Mantel gutbürgerlicher Interessen als „Stimme des Volkes" deutlich breiteres Personenpotenzial ansprechen und auch mobilisieren.[2] Auch Angehörige der gesellschaftlichen Mittelschicht zeigen in Umfragen, dass lange nur an den politischen Rändern vermutete Einstellungen auch im bürgerlichen Spektrum nachweisbar sind[3]. Dabei ist zu vermuten, dass die grundlegenden Einstellungen bereits vorher vorhanden waren und lediglich sichtbarer im öffentlichen Diskurs geworden sind.[4]

Gleichzeitig existieren auch Schnittmengen mit offen rechtsextremen Gruppierungen und Strömungen, die einen Sturz der aktuellen Ordnung forcieren und Gewalt dabei für legitimes Mittel halten. Ein evidentes Beispiel hierfür stellt z. B. der „Flügel" um den AfD-Politiker Björn Höcke dar, der durch den Verfassungsschutz aufgrund seiner Verbindungen in rechtsextreme Netzwerke beobachtet wird,[5] wobei die jüngsten Beobachtungen rund um die AfD und deren Mitglieder eine grundsätzliche Verfassungsfeindlichkeit vermuten lassen.

Polizei, Verfassungsschutz und andere Sicherheitsbehörden sehen sich also einer Situation gegenüber, in denen sich soziale, gesellschaftliche und politische Spannungen manifestieren und im Extremfall bereits in gewalttätige Aktionen wie dem Sturm auf den Bundestag, Angriffen auf religiöse oder ethnische Gruppen, auf Personen des politischen Lebens sowie gegen Einsatzkräfte umschlagen.

Diesen Entwicklungen zu begegnen, erfordert professionelles wie verhältnismäßiges Handeln der Exekutive einerseits sowie die unbedingte Verfassungstreue ihrer Akteure als Inhaber des staatlichen Gewaltmonopols andererseits. Denn die Polizei kann den demokratischen Rechtsstaat nur so lange schützen, wie ihre Amtswalter*innen selbst den Prinzipien der FDGO folgen.

Die Bedeutung dieser eigentlich naheliegenden Erkenntnis wird durch das Erstarken demokratiefeindlicher Akteure unterstrichen, da sie die (erforderliche)

---

[2] Vgl. Jakob und Litschko 2019, S. 58.

[3] Vgl. Zick und Mokros 2023b, S. 56.

[4] Vgl. Küpper, Berghan und Rees 2019, S. 190.

[5] Vgl. Sternberg 2020.

Durchsetzungskraft des Rechtsstaates als illegitim betrachten oder anzweifeln. Anzeichen für demokratie- oder menschenfeindliche Tendenzen innerhalb der Polizeien der Länder und des Bundes sind also nicht nur deshalb alarmierend zu bewerten, weil sie dem verfassungsmäßigen Auftrag diametral entgegenstehen. Entscheidender ist, dass sie geeignet sind, das Vertrauen der Bürger*innen in die staatliche Sicherheitsarchitektur nachhaltig zu erschüttern und so gleichermaßen populistischen Systemkritiker*innen und Verschwörungstheoretiker*innen „in die Karten spielen" und möglicherweise neuen Zulauf bescheren.

Der Polizei kommt daher eine Sonderrolle im Diskurs um die Erosion des demokratischen Wertefundaments und dem Aufwachsen extremistischer und populistischer Strömungen zu. Umso sensibler muss Hinweisen nachgegangen werden, die darauf schließen lassen, dass diese Entwicklung nicht vor Angehörigen von Polizei und anderen Sicherheitsorganen haltmacht. Das Engagement einiger Polizeibeamt*innen in der AfD[6] oder Kontakte in die Reichsbürgerszene[7] sind an sich schon Grund für eine kritische Betrachtung des polizeilichen Wertehorizontes. Darüber hinaus haben in den letzten Jahren mehrere Ereignisse im ganzen Bundesgebiet Zweifel an der Verfassungstreue einiger Angehöriger verschiedener Polizeibehörden geweckt. Beispielhaft seien für Nordrhein-Westfalen (NRW) das sogenannte Chatgruppenverfahren im Bereich des Polizeipräsidiums Essen[8] sowie die jüngsten Hinweise auf rechtsextremistisches Gedankengut bei einer Spezialeinheit im Polizeipräsidium Münster[9] erwähnt.[10] Politische und polizeiliche Verantwortliche ordnen meist die entsprechenden Ereignisse umgehend als Einzelfälle ein.

Diese und weitere Vorfälle werfen die Frage auf, ob es sich bei den mehrfach zu Tage getretenen Ereignissen tatsächlich nur um Einzelfälle handelt oder ob die Verbreitung von menschen- und demokratiefeindlichen Einstellungen auch in der Polizei zu befürchten ist. Zumindest gilt es zu hinterfragen, wie es um institutionsimmanente Determinanten bestellt ist, welche die Entstehung und Persistenz demokratie- und menschenfeindlicher Einstellungen begünstigen oder zumindest nicht verhindern.

---

[6] Vgl. Hock und Naumann 2019, S. 50.

[7] Vgl. Osel 2019, S. 160.

[8] Vgl. SZ Online 2020; FR-Online. 2021.

[9] Vgl. Neue Westfälische 2022.

[10] Die dieser Arbeit zugrunde liegende Erhebung beschränkt sich auf eine Kreispolizeibehörde in NRW. Daher wurden als konkrete Bezugsereignisse lediglich Sachverhalte aus NRW angeführt.

Institutionsimmanent sind Merkmale, die den polizeilichen Alltag besonders prägen und so möglicherweise das Selbstverständnis und den Wertehorizont von Polizeibeamt*innen beeinflussen. Darunter fallen etwa regelmäßige Kontakte zu bestimmten gesellschaftlichen und sozialen (Rand-)Gruppen wie Drogenkonsument*innen, Obdachlosen oder Asylbewerber*innen. Von Interesse ist dabei besonders, welche Erfahrungen im Kontakt mit spezifischen Bevölkerungsgruppen gemacht werden und inwieweit Vorurteile durch diese Kontakterfahrungen abgebaut werden können.

Auch die Gegenwärtigkeit von Konflikt-/Gewaltexposition bzw. eigene Gewalt-/Zwangsanwendungen sind eine möglicherweise prägende Facette des polizeilichen Alltags.

Im Kontext polizeikultureller Aspekte, etwa der Konstruktion eigener Bewertungs- und Normierungsmaßstäbe für richtiges und anzuerkennendes Verhalten innerhalb des kollegialen Gruppengefüges und Abschottungstendenzen nach außen, sind auch Gewöhnungs- bzw. Abstumpfungseffekte in diesem Zuge zu vermuten. Münden diese in Kontroll- und Zuschreibungsprozesse, die ohne Anlass, allein aufgrund äußerer bzw. phänotypischer Merkmale von Personen ausgelöst werden, spricht man von „Racial Profiling“.[11,12]

Die Unterscheidung zwischen institutioneller und individueller Determinierung dieser Prozesse spielt bei der Frage nach Ursachen und möglichen Gegenmechanismen eine besondere Rolle, obwohl eine trennscharfe Segmentierung der polizeilichen Realität als Produkt komplexer Kontaktsituationen, institutioneller Routinen, polizeikultureller Maßstäbe und individueller behavioristischer Einstellungen vermutlich nicht ohne weiteres möglich sein wird.

Von besonderem Interesse ist insgesamt, inwieweit die Polizei selbst als soziokultureller Rahmen und berufliche Peer-Group einstellungsfördernder Faktor sein könnte. Es gilt, die Entstehung und den Fortbestand von Einstellungen, die mit der FDGO nicht vereinbar sind, frühzeitig zu erkennen und zu verhindern.

[11] Vgl. Niemz und Singelnstein 2022, S. 338.

[12] Beide Begriffe werden synonym genutzt bzw. sind nicht trennscharf abgrenzbar. Da „Racial Profiling“ als Begriff international breitere Verwendung findet und zudem durch die Europäische Kommission gegen Rassismus und Intoleranz (ECRI) klar definiert ist, wird für die weitere Arbeit ausschließlich dieser Terminus genutzt. Vgl. dazu auch Cremer (2013).

Das Wertefundament der Polizei wird rund um das Syndrom der Gruppenbezogenen Menschenfeindlichkeit (GMF)[13] und dem Konstrukt der Neuen Rechten Mentalitäten (NRM)[14] daher besonders unter folgenden Leitfragen betrachtet:

1. *Unterliegen Polizeibeamt*innen institutionsimmanenten Faktoren, welche die Entstehung bzw. die Persistenz demokratie- und/oder menschenfeindlicher Werthaltungen oder Einstellungen beeinflussen?*
2. *Sofern entsprechende Einstellungen vorliegen, wirken sich diese auf polizeiliches Handeln bzw. Handlungslogiken aus?*

Zur Beantwortung dieser Leitfragen wurde eine quantitative Erhebung in einer Polizeibehörde in NRW durchgeführt (Projekt Werte- und Einstellungskompass der Polizei NRW „WeKoPol"). Deren Befunde werden vor dem Hintergrund bereits gesicherter Erkenntnisse analysiert und diskutiert. Dazu folgt die Arbeit einer grundsätzlich vermuteten Wirkrichtung und betrachtet, nach der theoretischen Fundierung (Kapitel 2 und Kapitel 3) und der Darstellung des zentralen Hypothesenmodells dieser Arbeit (Kapitel 4) folgen methodische Hinweise (Kapitel 5) sowie die Beschreibung der vorliegenden Stichprobe (Kapitel 6), zunächst die Umstände und Gegebenheiten im täglichen Polizeivollzugsdienst (Kapitel 7). Dazu gehören z. B. die organisatorischen Rahmenbedingungen, Anforderungen und Konflikt- bzw. Gewalterfahrungen. Im Anschluss daran werden die komplexen Facetten polizeilicher Intergruppenkontakte und deren Wechselwirkungen dargestellt (Kapitel 8).

Die Analyse der Einstellungen beginnt mit Sichtweisen in Bezug zum eigenen Dienstalltag (Kapitel 9), z. B. in Form von Arbeitszufriedenheit, dem eigenen Commitment gegenüber der Polizei, der Berufsmotivation und typischen Elementen der gelebten „Cop Culture".

Dem Kernbereich der o. g. Fragestellung folgend baut darauf die Analyse der übergeordneten Werte und Einstellungen sowie etwaiger arbeitsweltlicher Einflüsse auf. Dazu zählen die politischen Grundhaltungen (Kapitel 10), die Ausprägungen von gruppenbezogener Menschenfeindlichkeit (Kapitel 11) und neue rechten Mentalitäten (Kapitel 12).

Inwieweit die betrachteten Einstellungen tatsächlich handlungsleitend sein können und z. B. Racial Profiling oder eine Abschottung nach außen begünstigen können, wird im vorletzten Abschnitt hinterfragt (Kapitel 13). Die Arbeit

[13] Vgl. Heitmeyer 2002, S. 36; Zick, Berghan und Mokros 2019, S. 55.

[14] Vgl. Häusler und Küpper 2019, S. 169.

schließt mit einem Resümee und zeigt offen gebliebene oder nur begrenzt zu beantwortende Anschlussfragen auf (Kapitel 14).

Aufgrund der Vielzahl an betrachteten Faktoren und dem Umstand, dass im Arbeitsfeld Polizei einige Forschungslücken bestehen (Abschnitt 3.5), ist durchaus denkbar, dass einige Aspekte des polizeilichen Arbeitsalltags betrachtet werden, die nachher nur geringen oder gar keinen statistisch signifikanten Einfluss auf die in Bezug gesetzten Einstellungen ausüben.

Insofern ist wissenschaftstheoretisch vorwegzunehmen, dass die folgende Betrachtung zwar größtenteils explanativen Charakter hat und theoriebasiert die Prüfung von Zusammenhanghypothesen vornimmt, in einigen Teilbereichen aber letztlich explorativ vorgegangen werden musste.

2 Theoretische Grundlage

Die Beantwortung der Leitfrage muss in den Kontext mehrerer sozio- bzw. polizeikultureller Facetten eingebettet werden. Die Komplexität möglicher interdisziplinärer Zusammenhänge bzw. Wechselwirkungen auf Mikro-, Makro- und Mesoebene erfordert dabei eine Reduktion der zu betrachtenden Phänomene.

Dazu gehören zunächst grundlegende Überlegungen zur erforderlichen begrifflichen Differenzierung zwischen Werten und Einstellungen. Anschließend werden die Konstruktionen GMF und NRM als Elemente menschen- und demokratiefeindlicher Einstellungsforschung skizziert. Diese wurden bereits in mehrere Längsschnittstudien beleuchtet und konnten in Verbindung mit demographischen Determinanten gebracht werden. Die Mitte- und Autoritarismus-Studien[1] ermöglichen darüber hinaus theoretisch einen Vergleich zwischen (Zivil-)Gesellschaft und PVB. Zu etwaigen Einschränkungen der Vergleichbarkeit wird an späterer Stelle noch ausgeführt.

Dabei wird besonders auf berufsspezifische Besonderheiten einzugehen sein, die den polizeilichen Arbeitsalltag prägen und von anderen Berufsfeldern unterscheiden.

Als theoretische Ausgangslage wird vor diesem Hintergrund auch der Begriff beruflicher Sozialisation betrachtet. Die polizeiliche Arbeitswelt als Rahmung dieses Sozialisationsprozesses wird möglichst breit gefächert skizziert. Dazu gehören institutionelle und organisatorische Vorgaben und Prozesse gleichermaßen, wie polizeikulturelle Normen und Bewertungsmaßstäbe, das individuelle Rollenverständnis sowie interne und externe Einflussfaktoren auf die Arbeitsbedingungen und die Arbeitszufriedenheit.

[1] Vgl. Decker, Kiess, Heller und Brähler 2022; Zick und Küpper 2021.

© Der/die Autor(en), exklusiv lizenziert an Springer Fachmedien Wiesbaden GmbH, ein Teil von Springer Nature 2026

M. Haendschke, *Werte und Einstellungen von Polizeibeamtinnen und Polizeibeamten*, Kriminologische Studien,
https://doi.org/10.1007/978-3-658-50480-9_2

Inwieweit der bereits in der Wissenschaft beschriebene Zusammenhang zwischen Kontakt zu spezifischen gesellschaftlichen (Rand-)Gruppen und dem Abbau von Vorurteilen diesen gegenüber auf polizeiliche Akteure übertragen werden kann, ist der dritte Teil des theoretischen Fundaments der weiteren Analyse. Die Kontakthypothese nach Allport[2] als Ausgangspunkt ist allgemeingültig konstruiert und möglicherweise auch auf polizeiliche Akteure unter den besonderen Faktoren polizeilicher Intergruppenkontakte und auch im Hinblick auf das Phänomen Racial Profiling anwendbar.

Im Folgenden werden diese drei wesentlichen Ansatzpunkte zur Entwicklung menschen- und demokratiefeindlicher Einstellungen, polizeispezifischer Arbeitswelt, polizeikultureller Sozialisation sowie dem Potential von Intergruppenkontakten im polizeilichen Kontext näher ausgeführt.

2.1 Die Einstellungsforschung anhand der Konstruktionen GMF und NRM

Die politischen Werte- und Einstellungen von Angehörigen deutscher Sicherheitsbehörden im Allgemeinen und Polizeibeamt*innen im Speziellen sind in der jüngeren Vergangenheit regelmäßig Gegenstand des öffentlichen, politischen und wissenschaftlichen Diskurses gewesen[3].

Um die beiden zentralen Konstrukte GMF und NRM im Kontext der Einstellungsforschung einordnen zu können, ist zunächst eine Differenzierung zwischen den Begriffen „Werten" und „Einstellungen" erforderlich. Wenngleich die Verwendung im allgemeinen Sprachgebrauch regelmäßig keine trennscharfe Unterscheidung vornimmt, ist dies ist für das weitere Verständnis erforderlich, da Werten *„(…) eine Ordnungsfunktion für die Selektion bei der Einstellungsbildung und bei der Entscheidung über Handlungsalternativen (…)"*[4] zukommt.

2.1.1 Begriffliche Einordnung: Wert oder Einstellung

Werte werden in Wechselwirkung von Kultur, Sozialisation und persönlicher Merkmale unbewusst durch langfristige Sozialisations- und Interaktionsprozesse

[2] Vgl. Allport 1971, S. 261.

[3] Vgl. Hunold und Singelnstein 2022, S. 2.

[4] Maag 1991, S. 23.

geprägt[5]. Sofern die eigenen Werte auch eine konkrete Ausrichtung des Handelns umfassen, etwa bei der eigenen Definition anzustrebender Zustände oder Ziele, sind auch Auswirkungen des eigenen Wertehorizontes auf die eigenen Handlungen denkbar.[6] Bezogen auf politische Wertbildung ist der Begriff der „politischen Sozialisation“[7] prägend, der sowohl die Herausbildung politischer Werthaltungen als auch politische Bildung als interaktiven Prozess beschreibt.[8] Darunter fallen beispielsweise politische Grundhaltungen, die sich als „Wertmaßstab zur Beurteilung von politischen und sozialen Entwicklungen“[9] formieren und langfristig die eigenen Ansichten determinieren.

Einstellungen werden demgegenüber implizit oder explizit zu einzelnen Situationen, Zuständen oder Akteuren (z. B. gegenüber gesellschaftlichen Gruppen, politischen Parteien, Arbeitslosigkeit etc.) eingenommen[10]. Explizite Einstellungen können reflektiert und in der Folge abgefragt werden[11], wohingegen implizite Einstellungen situativ zu Tage tretende Bewertungsmuster und Reaktionen umfassen und daher durch Dritte beobachtet, durch die betroffene Person selbst aber nur schwerlich berichtet werden können.[12]

Einstellungen können sich darüber hinaus auch handlungsleitend auswirken[13], wenngleich in der Literatur bislang nur niedrige Korrelationen zwischen Einstellungen und entsprechenden Auswirkungen auf die eigenen Handlungen nachgewiesen werden konnten.[14] Das Konstrukt der Einstellung setzt sich zudem aus mehreren Dimensionen zusammen, die unterschiedlich stark auf eine etwaige Änderung der Einstellung zu einem Umstand oder einer Personengruppe wirken können. Differenziert wird zwischen einer kognitiven, affektiven und behavioralen – also verhaltensbezogenen Dimension. Insbesondere auf affektiver Ebene, die Gefühle und subjektive Empfindungen umfasst, können emotionale Stimuli in der Interaktion mit dem Einstellungsobjekt eine positive oder negative Prägung bzw. Änderung der Einstellung gegenüber diesem bewirken.[15] Dieser Umstand wird

---

[5] Vgl. Gabriel 1994, S. 84.
[6] Vgl. Gutschmidt und Vera 2019, S. 3.
[7] Vgl. Kißler 2007, S. 85.
[8] Vgl. ebd., S. 85.
[9] Vgl. Müller-Rommel 1993, S. 163.
[10] Vgl. Hradil 2005, S. 422.
[11] Vgl. Gabriel 1994, S. 22.
[12] Vgl. Wegner und Ellrich 2022, S. 110.
[13] Vgl. Hadjar 2004, S. 38.
[14] Vgl. Wegner und Ellrich 2022, S. 110.
[15] Vgl. ebd., S. 110.

besonders für einen möglichen Zusammenhang zwischen der subjektiven Wahrnehmung von spezifischen gesellschaftlichen (Rand-)Gruppen und den eigenen Erfahrungen im Kontakt mit diesen Gruppen noch aufzugreifen sein.

Besonders kritisch zu betrachten sind Einstellungen und Werte, die im Widerspruch zum rechtsstaatlichen und demokratischen Anspruch an die Vertreter*innen der Exekutive stehen. Dazu gehören insbesondere demokratie- und menschenfeindliche Ansichten, sowohl in Form grundlegender Ablehnung des demokratischen Systems als auch in Form spezifischer Abwertungs- oder Ungleichwertigkeitstendenzen gegenüber einzelnen gesellschaftlichen Gruppen.

2.1.2 GMF als etablierte Grundlage sozialwissenschaftlicher Forschung

Für die Betrachtung gruppenbezogener Abwertungsmechanismen werden Elemente des Konstrukts GMF herangezogen. Dieses hat als mehrdimensionales Phänomen seit nahezu 20 Jahren theoretischen Bestand[16] und ist Grundlage wissenschaftlicher[17] und politischer und sozialer Projekte[18] und Diskurse[19]. Für die vorliegende Untersuchung wird daher nur kurz auf die wesentlichen Hintergründe zu GMF verwiesen:

GMF ist als Syndrom konstruiert. Die einzelnen Dimensionen, so die konzeptionelle Annahme[20], korrelieren miteinander: wer Abneigung gegenüber einer bestimmten Gruppe von Menschen zeigt, tendiert auch anderen Gruppen gegenüber eher zu Abneigungs- und Abwertungstendenzen. Dieser Umstand wurde bereits mehrfach verifiziert[21] und wird als *„Ideologie der Ungleichwertigkeit“*[22] bezeichnet. Bestimmte Gruppen werden ausschließlich auf ein ethnisches, kulturelles oder soziodemographisches Merkmal reduziert (z. B. die Muslime, Homosexuellen, Obdachslose). Diesem Merkmal wiederum werden über Stereotypen und Vorurteile bestimmte Eigenschaften und (Un-)Fähigkeiten zugeschrieben.[23]

---

[16] Vgl. Heitmeyer 2002, S. 14.

[17] Vgl. Zick, Küpper und Berghan 2019a.

[18] Vgl. Radvan und Mahlich 2021, S. 351; Gabriel 2011, S. 40.

[19] Vgl. Möller 2016, S. 25.

[20] Vgl. Zick, Berghan und Mokros 2019, S. 78.

[21] Vgl. ebd., S. 78; Zick 2021, S. 193.

[22] Möller 2016, S. 28.

[23] Vgl. Gabriel 2011, S. 38.

Diese Zuschreibung geht mit unterstellten Abweichungen von den als „normal" postulierten Zuständen bzw. Fremdheit zur eigenen Lebensvorstellung einher.

Die Konstruktion von GMF ist dabei auch unter verschiedenen Gesichtspunkten kritisch zu betrachten; so wird u. a. angeführt, dass bereits die Konstruktion als Syndrom, also als Bedingungsgeflecht der einzelnen Dimensionen, Fragen aufwirft.[24] Inwieweit beispielsweise die Ablehnung einzelner Gruppen (z. b. Ablehnung gegenüber Muslimen und Asylbewerber*innen) bei gleichzeitiger Toleranz anderer Gruppen (z. b. bei eigener Homosexualität) symptomatisch für GMF sein kann, ist nicht aus dem Begriff Syndrom erkennbar.[25] Gleichzeitig verweisen andere Akteure darauf, dass ein Verständnis von GMF als Syndrom das Potenzial bietet, *„(...) hinter den einzelnen Ausprägungen von Diskriminierung übergeordnete gesellschaftliche Entwicklungen in den Blick zu nehmen und zu problematisieren, die für die Verbreitung der Ungleichwertigkeitsideologien als ursächlich ausgemacht werden."*[26]

Weiter wird darauf hingewiesen, dass die betrachteten Gruppen, sozusagen als selbsterfüllende Prophezeiung, zu ihrer eigenen sozialen Konstruktion beitragen. Dabei biete die Realität deutlich mehr Facetten und Ausprägungen, z. B. religiöser oder sexueller Lebensführung, als es eine künstliche Reduzierung auf die (eine) Gruppe der Muslime oder der homosexuellen Menschen erkennen lasse.[27] Dazu führt Gabriel sehr treffend einen zentralen Problembereich an, der für die Einstellungsforschung im Allgemeinen und anhand des Konstrukts GMF im Speziellen, zur Kenntnis genommen werden muss:

> *„Die Koordinaten sozialer Positionierung sind schlicht zu vielfältig und welches Gewicht ihnen jeweils zukommt, ist nur im Einzelfall zu klären. Dieses Beispiel will verdeutlichen, dass die soziale Verortung von Menschen im Einzelfall sehr spezifisch und darin multidimensional ist sowie mitunter widersprüchlich ausfällt. Betrachtet man die (...) Person unter dem Augenmerk von Gruppenzugehörigkeit, dann fällt insbesondere ins Auge, dass sich hier Momente der Marginalisierung und Privilegierung überschneiden. Es wird Momente geben, in der sich die Person Abwertungen ausgesetzt sieht, etwa in Bezug auf ihre sexuelle Orientierung. Gleichzeitig wird sie an anderer Stelle durchaus handlungsmächtig sein und sich zumindest potenziell in der Lage sehen, ihre Privilegien auszuspielen und andere abzuwerten."*[28]

[24] Vgl. Möller 2016, S. 28.

[25] Vgl. ebd., S. 29.

[26] Vgl. Gabriel 2011, S. 43.

[27] Vgl. Möller 2016, S. 28.

[28] Gabriel 2011, S. 52.

Da für die Frage nach der Verbreitung von GMF in der Polizei von Abwertungstendenzen aus Perspektive der (potenziell) Abwertenden betrachtet werden, erübrigt sich hier zunächst die Frage, inwieweit PVB gleichermaßen betroffen sein können, aus Sicht anderer Gruppen ihrerseits abgewertet zu werden. Vielmehr werden stattdessen Hintergründe und Faktoren zu analysieren sein, die entsprechende Abwertungstendenzen ermöglichen bzw. verhindern können. So könnten beispielsweise die Erfahrung von Respektlosigkeit oder Gewalt, das eigene Arbeitspensum und die Limitierung eigener Handlungs- und Veränderungsoptionen[29] sehr wohl Faktoren darstellen, die als anomische Elemente[30] die Binnenwahrnehmung von PVB prägen und damit den Mechanismus der Abwertung als Instrument zur Aufwertung der Eigengruppe[31] fördern.

Der Kritik, es werde durch die Forschung auf Grundlage des Syndroms GMF nicht *„(…) Auf- und (ggf. auch) Abbau von Ablehnungshaltungen im Kontext durchlaufener Erfahrungen im Alltag und dabei auch innerhalb wie außerhalb von Institutionen untersucht“*[32], kann zunächst entgegnet werden, dass die vorliegende Erhebung eine Ergänzung um arbeitsweltliche Kontexte erfahren hat. Insbesondere die Betrachtung von eigenen Kontakterfahrungen in Bezug zu den Ausprägungen der einzelnen Elemente von GMF ermöglicht, so die Annahme, eine differenzierte Interpretation vorhandener Abwertungstendenzen. Zusammenfassend stellt GMF ein Konzept dar, welches einen bereits vielfach erprobten und verifizierten Messrahmen für Abwertungstendenzen bietet. Dabei erfolgt die Betrachtung zwar ausschließlich aus der Perspektive der Abwertenden – diesen Umstand aber zur Kenntnis nehmend, lassen sich wertvolle Zusammenhänge zwischen der Abwertung als „fremd“ bzw. „anders“ deklarierter Gruppen und der gleichzeitigen Aufwertung der Eigengruppe betrachten.

In der jüngsten Fortschreibung der Mitte-Studie 2022/23 als zentralem konzeptionellen Bezugspunkt wurde GMF neu strukturiert und damit erstmalig – anders als in den Vorjahren – anhand von vier zentralen Teilelementen (Rassismus, Antisemitismus, Hetero-/Sexismus und Klassismus) gemessen und analysiert[33]. Wenngleich die daraus resultierenden Ergebnisse den aktuellsten Stand der Forschung darstellen, ist die Vergleichbarkeit zu den hier erhobenen Befunden

---

[29] Vgl. Groß et al. 2022, S. 168.

[30] Vgl. ebd., S. 153.

[31] Vgl. ebd., S. 155.

[32] Möller 2016, S. 29.

[33] Vgl. Zick und Mokros 2023a, S. 154.

aufgrund des veränderten Erhebungsmodus nicht gegeben. Daher werden im weiteren Verlauf primär die Studien der Vorjahre 2018/19 und 2020/21 zum Vergleich der Ergebnisse herangezogen.

2.1.3 NRM – aktuelle Entwicklungen rechtspopulistischer Narrative

Die Konstruktion des Phänomens NRM[34] wurde neben GMF als besonders relevant ausgewählt. Neue rechte Ideologien und rechtspopulistische Narrative sind im Vergleich zu klassisch rechtsextremen Positionen (Rassismus, völkischer Autoritarismus etc.) subtiler und daher anschlussfähiger an andere gesellschaftspolitische Gruppierungen und Strömungen.[35] In diesem Zusammenhang wird deutlich, dass die Grenzen zwischen eindeutig rechtsextremen und rechtspopulistischen Narrativen verschwimmen. In den letzten Jahren haben insbesondere die vermehrten Migrationsbewegungen nach Deutschland, die Corona-Pandemie und jüngst auch die wirtschaftliche Rezession Unsicherheiten in der Bevölkerung hervorgerufen bzw. verstärkt. Diese Ängste wurden gezielt durch rechtspopulistische Akteure befeuert, um in der Folge plakative Gegenentwürfe zur Zuwanderungspolitik, den Corona-Maßnahmen oder der Energiewende anzubieten. Dadurch konnte eine breite und heterogene Masse an Menschen aus unterschiedlichen sozialen und politischen Lagern adressiert werden:

> *„Die sozial- und klassenübergreifende Anschlussfähigkeit des rechten Populismus zeigt sich in dessen Strahlkraft auf die Gruppe der ehemaligen Nichtwähler_innen, auf Teile der ehemaligen Links-Wählerschaft und sozial prekarisierte Milieus einerseits und zugleich andererseits auf die abstiegsbedrohten Mittelschichten, Teile des konservativen Bildungsbürgertums sowie der nationalliberal gesinnten Bessergestellten, die sich als Leistungseliten ansehen.“*[36]

Auf Polizeivollzugsbeamt*innen (PVB) bezogen, sind rechtspopulistische Einstellungen und Narrative aus mehreren Perspektiven von Bedeutung. Zunächst ist die Polizei NRW mit dem Zulauf zu rechtspopulistisch geprägten Veranstaltungen und Foren in der täglichen Einsatzrealität konfrontiert. Dazu gehören etwa Demonstrationen gegen die Migrationspolitik oder die Corona-Maßnahmen, sogar

---

[34] Vgl. Häusler und Küpper 2019, S. 147.

[35] Vgl. ebd., S. 151.

[36] Ebd., S. 151.

strafrechtlich relevantes Verhalten im Umfeld dieser Aktionen wie Einschüchterungsversuche gegenüber Politiker*innen, Übergriffe auf Asylunterkünfte oder der Sturm auf den Bundestag. Dabei ist herauszustellen, dass zentraler Teil rechtspopulistischer Botschaften die Konstruktion einer Opfer- oder Verteidigungsrolle darstellt, die den Protest gegen staatliche Repression und vermeintliche Willkür, Unterdrückung oder illegitime Politikpraktiken rechtfertigt. Slogans wie „Wir sind das Volk", „Impfdiktatur" oder „Flüchtlingswelle" sind nur einige von vielen prägnanten Beispielen dafür.

Den zu Grunde liegenden materiellen und gesellschaftlichen Entwicklungen und Sorgen dürften PVB selbst genauso ausgesetzt sein, wie die Zivilgesellschaft. Möglicherweise existiert also analog zur Gesamtbevölkerung auch innerpolizeilich Zuspruch zu salonfähig gewordenen rechtspopulistischen Botschaften. Diese Annahme wird durch mehrere Faktoren gestützt. Zunächst ist rein faktisch zu beobachten, dass auch polizeiliche Akteure in Parteien oder Gruppen agieren, die klar dem rechtspopulistischen Spektrum, wie etwa der AfD, zuzuordnen sind.[37]

Darüber hinaus beklagen Polizei und polizeiliche Interessenvertretungen mangelnden Rückhalt und zwar sowohl auf gesellschaftlicher[38], politischer[39] und justizieller[40] Ebene. Aus Sicht der operativen Ebene ist diesen Elementen noch die polizeiliche Führung selbst hinzuzufügen. Bereits 2002 wurde *„soziale Unterstützung als Ressource"*[41] benannt und Rückhalt unter PVB im Zuge von Belastungswahrnehmungen in Verbindung mit Berufszufriedenheit gebracht. Es ist daher zu hinterfragen, ob als unzureichend empfundener Rückhalt aus polizeilicher Sicht Ablehnungstendenzen gegenüber den politisch Verantwortlichen und – im äußersten Falle – des politischen Systems als Ganzem fördert und sich in neu-rechten Einstellungen zeigen kann.

NRM als Bündel demokratiefeindlicher Einstellungen umfassen in diesem Rahmen mehrere Dimensionen, wie z. B. die Unterstellung eines Meinungsdiktats, Anti-Establishment, der Aufruf zum Widerstand, eine nationale Rückbesinnung gegen die EU, Ethnopluralismus und Antifeminismus.[42] Als relativ neue Einstellungskonstruktion wurden NRM in der hier genutzten Form erstmalig in

---

[37] Vgl. Hock und Naumann 2019, S. 51.

[38] Vgl. Katzidis 2020; Redaktionsnetzwerk Deutschland 2022.

[39] Vgl. DPolG – Deutsche Polizeigewerkschaft 2020; GdP – Gewerkschaft der Polizei Brandenburg 2023.

[40] Vgl. Groening 2023.

[41] Ohlemacher et al. 2002, S. 77.

[42] Vgl. Häusler und Küpper 2019, S. 163.

der Mitte-Studie 2016[43] operationalisiert und 2019 weiterentwickelt.[44] Statistisch verifiziert ist auch hier, analog zu GMF, dass die einzelnen Dimensionen miteinander korrelieren, also Menschen, die einer der Dimensionen zustimmen, mit höherer Wahrscheinlichkeit auch den anderen Dimensionen anhängen.[45]

2.2 Cop Culture und berufliche Sozialisation in der Polizei

Wie einleitend skizziert wurde, beschränkt sich die weitere Betrachtung nicht nur auf die Frage nach den Ausprägungen von GMF und NRM in der Polizei, denn Werte und Einstellungen sind immer als Ergebnisse sozialer Konstruktion zu verstehen, die durch Gesellschaft und andere Sozialisationsinstanzen vermittelt und gefestigt werden.

Mit Blick auf die Polizei ist also von besonderem Interesse, inwieweit organisationsimmanente Faktoren identifiziert werden können, welche die polizeiliche Arbeitswelt prägen und womöglich gleichzeitig Einfluss auf die Herausbildung, die Festigung oder den Abbau von GMF und NRM ausüben könnten. Diese Frage geht vom Begriff der *„beruflichen Sozialisation“*[46] als Unterform tertiärer Sozialisation[47] aus. Arbeits- und Berufswelten müssen als bedeutende Elemente der Einstellungsprägung verstanden werden, da sie nicht nur die Vermittlung von erfolgskritischen Fähigkeiten für das jeweilige Berufsfeld durch gezielte (Lehr-) Maßnahmen (z. B. Weiterbildungen) und dem Kenntniserwerb durch Erfahrung umfassen. Berufliche Sozialisation fokussiert insbesondere auf *„(…) Prozesse und Produkte sozialer Interaktion von Personen mit ihrer beruflichen Umwelt, deren Ablauf und Ergebnisse nicht durch Ausbildungs-, Bildungs- und Erziehungsabsichten bestimmt sind.“*[48] Neben dem Erlenen und Adaptieren von berufstypischen

[43] Vgl. ebd., S. 163.

[44] Zum Zeitpunkt der Erhebung wurde die Mitte-Studie 2018/2019 als Grundlage für die Operationalisierung von NRM herangezogen. Die Konstruktion NRM wurde in den Fortschreibungen der Mitte Studie 2020/2021 und 2022/23 nicht mehr in der hier abgebildeten Form fortgeschrieben.

[45] Vgl. ebd., S. 164.

[46] Lempert 2006, S. 412.

[47] Vgl. Hölscher 2008, S. 747.

[48] Lempert 2006, S. 414.

Fähigkeiten, Arbeits- und Handlungsmustern kommt es folglich auch zur Identitätsfestigung und Beeinflussung von Denkweisen und Einstellungen innerhalb des beruflichen Nahraums.[49]

Der polizeiliche Alltag ist, vor allem im Außendienst, geprägt durch soziale Interaktionen mit diversen Bevölkerungsgruppen unter äußerst variablen Umständen. Insbesondere die ersten Dienstjahre werden im Regelfall im Außendienst der Direktion Gefahrenabwehr/Einsatz (DirGE) abgeleistet, entsprechende Verwendungskonzepte sehen seit Jahren eine Verwendung im Wachdienst sowie der Bereitschaftspolizei vor[50]. Ausnahmen und besondere Verwendungskonzepte unter Einbeziehung anderer (beruflicher) Vorerfahrungen nehmen in den letzten Jahren zwar zu, treten aber prozentual immer noch als marginal hinter der Erstverwendung im Kernbereich Gefahrenabwehr/Einsatz zurück.

Das berufspraktische Lernen in den ersten Dienstjahren ist also zum überwiegenden Teil durch die berufliche Umwelt im Außendienst geprägt. Diese zeichnet sich u. a. dadurch aus, dass außenveranlasste Einsätze (neben Verkehrsunfällen) häufig erst durch Konflikte ausgelöst werden, mit deren Lösung die Polizei dann betraut wird. Gerade im Außendienst gehen Konflikte mit Gewalt einher, sodass junge PVB sowohl mit dem eigenen Einsatz von unmittelbarem Zwang als rechtmäßiger Form von Gewalt konfrontiert sind als auch mit eigener Viktimisierung und dem Erleben eigener Vulnerabilität und letztlich mit der emotionalen Verarbeitung beider Dimensionen des Gewalterlebens.

Die Interaktion fokussiert sich, auch wenn man den Gewaltkontext ausblendet, häufig auf Personen(-gruppen), die aus polizeilicher Sicht in negativer Weise in Erscheinung treten. Darunter fallen nicht zwangsläufig straffällige Personen wie etwa festgehaltene Ladendieb*innen oder Aggressor*innen bei häuslicher Gewalt, sondern auch Personen, die in der Öffentlichkeit als störend oder unangenehm wahrgenommen werden. Dazu zählen Personen aus dem Obdachlosenmilieu, Drogenkonsument*innen, bettelnde Menschen aber auch pöbelnde Jugendgruppen oder psychisch auffällige Menschen.

Die Sozialisation in den ersten Dienstjahren prägt also nicht nur das Verständnis von Gewalt, sondern insbesondere den Blick auf und den Umgang mit Menschen, die regelmäßig in Interaktionen im beruflichen Alltag auftreten. Es liegt also nahe anzunehmen, dass diese berufliche Sozialisation zur Bildung und Festigung von Einstellungen gegenüber diesen Menschen beiträgt. Für die Polizei wurde im Zusammenhang mit eigenen arbeitsweltlichen Handlungsmustern und

---

[49] Vgl. Mansel und Reinecke 2008, S. 529.

[50] Vgl. Landesamt für Ausbildung, Fortbildung und Personalangelegenheiten der Polizei NRW [LAFP NRW] 2019, S. 6.

Deutungsroutinen bereits der Begriff der „Cop Culture"[51] als Terminus technicus geprägt. Auch als „*Polizisten*innen*[52]*-kultur*"[53] beschrieben, richtet sie sich „(...) *ausschließlich an die (vornehmlich statusniedrigen) Mitglieder der eigenen Organisation, sie schöpft ihre Wirkung überwiegend aus den internen (subkulturellen) Werten.*"[54]

In Kontrast dazu wird die offizielle Polizeikultur angeführt, die auch die Bürger*innen adressiert und insbesondere Top-down-Vorgaben wie Leitbilder und Wertvorstellungen der polizeilichen bzw. politischen Führungsebene artikuliert. Diese Inhalte werden im Rahmen des eigenen öffentlichen Auftretens definiert und manifestieren sich in einem einheitlichen Corporate Design und entsprechenden Veröffentlichungen zur eigenen Organisation (etwa zum Diversity Management, den eigenen Werten etc.). Sinnbildlich für NRW wird z. B. das Motto „*bürgerorientiert, professionell, rechtsstaatlich*"[55] in Verbindung mit dem Logo der Polizei NRW identitätsstiftend genutzt.

Zwischen Polizei- und Polizist*innenkultur ist zu unterscheiden, weil beide Begriffe zwar die gleichen Facetten der Polizei als Organisation und der Polizeiarbeit umfassen, die Ausgangspositionen und Perspektiven aber nicht deckungsgleich sind. Beispielsweise stehen sich (sicherheits-)politische Zielsetzungen, die geltende Rechtslage oder Vorgaben der polizeilichen Führung einerseits sowie das Gerechtigkeitsempfinden der handelnden Akteure und gewachsene Legitimationsstrukturen andererseits gegenüber. Das Selbstverständnis, welches durch die eigene Pressearbeit vermittelt wird, muss keinesfalls mit dem Selbstverständnis und der tatsächlich gelebten Verortung von Kollegialität und Korpsgeist einhergehen. Und schließlich umfassen die offiziellen Leitbilder Handlungsideale, die im dynamischen Polizeialltag durch die PVB unter Einwirkung situativer Belastungen und je nach persönlicher Disposition höchst individuell ausgelegt werden (müssen).

Die Cop Culture speist sich in Teilen also auch durch polizeispezifische Belastungen[56], etwa die – im Vergleich zur Zivilgesellschaft – überproportionale Gewalterfahrung von PVB, die gleichermaßen Opfer von Gewalt sowie Gewaltanwendende werden und mit beidem umgehen (lernen) müssen. Dementsprechend entwickeln und verselbstständigen sich auch eigene Deutungsmuster

[51] Vgl. Behr 2002, S. 272.

[52] Anm. d. Autors: Dieser Begriff wurde in der Quelle nicht gegendert.

[53] Ebd., S. 273.

[54] Ebd., S. 274.

[55] Polizeipräsidium Bochum 2021.

[56] Vgl. Gutschmidt und Vera 2019, S. 228.

und Interpretationen gesellschaftlicher Zustände, die insbesondere dann in kritisch zu beurteilende Einstellungen münden können, wenn Selbstreflexion, kritische Auseinandersetzung mit eigenen Standpunkten oder externe Einflüsse blockiert werden.[57] Es gilt also zu beleuchten, welche Aspekte von Cop Culture als Teilelemente der informellen beruflichen Sozialisation geeignet sind, sich auf die Einstellungsbildung, womöglich auch von GMF und NRM, auszuwirken.

Insbesondere der Aspekt der Selbstreflexion als protektiver Faktor beim Übergang von Einstellungen zu handlungsleitenden Motiven[58] lassen auch Racial Profiling[59] als Ausdruck unreflektierter Zuschreibungs- und Abwertungsprozesse und die Abschottung nach außen (als Gegenkonstruktion zu reflexiver Öffnung) besonders in den Fokus polizeispezifischer Einstellungsformung treten. Insbesondere die als „Code of Silence"[60] beschriebene Mauer des Schweigens, die Polizist*innen mangelnde Kommunikation eigenen Fehlverhaltens und falsche Solidarität mit Kolleg*innen beschreibt, scheint (so sie denn vorhanden ist) besonders geeignet, die polizeiliche Binnenwelt gleichzeitig zur Echo-Kammer eigener Wahrnehmungen zu machen.

Kontrollpraktiken, die bewusst oder unbewusst auf äußeren bzw. phänotypischen Merkmalen der Betroffenen beruhen, sind also im Zusammenhang gruppenbezogener Menschenfeindlichkeit naheliegend, weil etwaige Abwertungstendenzen auch auf polizeiliche Handlungskontexte und dementsprechende Kontrollpraktiken[61] ausstrahlen. Insofern liegt die Vermutung nahe, dass GMF die Bereitschaft begünstigt, Personengruppen über äußere Merkmale zu definieren und darüber hinaus diesen Gruppen entsprechende Eigenschaften in Bezug zu deren antizipiertem Verhalten zuzuschreiben.

2.3 Die Kontakthypothese im polizeilichen Handlungskontext

Warum PVB spezifischen sozialen und insbesondere ethnischen Gruppen gegenüber möglicherweise eine vorgefasste Haltung einnehmen, lässt sich der Annahme nach nicht allein mit übergeordneten Werten und Einstellungen erklären. In der Debatte um Racial Profiling oder dem allgemeineren Begriff Labeling Approach

[57] Vgl. ebd., S. 228.
[58] Vgl. Gutschmidt und Czudnochowski 2022a, S. 204.
[59] Vgl. Niemz und Singelnstein 2022, S. 338.
[60] Ivković et al. 2022, S. 4.
[61] Vgl. Cremer 2013, S. 17.

wird regelmäßig die kriminalistische Erfahrung als Argument für Kontrollen bestimmter Viertel, Areale oder eben Personengruppen angeführt.[62] Es liegt also nahe zu beleuchten, welche Alltagserfahrung die Befragten hinsichtlich der einzelnen Personengruppen gemacht haben und ob sich die Kontaktwiederumerfahrungen als möglicher Prädiktor für die diesen Gruppen gegenüber berichteten Einstellungen identifizieren lassen.

Theoretische Grundlage hierfür ist die Kontakthypothese nach Allport[63]. Diese trifft im Kern die Aussage, dass Kontakt zu Angehörigen ethnischer, religiöser oder sonstiger gesellschaftlicher Gruppen Vorurteile gegenüber diesen abbaut.[64] Mehrere Meta-Studien stützen den Zusammenhang zwischen Kontakt und Vorurteilsreduktion[65] und zwar besonders bei Personen, die vor dem Kontakt von ausgeprägten Vorurteilen berichtet hatten.[66] Die Quantität und das Setting der individuellen Kontaktsituation beeinflussen dabei, wie sehr der Kontakt zur Vorurteilsreduzierung der beteiligten Gruppe gegenüber beiträgt.[67]

Für den polizeilichen Kontext ist besonders der Blick auf drei mittelbare Effekte durch Intergruppenkontakte relevant. Erstens generiert Kontakt Wissen über die entsprechende Gruppe, zweitens reduziert Kontakt Ängste und drittens wird Empathie gegenüber den Gruppenangehörigen durch Kontakt gefördert.[68] Diese drei Faktoren wirken insgesamt vorurteilsreduzierend.[69] Insbesondere die affektive Dimension, also die Reduktion von Ängsten, hängt dabei signifikant mit der Reduktion von Vorurteilen zusammen[70], was die Betrachtung von emotionalen Empfindungen gegenüber den genannten Gruppen besonders interessant erscheinen lässt.

Der polizeiliche Alltag ist zudem regelmäßig durch unterschiedliche Hierarchien zwischen den handelnden PVB und den beteiligten Bürger*innen geprägt, denn es liegt zahlreichen alltäglichen Einsatzanlässen zugrunde, dass die Polizei zumindest gegenüber einer beteiligten Partei bei Streit, Straftaten oder Hilfeersuchen einschränkend und weisungsbefugt tätig wird bzw. werden muss. Wer vor Ort als Beschuldigte*r belehrt wird, sich klaren (An-)Weisungen fügen muss oder

---

[62] Vgl. Klimke 2022, S. 522.

[63] Vgl. Allport 1971.

[64] Vgl. ebd.

[65] Vgl. Pettigrew und Tropp 2006, S. 757, 2008, S. 930.

[66] Vgl. Pettigrew und Tropp 2008, S. 928.

[67] Vgl. Fröhlich et al. 2016, S. 14.

[68] Vgl. Dovidio et al. 2002; Landmann et al. 2017, S. 5.

[69] Vgl. Landmann et al. 2017, S. 5.

[70] Vgl. Landmann et al. 2017, S. 5.

Adressat weiterer Maßnahmen, wie z. B. einer erkennungsdienstlichen Behandlung, einer Blutentnahme oder einer Ingewahrsamnahme wird, sieht sich auch bei neutralem und verhältnismäßigem Einschreiten naturgemäß einem Hierarchiegefälle gegenüber. Dieses regelmäßig anzunehmende Hierarchiegefälle ist deshalb besonders relevant, weil Atmosphäre und situativer Charakter auch auf den Effekt des Kontakts ausstrahlen.[71]

Betrachtet werden in diesem Zusammenhang die Quantität der Kontakte zu spezifischen Gruppen, die Charakterisierung typischer Kontaktsituationen anhand objektiver Merkmale und letztlich die affektiven Empfindungen dieser Gruppe gegenüber. Alle Faktoren werden schließlich auch in Bezug zu den über GMF gemessenen gruppenspezifischen Abwertungstendenzen gesetzt. Abschließend wird zu prüfen sein, ob sich negative Kontakterfahrungen auch auf behavioristische Einstellungen, z. B. Handlungsabsichten im Sinne selektiver Kontrollen (Racial Profiling), auswirken können.

Racial Profiling beschreibt Kontrollpraktiken, die bewusst oder unbewusst auf äußeren bzw. phänotypischen Merkmalen der Betroffenen beruhen.[72] Im Zusammenhang mit der Betrachtung gruppenbezogener Menschenfeindlichkeit ist naheliegend, etwaige Abwertungstendenzen auch auf polizeiliche Handlungskontexte und dementsprechende Kontrollpraktiken zu beziehen. Insofern liegt die Vermutung nahe, dass GMF die Bereitschaft begünstigt, Personengruppen über äußere Merkmale zu definieren und darüber hinaus diesen Gruppen entsprechende Eigenschaften in Bezug zu deren antizipiertem Verhalten zuzuschreiben.

[71] Vgl. Fröhlich et al. 2016, S. 14.

[72] Vgl. Cremer 2013, S. 17.

Forschungsstand 3

Zu den im vorherigen Kapitel dargestellten theoretischen Grundlagen existieren bereits zahlreiche empirische Befunde, über die im Folgenden ein kurzer Überblick gegeben wird.

3.1 Determinanten von Demokratie- und Menschenfeindlichkeit

Die Erforschung von Demokratiefeindlichkeit, rechtspopulistischen Tendenzen oder verschwörungstheoretischen Narrativen ist fester Bestandteil der sozialwissenschaftlichen Forschungslandschaft.[1] Die Konstruktionen GMF und NRM wurden bereits in Form mehrerer Längsschnittstudien fortgeschrieben[2]. Eine Betrachtung im polizeilichen Kontext wird durch zahlreiche Projekte in jüngster Vergangenheit zwar vorangetrieben, entsprechende Befunde stehen aber zum jetzigen Zeitpunkt noch größtenteils aus.

GMF wird seit dem Jahr 2002 in den sogenannten Mitte-Studien[3] abgebildet. Dabei konnten eine Vielzahl von Korrelationen und möglichen Einflussfaktoren auf die gemessenen Einstellungen aufgezeigt werden. Zunächst werden soziodemographische Merkmale betrachtet, zu denen entsprechende Befunde existieren

[1] Vgl. Zick und Küpper 2021.

[2] Vgl. Zick, Berghan und Mokros 2019, S. 79.

[3] Vgl. ebd., S. 79.

© Der/die Autor(en), exklusiv lizenziert an Springer Fachmedien Wiesbaden GmbH, ein Teil von Springer Nature 2026
M. Haendschke, *Werte und Einstellungen von Polizeibeamtinnen und Polizeibeamten*, Kriminologische Studien,
https://doi.org/10.1007/978-3-658-50480-9_3

und die gleichermaßen innerhalb der Polizei analysiert werden können. Zwangsläufig werden durch diese Einschränkung signifikante Merkmale ausgeblendet, die bei der Betrachtung der Polizei NRW nicht reproduziert werden können, wie z. B. Einkommensgefälle[4] oder Unterschiede zwischen Ost- und Westdeutschen[5]. Als vergleichbare relevante Faktoren werden Geschlecht, Alter, Bildungsniveau und politische Orientierung identifiziert.

In den Mitte-Studien wurden bei der Differenzierung zwischen Frauen und Männern[6] unterschiedliche Beobachtungen im Längsschnittvergleich gemacht. 2018/19 konnte festgestellt werden, dass nur marginale Unterschiede bei den einzelnen Dimensionen von GMF zwischen Männern und Frauen bestehen[7], wobei bei Männern Abwertungen gegenüber Muslimen, Homosexuellen und Trans*Menschen signifikant und Sexismus latent stärker ausgeprägt war.[8] In den Erhebungen 2020/21 konnte festgestellt werden, dass alle Gruppen durch Männer stärker abgewertet wurden als durch Frauen.[9] Diese Entwicklung steht Befunden der Vorjahre entgegen; darin äußerten Frauen höhere Zustimmung zu fremdenfeindlichen, rassistischen und muslimfeindlichen Aussagen.[10] Die jüngste Erhebung zeigt bei drei von vier der neu strukturierten Dimensionen (Hetero-/Sexismus, Antisemitismus sowie Klassismus) von GMF stärkere Zustimmung bei

---

[4] Die Mitte-Studien 2018/19 und 2020/21 nehmen die Einstufung in schwächere, mittlere und stärkere Einkommensschichten anhand der Berechnung des Medians der jeweiligen Stichprobe vor und differenzieren dann die drei Abstufungen nach prozentualem Anteil am Einkommensschnitt (schwach <70 %, mittel 70–150 %, hoch>150 %). Diese Abstufung ist auf die Polizei NRW nicht anwendbar, da der größte Teil der PVB-Bandbreitenstellen die Besoldungsstufen A9-A11 innehat und diese Stellen finanziell so nah beieinander liegen, dass entsprechend große Abweichungen i. d. R. nicht gegeben sind. Die einzige größere Beschäftigtengruppe, deren Besoldung sich davon deutlich unterscheidet, sind die Kommissaranwärter*innen. Da diese absehbar auch nach dreijährigem Studium nach A9 besoldet werden, scheint eineeinkommensbezogene Differenzierung hier nicht zielführend. In der vorliegenden Stichprobe gehören 73,9 % den Besoldungsgruppen A9-A11 an, 12,9 % sind Anwärter*innen.

[5] Küpper, Schröter und Zick 2019, S. 251 ff.

[6] In den Mitte-Studien ordneten sich die Befragten ausschließlich binär-geschlechtlich ein (Zick/Berghan/Mokros 2019, S. 86, FN 13) oder die Anzahl der Befragten, die sich selbst als divers einordneten war so gering, dass eine entsprechende Aussage auf diese Gruppe bezogen nicht belastbar gewesen wäre.

[7] Vgl. Zick, Berghan und Mokros 2019, S. 87.

[8] Vgl. ebd., S. 87.

[9] Vgl. Zick 2021, S. 196.

[10] Vgl. Zick, Berghan und Mokros 2019, S. 87.

Männern als bei Frauen.[11] Klassischer Rassismus trat hingegen etwas häufiger bei Frauen auf[12], wobei diese Tendenz in anders angelegten Erhebungen zu rechtsextremen Einstellungen nicht festgestellt wurde. So sprechen auch ähnlich angelegte Erhebungen dafür, bei Männern ausgeprägtere rechtsextreme Einstellungen anzunehmen als bei Frauen, bei denen wiederum ein Rückgang der Zustimmung zu rechtsextremen Aussagen zu verzeichnen ist.[13]

Zwischen unterschiedlichen Altersgruppen bestehen bei GMF klar erkennbare Unterschiede. Als Langzeitbefund, der bis zur jüngsten Erhebung bestätigt werden konnte[14], ist ein linearer Zusammenhang zwischen höherem Lebensalter und stärkeren GMF-Ausprägungen festzuhalten.[15] Allerdings konnten zwischenzeitlich für einige Dimensionen (z. B. Rassismus, Abwertung Obdachloser, Abwertung Homosexueller) auch U-förmige Zusammenhänge beobachtet werden, d. h., die jeweiligen Abwertungstendenzen waren bei der jüngeren und älteren Gruppe deutlich stärker als bei der mittleren Altersgruppe (zwischen 31 und 60 Jahren) ausgeprägt.[16] Die aktuelle Erhebung 2022/2023 zeigt hingegen bei einer Differenzierung zwischen drei Altersgruppen bei der Gruppe der jüngsten insgesamt die deutlichsten Ausprägungen der GMF-Dimensionen, die Gruppe der Ältesten (>65 Jahre) hingegen die geringsten Zustimmungswerte.[17]

Das Bildungsniveau ist klar mit GMF in Verbindung zu bringen, wobei ein höherer Bildungsabschluss über alle aufgeführten Erhebungszeiträume hinweg mit niedrigeren Abwertungstendenzen einhergeht.[18] Dabei bestehen zwischen Menschen mit niedrigeren und mittleren Bildungsabschlüssen weniger ausgeprägte Unterschiede bei GMF-Elementen, während Menschen mit höherem Bildungsniveau deutlich niedrigere menschenfeindliche Einstellungen angeben.[19] Inwieweit der Effekt von Bildung erwünschtes Antwortverhalten einhergeht, muss zumindest hinterfragt werden, da höher gebildete Menschen sich ggf. den Normen

---

[11] Vgl. Zick und Mokros 2023a, S. 167.

[12] Vgl. ebd., S. 167.

[13] Vgl. Decker, Kiess, Heller, Schuler und Brähler 2022, S. 56.

[14] Vgl. Zick 2021, S. 196.

[15] In der späteren Analyse wird der Zusammenhang zwischen Lebensalter und Einstellungen betrachtet, wenngleich mit der Einschränkung, dass PVB i. d. R. im Alter von 62 Jahren pensioniert werden und daher die Zugehörigen zur Gruppe der PVB >60 Jahre vermutlich relativ klein ausfallen dürfte. Parallel wird außerdem das Dienstalter als Kenngröße für die Sozialisationsdauer in der Polizei zu analysieren sein.

[16] Vgl. Zick, Berghan und Mokros 2019, S. 89.

[17] Vgl. Zick und Mokros 2023a, S. 167.

[18] Vgl. Zick, Berghan und Mokros 2019, S. 91; Zick und Mokros 2023a, S. 168.

[19] Vgl. Zick 2021, S. 196.

des „Sagbaren“ eher unterwerfen bzw. unerwünschte Aussagen bewusster in der Lage sind zu vermeiden.[20] Zu vermuten ist außerdem, dass längere Bildungskarrieren auch eine intensivere Vermittlung von Wertmaßstäben und demokratischen Einstellungen implizieren und so Menschen mit höherem Bildungsabschluss weniger anfällig gegenüber GMF sind.

Bei der politischen Orientierung überrascht nicht, dass bei Menschen, die sich selbst „eher rechts“ oder „rechts“ einordnen, die Zustimmung zu den einzelnen GMF-Dimensionen deutlich stärker ausfällt als bei Befragten, die sich selbst in der Mitte, eher links oder links verorten.[21]

Die Befunde zum relativ jungen Konstrukt NRM zeigen, dass hier nur eine minimale Differenz zwischen Frauen und Männern festgestellt werden kann[22]. Der Trend, mit zunehmendem Alter extremere Einstellungen zu vertreten, kann für NRM nicht bestätigt werden.[23] Ein niedriges Bildungsniveau geht mit stärkeren NRM-Einstellungen einher, wobei auch hier die Zustimmung zwischen niedrigem (36 % Zustimmung) und mittlerem Niveau (30 % Zustimmung) nah beieinander liegen und sich lediglich die Gruppe der höher Gebildeten mit deutlich weniger Zustimmung (15 %) abhebt.[24] NRM wird deutlich häufiger von Menschen vertreten, die sich selbst eher rechts (51 % Zustimmung) bzw. rechts (57 % Zustimmung) politisch einordnen, die Zustimmung für Personen mit politischer Selbstverortung in der Mitte (29 %), eher links (11 %) sowie links (14 %) ist deutlich geringer ausgeprägt.[25]

Dass GMF und NRM nicht zufällig ähnliche Verbreitung aufweisen, sondern auch inhaltlich miteinander einhergehen, ist anzunehmen, denn *„(…) eine rein progressive Anti-Establishment-Haltung/Elitenkritik ohne antiplurale, gegen Minderheiten und Gleichstellung gerichtete Positionen ist empirisch in der Breite der Bevölkerungsmeinung eher selten, häufiger geht dies Hand in Hand. (…) in der hier vorgestellten neuen rechten Mentalität tritt die völkisch-autoritäre Ideologie dahinter deutlich zum Vorschein.“*[26] Entsprechende Korrelationen zwischen Demokratiebefürwortung (bzw. -ablehnung) und Ungleichwertigkeitsbehauptungen konnten bereits nachgewiesen werden.[27]

[20] Vgl. Zick, Berghan und Mokros 2019, S. 91.

[21] Vgl. Zick und Mokros 2023a, S. 169; Zick, Berghan und Mokros 2019, S. 93.

[22] Vgl. Zick et al. 2016, S. 160.

[23] Vgl. ebd., S. 160.

[24] Vgl. ebd., S. 160.

[25] Vgl. ebd., S. 161.

[26] Häusler und Küpper 2019, S. 171.

[27] Vgl. Zick und Berghan 2019, S. 238.

3.2 Polizeispezifische Befunde

Die Betrachtung der polizeilichen Arbeitswelt wurde in der Vergangenheit bereits aus verschiedenen Perspektiven und Beweggründen vorgenommen. Aufgeführt werden hier insbesondere solche Befunde, die später unter den Gesichtspunkten von Förderungs- oder Schutzeigenschaften zur Entstehung demokratie- bzw. menschenfeindlicher Einstellungen erneut aufgegriffen werden können.

3.2.1 Belastungen und Herausforderungen polizeilicher Arbeitswelt

Zahlreiche Studien haben den polizeilichen Alltag im Hinblick auf besondere Belastungen, wie Arbeitspensum[28], Schichtarbeit[29] oder psychosoziale Stressoren[30] beleuchtet. Bereits 2002[31] wurden in einer Studie des Kriminologischen Forschungsinstitut Niedersachsens (KFN) belastende Faktoren des polizeilichen Arbeitsalltags wie z. B. Zeitdruck, Mehrarbeit oder Bürgerkonflikte sowie deren Auswirkung auf die Berufszufriedenheit analysiert.[32]

Zur (empfundenen) Arbeitsbelastung von Polizeibeamt*innen sind bereits einige Erhebungen getätigt worden[33]. Dabei wurden sowohl inhaltliche (im Sinne sehr belastender Tätigkeiten[34]) als auch strukturelle (mit Fokus auf Arbeitsbedingungen, Ressourcen, Binnenkonflikte, Gewaltexposition, Schichtdienst etc.)[35] Faktoren betrachtet. Einige Erhebungen befassen sich dabei mit sehr spezifischen Fragestellungen, z. B. geht Opielka auf die Frage ein, inwieweit psychisches Befinden von Polizeibeamt*innen mit dem Arbeitszeitmodell einhergeht.[36] Ob die PVB im Schicht- oder Tagesdienst Dienst versehen, prägt über den Arbeitsalltag hinaus auch das Privatleben nicht unerheblich. Zum durchgängigen Wechselschichtdienst wurde bereits umfänglich geforscht, die Befunde weisen allerdings nicht einheitlich Vor- und Nachteile aus. Insbesondere die Nachtarbeit und die

[28] Vgl. Ohlemacher et al. 2002, S. 59.

[29] Vgl. Opielka 2018; Klemisch 2006, S. 120.

[30] Vgl. Klemisch 2006.

[31] Vgl. Ohlemacher et al. 2002, S. 59.

[32] Vgl. ebd., S. 61.

[33] Vgl. Ohlemacher et al. (2002), vgl. Schiemann et al. 2023.

[34] Vgl. Klemisch 2006, S. 31.

[35] Vgl. Ohlemacher et al. (2002), vgl. Schiemann et al. 2023.

[36] Vgl. Opielka 2018.

Verschiebung des Biorhythmus kann zu körperlichen und psychischen Belastungserscheinungen führen.[37] Auch die Einschränkung der sozialen Kontakte durch Schicht- bzw. Wochenendarbeit wird als negativer Faktor benannt.[38]

Neben diesen eher negativ konnotierten Begleiterscheinungen berichten PVB aber auch davon, dass Arbeit im Schichtdienst hohe persönliche Flexibilität ermöglicht und somit eher positiv wahrgenommen wird.[39] Das trifft besonders auf Schichtdienstmodelle mit Personalpools zu, in denen die Schichten (innerhalb von Rahmenbedingungen wie z. B. der Arbeitszeitverordnung Polizei (AzVO Pol) relativ frei gewählt werden können. Ein klar benannter Vorteil des Schichtdienstes, auch wenn dieser eher mit den dort verrichteten Tätigkeiten als mit den Arbeitszeiten selbst einhergeht, ist die Möglichkeit, täglich die eigenen Aufgaben abschließen zu können.[40]

Als psychosoziale Stressoren wurden sowohl organisatorische Rahmenbedingungen wie Führungs- und Einsatzmittel oder das Arbeitspensum aufgeführt, wie auch Faktoren, die individuellen Empfindungen über die herrschenden Arbeitsbedingungen und Prozesse entsprechen. Darunter sind z. B. die Beteiligung an Entscheidungen oder die Erwartungshaltung der Vorgesetzten zu nennen.[41] Besonders interessant ist dabei die von Sterzenbach gezogene kausale Verbindung zwischen Fremdenfeindlichkeit in der Polizei und Arbeitsbelastung sowie Überforderung[42], die in ähnlicher Form auch schon durch Jaschke[43] berichtet wurde.

Einen mittelbaren Zusammenhang liefert dabei auch die berufliche Identität (als Teil eines Commitments) und das Gefühl der (monetären) Wertschätzung als Teil der Arbeitszufriedenheit. So konnte in einer Längsschnittbetrachtung unter Schweizer Anwärterinnen folgender Zusammenhang dargestellt werden:

> *„Befragte, die eine geringere Passung zum Polizeiberuf erleben, d. h. ans Aufgeben denken und Bedenken in Bezug auf das Bestehen der Abschlussprüfung haben, sowie Befragte, die negative Erlebnisse im Sinne häufiger organisationaler Stressoren (z. B. Überstunden) und fehlender finanzieller Anerkennung berichten, weisen eine zunehmende Fremdenfeindlichkeit auf. In diesem Sinne reagieren eher Personen, denen es tendenziell weniger gelingt, eine professionelle polizeiliche Identität aufzubauen, mit*

[37] Vgl. Klemisch 2006, S. 31.

[38] Vgl. Ohlemacher et al. 2002, S. 82.

[39] Vgl. ebd., S. 161.

[40] Opielka 2018.

[41] Vgl. Klemisch 2006.

[42] Vgl. Sterzenbach (2013), S. 23

[43] Vgl. Jaschke 1998, S. 208.

> *der Abwertung bestimmter Fremdgruppen. Nicht der „typische" polizeiliche Sozialisationsprozess führt also zu vermehrter Fremdenfeindlichkeit, sondern das Ausbleiben oder sich andeutende Scheitern dieses Prozesses.*"[44]

Auch die bundesweit angelegte Studie zur „Motivation, Einstellung und Gewalt im Alltag von Polizeivollzugsbeamten – MEGAVO"[45] ist als aktuelle Befundlage hervorzuheben. Sei setzt berufliche Belastungen, berufliche Identifikation und die Arbeitszufriedenheit von Polizeibeamt*innen in Beziehung zueinander. Aus dem ersten Zwischenbericht geht hervor, dass die Identifikation als Polizist*in mit der Arbeitszufriedenheit zusammenhängt[46] und einige Faktoren als besonders motivierend benannt werden, wie z. B. anderen Menschen zu helfen, Spannung im Berufsalltag, soziale Sicherheit oder das Eintreten für Recht und Ordnung.[47]

Gleichzeitig benennen die Befragten auch belastende Faktoren; unter den zahlreichen stechen hier z. B. interne Konflikte[48], Arbeiten im Schichtdienst[49] und Zeitdruck[50] hervor. Diese gehen wiederum negativ mit der Arbeitszufriedenheit einher[51]. Jüngst konnte in diesem Zusammenhang eine Verbindung von Arbeitszufriedenheit, Commitment und menschenfreundlichen Einstellungen gezeigt werden.[52]

Negative Einstellungen hingegen können verstärkt werden, wenn das dienstliche Umfeld starr und wenig durchmischt ist und so die eigene Reflexion, auch durch mangelnde Offenheit gegenüber anderen Akteuren, erschwert wird[53] und die eigene soziale Abschottung in „dysfunktionale Strukturen"[54] mündet.

Es bestehen also zahlreiche vermutete Wechselwirkungen und Einflüsse beruflicher Merkmale auf die Arbeitszufriedenheit und im Weiteren auch auf die

---

[44] Baier et al. 2023, S. 15.

[45] Vgl. Schiemann et al. 2023.

[46] Vgl. Schiemann et al. 2023, S. 32.

[47] Vgl. ebd., S. 31.

[48] Vgl. ebd., S. 34.

[49] Ebd., S. 36.

[50] Vgl. ebd., S. 37.

[51] Der Zwischenbericht lässt hier allerdings offen, wie die berichtete Wirkrichtung von alltäglichen Belastungen auf Arbeitszufriedenheit und berufliche Identifikation ermittelt wurde. Ob Korrelationsberechnungen, Regressionen oder z. B. eine Mehrebenenanalyse durchgeführt wurden, wird nicht genauer ausgeführt. Die Befunde sind also entsprechend zurückhaltend zu interpretieren.

[52] Vgl. ebd., S. 63.

[53] Vgl. Ministerium des Innern des Landes Nordrhein-Westfalen 2021a, S. 73.

[54] Ebd., S. 73.

eingenommenen Einstellungen. Diese Merkmale wirken allerdings mit hoher Wahrscheinlichkeit nicht einzeln auf die Mitarbeitenden, sondern im Kontext und in Wechselwirkung des dienstlichen Umfeldes, der Kolleg*innen und offizieller sowie tatsächlicher kultureller Eigenheiten der jeweiligen Organisationseinheit.

3.2.2 Cop Culture und polizeiliche Sozialisation

Einen sehr spezifischen Teil der polizeilichen Arbeitswelt nimmt die kulturelle Dimension des polizeilichen Binnengefüges ein. Die Unterscheidung zwischen einer offiziellen Polizeikultur und einer inoffiziellen Polizist*innenkultur hat den Begriff der Cop Culture hervorgebracht. Dieser wurde bereits empirisch fundiert.[55] Hervorzuheben ist dabei, dass nicht die Polizei als Ganzes, sondern einzelne Organisationseinheiten als subkulturelle Strukturen innerhalb der Organisation Polizei betrachtet werden.[56]

Dies geschieht vor allem aus der Überlegung heraus, dass Arbeitsalltag, dienstliche Routinen und auch die berufliche Peer Group je nach Organisationseinheit stark voneinander abweichen können. Denn ethnozentrische Ansätze, in denen die Abschottung nach außen, überzogener Korpsgeist und eine „Mauer des Schweigens" (aus dem Englischen als „blue wall of silence"[57] übernommen) gegenüber externen Akteuren beschrieben wird, fokussieren auf das direkte berufliche Umfeld und nicht auf „die Polizei" als Gesamtorganisation.[58]

Die empirische Forschung über Cop Culture hat in jüngerer Vergangenheit besonders typische Merkmale und Einstellungen beleuchtet, die nicht generalisierend zu einer Polizist*innenkultur zusammengefasst werden können. Vielmehr wurden unterschiedliche Teilelemente von Cop Culture erfasst und voneinander abgegrenzt. Dazu gehören die folgenden Dimensionen, die mittels Faktorenanalyse ermittelt werden konnten:

1. Konservativ-männliche Kultur
2. Institutionspatriotische Kultur
3. Teamkultur

---

[55] Vgl. Gutschmidt und Vera 2019, S. 227.

[56] Vgl. ebd., S. 235.

[57] Vgl. Ivković et al. 2022, S. 4.

[58] Vgl. Behr (2009), S. 26

4. Gewissenhaftigkeitskultur[59]

Im Anschluss wurden Korrelationen zwischen Cop Culture als Gesamtindex sowie den einzelnen Dimensionen und GMF analysiert. Eine signifikante Korrelation konnte zwischen dem Gesamtindex Cop Culture lediglich mit der Abwertung homosexueller Menschen nachgewiesen werden.[60] Interessant ist darüber hinaus, dass GMF vor allem bei PVB beobachtet werden konnte, die gleichzeitig konservativ-männliche Facetten von Cop Culture teilten. Diese organisationskulturelle Facette korreliert dabei signifikant mit einem jüngere Durchschnittsalter und einem höheren Männeranteil.[61]

Weitergehende wissenschaftliche Untersuchungen zum Zusammenhang zwischen der Organisationskultur (z. B. Einflüsse einer maskulin geprägten Kultur in Kontrast zu einer gewissenhaften Kultur[62]) und Stress sowie Coping-Strategien legen außerdem nahe, dass die Personalstruktur von Organisationseinheiten (z. B. Männeranteil, Altersschnitt, Konfliktaufkommen etc.) Auswirkungen auf Coping-Strategien hat bzw. haben kann.[63]

Analog zur Erforschung von Cop Culture sprechen auch weitere Befunde für polizeispezifische Sozialisationsmomente, die Ausprägung und Bildung von Einstellungen prägen, die in Teilen GMF tangieren bzw. Teilelemente darstellen. Im Rahmen einer Untersuchung unter Hamburger PVB konnte festgestellt werden, dass zwischen Berufseinsteiger*innen und Polizeibeamt*innen mit Berufserfahrung Unterschiede bei der Empfänglichkeit für autoritärer Strukturen (*„Autoritäre Unterwürfigkeit“*)[64] bestehen, wobei länger in der Polizei sozialisierte PVB stärkere Zustimmung zu autoritären Strukturen aufweisen[65]. Die Entwicklung von Kontroll- und Machtmotiven, die wiederum Abwertungstendenzen fördern können, scheint innerhalb der Polizei begünstigt zu werden[66].

Als Längsschnittbetrachtung unter dem Aspekt der polizeilichen Sozialisation während der Ausbildung / des Studiums[67] wurden in Nordrhein-Westfalen (NRW) in den Jahren 2013 bis 2017 bzw. im Jahr 2019 im Rahmen der Studien

---

[59] Vgl. Gutschmidt und Vera 2019, S. 228.
[60] Vgl. ebd., S. 234.
[61] Ebd., S. 238.
[62] Vgl. ebd., S. 243
[63] Vgl. Gutschmidt und Vera 2021, S. 21.
[64] Groß et al. 2022, S. 156.
[65] Vgl. ebd.
[66] Vgl. ebd., S. 156.
[67] Vgl. Krott et al. 2018.

„Umfelder 1“ und „Umfelder 2“[68] unter Studierenden im Fachbereich Polizeivollzugsdienst an der HSPV NRW Längsschnittbefragungen durchgeführt, die u. a. auch eine Skala zur Messung von GMF beinhalteten. Ein wesentlicher Befund zur Entstehung und Entwicklung fremdenfeindlicher Einstellungen war, dass im Laufe des dreijährigen Studiums an der HSPV NRW xenophobe Einstellungen deutlich zurückgingen, wohingegen im ersten Jahr des täglichen Dienstes nach dem Studium, die entsprechenden Werte wieder zunahmen.[69] Dies kann u. a. mit der Stiftung einer eigenen sozialen Identität[70] durch Abschottung nach außen im Sinne einer Ethnozentrierung[71] erklärt werden. Damit einhergehen kann die Entwicklung negativer Einstellungen gegenüber den „Ausgeschlossenen“ – bzw. als fremd definierten Personen.[72]

Mit einer (un-)bewussten Abgrenzung von PVB gegenüber nicht polizeilichen Akteuren[73] steigt die Gefahr, Werte der beruflichen Peer Group, z. B. der eigenen Dienststelle, unreflektiert zu übernehmen bzw. Prozessen der Einstellungsprägung durch gegenseitige Verstärkung zu unterliegen.[74] Anders zu bewerten ist die Herausbildung einer professionellen und positiven polizeilichen Identität[75], wenn diese durch Commitment mit den Leitbildern und Organisationszielen korrespondiert und gleichzeitig zu Anerkennung der handelnden PVB durch Führung, Öffentlichkeit und Politik führt. Denn die Erfahrung von beruflicher Anerkennung fördert die Resilienz gegenüber Abwertungstendenzen, da diese bei positivem Selbstwert und entsprechen Rückmeldungen zur Bildung einer positiven Identität schlicht nicht mehr erforderlich sind.[76]

Eine Untersuchung genereller Risikofaktoren, die zu einer Radikalisierung führen können,[77] stützt insbesondere die Bedeutung beruflicher Sozialisationsinstanzen unter Bezugnahme auf Hirschis Bindungstheorie.[78] Diese fokussiert nicht auf das abweichende Verhalten selbst (z. B. in Form von Radikalisierung und der Abkehr von allgemein akzeptierten Werten), sondern auf soziale Kontrolle

---

[68] Vgl. ebd.

[69] Vgl. ebd.

[70] Vgl. Pfister 2018, S. 18.

[71] Vgl. Hadjar 2004, S. 16.

[72] Vgl. Pfister 2018, S. 66.

[73] Vgl. Clement 2019, S. 53.

[74] Vgl. Mansel und Reinecke 2008, S. 529.

[75] Vgl. Groß et al. 2022, S. 161.

[76] Vgl. Groß et al. 2022, S. 162.

[77] Vgl. Beelmann und Lehmann 2022, S. 55.

[78] Vgl. Schwind (2016), S. 129

als zentrales Merkmal für konformes Verhalten.[79] Einer von vier wesentlichen Aspekten ist die Bindung im direkten sozialen Umfeld. Sofern diese Bindung zu Personen besteht, die sich selbst normkonform verhalten bzw. entsprechende Ansichten vertreten, wirkt sie protektiv und verringert die Gefahr abweichenden Verhaltens.

Auf PVB übertragen, steht ein dienstliches Umfeld mit ausgeprägter Orientierung an offiziellen Leitbildern und rechtsstaatlicher Professionalität als Instanz informeller Sozialkontrolle der Entwicklung von extremistischen Einstellungen entgegen. Anders wäre die dienstliche Peer Group zu bewerten, wenn in ihr die allgemein anerkannten Normen bereits verschoben sind und eigenen Bewertungsmaßstäben gewichen sind. Kritisch zu reflektieren ist die Entwicklung einer „Cop Culture“ also besonders dann[80], wenn sie Stereotypen und stigmatisierende Routinen (z. B. in Form selektiver Kontrollpraktiken)[81] umfasst und somit nicht als Rahmen für normkonforme Einstellungen und Leitbilder fungieren kann. Die in ihren Deutungsmustern stattfindende informelle Sozialkontrolle birgt vielmehr die Gefahr, alternative nonkonforme Ziele und Maßgaben zu definieren, an denen sich Mitglieder der Peer Group orientieren und neue Kolleginnen und Kollegen messen.

Damit einher geht die Gefahr der Abschottung gegenüber externen Einflüssen und somit das Risiko ausbleibender (Selbst-)Kritik und Reflexion. Als „extern“ müssen hierbei bereits andere polizeiliche Arbeitsbereiche sowie PVB anderer Organisationseinheiten verstanden werden – unter Umständen sogar Mitglieder der eigenen Dienststelle, die (noch) nicht dem „inneren Kreis“ angehören. Die Abschottung nach Außen und die damit verbundene (vermeintlich kollegiale) Verschwiegenheit und Intransparenz wird häufig als Mauer bzw. als Code of Silence bezeichnet. Eine umfassende empirische Fundierung des Code of Silence zeigte, wenn auch nicht im deutschsprachigen Raum, dass die Mehrheit der Polizeibeamt*innen gewillt war, Fehlverhalten von Kolleg*innen zu verschweigen.[82] Als ein entscheidender Faktor wurde in diesem Rahmen benannt, dass das Vertrauen innerhalb der Kollegenschaft und das „sich aufeinander verlassen können“ ein zentrales Motiv der polizeilichen Sozialisation bereits ab Beginn der polizeilichen Ausbildung ist.[83] Von besonderem Interesse ist die Feststellung, dass befragte

[79] Vgl. Schröder et al. 2020, S. 392.

[80] Vgl. Hunold 2022, S. 285.

[81] Vgl. Cremer 2013, S. 29

[82] Vgl. Ivković et al. 2022, S. 110.

[83] Vgl. ebd., S. 109.

PVB besonders dann etwaiges Fehlverhalten angaben zu verschweigen, wenn sie dies durch die interne Polizeikultur als gebilligt empfanden:

> „*The perception of police culture tolerant to misconduct have the strongest and most consistent effect on the respondents' own willingness to adhere to the code of silence.*"[84]

Ob diese Befunde aufgrund zentraler Unterschiede von Kultur, Ausbildung und dem politischen bzw. gesellschaftlichen Ansehen der Polizei in der vorliegenden Erhebung abgebildet werden können, ist allerdings fraglich.

3.3 Befunde zum kontaktbedingten Auf-/Abbau von Stereotypen

Der grundlegende Zusammenhang zwischen Kontakt und dem Abbau von Vorurteilen bzw. Stereotypen, der in der Kontakthypothese nach Allport[85] formuliert ist, wurde bereits empirisch verifiziert. Die Grundannahme, dass Vorurteile gegenüber spezifischen Personengruppen abgebaut werden (können), wenn man Kontakt zu diesen Gruppen hat, kann prinzipiell als bestätigt [86] angesehen werden.

In zahlreichen weiteren Studien wurde dieser Zusammenhang weiter geschärft und z. B. durch Kontakt geschaffene, mittelbare Einflussgrößen auf die Vorurteilsbildung identifiziert. So konnte auf kognitiver Ebene das Generieren von Wissen über eine Gruppe als konkreter, vorurteilshemmender Faktor identifiziert werden. Mittlerweile ist auch die affektive Dimension, die Kontakte in Verbindung mit Emotionen den beteiligten Gruppen gegenüber assoziiert, als Determinante für den Abbau von Vorurteilen durch Kontakt identifiziert worden. Der Abbau von Ängsten und empathische Empfindungen gegenüber entsprechenden Gruppenangehörigen begünstigen ebenfalls den Abbau von Vorurteilen bzw. wirken der Entstehung derselben entgegen. Auch wurde der anfangs auf ethnische Gruppen beschränkte Untersuchungsfokus erweitert und dahingehend konkretisiert, dass die Kontakthypothese auch auf religiöse, sexuelle (z. B. Homosexuellen) oder sonstige Gruppen angewendet werden kann. Als zentrale Erkenntnis ist festzuhalten, dass Kontakt Vorurteile auf mehreren Ebenen abbauen kann. Durch

[84] Ebd., S. 110.

[85] Vgl. Allport (1954)

[86] Vgl. Pettigrew und Tropp 2006, S. 752.

direkte Interaktion wird nicht nur objektives Wissen über andere bzw. als fremd empfundene Gruppen generiert, sondern auch affektive Faktoren (wie Angst vor dieser Gruppe, die durch Kontakt abgebaut wird, und Empathie dieser Gruppe gegenüber, die durch Kontakt gestärkt wird) werden positiv beeinflusst.[87]

Auch das jeweilige Setting der Kontaktsituationen, etwa ob Gleichheit als soziale Norm von den Beteiligten akzeptiert und gelebt wird, kann sich darauf auswirken, ob die Kontakte den Abbau von Vorurteilen bewirken können.[88] Doch nicht nur unmittelbarer Kontakt, auch *„imaginierter Kontakt"*[89], also die Vorstellung über Ablauf und Umstände zukünftiger Kontakte, kann faktischen Einfluss auf Entstehung bzw. Bestand von Vorurteilen haben.

Hervorzuheben ist hier der Befund, dass Vorurteile und negativ geprägte Einstellungen gegenüber einer Gruppe sich auf das Verhalten im Kontakt mit den Gruppenangehörigen auswirken können.[90]

Speziell auf die Polizei bezogen konnte in mehreren Erhebungen zur Arbeitswelt und als belastend empfundenen Elementen festgestellt werden, dass wiederkehrende konfrontative Ereignisse als Form negativ geprägter Intergruppenkontakte zu negativer Wahrnehmung und daraus resultierendem negativ vorbelastetem Umgang mit Bürger*innen führen können.[91] Gleichzeitig berichteten Polizeibeamt*innen mit einer ausgeprägten Bürgerorientierung eine niedrigere Konfliktbelastung.[92] Wie Einsatzsituationen verlaufen und aus Sicht der Bürger*innen und handelnder PVB wahrgenommen werden, wurde in der Polizei Berlins in Form von Interviews und teilnehmender Beobachtung erhoben.[93] Dass einige Gruppen regelmäßiger in den polizeilichen Kontrollfokus gelangen als andere, etwas im Falle von Angehörigen der Betäubungsmittelszene, muss dabei nicht zwangsläufig auch mit einer negativen Wahrnehmung dieser Gruppe einhergehen. Denn eine Routine im gegenseitigen Umgang kann, etwa wenn polizeierfahrene Personen den Verlauf der Maßnahme bereits kennen und den Anordnungen der PVB bereits zuvorkommen (z. B. durch das Einnehmen einer entsprechenden Position bei einer anstehenden Durchsuchung), zur Deeskalation beitragen.[94]

[87] Vgl. Landmann et al. 2017, S. 5.
[88] Vgl. Aronson et al. 2014, S. 519.
[89] Genkova und Hasse 2022, S. 222.
[90] Vgl. Landmann et al. 2017, S. 5.
[91] Vgl. Ellrich und Baier 2022, S. 511.
[92] Vgl. ebd., S. 511.
[93] Vgl. Howe et al. 2022, S. 11.
[94] Vgl. ebd., S. 77.

Insgesamt weisen die Befunde für den polizeilichen Alltag allerdings darauf hin, dass Kontakte zu bestimmten sozialen oder ethnischen Gruppen eher nicht zum Abbau von Vorurteilen geeignet sind, da erforderliche Voraussetzungen für positive Kontakterfahrungen, wie etwa eine Begegnung auf Augenhöhe ohne Hierarchiegefälle, tendenziell durch die hoheitliche Rolle und insbesondere repressive Maßnahmen der agierenden PVB überlagert werden.[95]

3.4 Befunde zu Racial Profiling

Hinausgehend über die polizei-immanenten Voraussetzungen für entstehende Kontakte existieren darüber hinaus immer wieder Hinweise auf Kontrollpraktiken, die von Vorneherein durch Stereotypisierung und Vorurteile geprägt sind (und so mit Sicherheit keinerlei positiven Kontakterfahrungen zulassen). Zur Ausprägung von Kontrollpraktiken auf Basis äußerer Merkmale liegen zum aktuellen Zeitpunkt nur vereinzelte Daten vor. Bis auf Sachverhalte, die durch die Betroffenen angezeigt und justiziell geprüft werden, liegen kaum belastbare Nenngrößen zur Bezifferung entsprechender Maßnahmen vor. Die Debatte um den Begriff „Nafri“ hat 2016[96] die Frage aufgeworfen, inwieweit polizeiliche Akteure überhaupt ein entsprechendes Problembewusstsein haben, wenn entsprechend stereotypisierende Begriffe selbst in der eigenen Außendarstellung über Social Media gebraucht werden.

Die Antidiskriminierungsstelle des Bundes zählte im Zeitraum von 2017 bis 2020 insgesamt 685 Hinweise bzw. Hilfeersuchen im Zusammenhang mit Diskriminierung durch Polizei und Justiz, eine detaillierte Aufstellung und Zuordnung der Fälle ist jedoch nicht einsehbar.[97] Die EU-Midis-Studie der Agentur der Europäischen Union für Grundrechte hat in ihrem 2011 veröffentlichten Bericht zur Erhebung (u. a.) von Kontrollerfahrungen durch Polizei und Grenzschutz ergeben, dass Sinti_zze und Rom_nja sowie Menschen (nord-)afrikanischer Herkunft deutlich häufiger als Menschen mitteleuropäischen Phänotyps kontrolliert werden.[98] Auch ohne die Problematik, auf NRW bezogen, nummerisch umreißen zu können, sprechen mehrere theoretische Befunde dafür, Zusammenhänge zwischen GMF und Racial Profiling im polizeilichen Kontext anzunehmen.

---

[95] Vgl. Ganter 2003, S. 132.

[96] Vgl. Jarolimek et al. 2023, S. 129.

[97] Vgl. Antidiskriminierungsstelle des Bundes (2021)

[98] Vgl. FRA- Agentur der Europäischen Union für Grundrechte 2011.

Bereits 2003 wurde, in Rahmen einer teilnehmenden Beobachtung bei einem Einsatztrupp in Duisburg[99], festgestellt, dass eine Wechselwirkung zwischen Stereotypisierung von Gruppen und selektiven Kontrollen von Angehörigen dieser Gruppen besteht. Denn durch die selektiven Kontrollen werden mit hoher Wahrscheinlichkeit auch vermehrt Verstöße (z. B. Besitz von Betäubungsmitteln) durch Gruppenangehörige festgestellt, was wiederum die bestehenden Stereotypen und Vorurteile verstärkt:

> *„Problematisch ist, dass die polizeilich konstruierte Wirklichkeit eine Mischung aus realen Alltagserfahrungen und verfestigten Stereotypen darstellt, die sich wiederum gegenseitig bedingen. Dabei bedienen die im Einsatz gemachten Erfahrungen das gängige Stereotyp („Rumänen sind Einbrecher"), auf der andere Seite bestimmt das Stereotyp das polizeiliche Handeln (ein rumänisches Kennzeichen führt nahezu automatisch zur Observation des Fahrzeugs bzw. zur Überprüfung der Insassen.)"*[100]

Bei der Frage nach begünstigenden Faktoren für Racial Profiling ist zum einen die Autarkie von Organisationseinheiten genannt. Eigenmächtig ohne enge Führungs- oder Zielvorgaben „freies Jagen" betreiben zu können, scheint die Anfälligkeit für verselbstständigte Routinen zu erhöhen.[101] Ein Selbstverständnis als *„Jäger"*[102] oder *„Crime Fighter"*[103], welches repressive Ansätze überbetont bzw. in den Mittelpunkt der eigenen Tätigkeit stellt, dokumentiert zudem eine Diskrepanz zwischen offiziellen Leitbildern und gelebten Praktiken, die auch als *„Street Cop Culture"*[104] bezeichnet werden. Die Verbindung und Identifizierung mit offiziellen Leitbildern im Sinne eines Organisationscommitments[105] wurde bereits in Erhebungen des KFN 2002 in Bezug zum Arbeitsverhalten gesetzt, denn *„Es ist zu erwarten, dass bei negativer Bewertung der Polizei das Arbeitsverhalten (z. B. der Kontakt zum Bürger) insbesondere dann beeinträchtigt wird, wenn die Zugehörigkeit zur Polizei für die Identität des Polizisten bedeutsam ist."*[106]

Wie sich PVB mit der Polizei und den offiziellen Leitbildern und Führungsvorgaben identifizieren, ist also in Wechselwirkung mit den eigenen Einstellungen durchaus als relevanter Faktor für das eigene Handeln anzusehen. Dass Racial

---

[99] Vgl. Schweer und Strasser 2003, S. 241.

[100] Schweer und Strasser 2003, S. 242.

[101] Vgl. ebd., S. 244.

[102] Ebd., S. 244.

[103] Behrendes 2022, S. 707.

[104] Schweer und Strasser 2003, S. 244.

[105] Vgl. Bosold et al. 2002; Fittkau und Reinhardt 2023.

[106] Bosold et al. 2002, S. 29.

Profiling in Wechselwirkung mit den individuellen Einstellungen der handelnden PVB und den organisatorischen Strukturen auftritt,[107] macht daher auch einen Blick auf die Faktoren, die das Verhältnis von PVB zur Organisation Polizei und der eigenen kulturellen Verortung skizzieren, erforderlich. Dazu gehören neben Commitment und dem Rückhalt in der eigenen Organisation auch die bereits beschriebenen Facetten von Cop Culture.

3.5 Forschungsbedarfe/Forschungslücke

Da Polizei föderal organisiert ist, unterscheiden sich die Landespolizeien sowie die Bundesbehörden[108] in Organisation, Personal(-auswahl) und strukturellen Bedingungen teils erheblich voneinander. Auf das Bundesgebiet bezogen, gibt es bislang nur vereinzelt Erhebungen zu den politischen und sozialen Werten und Einstellungen von PVB. In jüngerer Vergangenheit mehrten sich die Initiativen zur Erhellung dieser „blinden Flecken", sowohl aus Richtung der politisch verantwortlichen Ministerien/Senate als auch auf Initiative externer wissenschaftliche Akteure.

In Hessen wurde im Jahr 2020 unter dem Titel *„Polizeiliche Alltagserfahrungen – Herausforderungen und Erfordernisse einer lernenden Organisation"*[109] eine quantitative Erhebung unter hessischen Polizeibeamt*innen durchgeführt, in deren Rahmen sowohl politische Einstellungen (politische Selbstverortung, politische Aussagen u. a. zu Immigration, Überfremdung) als auch Faktoren beruflicher (Un-)Zufriedenheit thematisiert wurden.[110] Eine Beziehung zwischen Faktoren beruflicher Zufriedenheit und den Einstellungsdimensionen wurde in dieser Erhebung nicht hergestellt. Die geplanten Maßnahmenpakete beinhalten auch Bausteine zur Stärkung des Demokratieverständnisses, wenngleich die Ergebnisdarstellung nicht klar artikuliert, in welcher Form in diesem Bereich Optimierungsbedarfe bestehen.[111]

Die Debatte um eben diese Leitwerte wurde in der Polizei NRW im Jahr 2019 durch Innenminister Herbert Reul vorangetrieben, wenngleich sich die damals initiierte Diskussion auf polizeikulturelle Werte (z. B. Mut, Respekt, Integrität

[107] Vgl. Schweer und Strasser 2003; Niemz und Singelnstein 2022.

[108] Hierzu zählen neben der Bundespolizei auch das Bundeskriminalamt und der Zoll

[109] Hessisches Informations- und Kompetenzzentrum gegen Extremismus [HKE] 2020.

[110] Vgl. ebd., S. 25.

[111] Vgl. ebd., S. 46.

etc.) beschränkte, die nicht mit politischen Dimensionen oder Einstellungen in Verbindung gebracht wurden.[112]

Anders ist die qualitative Erhebung durch die in 2020 neu gegründete Stabsstelle Rechtsextremistische Tendenzen in der Polizei NRW zu bewerten[113], die in Form von teilnehmenden Beobachtungen und Experteninterviews das Vorkommen von Einstellungen wie GMF oder Narrativen der Neuen Rechten in der Polizei und die zielgerichtete Prävention dieser analysiert hat.[114] Insbesondere die in diesem Projekt identifizierten Förderungsfaktoren für die Entstehung rechtsextremistischer Einstellungen (u. a. Frustration, Entfremdung)[115] entsprechen möglichen Risikofaktoren im Sinne der o. a. Fragestellung.

Schließlich sind in der jüngeren Vergangenheit weitere Forschungsprojekte zur Beleuchtung von Werten und Einstellungen in der Polizei initiiert worden, deren Ergebnisse noch abzuwarten sind. Hervorzuheben sind hier vor allem die Projekte MEGAVO[116] als bundesweite Erhebung sowie DeWePol[117] der Akademie der Polizei in Hamburg, die beide sowohl Berufsalltag und Berufszufriedenheit als auch Einstellungen, Werte und mögliche Determinanten erheben.[118]

Die Wahrnehmung von Diskriminierung in Form von Zuschreibungs- und Kontrollroutinen im Rahmen polizeilicher Tätigkeiten durch Betroffene wurde durch das Projekt „KviA Pol"[119] erhoben und durch qualitative Erhebungen innerhalb der Polizei ergänzt. Bislang veröffentlichte Befunde deuten insbesondere auf die Gefahr stereotypisierender Polizeiarbeit aufgrund struktureller Faktoren (z. B. mangelnde Reflexion eigener Kontrollroutinen und Transparenz bei Maßnahmen) hin.[120]

Für Nordrhein-Westfalen (NRW) gab es bislang eine durch das Ministerium des Innern NRW (IM NRW) eigens eingerichtete „Stabsstelle rechtsextremistische Tendenzen"[121], unter deren Federführung von 2020 bis 2021 bereits eine

---

[112] Vgl. Welt 2019.

[113] Vgl. Stabsstelle Rechtsextremistische Tendenzen in der Polizei NRW 2021.

[114] Vgl. Ministerium des Innern des Landes Nordrhein-Westfalen 2021a.

[115] Vgl. Ministerium des Innern des Landes Nordrhein-Westfalen 2021d, S. 122.

[116] Vgl. Schiemann et al. 2023.

[117] Vgl. Akademie der Polizei Hamburg 2021.

[118] Zu der Projektgruppe DeWePol bestand enger Kontakt auf Arbeitsbasis seit 05/2020 im Rahmen der Operationalisierung des Fragebogens und inhaltlichen Abstimmungen. Entsprechend übernommene Items des DeWePol Fragebogens sind mit einem Hinweis versehen.

[119] Vgl. Abdul-Rahman und Singelnstein 2022.

[120] Vgl. ebd., S. 490.

[121] Die Stabstelle wurde nach Abschluss der empirischen Erhebung nicht weiter betrieben, einige der durch sie angeregten Handlungsempfehlungen waren mit Stand Februar 2024 noch

qualitative Erhebung in Form von teilnehmender Beobachtung und Experteninterviews durchgeführt wurde.[122]

Inhalt dieser Erhebung waren Teilelemente von GMF sowie Förderungs- und Schutzfaktoren zur Entwicklung derartiger Tendenzen. Zusammenfassend ist festzuhalten, dass einige Teilbereiche der polizeilichen Arbeitswelt bereits unter verschiedenen Gesichtspunkten beleuchtet wurden. Bis auf die Erhebung der Stabsstelle Rechtsextremistischer Tendenzen des IM NRW wurden bislang allerdings keine Förderungs- bzw. Risikofaktoren in der Polizei NRW analysiert. Das qualitative Setting der Erhebung kann durch die vorliegende quantitative Herangehensweise im Sinne rationalistischer Theoriebildung und Falsifizierung[123] ergänzt werden. Eine vergleichbare hypothetische Prüfung von Auswirkungen möglicher Einflussfaktoren auf den Werte- und Einstellungskontext ist bislang nicht erfolgt. Insofern ist von besonderem Interesse, mögliche (vor allem organisationsbedingte) Einflüsse auf GMF und NRM zu identifizieren und gleichzeitig, bei Vorliegen entsprechender Einstellungen, potenzielle Auswirkungen im Sinne handlungsleitender Determination zu benennen.

Auch zur innerpolizeilichen Diversität wurden während der Bearbeitung dieses Projekts erste Erkenntnisse veröffentlicht, etwas, dass Anwärter*innen mit Migrationshintergrund weniger Fremdenfeindlichkeit berichten.[124]

Wenngleich in jüngerer Vergangenheit die Anzahl an Forschungsarbeiten im deutschsprachigen Raum, die PVB adressieren und verschiedene Facetten von Polizeiarbeit beleuchten, erfreulicherweise zugenommen hat, so gibt es bislang keine umfassende Gesamtbetrachtung von arbeitsweltlichen Faktoren, Kausalverknüpfungen zu eingenommenen Einstellungen und letztlich deren Strahlwirkung auf Handlungsabsichten bzw. handlungsleitende Determinanten. Vor diesem Hintergrund Grund wurde die Auswahl der unter Kapitel 7 betrachteten Merkmalen polizeilicher Arbeitswelt sowohl auf Basis der vorangestellten polizeispezifischen Befunde als auch auf Grundlage wissenschaftlich etablierter Erhebungen zur zivilen Arbeitswelt[125] getroffen.

---

nicht in Gänze umgesetzt. So waren zumindest bis Februar 2024 noch nicht alle Stellen der Fachkräfte für Beratung in der Polizei NRW besetzt, die in den Kreispolizeibehörden für die Alltagsreflexion eingesetzt werden sollen. vgl. Polizei NRW 2024.

[122] Vgl. Ministerium des Innern des Landes Nordrhein-Westfalen 2021a.

[123] Vgl. Döring und Bortz 2016, S. 54.

[124] Vgl. Baier et al. 2023, S. 22.

[125] Vgl. Nübling et al. 2005, S. 31.

4 Theoriegeleitetes Forschungsmodell

Auf Grundlage der dargestellten Befunde wurde, im Sinne kritisch rationalistischer Theorie[1], ein Modell entwickelt, welches als Rahmung für den grundlegenden Analyseprozess dient. Zunächst liegt der Fokus auf der Identifizierung möglicher Einflussfaktoren auf GMF und NRM. Darauf aufbauend werden etwaige Auswirkungen dieser Einstellungsbündel auf konkrete polizeiliche Handlungsabsichten, hier Racial Profiling und der Code of Silence, geprüft.

Für die statistische Auswertung ordnet dieses Modell die betrachteten Konstrukte und Faktoren in unabhängige (beeinflussende) bzw. abhängige (beeinflusste) Variablen ein. Zwischen diesen werden die erwarteten Zusammenhänge und Abhängigkeiten auf Basis der angeführten Theorien und Erkenntnisse in Hypothesen überführt. Dazu werden die Thesen nach den betrachteten abhängigen Variablen geordnet (Abbildung 4.1).

[1] Döring und Bortz 2016, S. 37.

© Der/die Autor(en), exklusiv lizenziert an Springer Fachmedien Wiesbaden GmbH, ein Teil von Springer Nature 2026

M. Haendschke, *Werte und Einstellungen von Polizeibeamtinnen und Polizeibeamten*, Kriminologische Studien,
https://doi.org/10.1007/978-3-658-50480-9_4

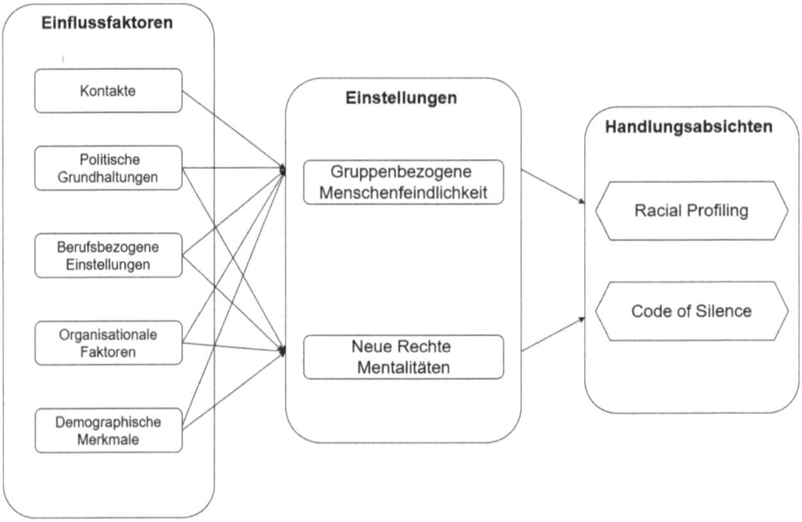

Abbildung 4.1 Hypothesenmodell. (Eigene Darstellung)

4.1 Hypothesen zu GMF

Bei der Prüfung möglicher Einflussfaktoren auf GMF werden zunächst demographische Faktoren betrachtet. Auf Basis der bisherigen Erkenntnisse wird angenommen, dass es sich auswirkt, welches Geschlecht die Befragten haben, wobei in den Bezugsstudien Männer ausgeprägter GMF zeigten. Die zum Erhebungszeitpunkt relevanten Befunde legen darüber hinaus nahe, dass höheres Lebensalter mit menschenfeindlichen Einstellungen einhergeht.

Obwohl es diesbezüglich keine belastbaren Befunde gibt, ist anzunehmen, dass PVB mit Migrationshintergrund weniger zur Abwertung von (ethnischen oder kulturellen) Minderheiten neigen, da sie selbst entweder Diskriminierungserfahrungen nachvollziehen können oder zumindest keine klare Abgrenzung gegenüber als fremd empfundenen Kulturen vornehmen.

Der Einfluss von Bildung auf GMF ist sehr eindeutig nachgewiesen worden. Auch wenn der entsprechende Effekt vermutlich innerpolizeilich nicht in Gänze abbildbar ist, da weniger Spannweite im Bildungsniveau der PVB besteht, ist dennoch eine grundsätzliche Reproduzierbarkeit dieses Befundes zu erwarten. Zusammenfassend werden folgende demographische Zusammenhänge vermutet:

- H1^{GMF}: Es wird angenommen, dass GMF bei Männern stärker ausgeprägt ist als bei Frauen.
- H2^{GMF}: Je älter die Befragten sind, desto höher ist ihre Zustimmung zu GMF.
- H3^{GMF}: Bei PVB mit Migrationshintergrund ist GMF niedriger ausgeprägt als bei PVB ohne Migrationshintergrund.
- H4^{GMF}: GMF kommt über alle Bildungsgrade hinweg vor, wobei mit steigendem Bildungsgrad niedrigere Ausprägungen zu erwarten sind.

Die politischen Werte und Orientierungen gehen, der Literatur folgend, grundsätzlich einher mit GMF. Wenngleich innerpolizeilich andere politische Verteilungen (z. B. konservativere Ausrichtung) anzunehmen sind, unterscheiden sich die Wirkungen unter PVB vermutlich nicht von den gesamtgesellschaftlichen Effekten. Die politische Selbstverortung zwischen rechtem und linkem Spektrum oder das grundsätzliche Vertrauen in eine demokratische Staatsordnung, wirken sich mit hoher Wahrscheinlichkeit auf die Ausprägung von GMF aus. Als übergeordneter Einstellung kommt der Bereitschaft, eigene Stereotypen zu reflektieren, mutmaßlich eine zentrale Bedeutung zu. Denn nur, wenn eigene Einstellungen als Stereotype erkannt und reflektiert werden, können sie überdacht und ggf. abgelegt werden.

- H5^{GMF}: GMF ist bei rechts bzw. eher rechts orientierter politischer Grundhaltung stärker ausgeprägt als bei einer politischen Grundhaltung in der Mitte, im eher linken oder linken Spektrum.
- H6^{GMF}: Je stärker das Vertrauen in die Demokratie ausgeprägt ist, desto weniger werden einzelne gesellschaftliche Gruppen abgewertet und desto geringer ist damit GMF ausgeprägt.
- H7^{GMF}: Je stärker die Bereitschaft ausgeprägt ist, die Bildung von Stereotypen zu reflektieren, desto niedriger ist GMF ausgeprägt.

Auf organisationaler Seite konnte gezeigt werden, dass lange Verwendungszeiten innerhalb einer BOE eher mit Arbeitsunzufriedenheit, der Festigung vorurteilsfördernden Strukturen und mangelnder Reflexion einhergehen. All diese Faktoren konnten auch mit Abwertungstendenzen in Verbindung gebracht werden. Das Cop Culture, in einzelne Facetten gegliedert, unterschiedliche Elemente des polizeilichen Selbstverständnisses umfasst, führt auch zur Differenzierung ihrer möglichen Auswirkungen auf GMF.

- H8^{GMF}: PVB mit größerer Verwendungsbreite weisen niedrigere GMF-Werte auf, als PVB mit geringer Verwendungsbreite.

- $H9^{GMF}$: Je höher die Arbeitszufriedenheit ausgeprägt ist, desto weniger wird GMF berichtet.
- $H10^{GMF}$: Je stärker eine professionell-rechtsstaatliche Dimension von Cop Culture ausgeprägt ist, desto niedriger ist GMF zu beobachten.
- $H11^{GMF}$: Je höher der Stellenwert der individuellen Gruppe ist, desto eher wird auch GMF geäußert.
- $H12^{GMF}$: Je stärker die männlich-konservative Facette von Cop Culture ausgeprägt ist, desto deutlicher ist auch GMF ausgeprägt.

Die Kontakthypothese als letzter zentraler Bezugspunkt für die Herleitung möglicher Einflussfaktoren auf GMF legt vor dem Hintergrund der Erkenntnisse über Kontaktsettings nahe, dass Frequenz und Setting von Kontakten separate Effekte auf GMF haben werden.

- $H13^{GMF}$: Je höher die Kontaktfrequenz zu spezifischen Gruppen, desto eher erfahren diese Abwertung durch die PVB.
- $H14^{GMF}$: Je positiver die Kontakterfahrungen mit spezifischen Gruppen charakterisiert werden, desto niedriger ist die jeweilige GMF-Dimension ausgeprägt.
- $H15^{GMF}$: Je angenehmer der Kontakt zu spezifischen Gruppen empfunden wird, desto weniger wird GMF diesen Gruppen gegenüber berichtet.

Zuletzt wird, analog zu den Bezugsstudien, auch ein Zusammenhang zwischen menschen- und demokratiefeindlichen Einstellungen vermutet.

- $H16^{GMF}$: GMF und NRM korrelieren als Einstellungskonstruktionen miteinander; je stärker GMF ausgeprägt ist, desto stärker werden auch NRM vertreten.

Es handelt sich bei dieser letzten These also nicht um eine klassisch gerichtete Hypothese mit eindeutiger Wirkungsvermutung, sondern lediglich um einen vermuteten Zusammenhang ohne Kausalverknüpfung.

4.2 Hypothesen zu NRM

Neue Rechte Mentalitäten haben sich als Konglomerat aus delegitimierenden Postulaten, teils verschwörungsähnlichen Unterstellungen und einer Abwertung des demokratischen Gemeinwesens gezeigt.

Die Befunde lassen bei der demographischen Verteilung keinen signifikanten Unterschied zwischen den Geschlechtern erwarten. Aus Erkenntnisinteresse heraus wird der Zusammenhang zwischen dem Geschlecht und demokratiefeindlichen Einstellungen dennoch betrachtet. Dagegen kann zum Lebensalter eine deutliche Wirkungsannahme formuliert werden. Explorativ wird das Verhältnis von PVB mit Migrationshintergrund und Einstellungen der NRM betrachtet. Trotz mangelnder Befundlage kann begründet angenommen werden, dass PVB mit Migrationshintergrund klassisch nationalistischen Motivationslagen der NRM (Rückbesinnung gegen die EU, Ethnopluralismus, Islamverschwörung etc.) eher ablehnend gegenüberstehen. Insbesondere da der faktenunabhängige und verschwörungsmythische Charakter einiger Dimensionen vermutlich besonders von eher gebildeten Menschen durchschaut wird, ist auch unter PVB ein entsprechender Bildungseffekt anzunehmen.

- H1^{NRM}: Das Geschlecht hat keinen signifikanten Einfluss auf die Zustimmung zu NRM.
- H2^{NRM}: Je älter die Befragten sind, desto höher sind die Zustimmungswerte zu NRM.
- H3^{NRM}: PVB mit Migrationshintergrund berichten geringere NRM als PVB ohne Migrationshintergrund.
- H4^{NRM}: Mit steigendem Bildungsniveau sinkt die Zustimmung zu NRM.

Das zentrale Vertrauen in unser politisches System und die politische Selbstverortung üben auch unter PVB vermutlich ähnliche Wirkungen auf NRM aus wie gesamtgesellschaftlich.

- H5^{GMF}: Je deutlicher die politische Grundhaltung nach rechts tendiert, desto stärker werden auch NRM vertreten.
- H6^{NRM}: Je stärker das Vertrauen in die Demokratie ausgeprägt ist, desto weniger werden NRM berichtet.
- H7^{NRM}: Je höher die Zivilcourage ausgeprägt ist, desto weniger werden NRM bestätigt.

Die Befunde zur polizeilichen Arbeitswelt (Abschnitt 3.2.1) legen mehrere Annahmen zum Zusammenhang zwischen Arbeitsbedingungen und demokratiefeindlichen Einstellungen nahe. Dazu gehört, dass eine hohe Arbeitszufriedenheit i. d. R. (die mit einem hohen Commitment und damit auch mit der Identifikation mit den professionellen und rechtsstaatlichen Ansprüchen der Polizeiführung einhergehen dürfte) NRM-Einstellungen vermutlich entgegensteht und dass Faktoren, die Gratifikationskrisen unwahrscheinlich machen (Rückhalt, keine Überlastungswahrnehmungen etc.), mit einer hohen Arbeitszufriedenheit einhergehen.

- $H8^{NRM}$: Je höher die Arbeitszufriedenheit, desto geringer ist NRM ausgeprägt.
- $H9^{NRM}$: Je stärker das Commitment mit der Organisation Polizei empfunden wird, desto geringer sind NRM ausgeprägt.
- $H10^{NRM}$: Je niedriger der empfundene Rückhalt ist, desto höher sind die NRM-Tendenzen.

4.3 Hypothesen zu handlungsleitenden Einstellungen

Die zuvor betrachteten Einstellungen entfalten vermutlich auch eine handlungsbezogene Dimension bzw. haben handlungsleitende Auswirkungen. Auf Racial Profiling wirken sich vermutlich besonders die Faktoren aus, die mit der Sichtweise ethnischer oder kultureller Gruppen in Verbindung zu bringen sind. GMF verbindet dabei konkrete Abwertungshaltungen gegenüber Gruppen wie Muslimen, Asylsuchenden und Sinti_zee und Rom_nja sowie grundsätzliche Einstellungen gegenüber als fremd deklarierten Menschen, etwa über die Dimensionen der Fremdenfeindlichkeit, der Etabliertenvorrechte oder rassistischer Ideologien. Insofern ist davon auszugehen, dass PVB, die GMF berichten, auch eher zu Racial Profiling neigen oder entsprechende Kontrollroutinen zumindest billigen.

- $H1^{RP}$: Je stärker PVB sich menschenfeindlich äußern, desto deutlicher tendieren sie auch zu Racial Profiling.

Bezogen auf die Abschottung gegenüber polizeifremden Akteuren und dem Code of Silence ist anzunehmen, dass sich sowohl demokratiefeindliche Einstellungen (da diese ebenfalls Abschottungsmuster und Misstrauen gegenüber übergeordneten Entscheidungsebenen artikulieren) als auch organisationale Merkmale auswirken.

Zunächst ist anzunehmen, dass ältere PVB, weil sie eine noch deutlich hierarchischere Sozialisation (z. B. kasernierte Ausbildung) in der Polizei erfahren haben, deutlicheren kollegialen Zusammenhalt berichten. Dieser birgt die Gefahr, in Teilbereichen auch zu missverstandener Kollegialität und damit entsprechender Verschwiegenheit nach Außen zu führen.

Die Befürwortung von NRM bedeutet, dass die Integrität politischer Akteure und Institutionen angezweifelt wird. Damit geht mit hoher Wahrscheinlichkeit auch die Überzeugung einher, dass man polizeiliche Interna, insbesondere über Fehlverhalten, nicht in Richtung der politisch übergeordneten Instanzen oder gar der (medialen) Öffentlichkeit preisgeben sollte. Außerdem impliziert die Ablehnung demokratischer Strukturen auch die Ablehnung der Grundsätze der Gewaltenteilung und der Kontrolle der Exekutive.

Dem entgegen steht Vertrauen in die Polizei bzw. Justiz in Form von Rückhalt; wenn Rückhalt empfunden wird, trauen sich die Befragten ggf. eher, sich bei ihren Vorgesetzten (oder der Staatsanwaltschaft selbst) zu Fehlverhalten durch Kolleg*innen zu äußern.

Zuletzt geht eine ehrliche Selbstreflexion zu „richtigem" und erforderlichem Verhalten, auch gegen interne Widerstände oder die Gefahr, als „Nestbeschmutzer*in" abgestempelt zu werden, mit dem Code of Silence einher.

- $H1^{COS}$: Je älter die PVB sind, desto eher zeigen sie Abschottungstendenzen.
- $H2^{COS}$: Wenn PVB neue rechte Mentalitäten befürworten, neigen sie eher zur Abschottung.
- $H3^{COS}$: Wenn PVB ausgeprägten Rückhalt empfinden, dann berichten sie eher Fehlverhalten anderer PVB.
- $H4^{COS}$: Je selbstreflektierter PVB sich äußern, desto weniger decken sie Fehlverhalten anderer PVB.

An diesen Hypothesen richtet sich die aufeinander aufbauende Fragestellungen nach Einflussfaktoren auf- und Wirkungen von berichteten Einstellungen aus.

5 Methode

Zur Prüfung vorgenannter Hypothesen wurde ein quantitativer Forschungsansatz gewählt, der sowohl die Prüfung der Wirkungsannahmen auf Basis bereits gesicherter Befunde als auch die explorative Betrachtung noch unerforschter Zusammenhänge miteinander in Verbindung brachte. Dies geschah auch vor dem Hintergrund, dass es zum Zeitpunkt der Konzeption weder quantitative Befunde zu vergleichbaren Fragestellungen gab noch auf die Betrachtung bis dato wenig beschriebener Zusammenhänge verzichtet werden sollte.

Über eine anonymisierte Online-Befragung sollten möglichst viele PVB zu ihren Einstellungen und Aspekten des polizeilichen Arbeitsalltags Stellung beziehen. Eine flankierende Ergänzung durch qualitative Methoden, etwa Experteninterviews der Extremismusbeauftragten der Polizeibehörden, wäre durchaus sinnvoll und im Sinne eines Mixed Methods Ansatz[1] wünschenswert gewesen.

An dieser Stelle sei vorweggenommen, dass die bereits angesprochene qualitative Erhebung des IM NRW zur Betrachtung potenzieller Förderungsfaktoren von GMF in der Polizei NRW in der ersten Jahreshälfte 2021 stattfand und somit kurz vor dem Beginn der Erhebung in dem hier vorliegenden Projekt (Beginn August 2021) abgeschlossen wurde. Insofern schien eine methodische Überschneidung zu dieser Erhebung (z. B. durch die Ergänzung der quantitativen Befunde um Experteninterviews), auch aus ressourcentechnischen Erwägungen und der Genehmigungswahrscheinlichkeit dieses Projektes, als nicht geboten.

---

[1] Vgl. Döring und Bortz 2016, S. 184.

© Der/die Autor(en), exklusiv lizenziert an Springer Fachmedien Wiesbaden GmbH, ein Teil von Springer Nature 2026

M. Haendschke, *Werte und Einstellungen von Polizeibeamtinnen und Polizeibeamten*, Kriminologische Studien,
https://doi.org/10.1007/978-3-658-50480-9_5

5.1 Operationalisierung

Für die Messung von politischen und sozialen Werthaltungen, die (rechts-) extremistische Facetten auch in der Mitte der Gesellschaft beinhalten, ist seit Jahren die „Mitte-Studie" der Friedrich-Ebert-Stiftung ein etablierter Bezugspunkt. Auch wenn sowohl methodisch als auch interpretatorisch Kritik an der Mitte-Studie geübt wurde (Abschnitt 2.1.2), bietet sie dennoch eine über Jahre weiterentwickelte Messmethodik und Vergleichsdaten, die in Deutschland in dieser Form, insbesondere für GMF, sonst nicht vorhanden sind.[2]

Die Grundüberlegung dieser Arbeit ist also, bereits etablierte Messinstrumente (in Form von Fragestellungen zur Erhebung von politischen und sozialen Fragestellungen) auch in der Polizei NRW zu nutzen.

Dazu wurden die Items zur Messung von GMF aus den Mitte-Studien 2018/19[3] sowie 2020/21[4] adaptiert und nach ihrer potenziellen polizeilichen Relevanz hin ausgewählt (Abschnitt 11.1). Das Konstrukt NRM wurde deckungsgleich aus der Mitte-Studie 2018/2019[5] übernommen.

Zur Messung von Cop Culture wurde ein Kurzskala auf Basis des durch Gutschmidt und Vera erprobten Erfassungsinstruments „CC-20"[6] erstellt. Die übrigen Items wurden größtenteils mittels vollverbalisierten fünfstufigen Likert-Skalen gemessen.

Insgesamt umfasste der finale Fragebogen 16 Seiten mit 56 Fragen, wobei darin auch die bereits angesprochenen Skalen mit mehreren Items umfasst waren. Die Bearbeitungsdauer belief sich, auf Basis der Zeitmessungen im Rahmen der Pretests, im Mittel auf 23 Minuten. Einige der Fragen waren dabei nur zur Bearbeitung freigeschaltet, wenn man bei einer vorherigen Filterfrage die entsprechende Antwort gegeben hatte. Dazu gehören z. B. Fragen zu den Erfahrungen im Umgang mit dem eigenen Migrationshintergrund (für PVB, die einen Migrationshintergrund angegeben hatten) oder dem eigenen Zwangseinsatz (für PVB, die direkten Bürgerkontakt berichteten).

---

[2] Vgl. Decker, Kiess, Heller und Brähler 2022.

[3] Vgl. Zick, Küpper und Berghan 2019a.

[4] Vgl. Zick und Küpper 2021.

[5] Vgl. Häusler und Küpper 2019.

[6] Gutschmidt und Vera 2019, S. 10.

5.2 Feldzugang

Zur transparenten Darstellung der Methode gehört auch eine Erläuterung des Feldzugangs bzw. zu meiner Person als Autor und Forscher. Selbst seit 2008 dem Polizeivollzugsdienst des Landes Nordrhein-Westfalen angehörend, habe ich zum Zeitpunkt der Erhebung in der Behörde Dienst versehen, in der die Erhebung durchgeführt wurde. Sowohl aufgrund meiner langjährigen Zugehörigkeit als auch aufgrund einer relativ ausgeprägten Verwendungsbreite gemessen an meinem Dienstalter war ich zum Zeitpunkt meines Projektes in der Behörde gut vernetzt.

Mein Forschungsantrag beim IM NRW wurde damals zunächst nicht in dem Umfang genehmigt, wie ich mir gewünscht hätte (geplant war eine landesweite Erhebung mit mindestens einer Behörde je Vergleichsgruppe). Insofern war ich, was die begrenzten Personalressourcen betrifft, den gleichen Effekten unterworfen von denen regelmäßig bei Forschung in bzw. über die Polizei berichtet wird.[7]

Dass ich die Befragung schlussendlich in meiner „eigenen" Behörde durchführen konnte, hat aber mit Sicherheit dazu geführt, dass ich Vorbehalte dem Projekt gegenüber eher ausräumen konnte, als externe Forschende dies gekonnt hätten – vermutlich, weil aus der persönlichen Bekanntheit auch Vertrauen resultiert haben dürfte. Zudem wurde mir durch die Behördenleitung eingeräumt, zwei Impulsvorträge zur Projektvorstellung zu halten, in denen ich auch kritische Fragen interessierter Kolleg*innen (z. B. zum Datenschutz, zur Anonymisierung etc.) beantworten konnte.

5.3 Durchführung

Die Erhebung wurde unter dem Arbeitstitel „Werte- und Einstellungskompass der Polizei NRW (WEKoPol)" auf einer Onlineplattform für die Dauer von zwei Monaten vom 16.08.2021 bis zum 16.10.2021 für alle Zugriffsberechtigten freigeschaltet. Zugriffsberechtigt waren zum Zeitpunkt des Erhebungsbeginns 1429 PVB inkl. aller zu diesem Zeitpunkt im Studium befindlichen Kommissaranwärter*innen der ausgewählten Behörde. Die Befragung wurde auf der Intranetseite der teilnehmenden Behörde beworben; zudem wurde eine Serienmail an alle teilnahmeberechtigten PVB zu Befragungsbeginn versendet. Diese E-Mail enthielt

[7] Vgl. Meißelbach 2022.

auch das erforderliche Passwort zur Teilnahme, um z. B. die zufällige Teilnahme anderer Behördenangehöriger oder PVB aus Fremdbehörden zu verhindern.

Parallel zum Start der Befragung wurde an zwei Terminen ein Impulsvortrag gehalten, um das Projekt vorzustellen und Interessierten etwaige Fragen zu beantworten. Nach der datenschutzrechtlichen Belehrung erfolgte eine kurze Einführung zur Navigation innerhalb des Fragebogens und insbesondere zur Option, aus dem Fragebogen heraus einen Link zu generieren, mit dessen Hilfe die Bearbeitung unterbrochen und an gleicher Stelle später fortgesetzt werden konnte. Nach der Hälfte der Laufzeit wurde eine Erinnerungsmail versendet.

5.4 Auswertung

Die Auswertung erfolgte mittels IBM SPSS Statistics v.28 und v.29, nachdem die Daten aus der Datenbank des Umfragetools exportiert wurden.

Die Bildung von Skalen aus mehreren Items erfolgt anhand der Mittelwerte[8]. Zwar ist der Bildung von Mittelwertskalen ihre Anfälligkeit für Ausreißer gegenüber der Normalverteilung entgegenzuhalten[9], für die Vergleichbarkeit mit den Daten der Bezugsstudie war dieses Vorgehen allerdings unumgänglich. Zudem erfolgte die Betrachtung eventueller Ausreißer (insbesondere zur Analyse der Normalverteilung der Daten) an entsprechender Stelle z. B. anhand von Cook's Distance[10] sowie mittels QQ-Diagrammen. Obwohl die Darstellung der Mittelwerte als Alternative zur Darstellung der prozentualen Zustimmung bzw. Ablehnung ausreichend ist und beide Darstellungen korrelieren[11], werden sowohl die Skalenmittelwerte als auch die prozentualen Zustimmungsanteile berichtet. Dies wurde insbesondere vor dem Hintergrund, dass auch bei niedrigen Mittelwerten insgesamt gleichzeitig hohe Zustimmungsanteile auftreten können, als sinnvoll erachtet. Besonders bei kritischen Einstellungen würde andernfalls die Gefahr bestehen, kritische Teilmengen zu ignorieren.

Für die Berechnung der entsprechenden Skalen wurde per Syntax vorgegeben, nur die Mittelwerte aus Datensätzen zu berechnen, die mindestens 75 % der Einzelitems beantwortet hatten. Für Skalen, die sich aus vier Items berechnen, mussten also drei Items beantwortet worden sein, ansonsten wurde der entsprechende Datensatz nicht mit einberechnet. Zur Verbesserung der Übersichtlichkeit

[8] Vgl. Döring und Bortz 2016, S. 480.

[9] Vgl. Steiner und Benesch 2018, S. 103.

[10] Vgl. Field 2018, S. 383.

[11] Borg und Gabler 2002, S. 15.

wird die überwiegend genutzte, voll verbalisierte Skalierung von „Stimme nicht zu" (1), „Stimme eher nicht zu" (2), „Teils/teils" (3), „Stimme eher zu" (4) und „Stimme zu" (5) in den Tabellen in ihrer nummerischen Form dargestellt. Kategorie (3) wird im Weiteren auch als Mittelkategorie bezeichnet.

Im Zuge der Berechnung der jeweiligen Skala wurde die interne Konsistenz mittels Cronbachs Alpha (α) geprüft.[12] Für jede Skala ist das entsprechende α aufgeführt, in einigen Fällen führte die Berechnung dazu, dass Items aus der Skala gestrichen wurden, wenn dadurch die interne Konsistenz deutlich verbessert und die Veränderung der Skala inhaltlich sinnvoll erschien. Entsprechende Hinweise auf veränderte Skalen finden sich in den Fußnoten zur jeweiligen Tabelle. Für die Skalen, die lediglich zwei Items umfassen, wurde als Alternative der Spearman-Brown-Koeffizient $\rho^{(SP)}$ berechnet.[13]

Für jede Skala werden die Mittelwerte der Gesamtskala, der einzelnen Items (bzw. die der jeweiligen Dimensionen, falls vorhanden) sowie die jeweilige Standardabweichung (SD) angegeben. Obwohl die besonders komplexen Skalen mit zahlreichen Items zu den Einstellungsbündeln GMF und NRM auf bereits etablierten Konstrukten basieren, wurden diese zusätzlich einer Faktorenanalyse (Hauptkomponentenanalyse) unterzogen, um ggf. einzelne Hauptkomponenten voneinander abgrenzen und gesondert betrachten zu können.[14]

Die Berechnung von Korrelationen erfolgte auf Grund der ordinalen Skalierung der Daten mittels Spearmans Rho (ρ)[15]. Da Korrelationen nur Zusammenhänge aufzeigen können, aber keine Kausalverknüpfung der beobachteten Zusammenhänge zulassen[16], erfolgte darüber hinaus die Überprüfung der Hypothesen anhand der Berechnung multipler linearer Regressionen[17]. Im Vorfeld wurden dennoch zahlreiche Korrelationen betrachtet, denn bei Vorliegen einer 0-Korrelation (ohne jeglichen Zusammenhang), wäre auch eine Kausalverknüpfung zu falsifizieren gewesen.[18] Im Falle weiterer Betrachtungen mittels multipler linearer Regressionen werden die dafür angewandten Vortests und Prüfungen der Gütekriterien an entsprechender Stelle ausführlich erläutert.

[12] Vgl. Döring und Bortz 2016, S. 468.

[13] Vgl. Eisinga et al. 2013, S. 1.

[14] Vgl. Schnaudt 2020, S. 210.

[15] Vgl. Wittenberg et al. 2014, S. 199.

[16] Vgl. Bauer 2020, S. 9.

[17] Vgl. Döring und Bortz 2016, S. 626.

[18] Vgl. ebd., S. 696.

Stichprobenbeschreibung 6

Bei der vorliegenden Stichprobe handelt es sich, aus mehreren Gründen, um keine echte Zufallsstichprobe. Durch die erteilte Genehmigung des IM NRW wurde die Erhebung auf eine Kreispolizeibehörde begrenzt. Das heißt, dass die Befragten möglicherweise regionalen Faktoren unterliegen bzw. zum Zeitpunkt der Erhebung unterlegen haben, die in anderen Behörden nicht oder anders ausgeprägt sind. Dazu gehören die Bevölkerungs- und Quartiersstruktur (urbane / ländlich) im Zuständigkeitsbereich, die das Dienstgeschehen und den polizeilichen Alltag prägen dürften, sowie behördenstrukturelle Eigenheiten wie z. B. die Personalstärke, das Arbeitsaufkommen oder durch den Stellenplan bedingte Entwicklungsperspektiven.

Insofern sind die in der Stichprobe beobachteten Befunde nur eingeschränkt auf die Polizei NRW insgesamt übertragbar. Dennoch gibt es zeitgleich auch viele landeseinheitliche Faktoren, die sich nicht zwischen den einzelnen Polizeibehörden unterscheiden, wie z. B. das einheitliche Studium bzw. dessen Einstellungsvoraussetzungen (z. B. Bildungsstand), die rechtlichen Vorschriften, das Einsatztraining mit festgelegten zentralen Landesstandards oder die Besoldung. Insofern wird, je nach betrachtetem Befund, individuell zu interpretieren sein, ob eher behördenspezifische Faktoren zugrunde liegen und damit die Vergleichbarkeit eher eingeschränkt zu sehen ist, oder ob landeseinheitliche und damit verallgemeinerbare Merkmale angeführt werden.

© Der/die Autor(en), exklusiv lizenziert an Springer Fachmedien Wiesbaden GmbH, ein Teil von Springer Nature 2026

M. Haendschke, *Werte und Einstellungen von Polizeibeamtinnen und Polizeibeamten*, Kriminologische Studien,
https://doi.org/10.1007/978-3-658-50480-9_6

6.1 Rücklauf, Datenaufbereitung und soziale Erwünschtheit

Zum Beginn der Erhebung am 16.08.2021 versahen in den Direktionen GE, K, V sowie ZA des PP Bonn 1184 PVB ihren Dienst. Dazu kamen 242 Kommissaranwärter*innen[1], sodass sich eine Grundgesamtheit von 1429 ergibt. Davon nahmen 485 PVB an der Umfrage teil, was einem Rücklauf von 34,0 % entspricht.

Die Datensätze wurden auf fehlende Werte und Maluspunkte für zu schnelles Ausfüllen (Verweildauer pro Seite) hin überprüft, um nur die Datensätze in die Auswertung mit einfließen zu lassen, bei denen eine ernsthafte Auseinandersetzung mit den Fragestellungen angenommen werden kann. Nach dem Filterprozess verbleiben für die Auswertung 476 gültige Datensätze, damit ist der tatsächlich nutzbare Rücklauf auf 33,4 % zu beziffern.[2]

Der Faktor der sozialen Erwünschtheit wurde anhand einer dafür entwickelten Kurzskala[3] abgebildet, wobei von insgesamt sechs Items aus zwei Subskalen („Übertreibung positiver Qualitäten" bzw. „Minimierung negativer Qualitäten")[4] drei Items ausgewählt wurden. Im Vergleich zu abrufbaren Referenzwerten[5] muss konstatiert werden, dass die Betrachtung der Gesamtskala eine deutlich höhere soziale Erwünschtheit im Antwortverhalten als im Referenzdatensatz vermuten lässt. Dort beträgt der Mittelwert 2,95, in der vorliegenden Stichprobe 3,84 bei identischer Skalierung. Dies wird bei der Interpretation der Antworten im weiteren Verlauf noch zu berücksichtigen sein.

---

[1] Zum Stichtag 01.10.2021 wurden lediglich die Kommissaranwärter*innen der Einstellungsjahrgänge 2019 und 2020 mit einbezogen. Dies war einerseits erforderlich, weil die Anwärter*innen des Einstellungsjahrganges 2018 seit dem 01.09.2021 ihr Studium abgeschlossen hatten und somit vom „normalen" Bestandspersonalkörper umfasst wurden; andererseits verfügen die Anwärter*innen des Einstellungsjahrganges 2021 (Einstellungsstichtag 01.09.2021) über keinerlei polizeiliche Praxiserfahrung, sodass inhaltlich eine Beteiligung nicht zielführend erschien.

[2] Dabei verbleiben alle Datensätze in der Auswertung, bei denen mehr als 50 % der Fragen beantwortet wurden und die keine Auffälligkeiten in der Bearbeitungszeit aufwiesen.

[3] Vgl. Kemper et al. 2014, S. 8.

[4] Ebd., S. 8.

[5] Verglichen wurde ein geschlechts- und altersunabhängiger Mittelwert aus beiden Subskalen für ein hohes Bildungsniveau, da dieses in den Referenzdaten auf die Dauer der Schuldbildung (> 11 Jahre) bezogen wurde. Bei einem Großteil der befragten PVB ist Abitur vorhanden und somit eine entsprechende Bildungsdauer gegeben. Die Mittelwertberechnung erfolgt somit anhand der Angaben für die Gesamtheit mit hohem Bildungsniveau und den Werten 2,80 (Subskala PQ +) und 3,11 (Subskala NQ-), was einem Mittelwert von 2,95 entspricht.

Eine Korrelationsanalyse zeigt, dass einzig die Gruppe der Kommissaranwärter*innen signifikant mit der Kurzskala korreliert (p = 0,121*)[6], sodass zu hinterfragen ist, ob die Gruppe der Berufseinsteiger*innen insbesondere bei den als „heikel" wahrgenommenen Fragestellungen eher sozial erwünscht geantwortet hat. Bei den demographischen Angaben (Alter, Geschlecht, Bildung) lagen keinerlei signifikante Korrelationen vor. Obwohl die Analyse der sozialen Erwünschtheit mitunter kritisiert wird, weil gesellschaftliche Normen und Werte und damit erwünschte Meinungen (Antworten) stetigen Veränderungen unterliegen[7], scheint sie für die vorliegende Stichprobe und Thematik dennoch geeignet. Denn in der Wahrnehmung der befragten PVB ist durch die FDGO und das Beamtenrecht klar definiert, welche Werte und Einstellungen für sie als sozial erwünscht anzunehmen sind.

6.2 Demographische Angaben

Im Folgenden wird die demographische Zusammensetzung der Stichprobe beschrieben. Die gezogene Stichprobe wurde keiner Anpassungsgewichtung unterzogen[8], da die Verteilung der maßgeblichen demographischen Variablen im Wesentlichen denen der Grundgesamtheit entsprach. Eine Kalibrierung zum Ausgleich unterschiedlicher Rückläufe einzelner Organisationseinheiten (siehe Abschnitt 6.3.3) wurde verworfen, da dadurch wiederum sämtliche anderen Merkmale verzerrt worden wären.

6.2.1 Alter, Geschlecht und Migrationshintergrund

Unter den Teilnehmenden befanden sich 28,4 % Frauen (n = 132) bzw. 71,0 % Männer (n = 330). Die Kategorie „Divers" wurde einmal ausgewählt, dies entspricht 0,2 %, weitere zwei Datensätze waren ohne Angabe zum Geschlecht (0,4 %).

---

[6] Für den Bereich des PGD konnte eine signifikante schwach negative Korrelation berechnet werden, wobei diese hier aufgrund der kleinen absoluten Zahl (n = 3) vernachlässigt werden kann.

[7] Vgl. Steiner und Benesch 2018, S. 65.

[8] Vgl. Sand und Kunz 2020, S. 5.

Mit Blick auf den Behördendurchschnitt lässt sich feststellen, dass die Anteile von Stichprobe und Grundgesamtheit sehr nah beieinander liegen, in der Stichprobe sind 0,6 % mehr männliche PVB als in der Grundgesamtheit vertreten. Dort beträgt der Anteil weiblicher PVB 29,2 % (n = 418), der Anteil männlicher PVB liegt bei 70,4 % (n = 1011).

Das Durchschnittsalter der Befragten liegt bei 40,69 Jahren und entspricht damit nahezu dem der Grundgesamtheit (40,41 Jahre). Vertreten sind alle Altersgruppen, der/die jüngste Teilnehmende war zum Zeitpunkt der Erhebung 19 Jahre alt, der/die älteste 63 Jahre. Für die späteren Analysen wurden fünf Altersgruppen gebildet, die folgende Verteilung aufweisen (Abbildung 6.1):

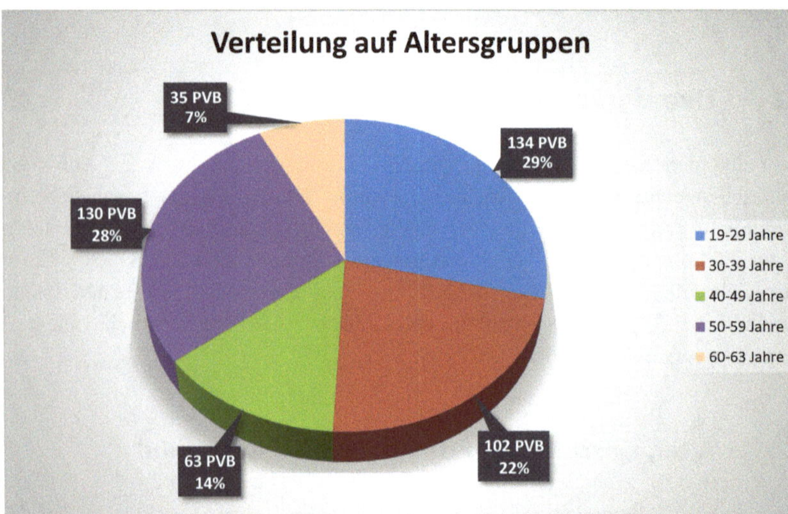

Abbildung 6.1 Stichprobenverteilung auf Altersgruppen

Darüber hinaus gaben 47 Befragte gaben an, über einen Migrationshintergrund zu verfügen.[9] Dies entspricht 9,9 % der Stichprobe. Für die Personen, die diese Angabe machten, schlossen sich spezifische Fragestellungen zu Erfahrungen

[9] Ein Migrationshintergrund wurde mit dem Definitionskriterium des Bundesamts für Statistik gleichgesetzt. Demnach liegt ein Migrationshintergrund vor, wenn die (befragte) Person entweder selbst außerhalb von Deutschland geboren wurde, oder eines der Elternteile im

in der Polizei als Beamt*in mit Migrationshintergrund an (siehe Abschnitt 7.4). Ein Vergleich mit dem Anteil der PVB mit Migrationshintergrund innerhalb der Grundgesamtheit ist hier nicht möglich, da das Definitionskriterium „Geburtsort der Eltern“ nicht Teil des Personaldatensatzes im polizeiinternen Verwaltungssystem (PerSis) ist.

6.2.2 Bildungsgrad

Die Befragten wurden gebeten, Angaben zu den bereits erreichten Bildungsabschlüssen zu machen. Dabei wurden explizit auch Abschlüsse einbezogen, die innerhalb der Polizei erworben wurden. Da Mehrfachnennungen möglich waren, wurde anschließend ein Summenscore berechnet, bei dem Schul- und Hochschulabschlüsse hierarchisch bepunktet und anschließend verrechnet wurden. Dieser „Bildungsindex“ zeigt also eine Summe an, die mit Anzahl und Niveau der erreichten Abschlüsse steigt. Auch Abschlüsse, die während der polizeilichen Laufbahn erlangt wurden, sollten berichtet werden. Dazu zählt in NRW primär der B. A. Polizeivollzugsdienst, den die Kommissaranwärter*innen nach dreijährigem Studium an der HSPV NRW erlangen.

Da in den Bezugsstudien das Bildungsniveau über das Niveau der Schulbildung erhoben wurde[10], wurden für entsprechende Vergleiche zwei Bildungsindizes für Schulbildung und (darüberhinausgehende) Berufsausbildungen bzw. akademische Abschlüsse gebildet.

Von den Befragten gaben 0,4 % (n = 2) an, über einen Hauptschul- oder vergleichbaren Schulabschluss zu verfügen, 19,5 % (n = 93) verfügten über einen Realschulabschluss (Mittlere Reife) oder einen vergleichbaren Schulabschluss. Der weitaus größte Teil gab mit 55,3 % (n = 263) Fachabitur, Abitur oder einen vergleichbaren Schulabschluss an. Dass nur 75,2 % der 476 befragten hier auswertbare Angaben zu ihrem Schulabschluss tätigten ist damit zu erklären, dass die Fragestellung zu den Bildungsabschlüssen eine kumulierte Angabe zu Schul- bzw. Bildungsabschlüssen zuließ und trotz der Möglichkeit der Mehrfachnennung, einige Befragte lediglich den höchsten zum Zeitpunkt der Teilnahme erreichten Bildungsabschluss angegeben haben. Aufgrund des innerpolizeilich verschwindend geringen Anteils an niedrigen schulischen Bildungsabschlüssen (Hauptschule oder vergleichbar), wurde lediglich ein dichotom

---

Ausland geboren wurde. Dabei wurde nicht erhoben, um welches Geburtsland es sich im Detail handelte.

[10] Vgl. Zick, Berghan und Mokros 2019, S. 92; Zick et al. 2021, S. 98.

skalierter Index für Schuldbildung berechnet, der lediglich zwischen mittlerem und hohem Bildungsniveau differenziert. Eine Vergleichbarkeit zu den dreistufig skalierten Pendants der Bezugsstudien ist also nur eingeschränkt gegeben. Dies ist zumindest deshalb anzunehmen, weil die Quote fehlender Werte bei der ergänzenden Betrachtung beruflicher bzw. akademischer Abschlüsse deutlich geringer ist.

45,5 % der Befragten (n = 210) berichteten, eine nicht akademische Berufsausbildung oder einem Schulabschluss als höchstem Bildungsabschluss zu besitzen, wobei hierunter auch die Kommissanwärter*innen fallen. 51,3 % (n = 237) verfügten über ein abgeschlossenes Bachelorstudium (oder vergleichbar) und 3,3 % (n = 16) gaben einen höheren Bildungsabschluss (Master, PhD) an. 2,9 % (n = 14) tätigten keine Angabe zu den Bildungsabschlüssen.

6.2.3 Familienstand

Von 464 Befragten gaben 39,2 % (n = 182) an, ledig zu sein. Etwa die Hälfte der Befragten ist mit 51,7 % (n = 240) verheiratet. In einer eingetragenen Lebenspartnerschaft leben 0,9 % (n = 4).

Etwa doppelt so viele Befragte leben mit 2,2 % (n = 10) in Trennung von der/dem Ehepartner/in bzw. in 0,4 % der Fälle (n = 2) in Trennung von der/dem eingetragenen Lebenspartner/in. Bei 5,6 % (n = 26) der befragten PVB ist die Ehe bzw. eingetragene Lebenspartnerschaft geschieden bzw. aufgelöst.

6.3 Berufliche Sozialisation

Nach den persönlichen Merkmalen folgt nun die Darstellung der polizeilichen Vita anhand des Werdegangs bis zum Eintritt in den Polizeidienst, der aktuellen Verwendung sowie der Verwendungsbreite in Form der Anzahl bereits durchlaufender Dienststellen. Ein Funktionswechsel innerhalb der gleichen Dienststelle wurde somit nicht als eigene Verwendung gezählt. Dies wurde vor dem Hintergrund entschieden, dass der Wechsel des dienstlichen Umfeldes als wesentliches Element von Verwendungsbreite betrachtet werden sollte und weniger eine inhaltliche Ausrichtung der eigenen Tätigkeit.

6.3.1 Vorpolizeilicher Werdegang

Mit 264 Nennungen (57,6 %) hat ein Großteil der Befragten unmittelbar nach der Schullaufbahn den Polizeidienst aufgenommen. 84 PVB (18,3 %) hatten vor ihrem Eintritt in den Polizeidienst bereits eine Berufsausbildung oder ein Studium in einem anderen Berufsfeld abgeschlossen, 53 weitere (11,6 %) brachen eine bereits begonnene Ausbildung bzw. ein bereits begonnenes Studium zugunsten des Einstiegs in die Polizei ab.

24 PVB (5,2 %) gaben an, zuvor Angehörige der Bundeswehr gewesen zu sein, 73 PVB (15,9 %) hatten zwischen Abschluss ihrer Schullaufbahn und Eintritt in die Polizei Grundwehrdienst / Zivildienst o. Ä. abgeleistet.

6.3.2 Diensteintritt und Dienstgrad

Die Befragten (N = 443), die Angaben zum Jahr Ihres Dienstantritts machten, wurden in sechs Gruppen eingeordnet. Dabei entfielen folgende Anteile der Beschäftigten auf die einzelnen Zeiträume:

- 50 PVB (11,2 %) in den 1970er Jahren
- 96 PVB (21,7 %) in den 1980er Jahren
- 58 PVB (13,1 %) in den 1990er Jahren
- 64 PVB (14,6 %) in den 2000er Jahren
- 148 PVB (33,3 %) in den 2010er Jahren und
- 27 PVB (6,1 %) in den 2020er Jahren.

Im Mittel verfügen alle Befragten über 20,64 Jahre Diensterfahrung, wobei die Spannweite von Berufseinsteigerinnen und -einsteigern mit weniger als einem Jahr bis zu 47 Dienstjahren[11] reicht.

Der Dienstgrad lässt, neben einer organisationshierarchischen Einordnung, auch Rückschlüsse auf erfahrene Wertschätzung bzw. Beurteilungserfahrungen zu. Mit Blick auf die Arbeitszufriedenheit und eigene Entwicklungsansprüche dient der Dienstgrad also auch ein stückweit als objektiv messbares Kriterium bereits erfolgter Karriereschritte und der Bezugnahme auf die Bewertung des eigenen beruflichen Erfolgs.

[11] Diese Diensterfahrung ist rechnerisch bei Berufseinstieg im mittleren Dienst mit 16 und einer Verlängerung der Lebensarbeitszeit bis 63 möglich. Tatsächlich gaben insgesamt 13,7 % der Befragten (n = 60) an, 41 bis 47 Dienstjahre vorweisen zu können.

6.3.3 Tätigkeitsbereiche und Verwendungsbreite

Der überwiegende Teil der Befragten gehört der Direktion Gefahrenabwehr/ Einsatz (DirGE) an (Abbildung 6.2), darunter fallen sowohl die Mitarbeitenden des Wach- und Wechseldienstes (WWD) mit 30,2 % (n = 133), die Beamt*innen der Bereitschaftspolizei (BP) und des Bezirksdienstes (BD) mit jeweils 6,8 % (jeweils n = 30), die Mitarbeitenden der Einsatzleitstelle bzw. des Führungs- und Lagedienstes (FLD/LSt) mit 3,9 % (n = 17), die Diensthundeführer*innen (DHF) mit 0,9 % (n = 4) und der Polizeigewahrsamsdienst (PGD) mit 0,7 % (n = 3). In Summe gehören somit 49,3 % der Befragten der Direktion GE an. In der Grundgesamtheit ist das Verhältnis mit 51,2 % etwas höher. Die Mitarbeitenden der Direktion Kriminalität (DirK) sind als zweitgrößte Gruppe unter den Befragten mit insgesamt 25,9 % (n = 114) vertreten, wobei 21,4 % (n = 94) Sachbearbeiter*innen der Kommissariate (KK) und 4,5 % (n = 20) Mitarbeitende der Kriminalwache bzw. des Einsatztrupps (KW/ETK) sind. Die Direktion Verkehr (DirV) ist mit 3 % (n = 13) am geringsten vertreten, wobei 2,5 % (n = 11) Sachbearbeiter[12] der Verkehrskommissariate (VK) und 0,5 % (n = 2) Beamt*innen des Verkehrsdienstes (VD) sind. Insgesamt 7,5 % der Befragten (n = 33) verrichten ihren Dienst auf anderen Dienststellen, wie z. B. den Direktionsführungsstellen, dem Leitungsstab, der Pressestelle sowie der Fortbildungsstelle.

Mit 10,9 % Anteil am Gesamtrücklauf (n = 48) liegt die Beteiligung der Kommissaranwärter*innen (KA) etwas unter Ihrem Anteil der Grundgesamtheit (16,9 % bzw. 242 Anwärter*innen bei 1429 PVB gesamt). Aus anderen Dienststellen, die nicht näher benannt wurden, beteiligten sich die übrigen 3,4 % (n = 15). Neben der aktuellen Organisationseinheit wurden auch die Verwendungsbreite über die Anzahl der Vorverwendungen erhoben.

[12] In diesem speziellen Fall existieren tatsächlich ausschließlich männliche Mitarbeiter.

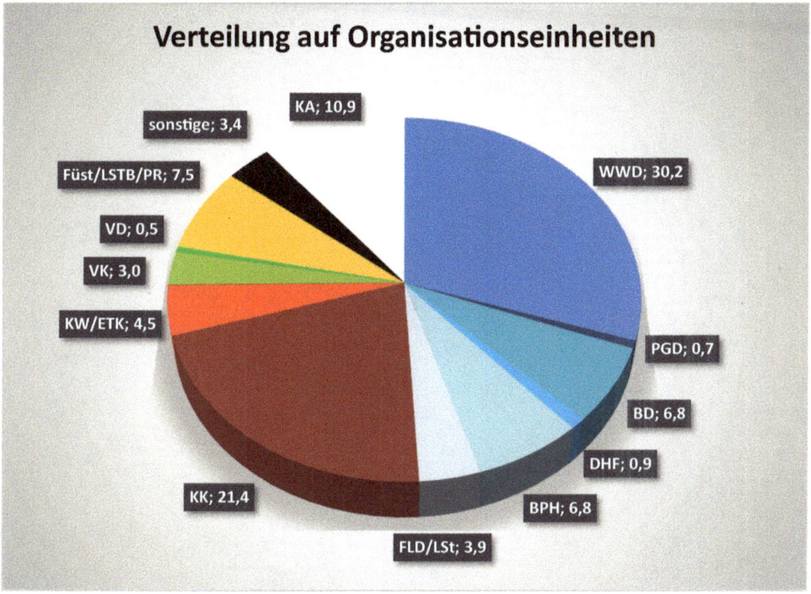

Abbildung 6.2 Stichprobenverteilung auf Organisationseinheiten

Merkmale polizeilicher Arbeitswelt 7

Die polizeiliche Arbeitswelt stellt sich im Vergleich zu anderen Berufsfeldern in vielerlei Hinsicht besonders dar. So sind Polizeibeamt*innen mit der Ausübung des Gewaltmonopols betraut und dadurch rechtlich in einer besonderen Stellung gegenüber den Adressaten ihrer Maßnahmen. Gleichermaßen unterliegen Beamt*innen, insbesondere im Außendienst, hohen externen Anforderungen. Über die zu treffenden Maßnahmen gilt es teils, ad hoc zu entscheiden. Nicht nur normativ, sondern auch faktisch bewegt sich Polizeihandeln dabei stetig im Spannungsfeld zwischen Aufgabenerfüllung, rechtlichen Vorgaben, Erwartungshaltungen der Bürger*innen und individuellen Empfindungen oder Einstellungen der Handelnden. Im öffentlichen Raum kommen regelmäßig auch die Einmischung (bis dahin unbeteiligter) Dritter oder das Festhalten der Maßnahmen in Bild und Ton als weiterer Faktor dazu

Obwohl der Versuch, über eine hochwertige Ausbildung sowie stetige Fortbildung Handlungsstandards zu vermitteln und Handlungssicherheit selbst für die drastischsten Szenarien zu schaffen, lassen sich in der Praxis selten Blaupausen exakt wie im Fachbuch, dem Trainingsmanual oder der entsprechenden Dienstvorschrift anwenden. Denn Polizeihandeln bewegt sich oft in Grenzbereichen, die emotional hoch anspruchsvoll sein können und den Beteiligten über die objektiv zu bewerkstelligenden Maßnahmen hinaus den Umgang mit entsprechenden Situationen auf affektiver Ebene abverlangen.

Im Wachdienst oder bei der Bereitschaftspolizei sind dabei insbesondere das Handling von Konflikten, Gewalt oder Unfällen naheliegend. Aber auch andere emotional aufgeladene Situationen müssen PVB alltäglich bewältigen, wie etwa

© Der/die Autor(en), exklusiv lizenziert an Springer Fachmedien Wiesbaden GmbH, ein Teil von Springer Nature 2026

M. Haendschke, *Werte und Einstellungen von Polizeibeamtinnen und Polizeibeamten*, Kriminologische Studien,
https://doi.org/10.1007/978-3-658-50480-9_7

den Umgang mit Leichen, die Übermittlung von Todesbenachrichtigungen oder die Auswertung kinderpornographischer Darstellungen. Über diese, der polizeilichen Aufgabenwelt innewohnenden Herausforderungen hinaus, stellen sich aber auch die Rahmenbedingungen des täglichen Dienstes – mit Unterschieden zwischen den jeweiligen Organisationseinheiten – besonders dar. Neben der Wahrnehmung zeitlicher Belastung (etwas durch Schichtdienst, Sondereinsätze oder Überstunden) werden auch die Einschätzungen zu den eigenen Anforderungen, den Mitgestaltungsoptionen sowie bestehenden Entwicklungsperspektiven als wichtige Elemente der polizeilichen Arbeitswelt betrachtet.

Da sich bereits qua Aufgabenzuweisung und Organisationsstruktur die verschiedenen BOE voneinander unterscheiden, erfolgt neben der deskriptiven Darstellung der Gesamtergebnisse auch eine Detailbetrachtung der einzelnen Arbeitsbereiche. Dabei werden aus statistischen Gründen nur BOE ausgewählt, die mindestens $n = 30$ Fälle umfassen[1], sodass bereits hier darauf hingewiesen wird, dass die berechneten Gesamtskalen auch alle kleineren BOE umfasst und deswegen nicht (nur) die Summe aller einzeln betrachteten BOE bzgl. Anzahl oder Mittelwertbetrachtungen darstellen.

7.1 Dienstzeiten, Arbeitszeitmodelle und zeitliche Belastungswahrnehmung

Als grundlegender organisatorischer Rahmen der eigenen Tätigkeit ist die Dienstzeit anzusehen. In welchem Zeitrhythmus gearbeitet wird, wie flexibel die Dienstgestaltung ist und wie das Arbeitspensum im zur Verfügung stehenden Zeitrahmen empfunden wird – all diese Faktoren haben Auswirkungen auf die private Lebensgestaltung, auf die Vereinbarkeit von Beruf und Familie, auf eigene Belastungsempfindungen und vermutlich auch auf die Arbeitszufriedenheit. Durchgängiger Wechselschichtdienst mit Nachtarbeit ist dabei nur ein Beispiel für polizeispezifische Rahmenbedingungen, die in den meisten anderen Berufsfeldern so nicht existieren.

[1] Vgl. Huber 2014, S. 30.

7.1.1 Schicht- und Tagesdienst

Der größte Anteil der Befragten versieht mit 52,6 % (n = 219) Dienst im Tagesdienst, entweder innerhalb fester Kernarbeitszeiten, mit flexibler Arbeitszeitgestaltung oder in der Kombination mit Rufbereitschaft.

Die Inanspruchnahme von Gleitzeiten zu Dienstbeginn oder Dienstende ist dabei auch möglich, wenn die Dienststelle feste Kernarbeitszeiten abdecken muss. Auf Dienststellen, in denen z. B. keine Geschäftszeiten für die Anzeigenaufnahme die Anwesenheit innerhalb dieser Kernarbeitszeit vorgeben, ist darüber hinaus eine noch flexiblere Dienstgestaltung innerhalb der gesetzlichen Vorgaben der AZVO-Pol und behördenspezifischer Dienstanweisungen bzw. Dienstvereinbarungen möglich.

Die zweitgrößte Gruppe versieht mit 40,8 % (n = 170) Dienst im durchgängigen Schichtdienst, wobei nach flexibler Schichtplanung innerhalb eines Personalpools und einer festen Schichtfolge in Dienstgruppen differenziert wurde. Diese Differenzierung soll später eine genaue Betrachtung etwaiger Auswirkungen von Schichtdienst ermöglichen, z. B. auf die Arbeitszufriedenheit.

Als letzte Gruppe versehen 14,6 % (n = 61) der Befragten Dienst im Schichtdienst ohne Nachtdienst, der größere Teil davon in Kombination mit Sondereinsätzen. Dies trifft z. B. auf die Beamt*innen der BP oder des VD zu, die i. d. R. im Rahmen der Bereitschaft Früh- bzw. Spätdienstzeiträume abdeckt und darüber hinaus Sondereinsätze wie Großveranstaltungen, Demonstrationen etc. wahrnimmt. Im Falle von Alarmierungen im Rahmen der Landeseinsatzbereitschaft sowie bei Sondereinsätzen sind abweichende Rahmenzeiten bis in die Nachtzeit möglich (Tabelle 7.1).

Tabelle 7.1 Dienstzeiten

Dienstzeiten	
In welchem Arbeitszeitmodell versehen Sie aktuell Dienst?	**Anteil Befragter in %**
Tagesdienst mit festen Kernarbeitszeiten (n=125)	30,0
Tagesdienst mit flexibler Arbeitszeitgestaltung (n=72)	17,3
Tagesdienst mit Rufbereitschaft am Wochenende (n=22)	5,3
Durchgängiger Schichtdienst mit fester Schichtfolge, z. B. Dienstgruppenmodelle (n=102)	24,5
Durchgängiger Schichtdienst mit flexibler Schichtplanung, z. B. Pool (n=68)	16,3
Schichtdienst Früh-/Spät (n=18)	4,3
Schichtdienst Früh-/Spät mit Sondereinsätzen (n=43)	10,3
Homeoffice an einzelnen Tagen pro Monat (n=21)	5,0
Homeoffice an mehreren Tagen pro Woche (n=1)	0,2
Homeoffice über mehrere Wochen (n=3)	0,7
n=Anzahl Befragter	

Im Zuge der Covid-19-Pandemie wurde, primär aus Gründen des Infektionsschutzes, Homeoffice in der Polizei NRW ermöglicht. Davor war Telearbeit innerhalb der gesetzlichen Bestimmungen und nur bei Vorliegen eng definierter Voraussetzungen die einzige Option, von zu Hause aus Dienst zu versehen.

Mit insgesamt 5,7 % (n = 25) scheint der Homeoffice-Anteil zunächst sehr gering. Naheliegend lassen zahlreiche BOE aber aufgrund ihrer operativen Ausrichtung und Aufgaben keine Dienstverrichtung im Homeoffice zu. Berechnet man den Anteil ausgehend von den BOE, in denen (zumindest teilweise) Homeoffice möglich ist (KK, VK, Füst/LStab etc., sonstige), sind nur noch 35,7 % (n = 144) als Berechnungshorizont gegenüberzustellen. Gemessen an dieser Größe beträgt der Anteil der tatsächlich im Homeoffice tätigen PVB dann 17,3 %.

Auch diese Relation scheint deutlich niedriger als in anderen Berufsfeldern. Als Erklärungsansatz kommen mehrere Faktoren in Betracht. So werden trotz modernisiertem Vorgangsbearbeitungssystem ein Großteil der Vorgänge parallel auch noch in Papierform verwaltet, da es noch keine funktionierende elektronische Schnittstelle zur Staatsanwaltschaft oder den Gerichten gibt. Eine zumindest temporäre Anwesenheit auf der Dienststelle ist also allein zur Erledigung der Post erforderlich. Darüber hinaus müssen auch Kräfte im Innendienst operative Tätigkeiten wie etwa Durchsuchungen, Vernehmungen (in der Pandemie auf das erforderliche Minimum reduziert oder wenn möglich durch schriftliche Anhörungen ersetzt) etc. durchführen, Beweismittel sichten, auswerten und asservieren oder Haftbefehle im eigenen Deliktsbereich vollstrecken.

Darüber hinaus unterliegt die polizeiliche IT-Infrastruktur besonderen Sicherheitsrichtlinien, die Homeoffice limitiert. Darunter fallen beispielsweise besondere Softwareprodukte, die nicht im Homeoffice genutzt werden dürfen, oder Vorgänge mit entsprechend hoher sicherheitsrelevanter Einstufung.

Zuletzt muss auch bedacht werden, dass, auch wenn zum Zeitpunkt der Befragung bereits das erste Jahr der Covid-19-Pandemie verstrichen war, die im Jahr 2020 umfangreich angestoßenen Beschaffungsmaßnahmen von IT-Systemen, Softwarelizenzen etc. (um Homeoffice zu ermöglichen) zum Zeitpunkt der Befragung 2021 noch nicht zur Deckung aller Bedarfe ausgereicht haben dürften.

7.1.2 Arbeitspensum

Neben dem Arbeitszeitrahmen wurde auch das objektiv bezifferbare Arbeitspensum in Form der jeweiligen Wochenarbeitszeit betrachtet. Bei der Auswahl von Teilzeit wurde zwischen unterhälftiger und oberhälftiger Teilzeit unterschieden. Diese Differenzierung wurde vor allem getroffen, um Anhaltspunkte für einen möglichen Zusammenhang zwischen der tatsächlich zur Verfügung stehenden Arbeitszeit und Belastungswahrnehmungen zu erlangen.

Der weitaus größte Teil der Befragten versieht den Dienst mit 92,9 % (n = 404) in Vollzeit, dies entspricht in NRW 41,5 Wochenstunden. Teilzeit mit mehr als der Hälfte der Regelarbeitszeit versehen 6,7 % (n = 29) der Befragten, auf die Gruppe der Teilzeitkräfte unterhalb der hälftigen Wochenarbeitszeit entfallen 0,5 % (n = 2) entfallen. Weitere 5,5 % geben zudem an, in der Vergangenheit bereits in Teilzeit gearbeitet zu haben. Somit verfügen insgesamt 12,7 % (n = 51) der

Befragten über aktuelle oder zurückliegende Erfahrungen zum Dienst in Teilzeit. Dieser Gruppe wurden zusätzliche Fragen zur Wahrnehmung von Teilzeitkräften gestellt (Tabelle 7.2), da in der Vergangenheit die Gleichbehandlung von Teilzeitkräften bzw. deren (nachteilige) Beurteilung bereits wissenschaftlich thematisiert wurde.[2] Für die Betroffenen dürften entsprechende Wahrnehmungen Auswirkungen auf Einstellungen gegenüber des Dienstherrn, z. B. in Form von Arbeits(un-)zufriedenheit oder dem Commitment gegenüber der Polizei insgesamt haben.

Zunächst ist festzustellen, dass zwei der drei Fragen von 100 % der (ehemaligen) Teilzeitkräfte beantwortet wurden und auch die dritte Frage 50 von 51 Befragte bearbeiteten. Dies lässt zumindest vermuten, dass die Befragten ihre Wahrnehmung artikulieren wollten, auch wenn sie in Teilen nach Teilzeiterfahrungen mittlerweile wieder in Vollzeit ihren Dienst versehen.

Die Items wurden auf einer Skala von „Stimme nicht zu“ (1) bis „Stimme zu“ (2) gemessen. Die errechnete Gesamtskala wurde in Richtung negativer Wahrnehmungen gepolt, sodass höhere Werte negativere Wahrnehmungen anzeigen.[3]

---

[2] Vgl. Jochmann-Döll und Tondorf 2013, S. 155.

[3] Anmerkung zu Tabelle 7.2: Bei Berechnung der Reliabilität der Skala wurde deutlich, dass die Streichung des Items „Ich würde meinen Stundenanteil erhöhen…“ eine drastische Verbesserung der Reliabilität von $\alpha = 0{,}670$ auf $\alpha = 0{,}923$ bzw. $\rho^{(SP)} = 0{,}922$ bewirkte. Dies entspricht einer nahezu perfekten Reliabilität. Daher wurde dieses Item nicht in die Gesamtskala einberechnet.

Tabelle 7.2 Perspektive von Teilzeitkräften

Perspektive von Teilzeitkräften						
Sie haben angegeben, Ihren Dienst in Teilzeit zu versehen oder in der Vergangenheit einmal in Teilzeit versehen zu haben. Mich interessiert deshalb auch Ihre Meinung zu folgenden Aussagen.	**Anteil Befragter in %**					
	(1)	**(2)**	**(3)**	**(4)**	**(5)**	**MW**
Ich denke, dass ich aufgrund meiner Teilzeit benachteiligt gegenüber Vollzeitkräften bin/war. (SD=1,47; n=51)	29,4	17,6	21,6	13,7	17,6	2,73
Ich würde meinen Stundenanteil erhöhen /hätte ihn in der Vergangenheit erhöht, wenn ich meine Arbeitszeiten flexibler gestalten könnte /hätte gestalten können. (SD=1,54; n=50)	22,0	18,0	14,0	18,0	28,0	3,12
Als Teilzeitkraft fühlt man sich als Kolleg*in zweiter Klasse. (SD=1,40; n=51)	33,3	11,8	31,4	9,8	13,7	2,59
Gesamtskala zur Perspektiven von Teilzeitkräften (SD=1,38; $\rho^{(SP)}$=0,92; n=51)						2,65
MW=Mittelwert | SD=Standardabweichung | n=Anzahl Befragter | α=Cronbachs Alpha						

Mit insgesamt 31,4 % (n = 16) sieht sich ungefähr jeder dritte Mitarbeitende zum Zeitpunkt der reduzierten Arbeitszeit benachteiligt gegenüber Vollzeitkräften.

Demgegenüber stehen 47,0 %, die dieser Aussage nicht (29,4 %; n = 15) bzw. eher nicht (17,6 %; n = 9) zustimmen. Ein Fünftel der Befragten wählt mit 21,6 % (n = 11) die Teils/teils-Kategorie.

Den eigenen Stundenanteil hätte knapp jeder Zweite mit insgesamt 46,0 % (n = 23) erhöht, wenn die Arbeitszeiten flexibler hätten gestaltet werden können. Damit ist dieser Anteil etwas größer als mit 40,0 % der Anteil derer, die auch mit variablerer Dienstgestaltung eine Stundenerhöhung eher nicht (18,0 %; n = 9) oder nicht (22,0 %; n = 11) vorgenommen hätten. Auf die Teils/teils-Kategorie entfielen 14,0 % (n = 7) der Antworten.

Mehr als jeder fünfte Mitarbeitende mit Teilzeiterfahrung (23,5 %; n = 12) stimmte der Aussage, sich als Kolleg*in zweiter Klasse zu fühlen, tendenziell zu. Rund ein Drittel (31,4 %; n = 16) trafen über die Teils/teils-Kategorie keine eindeutige Aussage, 45,1 % (n = 23) stimmten dieser Aussage in Summe nicht (33,3 %; n = 17) bzw. eher nicht (11,8 %; n = 6) zu.

Insgesamt bewerten die PVB mit Teilzeiterfahrung ihre Wahrnehmungen (MW = 2,65) also mit positiver Tendenz, allerdings artikulieren zwischen 25 %

und 30 % der Befragten mit Teilzeiterfahrung negative Wahrnehmungen, wie z. B. das Gefühl der Benachteiligung gegenüber Vollzeit-Kräften.

7.1.3 Zeitliche Belastungswahrnehmungen

Zur Ergänzung des (in Form der Wochenarbeitszeit) objektiv messbaren Arbeitspensums wurden vier Items erstellt, welche die empfundene Arbeitsbelastung im zeitlichen Kontext messen sollten. Auf einer fünfstufigen verbalisierten Skala von 1 (Stimme nicht zu) bis 5 (Stimme zu) wurden vier Items konstruiert.[4] Dabei wurden je zwei Fragen pro bzw. contra empfundene Belastungen formuliert und daraus (nach Recodierung) eine Gesamtskala berechnet. Diese Gesamtskala ist pro Belastung gepolt und weist ein akzeptables Reliabilitätsmaß (α) auf.[5]

Zur ersten Aussage berichtet etwas mehr als die Hälfte der Befragten mit 51,5 % ($n = 213$), die eigenen Aufgaben innerhalb der Regelarbeitszeit bewältigen zu können. Rund ein Viertel gibt mit 26,8 % ($n = 111$) an, dies in Teilen bewerkstelligen zu können. 21,7 % ($n = 90$) stimmen dieser Aussage tendenziell nicht zu. Jede/r fünfte PVB sieht sich also (eher) nicht in der Lage, in der jeweiligen Regelarbeitszeit die anstehenden Aufgaben zu bewältigen.

[4] Anmerkungen zur Tabelle 7.3: Den Befragten wurde hierzu der Hinweis gegeben, dass der Begriff der „Regelarbeitszeit“ den individuell festgelegten Zeitrahmen bezeichnet, Teilzeitkräfte für die Bewältigung Ihrer Arbeit also ihren entsprechenden Stundenanteil zugrunde legen sollen. Die Variablen 1 („Meine Aufgaben kann ich innerhalb....“) und 3 („Ich habe im Dienst Zeit, auch private Dinge....“) wurden für die Skalenberechnung recodiert.

[5] Vgl. Gliem und Gliem 2003, S. 87.

Tabelle 7.3 Belastungswahrnehmungen

Belastungswahrnehmungen						
Wie bewerten Sie das Verhältnis von Ihrer Regelarbeitszeit und Ihrem tatsächlichen Arbeitspensum?	Anteil der Befragten in %					MW
	(1)	(2)	(3)	(4)	(5)	
Meine Aufgaben kann ich innerhalb meiner Regelarbeitszeit bewältigen. (SD=1,24; n=414)	8,2	13,5	26,8	25,4	26,1	3,48
Meine Aufgaben muss ich unter Zeitdruck bewältigen. (SD=1,12; n=414)	10,4	16,9	39,4	21,7	11,6	3,07
Ich habe im Dienst Zeit, auch private Dinge zu erledigen. (SD=1,03; n=410)	28,0	36,3	24,6	8,0	2,9	2,21
Ich habe das Gefühl, dass meine Arbeitsbelastung stetig zugenommen hat. (SD=1,27; n=412)	9,7	14,6	21,8	28,4	25,5	3,45
Gesamtskala Belastungswahrnehmungen (SD=0,84; α=0,69 n=414)						3,20
MW=Mittelwert | SD=Standardabweichung | n=Anzahl Befragter | α=Cronbachs Alpha						

In der Konsequenz müssen also entweder Überstunden geleistet werden, oder die unerledigten Tätigkeiten müssen am Folgetag bearbeitet werden – was zwangsläufig zu einem weiter wachsenden Bearbeitungsrückstand führen würde.

Dass von dieser Problematik insbesondere die Dienststellen betroffen sind, die Sofortsachen (Haftsachen, außenveranlasste Einsätze etc.) bearbeiten müssen oder hohe Vorgangszahlen aufweisen (kriminalpolizeiliche[6] Sachbearbeitung), wird durch eine vergleichende Analyse der größten BOE bestätigt. Während Bezirksdienst (MW = 4,41) und BP (MW = 4,00) sehr deutliche Zustimmung zu ausreichender Regelarbeitszeit für die anfallenden Tätigkeiten zeigen, geben die PVB der KK (MW = 3,39) und des WWD (MW = 3,22) deutlich häufiger an, nicht mit der Regelarbeitszeit auszukommen. Die Mitarbeitenden der KW/ETK[7] liegen dazwischen (MW = 3,71), wenngleich die Tätigkeiten der KW eher

[6] Die Detailbetrachtung bezieht ausschließlich die kriminalpolizeiliche Sachbearbeitung mit ein, da andere BOE wie z. B. die Verkehrskommissariate, der Leitungsstab oder die Führungsstellen im Rücklauf zu wenig Fälle für eine belastbare Auswertung aufwiesen.

[7] Diese beiden OE wurden zusammengefasst und eine belastbare Anzahl zu generieren und haben gemein, als zivil eingesetzte Beamt*innen im Außendienst eingesetzt zu sein. Die Tätigkeiten unterscheiden sich aber deutlich voneinander.

von außerveranlassten Einsätzen und strafprozessualen Sofortmaßnahmen (erkennungsdienstliche Behandlung, Tatortaufnahme, Haftsachen etc.) geprägt sind und damit bei einzelner Betrachtung vermutlich noch näher an den KK bzw. dem WWD liegen dürften.

Die eigenen Aufgaben unter Zeitdruck bewältigen zu müssen, bejaht insgesamt ein Drittel der Befragten mit 33,3 % (n = 138), ein etwas größerer Anteil ist mit 39,4 % (n = 163) geteilter Ansicht. Tendenziell keinen Zeitdruck verspüren 27,3 % (n = 113) der Befragten.

Bei der Betrachtung nach BOE berichten BD (MW = 1,93) und BP (MW = 2,55) erneut den geringsten Zeitdruck zu verspüren, während die kriminalpolizeiliche Sachbearbeitung (MW = 3,42) den größten Zeitdruck aufweist. Die PVB der KW/ETK geben etwas geringeren Zeitdruck an (MW = 3,29), der WWD zeigt eine ähnliche Ausprägung (MW = 3,21). Obwohl Zeitdruck theoretisch einem Großteil den außenveranlassten Einsätzen und damit dem Tagesgeschäft des WWD innewohnt (z. B. bei Verkehrsunfällen mit Personenschäden, Einsatzlagen mit Täter(n) am Ort[8] etc.), wurde bestehendem Zeitdruck nur von 34,7 % (n = 43) der PVB des WWD zugestimmt. Insofern ist wahrscheinlich, dass die Formulierung der „Aufgabenbewältigung“ eher auf die anschließende Vorgangsfertigung bezogen wurde als auf die Einsatzwahrnehmung an sich.

Als gegenläufig formuliertes Item wurde gefragt, ob im Dienst Zeit für die Erledigung privater Dinge besteht. Dies bestätigen insgesamt 10,9 % (n = 45). Knapp ein Viertel kann dies „Teils/teils“ mit 24,6 % (n = 101), der überwiegende Teil mit 36,3 % (n = 149) eher nicht bzw. mit 28,0 % (n = 115) nicht. Die stärkste Zustimmung artikulieren die PVB der BP (MW = 2,93) und der BD (MW = 2,69). Die Mitarbeitenden der KW/ETK äußern bereits deutlich weniger Zeit für die Erledigung privater Dinge (MW = 2,25), der WWD (MW = 2,20) und der KK (MW = 2,13) folgen nur knapp dahinter. Auch wenn die Formulierung zu privaten Erledigungen viel Interpretationsspielraum gibt, ist die hier gezeigte Verteilung schlüssig. Dass PVB der BP dabei in der Dienstzeit offensichtlich den meisten Spielraum haben, kann auf mehrere Faktoren zurückgeführt werden. So weist die BP an Tagen ohne vorgeplanten Einsatz das meiste Zeitbudget für Tätigkeiten mit zeitlichem Spielraum auf (z. B. für Fortbildungen, Dienstsport, Pflege der Führungs- und Einsatzmittel

[8] Auch als „TO-Lagen“ bezeichnet, werden diese grundsätzlich mit hoher Priorität unter der Nutzung von Sonder- und Wegerechten wahrgenommen, um entweder eine andauernde konkrete Gefahrenlage abzuwenden (z. B. bei häuslicher Gewalt mit Hinweis auf fortgesetzte Gewalt gegenüber dem Opfer) oder (z. B. bei Wohnungseinbruch) dem Täter noch habhaft werden zu können.

und Fahrzeuge etc.). Darüber hinaus unterliegen die PVB der BP, wenn z. B. in Kleingruppen Präsenzprojekte bedient werden, einer deutlich geringeren individuellen Kontrolle, da zwar die getroffenen Maßnahmen controlled werden, aber i. d. R. kein Streifenbeleg mit exakter zeitlicher Protokollierung von wahrgenommenen Einsätzen oder Maßnahmen (in Kontrast zum WWD) gefertigt werden muss.

Über den Verlauf der eigenen Dienstzeit subsumiert, bestätigen 58,9 % (n = 222) eine gefühlte Zunahme der eigenen Arbeitsbelastung, 21,8 % (n = 90) wählen die Teils/teils-Kategorie. Eher keine Zunahme sehen 14,6 % (n = 60), keine Zunahme weitere 9,7 % (n = 40). In der Vergangenheit wurde der gefühlte Zuwachs in vergleichbaren Erhebungen deutlich drastischer geschildert, mit knapp unter 90 % Zustimmung zur entsprechenden Aussage.[9]

Unter den BOE schildern die KK (MW = 3,97) die deutlichste Zunahme, die Kräfte der KW/ETK folgen (MW = 3,82) knapp dahinter. Die PVB der PB artikulieren eine etwas niedrigere Zunahme der eigenen Arbeitsbelastung (MW = 3,38), und liegen etwas über dem WWD (MW = 3,30). Die geringste Zustimmung zur Zunahme der eigenen Arbeitsbelastung äußern die PVB des BD (MW = 3,17).

Im Mittel zeigt die Gesamtskala BOE-übergreifend leichte Tendenzen zu bestehenden zeitlichen Belastungswahrnehmungen (MW = 3,20), obwohl diese nur geringfügig auf der oberen Skalenhälfte liegen. Wie gezeigt werden konnte, existieren in den einzelnen BOE dazu sehr unterschiedliche Wahrnehmungen. Während der BD (MW = 2,50) und die BP (MW = 2,75) im Durchschnitt unterhalb der Skalenmitte liegen, zeigen der WWD (MW = 3,26), KW/ETK (MW = 3,28) und die KK (MW = 3,44) Belastungswahrnehmungen, die darüber liegen. Abschließend ist festzuhalten, dass die zeitlichen Belastungswahrnehmungen nicht mit dem tatsächlichen Arbeitspensum in Form der Wochenarbeitszeit korrelieren. Auch dies spricht dafür, dass das Gefühl der Belastung nicht unbedingt mit der tatsächlichen Arbeitszeit einhergeht, sondern eher mit dem Empfinden von Erledigungs- bzw. Organisationsdruck. Da letzterer insbesondere im Kontext von privaten Verpflichtungen entstehen dürfte, erfolgt im Weiteren die Betrachtung der durch die Befragten wahrgenommenen Vereinbarkeit von Beruf und Familie.

[9] Vgl. Ohlemacher et al. 2002, S. 53.

7.1.4 Vereinbarkeit von Beruf und Familie

Die Vereinbarkeit von Beruf und Familie ist als Kernelement im Bereich des behördlichen Gesundheitsmanagements der Polizei NRW (BGM Pol) verankert. Da der Personalkörper in den letzten Jahren deutlich verjüngt wurde, ist anzunehmen, dass die Bedarfe von (jungen) Eltern innerhalb der Mitarbeitenden deutlicher ins Gewicht fallen bzw. stärker artikuliert werden. Auch der Schichtdienst birgt womöglich besondere Herausforderungen bei der Organisation des Privat- bzw. Familienlebens mit sich.

Insgesamt wurden fünf Aussagen rund um die Vereinbarkeit von Beruf und Familie angeführt, denen gegenüber sich die Befragten auf einer voll verbalisierten Skala von 1 (Stimme nicht zu) bis 5 (Stimme zu) positionieren konnten. Nach Reliabilitätsanalyse mittels Cronbachs α[10] wurden drei der Items in einer Gesamtskala verrechnet, wobei die Skala in Richtung Vereinbarkeit gepolt wurde. Die weitere Detailbetrachung nach BOE wurde folglich auch nur für diese drei skalenrelevanten Items vorgenommen.

[10] Anmerkung zu Tabelle 7.4: Dass die Items „Die Vereinbarkeit von Beruf und Familie ist mir persönlich wichtig" und „Wenn der Dienstherr Möglichkeiten zur Kinderbetreuung anbieten würde, würde ich diese in Anspruch nehmen" inhaltlich nicht der Ausrichtung der Gesamtskala (pro Vereinbarkeit) entsprechen, war bereits vorher zu vermuten. Denn die erste Aussage bezieht sich zwar darauf, dass die Vereinbarkeit von Beruf und Familie als wichtiges Thema wahrgenommen wird, macht jedoch keine Aussage über die positive bzw. negative Ausprägung derselben. Gleiches gilt für die zweite Aussage, die zwar die Option der Kinderbetreuung durch den Dienstherrn als wünschenswert annehmen lässt, gleichzeitig aber kein Urteil über die aktuelle Vereinbarkeit ohne entsprechende Betreuungsoption zulässt. Das Item 3 („Ich wünsche mir Flexibilität....") wurde für die Skalenberechnung recodiert (MW = 2,55; SD = 1,25).

Tabelle 7.4 Vereinbarkeit von Beruf und Familie

Vereinbarkeit von Beruf und Familie						
Wie bewerten Sie die Vereinbarkeit von Beruf und Familie?	(1)	(2)	(3)	(4)	(5)	MW
	Anteil der Befragten in %					
Die Vereinbarkeit von Beruf und Familie ist mir persönlich wichtig. (SD=0,86; n=416)	2,2	1,2	7,9	20,0	68,8	4,52
Ich kann meine dienstliche Tätigkeit gut mit meiner Familie in Einklang bringen. (SD=0,98 n=415)	2,4	9,2	33,7	35,2	19,5	3,60
Ich wünsche mir mehr Flexibilität bei der Dienstgestaltung, um Familie und Beruf besser vereinbaren zu können. (SD=1,25; n=415)	7,7	16,6	25,3	24,3	26,0	3,44
Ich halte die Polizei für einen attraktiven Arbeitgeber bei der Vereinbarkeit von Beruf und Familie. (SD=1,05; n=416)	7,0	18,8	39,7	24,5	10,1	3,12
Wenn der Dienstherr Möglichkeiten zur Kinderbetreuung anbieten würde, würde ich diese in Anspruch nehmen. (SD=1,49; n=400)	19,0	7,8	17,5	22,0	33,8	3,44
Gesamtskala Vereinbarkeit von Beruf und Familie (SD=0,82; α=0,61 n=413)						3,09
MW=Mittelwert | SD=Standardabweichung | n=Anzahl Befragter | α=Cronbachs Alpha						

Grundsätzlich misst ein Großteil der Befragten mit 88,8 % (n = 369) der Vereinbarkeit von Beruf und Familie Wichtigkeit zu. 7,9 % (n = 33) positionieren sich mit der Teils/teils-Kategorie nicht eindeutig und nur 3,4 % (n = 14) äußeren, dass dies für sie nicht bzw. eher nicht wichtig sei.

Ein Blick auf die Familienstände zeigt keine Auffälligkeiten, etwa dass vor allem ledige PVB weniger Gewicht auf die Vereinbarkeit von Familie und Beruf legen.

Dass Familie und dienstliche Tätigkeit gut in Einklang zu bringen ist, bestätigt in der Tendenz mit 54,8 % (n = 227) etwas mehr als die Hälfte der Befragten. Rund ein Drittel wählt mit 33,7 % (n = 140) die Mittelkategorie. Mit einem Anteil von 11,6 % (n = 48) äußert etwa jede/r Zehnte, die eigene Tätigkeit eher nicht bzw. nicht mit der Familie harmonisieren zu können.

Oberhalb des Gesamtmittelwertes (MW = 3,60) zeigen die PVB aus BD (MW = 3,72) und KK (MW = 3,71) noch etwas mehr Zustimmung zur Vereinbarkeit von Beruf und Familie. Immer noch positiv, aber etwas schlechter, bewerten die Beamt*innen des WWD sowie der KW/ETK (jeweils MW = 3,42) die Verbindung von Dienst und Privatleben.

Mit negativer Tendenz fällt die Meinung der BP (MW = 2.72) aus. Die unter Abschnitt 7.1.1 angerissenen Befunde zur positiven Wahrnehmung der Flexibilität des Schichtdienstes werden hier durch die Positionierung von WWD und KW/ETK im Mittelfeld zumindest nicht widerlegt. Negativer scheint sich zumindest anhand dieser Fragestellung die Unplanbarkeit bzw. Sondereinsätze am Wochenende in der BP auszuwirken. Dies könnte insbesondere darauf zurückzuführen sein, dass die BP im Zweifelsfall deutlich spontaner auf Einsatzlagen (etwa kurzfristig angezeigte Demonstrationen, Spontanversammlungen) reagieren muss und gleichzeitig auch überregional eingesetzt wird. Selbst bei vorgeplanten Einsätzen ist je nach Lageentwicklung im gesamten Bundesland nicht ausgeschlossen, dass es zu sogenannten „Folgeeinsätzen“ kommt. Je nach Entfernung zur Stammdienststelle bei Einsatzende wird, auch aus Fürsorgegründen, ggf. eine Unterbringung am Einsatzort erforderlich, sodass die Kräfte (unvorhergesehen) erst am nächsten Tag nach Hause zurückkehren können. Herausragende Lagen erfordern teils auch mehrtägige Unterbringungen in Nähe des Einsatzortes, z. B. um Ruhezeiten nicht durch lange Fahrten zur Stammdienststelle zu tangieren. Dies war beispielsweise bei der Großlage rund um die Räumung des Dorfes Lützerath oder regelmäßig bei mehrtägigen Einsätzen in anderen Bundesländern der Fall.

Die positivste Bewertung der Vereinbarkeit von Familie und Beruf durch die Tagesdienststellen BD und KK überrascht nicht, auch wegen der exklusiven Option, Homeoffice in den KK zu versehen, nicht. Neben der generellen Aussage zur Bewertung der Vereinbarkeit des eigenen Dienstalltags und dem Familienleben wurde auch der Bedarf an mehr Flexibilität erhoben.

Mehr Flexibilität in der Dienstgestaltung zwecks besserer Vereinbarkeit von Beruf und Familie wünschen sich 50,3 % (n = 209), mit 25,3 % (n = 105) ist ein Viertel geteilter Ansicht. Nahezu gleich groß ist mit 24,3 % (n = 101) die Gruppe der Beschäftigten, die nicht mehr Flexibilität einfordern.

Entsprechend der Antwortverteilung zur vorherigen Fragestellung wird von den PVB der BP der Wunsch nach Flexibilität am deutlichsten artikuliert (MW = 3,83). Dahinter liegen gleichauf der WWD sowie die KK (jeweils MW = 3,55) und die KW/ETK (MW = 3,53). Den geringsten Bedarf für zusätzliche Flexibilität sieht der BD (MW = 3,10). Dass BD und KK eine fast identisch positive Bewertung der Vereinbarkeit von Beruf und Familie abgegeben haben (siehe oben), aber in den KK trotz Tagesdienst der Wunsch nach flexiblerer Gestaltung doch deutlich ausgeprägter ist, könnte zum einen mit der Mitarbeiterstruktur, zum anderen mit festen Kernarbeitszeiten zusammenhängen. So müssen in den KK Rahmendienstzeiten, etwa zur Anzeigenaufnahme oder Haftsachenbearbeitung, abgedeckt sein. Gleichzeitig beträgt das Durchschnittsalter in den KK 48,6 Jahre und 25,8 % (n = 24) sind unter 40 Jahre alt. Im BD fällt mit 57,7 % der Altersschnitt deutlich höher aus und nur 6,6 % (n = 2) sind unter 40 Jahre alt, während 90,0 % (n = 27) bereits älter als 50 Jahre sind. Insofern dürfte die Betreuung insbesondere kleinerer Kinder eher in den KK ein Thema und so – trotz gut planbarer Dienstzeiten im Rahmen des Tagesdienstes – der Wunsch nach zusätzlicher Flexibilität erklärbar sein.

Dass mit 55,8 % (n = 223) mehr als die Hälfte der Befragten eine Kinderbetreuung des Dienstherrn in Anspruch nehmen würde und weitere 17,5 % keine klare Aussage mit der Teils/teils-Kategorie treffen, verdeutlicht (auch wenn der Begriff der Familie auf alle innerfamiliären Verpflichtungen und Konstellationen abstellt), dass insbesondere der Aspekt der Kinderbetreuung von den Mitarbeitenden besonders wichtig empfunden wird. Der Verjüngung des Personalkörpers in den letzten Jahren dürfte sich hier entsprechend ausgewirkt haben und dies weiter tun. Etwas mehr als ein Viertel äußert mit 26,8 % (n = 107) keine Bedarfe in diesem Bereich. Allerdings wurde nicht erhoben, wie viele Kinder im Haushalt der Befragten leben bzw. durch die Befragten betreut werden müssen, sodass hier Kinderlosigkeit (und damit logischerweise auch kein Bedarf an Betreuung durch den Dienstherrn) nicht in Bezug gesetzt werden können.

Insbesondere für PVB im Schichtdienst gestaltet sich die Kinderbetreuung dann herausfordernd, wenn die Dienstzeit (z. B. im Spät- oder Nachtdienst) in die Schließungszeiten der entsprechenden Einrichtungen fällt. Wenn beide Elternteile in der Polizei beschäftigt sind, ermöglicht dies zwar wechselseitige Arrangements der Dienstzeit, zieht dann aber unweigerlich Konsequenzen für das familiäre Miteinander insgesamt mit sich. In der Vergangenheit kam deshalb vereinzelt der Wunsch nach einer „Betriebs-Betreuung“, ähnlich derer größerer Arbeitgeber, auf, um insbesondere auch Betreuung außerhalb der üblichen Kita-Zeiten anbieten zu können.

Bei einem verallgemeinernden Blick auf die Polizei mit Bezug zur Vereinbarkeit von Beruf und Familie würden 34,6 % (n = 144) in Summe bejahen, dass die Polizei ein attraktiver Arbeitgeber ist. Mit 39,7 % (n = 165) entfällt der größte Anteil der Befragten auf die Teils/teils-Kategorie, etwas mehr als ein Viertel widerspricht mit 25,8 % (n = 107) dieser Aussage. Der Mittelwert (MW = 3,12) verdeutlicht die gemischte Bewertung dieser Aussage.

Der zuvor skizzierte Unterschied zwischen den BOE tritt in diesem Item noch deutlich ausgeprägter auf. Aus dem WWD stimmen tendenziell 33,6 % (n = 42) der Polizei als attraktiven Arbeitgeber bei der Vereinbarkeit von Beruf und Familie zu, 27,2 % (n = 34) stimmen dem nicht bzw. eher nicht zu. Auf die Teils/teils-Kategorie entfielen 39,2 % (n = 49).

In der BP (MW = 2,48) wurde dieser Aussage in keinem Fall uneingeschränkt zugestimmt. Noch 10,3 % (n = 3) stimmten dem eher zu, ablehnend positionieren sich hier summiert 48,3 % (n = 14). Der Anteil der Teils/teils-Kategorie entsprach mit 41,4 % (n = 12) in etwa dem bei den Kräften des WWD. Die niedrigsten Bewertungen der bestehenden Vereinbarkeit von Beruf und Familie und der am ausgeprägteste Wunsch nach Flexibilität in der BP korrespondieren also mit der negativsten Bewertung der Polizei generell als attraktiver Arbeitgeber (auf Beruf und Familie bezogen.)

Ein deutlich anderes Bild zeichnen die PVB der KK (MW = 3,38). Hier stimmen in Summe 40,2 % (n = 35) der o. g. Aussage zu, fast die Hälfte positioniert sich mit 46,0 % (n = 40) in der Teils/teils-Kategorie. Der Polizei als attraktivem Arbeitgeber bei der Vereinbarkeit von Beruf und Familie stimmen 13,8 % (n = 12) eher nicht zu, die Kategorie „Stimme nicht zu" ist nicht besetzt. Auch hier gehen die positiven Bewertungen der eigenen Arbeitsbedingungen mit der Gesamtbewertung der Organisation einher. Die einzige BOE, bei der die Schilderungen der eigenen Situation und die Bewertung der Gesamtorganisation deutlich voneinander abweichen, ist der BD. Dort besteht die zweit niedrigste Zustimmung zur Aussage, die Polizei sei ein attraktiver Arbeitgeber bei der Vereinbarkeit von Beruf und Familie (MW = 2,69), obwohl die PVB innerhalb des BD in beiden vorherigen Fragen die positivste Bewertung ihres eigenen Arbeitsbereiches abgaben.

Erklärbar ist dies durch den Umstand, dass die PVB im BD zuvor Verwendungen in anderen BOE durchlaufen haben und insofern auch aus eigenem Erleben um die entsprechenden Umstände in anderen Verwendungsbereichen wissen und in ihre globale Beurteilung mit einfließen lassen.

Insgesamt zeigt die Skala mit einem Mittelwert von 3,09 (auf einer Skala von 1 bis 5), dass die Vereinbarkeit von Familie und Beruf in der Polizei als mittelmäßig ausgeprägt angesehen wird. Interessant ist, dass im Durchschnitt die Befragten ihre eigene Situation zur Vereinbarkeit von Beruf und Familie besser bewerten (MW = 3,60) als sie der Polizei als Arbeitgeber insgesamt bescheinigen würden (MW = 3,12). Inhaltlich scheint aus Sicht der Befragten vor allem der Aspekt der Flexibilität Relevanz bei der Bewertung der Vereinbarkeit von Beruf und Familie zu haben. Zwar korrelieren die zeitlichen Belastungswahrnehmungen sehr signifikant negativ mit der Vereinbarkeit von Beruf und Familie (ρ = -0,188**), allerdings nur mit niedriger Stärke.

Der von mehr als der Hälfte der PVB befürwortete Aspekt der Kinderbetreuung stützt die Annahme, dass es weniger um das zeitliche Arbeitspensum an sich, sondern um die flexible Verteilung desselben (im Rahmen der Möglichkeiten) geht. Insbesondere für die Beamt*innen der BP dürfte die höhere Unplanbarkeit zulasten der Vereinbarkeit von Beruf und Familie gehen. Dies ist nicht überraschend und aufgabenbedingt nicht auflösbar, allerdings ist zu berücksichtigen, dass die BP regelmäßig als Pflichtverwendung innerhalb der ersten vier Dienstjahre nach dem Studium für einen Zeitraum von zwei bis drei Jahren vorgesehen ist.[11]

Wenn man also annimmt, dass es zu einer unfreiwilligen Verwendung in der BP kommt, die dann noch das Privat- bzw. Familienleben erschwert, ist ein Effekt auf die eigene Arbeitszufriedenheit durchaus als naheliegend anzunehmen. Entsprechende Analysen zu einem etwaigen Zusammenhang zwischen der Vereinbarkeit von Beruf und Familie und der Arbeitszufriedenheit schließen sich in Abschnitt 9.6.3 an.

7.2 Anforderungen, Mitgestaltung und Entwicklungsperspektiven

Neben den zeitlichen Anforderungen des Polizeidienstes durch Schichtdienst, kurzfristige Einsatzanlässe, einer quantitativen Zunahme des Workloads und der Vereinbarkeit von Beruf und Familie wird im Folgenden der Blick auf die Einschätzung weiterer Faktoren der Dienstgestaltung gerichtet. Dazu gehören aufgabenbezogene Einschätzungen zur den herrschenden Anforderungen und etwaiger Überforderung, den Möglichkeiten der Mitgestaltung und die Entwicklungsperspektiven der PVB.

[11] Dies trifft nur auf Kreispolizeibehörden zu, die auch über eine BPH verfügen und in denen die Personalsituation nicht zur priorisierten Besetzung anderer Stellen führt (z. B. eine verpflichtende Verwendung innerhalb der Dir K unmittelbar als Erstverwendung nach dem Studium mangels freiwilligem Nachersatz aus dem Bestandspersonal).

7.2.1 Überforderungsempfinden

Überforderungsempfindungen wurden bereits in der Vergangenheit als negative Einflussfaktoren auf die Arbeitszufriedenheit und das Commitment zur Organisation Polizei identifiziert.[12] Im Kern des Gefühls der Überforderung steht eine Diskrepanz zwischen zu bewältigenden Aufgaben und dafür zur Verfügung stehenden Ressourcen im Sinne von Fähigkeiten, Qualifizierungen (zur Erlangung dieser Fähigkeiten) oder Arbeitsmitteln. Diese Faktoren wurden auch jüngst erneut von Polizeibeschäftigten als potenzielle Belastungen benannt, wenngleich nicht so deutlich ausgeprägt, wie andere Faktoren.[13]

Auch die artikulierten Anforderungen der Vorgesetzten können Überforderungsempfindungen auslösen, wenn sie in Kontrast zu den regulären Anforderungen an die bekleidete Funktion stehen oder nicht durch transparente Beteiligung nachvollziehbar gemacht wurden[14]. Grundsätzlich kann es immer zu neuen bzw. komplexeren Anforderungen an die eigene Tätigkeit kommen, etwa durch neue Prozessabläufe oder ein neues Vorgangsbearbeitungssystem, rechtliche Änderungen (die es in der Einsatzwahrnehmung zu berücksichtigen gilt) oder taktische Konzeptionen, die auf Basis von Einsatzerfahrungen weiterentwickelt wurden und in entsprechenden Lagen abgerufen werden müssen.

Dass die Betroffenen den Entwicklungen und Anforderungen adäquat begegnen können, setzt neben einem transparenten Kommunikationsprozess auch die entsprechenden Fähigkeiten, Arbeitsmittel und ggf. Fortbildungen voraus. Zur Erfassung der Überforderungsempfindungen wurden vier Aussagen vorgegeben, die verschiedene der angeführten Teilaspekte anhand einer fünfstufigen vollverbalisierten Skala von 1 (Stimme nicht zu) bis 5 (Stimme zu) zur Auswahl stellten[15]. Nach Reliabilitätsanalyse mittels Cronbachs α wurden alle vier Einzelitems in einer Gesamtskala gemeinsam betrachtet[16], die Skala wurde in Richtung Überforderung gepolt, sodass ein höherer Wert auf eine Überforderung hinweist.

Mit 75,8 % (n = 313) geben in Summe drei Viertel der Befragten an, tendenziell über die notwendigen Fähigkeiten zur Bewältigung der ihnen gestellten

[12] Vgl. Ohlemacher et al. 2002, S. 52.

[13] Vgl. Schiemann et al. 2023, S. 32.

[14] Vgl. Ohlemacher et al. 2002, S. 55.

[15] Anmerkung zur Tabelle 7.5: Die Items 1 („Ich verfüge…“) und 2 („Was ich zur erfolgreichen….“) wurden zur Skalenberechnung recodiert (Item 1: MW = 1,96; SD = 0,96 und Item 2: MW = 2,83; SD = 1,11).

[16] Bei der Streichung des letzten Items wäre mit $\alpha = 0{,}646$ die Reliabilität geringfügig angestiegen; auf Grund der nur geringen potentiellen Veränderung wurde entschieden, die Skala unverändert und den informatorischen Mehrwert der letzten Frage einfließen zu lassen.

Aufgaben zu verfügen. Rund jede/r Sechste kann dies mit 17,2 % (n = 71) nur in Teilen bestätigen. Insgesamt 7,0 % (n = 29) äußern hingegen, dass sie nicht bzw. eher nicht über die erforderlichen Fähigkeiten verfügen.

Gemessen am Mittelwert (MW = 4,03) weicht die Beurteilung der eigenen Fähigkeiten in den einzelnen BOE teils deutlich ab. Vor im BD (MW = 4,28) und in der BP (MW = 4,55) werden die eigenen Fähigkeiten deutlich besser eingeschätzt. Die PVB der KW/ETK dagegen geben deutlich geringeres Vertrauen in die eigenen Fähigkeiten (MW = 3,35) an.

Für die BP ist anzumerken, dass die Aufgaben (auf Gruppenbeamt*innen ohne Zusatzfunktion bezogen) insbesondere in den Großeinsätzen von deutlich weniger individueller Verantwortlichkeit geprägt sind, als beispielsweise im WWD, da i. d. R. auf Anweisung der Gruppen- bzw. Zugführung Maßnahmen getroffen werden.

Tabelle 7.5 Überforderungsempfinden

Überforderungsempfinden						
Wie empfinden Sie die Anforderungen des täglichen Dienstes, die an Sie gestellt werden?	**Anteil Befragter in %**					
	(1)	**(2)**	**(3)**	**(4)**	**(5)**	**MW**
Ich verfüge über alle notwendigen Fähigkeiten, um die mir gestellten Aufgaben adäquat bewältigen zu können. (SD=0,96; n=413)	2,2	4,8	17,2	39,7	36,1	4,03
Was ich zur erfolgreichen Aufgabenbewältigung benötige, stellt der Dienstherr zur Verfügung. (Arbeitsmittel, Fortbildungen etc.). (SD=1,11; n=412)	8,0	20,4	29,4	31,8	10,4	3,16
Mein/e Vorgesetze/r erwartet zu viel von mir. (SD=0,97; n=413)	37,3	37,3	16,9	7,3	1,2	1,98
Ich fühle mich regelmäßig überfordert. (SD=0,86; n=413)	48,7	33,2	15,0	2,2	1,0	1,74
Überforderungsempfinden (MW=2,13; SD=0,67; α=0,62; n=413)						**2,13**
MW=Mittelwert | SD=Standardabweichung | n=Anzahl Befragter | α=Cronbachs Alpha						

Natürlich sind die PVB in der BP genauso für ihre individuellen Handlungen verantwortlich und treffen selbständig Maßnahmen; oft gilt es aber, Maßnahmen (z. B. Einziehen einer Polizeikette, fußläufige Begleitung einer Demonstration in Gruppenstärke etc.) in größerem taktischem Verband zu treffen, in deren Verlauf dann keine individuellen Entscheidungen notwendig werden. Außerdem durchlaufen alle PVB der BP eine entsprechende Einführungsfortbildung, in der die wesentlichen Kompetenzen für die speziellen Aufgaben der BP vermittelt werden.

Die geringe Ausprägung für die KW/ETK könnte genau auf das Gegenteil zurückzuführen sein; hier sind für beide Arbeitsbereiche umfangreiche Zusatzqualifikationen erforderlich; z. B. Observationslehrgänge, Spurensicherungsfortbildungen oder die Einführungsfortbildung in die kriminalpolizeiliche Sachbearbeitung. Diese stehen landesweit nur begrenzt zur Verfügung, sodass hier ggf. die PVB zum Befragungszeitpunkt noch nicht über sämtliche Qualifizierungsmaßnahmen und damit über die erforderlichen Fähigkeiten für die Alltagsaufgaben verfügten.

In eine ähnliche Richtung könnte auch das Antwortveralten auf die Frage, ob alles für die Aufgabenbewältigung Erforderliche zur Verfügung gestellt werde, weisen.

Insgesamt berichten nur 42,2 % (n = 174), dass alles für die erfolgreiche Aufgabenbewältigung auch dienstlich zur Verfügung gestellt werde. Die Anteile der Befragten mit 29,4 % (n = 121) in der Teils/teils-Kategorie und 28,4 % (n = 117) im Bereich der Ablehnung waren nahezu identisch ausgeprägt. Mehr als jede/r fünfte PVB äußerte also einen Mangel an dienstlichen zur Verfügung gestellten Ressourcen, wobei hier nicht zwischen Fortbildungen und Arbeitsmitteln differenziert wurde.

Passend zur oben formulierten Überlegung zeigen die PVB der KW/ETK die deutlichsten Missstände (MW = 2,53) an und liegen als einzige BOE damit deutlich unterhalb der Skalenmitte. Die Kräfte der BP beurteilen die Situation um erforderliche Arbeitsmittel bzw. Fortbildungen am positivsten (MW = 3,55), ebenso die KK (MW = 3,50). Die PVB des BD (MW = 3,24) und des WWD (MW = 3,06) liegen deutlich näher am Gesamtmittelwert (MW = 3,16).

Der Anteil der PVB, die sich zu hohen Erwartungen seitens der bzw. des Vorgesetzten ausgesetzt sehen, beträgt 8,5 % (n = 35). 16,9 % (n = 70) sind geteilter Ansicht und rund drei Viertel stimmen mit 74,6 % (n = 308) nicht zu, überhöhten Erwartungen ausgesetzt zu sein. Im Vergleich der BOE liegen ET/KW (MW = 1,71), BP und BD (jeweils MW = 1,72) nahezu gleich auf. Im WWD äußern geringfügig mehr PVB entsprechende Erwartungen (MW = 1,87), in den KK ist die größte Zustimmung zu beobachten (MW = 1,97). Um den Mittelwert einzuordnen sei dazu ergänzt, dass in den KK 9,1 % (n = 3) eher zustimmen, uneingeschränkte Zustimmung wurde nicht geäußert. Der überwiegende Teil stimmt mit 84,8 % (n = 28) nicht zu, die Teils/teils Kategorie ist mit 3,0 % (n = 1) auch deutlich seltener vertreten, als bei den anderen Items.

Die Erwartungshaltungen der/des Vorgesetzten sind darüber hinaus so personenspezifisch, dass Rückschlüsse auf die jeweiligen Arbeitsbereiche (bis auf den bereits angeführten Grad der persönlichen Verantwortlichkeit für Maßnahmen bzw. Vorgänge der Mitarbeitenden) nur schwerlich möglich scheinen.

Regelmäßig das Gefühl von Überforderung zu empfinden, bestätigt insgesamt mit 3,2 % (n = 13) ein sehr kleiner Teil der Befragten. Der Vergleich zu älteren Erhebungen, in denen ähnliche Aussagen von rund 30 % der Befragten bestätigt wurden[17] sowie eine seit Jahren öffentlich geführte (und auch durch polizeiliche bzw. polizeinahe Akteure befeuerte) Debatte zur Überforderung der Polizei durch neue Kriminalitätsfelder[18] (insbesondere im digitalen Raum), steigende Fallzahlen oder besonders herausforderndes Klientel[19] (wie etwa im Milieu organisierter Kriminalität[20]) lässt diesen Anteil überraschend gering erscheinen.[21] Dagegen verneinen insgesamt 81,9 % (n = 338) eine regelmäßige Überforderung, 15,0 % (n = 62) entfallen auf die Teils/teils-Kategorie.

Unter den BOE bestehen dennoch deutliche Unterschiede, wenngleich in allen Bereichen insgesamt keine Überforderung artikuliert wird. Während in der BP niemand Zustimmung oder die Teils/teils Kategorie wählt, äußern im WWD 1,6 % (n = 2) Überforderung, im BD 3,4 % (n = 1), von den PVB der KW/ETK 5,9 % (n = 1) und in den KK 9,1 % (n = 3). Obwohl diese absoluten Zahlen äußerst gering und damit zurückhaltend zu interpretieren sind, besteht augenscheinlich dennoch ein deutlicher Unterschied zwischen den BOE.

Die Betrachtung der Gesamtskala zeigt mit einem Mittelwert von MW = 2,13, dass ein Überforderungsempfinden insgesamt eher negiert als bejaht wird. Obwohl der Anteil an PVB, der sich regelmäßig überfordert sieht, damit eher die Ausnahme darstellt, ist anzunehmen, dass diese Gruppe unter dem entsprechenden Empfinden leidet und sich dieses womöglich negativ auf die jeweilige Arbeitszufriedenheit auswirkt[22].

---

[17] Ohlemacher et al. 2002, S. 54.

[18] Vgl. Schulz 2019.

[19] Vgl. RP Online 2010.

[20] Vgl. Focus Online 2015.

[21] Ein Test dieses Items auf etwaige Besonderheiten bei den Testfragen zu sozialer Erwünschtheit gab keinen Anlass, möglicherweise überpositives Antwortverhalten zu vermuten. Der Korrelationskoeffizient Spearman-Rho war mit -0,062 nicht signifikant und nur von sehr geringer Ausprägung.

[22] Vgl. Ohlemacher et al. 2002, S. 58.

7.2.2 Mitgestaltungsoptionen

Im Gegensatz zu Belastungsempfindungen sind Mitgestaltungsoptionen grundsätzlich mit positiver Wirkung auf die Arbeitszufriedenheit in Verbindung zu bringen, weil sie Teil einer „Arbeitssituationskontrolle" sind.[23] Dass Mitgestaltungsoptionen Elemente einer transparenten Beteiligung und wertschätzenden Kommunikation bei der gemeinsamen Erarbeitung von Prozessen oder Zielvereinbarungen sind, ist naheliegend.

Obwohl allgemein auf arbeitspsychologische Prozesse bezogen, trifft Bussing mit folgender Feststellung insbesondere für die Polizei den wesentlichen Punkt: *„Kann ein Arbeitnehmer die diskrepanten Beziehungen nicht durch eine Änderung an Zielen und Bedingungen modifizieren (durch Selbst- und Mitbestimmung, durch Kündigung etc.), so ist er gezwungen, seine Motive und damit seine Tätigkeit zu ändern. (…) Im Bereich allgemeiner wie auch spezieller Arbeitsbedingungen kommt nach unseren bisherigen Erkenntnissen der Kontrolle, die Arbeitnehmer in bezug* (sic!) *auf ihre Arbeit haben, eine entscheidende Rolle zu."*[24]

In der Polizei kommt dem Element der Mitbestimmung deshalb eine besondere Bedeutung zu, denn in Kontrast zu den meisten anderen Tätigkeitsfeldern steht PVB z. B. der Wechsel in andere Berufsfelder i. d. R. nicht ohne Weiteres offen. Das berufsbezogene Studium im gehobenen Polizeivollzugsdienst weist zwar Schnittmengen mit anderen Professionen (z. B. Rechtswissenschaft, Psychologie, Soziologie etc.) auf, qualifiziert aber grundsätzlich nicht für eine Tätigkeit im allgemeinen Verwaltungsbereich. Auch die beamtenrechtlichen (und ggf. fiskalischen) Regularien erschweren selbst den Wechsel von PVB zwischen verschiedenen Bundesländern.

Darüber hinaus ist die Polizei, zumindest in einigen Arbeitsbereichen, immernoch hierarchisch geprägt. Zwar unterliegen Führungsmodelle einer stetigen Weiterentwicklung und bewegen sich, im Vergleich zu überholten Modellen, durchaus zu einer transformationalen Ausrichtung hin[25] – gleichzeitig ist die innerdienstliche Weisheit „ober sticht unter" immer noch weit verbreitet und tatsächliche Entscheidungsprozesse werden (besonders im Einsatzkontext) durch die entscheidungsverantwortliche Führungskraft getroffen. Dies limitiert die Mitgestaltungsoptionen, anders als in weniger hierarchisch geprägten Berufsfeldern, in der Polizei nochmals zusätzlich.

---

[23] Vgl. Bussing 1991, S. 104.

[24] Ebd., S. 94.

[25] Vgl. Fittkau und Heyna 2020, S. 102.

Beide Faktoren – die enge Begrenzung der eigenen Arbeitswelt und die (immer noch) tendenziell hierarchisch strukturieren Entscheidungsprozesse – begünstigen, zumindest theoretisch, auch sogenannte „*Gratifikationskrisen als Ausdruck unfairer Tauschprozesse zwischen Leistung und Gegenleistung (…) insbesondere in solchen beruflichen Bereichen (…), in denen – wie im Polizeidienst – kaum berufliche Alternativen verfügbar sind.(…) Erlebte Gratifikationskrisen blockieren im Kern die Befriedigung des grundlegenden Motivs nach sozialer Anerkennung und einem durch fairen Umfang und Wertschätzung gestärkten Selbstwertgefühl.*“[26]

Durch PVB selbst wurden, über diese theoretischen Überlegungen hinaus, die eigenen Mitbestimmungsmöglichkeiten in entsprechenden Erhebungen zur Arbeitszufriedenheit bereits als wichtiger positiv konnotierter Faktor benannt[27]. Es gibt also zahlreiche Grundlagen die dafürsprechen, dass Mitgestaltungsoptionen positiv auf die Arbeitszufriedenheit wirken.

Die Mitgestaltung wurde anhand von zwei Items auf einer fünfstufigen vollverbalisierten Skala von 1 (Stimme nicht zu) bis 5 (Stimme zu) erhoben. Dabei wurde auf die Aspekte der selbstbestimmten Schwerpunktsetzung sowie auf die transparente Beteiligung durch Vorgesetzte fokussiert, da beide Punkte auch innerhalb der hierarchischen Organisationsstruktur realisierbar schienen. Anschließend wurden beide Items zu einer Gesamtskala verrechnet.

Mit 61,0 % (n = 250) bestätigt der größte Teil der Befragten, im Rahmen ihrer Tätigkeit eigene Schwerpunkte setzten zu können. Knapp ein Viertel wählte mit 22,9 % (n = 94) die Teils/teils-Kategorie, 16,1 % (n = 66) negierten tendenziell die entsprechende Möglichkeit zur Schwerpunktsetzung.

Innerhalb der einzelnen BOE bestätigen die Beamt*innen des BD mit 89,6 % (n = 26) die meisten eigenen Schwerpunkte setzten zu können (MW = 4,38) und zwar mir deutlichem Abstand zu allen anderen Arbeitsbereichen. Im WWD (MW = 3,76) geben dies zwei Drittel der Befragten mit 66,4 % (n = 83) an, in den KK (MW = 3,58) tun dies mit 60,6 % (n = 20) etwas weniger. Damit liegen diese drei BOE, gemessen am Mittelwert, insgesamt auf der positiven Skalenhälfte (Tabelle 7.6).

[26] Groß et al. 2022, S. 162 f.

[27] Vgl. Ohlemacher et al. 2002, S. 33.

Tabelle 7.6 Mitgestaltungsoptionen

Mitgestaltungsoptionen						
Wie empfinden Sie Ihre eigenen Entscheidungs- und Handlungsspielräume im täglichen Dienst?	Anteil Befragter in %					MW
	(1)	(2)	(3)	(4)	(5)	
Ich kann im Rahmen meiner Tätigkeit eigene Schwerpunkte setzen. (SD=1,05; n=410)	4,1	12,0	22,9	41,5	19,5	3,60
Mein/e Vorgesetze/r beteiligt mich transparent an Entscheidungen und gibt mir Gelegenheit, meine Meinung zu äußern. (SD=1,08; n=409)	3,9	9,5	21,0	37,2	28,4	3,77
Gesamtskala Mitgestaltungsoptionen (SD=0,84; $\rho^{(SP)}$=0,61 n=409)						3,68
MW=Mittelwert | SD=Standardabweichung | n=Anzahl Befragter | $\rho^{(SP)}$=Spearman Brown Koeffizient						

Die Beamt*innen der BP (MW = 3,04) zeichnen ein durchmischtes Bild; hier stimmen 39,4 % (n = 11) der Möglichkeit eigener Schwerpunktsetzung tendenziell zu, während knapp ein Drittel mit 32,1 % (n = 9) geteilter Meinung ist und 28,6 % (n = 8) der Aussage widersprechen.

Durch die Kräfte der KW/ETK (MW = 2,88) werden die geringsten Möglichkeiten zur eigenen Schwerpunktsetzung berichtet, dies bejahen hier 23,5 % (n = 4), deutlich mehr PVB dieser BOE sind geteilter Meinung mit 35,3 % (n = 6), der größte Anteil negiert mit 41,2 % (n = 7) entsprechenden Möglichkeiten.

Dass die einzelnen BOE sich in der Möglichkeit der eigenen Schwerpunktsetzung unterscheiden, wurde bereits anhand der strukturellen Unterschiede, aufgabenspezifischen und taktischen Gestaltungsmöglichkeiten vermutet. So können die Beamt*innen im BD, sofern sie nicht bei Sondereinsätzen unterstützen, im Rahmen ihrer originären Tätigkeiten autark verschiedenste Aufgabenfelder bedienen, z. B. Fußstreifen durch das eigene Quartier, die Vernetzung mit lokalen Akteuren, der Besuch von Schulen oder Kindergärten (inkl. Verkehrserziehung), die Kontrolle von Rückkehrverboten nach häuslichen Gewalten im eigenen Bereich oder die Vollstreckung von Haftbefehlen bzw. das Erheben entsprechender finanzieller Ersatzleistungen. Dass der BD mit Abstand den größten Gestaltungsspielraum berichtet, ist daher nicht verwunderlich.

Angehörige des Wach- und Wechseldienstes können, solange keine außenveranlassten Einsätze zu bewältigen sind, eigenverantwortlich Maßnahmen treffen (Präsenzstreifen, Personen- und Verkehrskontrollen etc.) und in diesem Rahmen eigene Schwerpunkte setzen. Außerdem sind im WWD zusätzliche Qualifizierungen, etwa als Funker*in, als Tutor*in für KA oder als Multiplikator*in für verschiedene Themenbereiche und Tätigkeiten (z. B. zur Bedienung von Lasermessgeräten, technische Ansprechpartner für Bodycam oder dienstliche Smartphones etc.) möglich. Wenngleich die Anteile der außenveranlassten Einsätze deutlich größer als die der eigenveranlassten Tätigkeiten sind, wird die Möglichkeit der eigenen Schwerpunktsetzung durch die Befragten überwiegend positiv beurteilt.

Etwas weniger Spielraum schildern die Beamt*innen der KK, die primär mit der Bearbeitung von Strafanzeigen betraut sind. Auch hier sind insgesamt noch positive Tendenzen in Richtung vorhandenen Gestaltungsspielraums erkennbar und z. B. auf die Differenzierung nach Maßnahmen und Ermittlungsaufwand je nach Erfolgsaussicht auf Basis kriminalistischer Erfahrung zurückzuführen. In der Praxis dürften die unterschiedlichen Möglichkeiten vor allem durch den Vorgangsdruck (siehe Abschnitt 7.1.3) und die Vorgaben der Staatsanwaltschaft, als Herrin des Strafverfahrens, limitiert sein.

In der BP werden Gestaltungsspielräume ambivalent beschrieben, was auch mit unterschiedlichen Aufgaben innerhalb der BP erklärbar ist. Führungskräfte, Einsatztrainer*innen, Beamt*innen der Beweissicherungstrupps oder besonders qualifizierte Mitarbeitende (Feuerlöschtrupp, Sanitätstrupp, Drohnenpilot*innen etc.) haben Zusatzaufgaben inne und damit (außerhalb von Großeinsätzen) die Möglichkeit, andere Tätigkeiten z. B. während der Bereitschafts- oder Fortbildungstage auszuführen. Die Tätigkeiten der Gruppenbeamt*innen sind demgegenüber stark an den Vorgaben (z. B. zur Unterstützung der Geschwindigkeitsüberwachung, Präsenzstreifen an lokalen Brennpunkten und Angsträumen etc.) der Führung bzw. der jeweiligen Projektverantwortlichen ausgerichtet.

Dass die Beamt*innen der KW/ETK die geringsten Gestaltungsspielräume berichten, ist auf die Tätigkeiten dieser BOE zurückzuführen. Während die KW nahezu ausschließlich außenveranlasste Tätigkeiten wahrnimmt, arbeiten die Beamt*innen der ETK primär auf Anforderung durch die KK, um etwa nach bestimmten Deliktsserien potenzielle Tatortbereiche zu observieren oder täterorientierte Maßnahmen (z. B. zur Erstellung von Lichtbildern) zu treffen. Auch wenn fachlich die Aufgabenzuweisung nicht zu monieren ist, bleibt doch festzuhalten, dass die Unterschiede von bis zu 1,5 Skaleneinheiten bei fünfstufiger Gesamtskala erheblich sind.

Die Bewertung der transparenten Beteiligung und Gelegenheit, die eigene Meinung zu äußern, wird noch etwas positiver bewertet als das erste Item. Mit 65,6 % ($n = 268$) bestätigen knapp zwei Drittel eine entsprechend positive Führungskultur, die Mittelkategorie mit 21,0 % ($n = 86$) der Befragten sehr ähnlich zur vorherigen Frage ausgeprägt. Entsprechend beträgt der Anteil derer, die nicht bzw. eher nicht transparent beteiligt werden und die eigene Meinung einbringen können, mit 13,4 % (n = 55) in Summe eine etwas kleinere Gruppe als bei der Möglichkeit zur eigenen Schwerpunktsetzung.

Auch wenn dieses Item durch das individuelle Führungshandeln der jeweils Vorgesetzten beeinflusst wird und somit nur begrenzt verallgemeinerbar für die Arbeitsbereiche an sich scheint, weist der Vergleich der BOE dennoch in eine bereits vorher vermutete Richtung:

In den KK (MW = 4,00) wird durchweg vorhandene Transparenz der Vorgesetzten bejaht und positiv bewertet, auch die meisten anderen BOE zeigen ähnlich positive Ausprägungen wie die PVB der KW/ETK (MW = 3,94), dem BD (MW = 3,90) und dem WWD (MW = 3,82). Die Beamt*innen der BP zeigen zwar auch eine insgesamt positive Bewertung von Transparenz und Möglichkeit der Meinungsäußerung (MW = 3,50), der Kontrast zu den anderen BOE (wenngleich auf hohem Niveau) fällt aber dennoch auf. Dies könnte als Indiz für die bereits aufgezeigte hierarchische Prägung der BP als geschlossene Einsatzeinheit mit (zwangsläufig) geradliniger Führungs- und Entscheidungshierarchie herangezogen werden. Das bedeutet nicht, dass im Einsatzfall zwangsläufig eine Alternative zu (nicht zu diskutierenden) taktischen Führungsentscheidungen besteht, da eine persönliche Beteiligung aller Gruppenbeamt*innen schlicht realitätsfern und nicht umsetzbar wäre. Dass aber genau dieser unumstößliche Faktor auch auf das Bewusstsein der betroffenen PVB wirken kann, sollte dennoch bedacht werden.

Betrachtet man die Gesamtskala, wird die Facette der Mitbestimmung insgesamt über alle BOE subsumiert positiv bewertet (MW = 3,68), wenngleich dieser Mittelwert nur relativ nah an zwei der fünf betrachteten BOE (WWD und KK mit jeweils MW = 3,78) liegt, während der BD (MW = 4,13) deutlich positivere Ausprägungen zeigt bzw. die Beamt*innen der KW/ETK (MW = 3.41) und BP (3,30) merklich dahinter liegen.

7.2.3 Entwicklungsperspektiven

Neben den Mitgestaltungsoptionen (auf die aktuelle Funktion bezogen) werden auch die allgemeinen Entwicklungsperspektiven der Befragten betrachtet. Alle fünf Items wurden, nach Reliabilitätsprüfung mittels Cronbachs α, zu einer

Gesamtskala verrechnet[28]. Eine einzelne Betrachtung nach BOE erfolgt für diese Items nicht, da die Fragen auf die eigene Entwicklung innerhalb der gesamten bisherigen Dienstzeit abstellen und damit kein (ausschließlicher) Bezug zur aktuellen BOE herstellbar wäre.

Der Aussage, dass gute Leistungen auch zum Erfolg in der Polizei führen, stimmt mit 24,7 % (n = 101) rund ein Viertel der Befragten zu. Etwas mehr als ein Drittel ist mit 36,7 % (n = 150) geteilter Ansicht, ein marginal größerer Anteil mit 38,6 % (n = 158) stimmt der Aussage nicht bzw. eher nicht zu. Klammert man die Mittelkategorie aus, dann verneinen rund 50 % mehr das Eintreten von Erfolg nach dem Leistungsprinzip, als dies bestätigen.

Tabelle 7.7 Entwicklungsperspektiven

Entwicklungsperspektiven						
Wie bewerten Sie die beruflichen Entwicklungschancen generell und Ihren eigenen Entwicklungsgang im Speziellen?	Anteil Befragter in %					
	(1)	(2)	(3)	(4)	(5)	MW
Wer gute Leistung bringt, hat auch Erfolg in der Polizei. (SD=1,14; n=409)	16,4	22,2	36,7	16,6	8,1	2,78
Erfolg hat vor allem, wer zur richtigen Zeit am richtigen Platz ist. (SD=0,87 n=408)	1,2	2,7	18,9	41,9	35,3	4,07
Das Beurteilungssystem empfinde ich als ungerecht. (SD=0,98; n=407)	1,0	6,6	20,4	30,7	41,3	4,06
Ich bin zufrieden mit meiner eigenen dienstlichen Entwicklung (SD=1,02; n=406)	3,0	7,1	24,6	36,7	28,6	3,81
Ich selbst wäre bis jetzt deutlich weitergekommen, wenn das Beurteilungssystem gerechter wäre. (SD=1,38; n=396)	22,0	18,4	24,0	18,7	16,9	2,90
Gesamtskala Entwicklungsperspektiven (MW=2,70; SD=0,77; α=0,75 n=395)						2,70
MW=Mittelwert | SD=Standardabweichung | n=Anzahl Befragter | α=Cronbachs Alpha						

Dem gegenläufig formulierten Item, das eine Zufälligkeit von Erfolg unterstellt, wird demgegenüber von mehr als drei Vierteln der Befragten mit 77,2 % (n = 315) tendenziell zugestimmt. Im Vergleich zum vorherigen Item wählen

[28] Anmerkung zur Tabelle 7.7: Zur Berechnung der Gesamtskala wurden die Items 2 („Erfolg hat…), 3 („Das Beurteilungssystem…“) und 5 („Ich selbst wäre…“) recodiert (Item 1: MW = 1,92; SD = 0,86; Item 2: MW = 1,95; SD = 0,98; Item 3: MW = 3,09; SD = 1,38).

rund halb so viele Befragten die Mittelkategorie mit 18,9 % (n = 77), nur 3,9 % (n = 16) stimmen der Aussage nicht zu.

Ähnlich deutlich fällt die Bewertung der Aussage, „das Beurteilungssystem empfinde ich als ungerecht“ aus. Insgesamt 72,0 % (n = 293) stimmen dem zu, jede/r Fünfte wählt mit 20,4 % (n = 83) die Teils/teils-Kategorie. Nicht bzw. eher nicht als ungerecht empfinden das Beurteilungssystem 7,6 % (n = 31).

Das Beurteilungssystem, das letztlich die Rangfolge für Beförderungen (und damit Stellenbesetzungen) determiniert, ist innerpolizeilich ein Dauerthema. Dass das Verfahren grundsätzlich verwaltungsrechtlich bestätigt wurde, steht dabei in Kontrast zur Wahrnehmung der Beamt*innen sowie der Berufsvertretungen. Denn die Kriterien Leistung, Eignung und Befähigung werden letztlich von der Haushalts- bzw. Rechtslagelage (Deckelungsgrenze) eingeschränkt[29]. Damit geht einher, dass z. B. die Anzahl von Beförderungsstellen, die jeder Behörde zugewiesen wird, fiskalisch vorgegeben ist und auch die Möglichkeiten der quotierten Beurteilungen selbst bei gleichen Beurteilungsergebnissen an feste prozentuale Vorgaben geknüpft ist. Nur die äquivalente Anzahl von PVB kann entsprechend befördert werden.

Die zwei letzten Items fokussieren auf die individuelle Entwicklung der Befragten selbst. Zufrieden mit der eigenen Entwicklung zeigen sich in Summe 65,3 % (n = 265), also knapp zwei Drittel der Befragten. Knapp ein Viertel ist mit 24,6 % (n = 100) geteilter Meinung, jede/r Zehnte ist mit 10,1 % (n = 41) tendenziell nicht mit der eigenen dienstlichen Entwicklung zufrieden.

Ob die Befragten das vorher separat betrachtete Beurteilungssystem kausal mit dem Ausbleiben eigener Erfolge verknüpfen, wurde über die Aussage „Ich selbst wäre bis jetzt deutlich weitergekommen, wenn das Beurteilungssystem gerechter wäre“ erhoben. Hier stimmen insgesamt 35,6 % (n = 141) zu, etwas weniger als jede/r Vierte ist mit 24,0 % (n = 95) geteilter Ansicht. Der größte Anteil entfällt mit 40,4 % (n = 160) auf die Antwortkategorien „nicht“ bzw. „eher nicht“.

Die Gesamtskala (MW = 2,70) verdeutlicht, dass die Entwicklungsperspektiven in der Polizei NRW insgesamt eher negativ beurteilt werden.

[29] Vgl. Gewerkschaft der Polizei [GdP] 2024.

7.3 Konflikte und Gewalt im polizeilichen Arbeitsalltag

Kaum ein anderer Aspekt polizeilicher Tätigkeit prägt den Diskurs zwischen Öffentlichkeit, Medien, Politik, Berufsvertretungen und der Polizei selbst so sehr, wie Konflikte und Gewalt im polizeilichen Arbeitsalltag[30]. Dabei stehen aus gesellschaftlicher und medialer Sicht besonders Polizeieinsätze bzw. Einsatzverläufe im Fokus, in denen der polizeiliche Zwangseinsatz für die Betroffenen drastische gesundheitliche Folgen, im Extremfall den Tod, nach sich zieht, oder die den Verdacht der illegitimen Gewaltanwendung begründen.[31]

Aus Perspektive der Polizei und ihren Berufsvertretungen besteht hingegen seit Jahren ein wachsendes Problem in Form wachsender Gewaltbereitschaft gegenüber den polizeilichen Einsatzkräften und damit einhergehenden Übergriffen auf PVB (bzw. in Teilen auch auf Kräfte von Rettungsdienst, Feuerwehr und anderen Amtsträgern).[32]

Dabei wird regelmäßig begrifflich zwischen Gewalt durch Dritte (gegen PVB) und polizeilichem Zwangseinsatz differenziert,[33] wenngleich diese Differenzierung selbst auch Gegenstand einer kritischen Auseinandersetzung ist.[34] Im Kern befasst diese sich mit der Frage, ob die rechtswissenschaftlich eindeutige Differenzierung zwischen Zwang nach dem Polizeigesetz Nordrhein-Westfalen (PolG NRW) bzw. der Strafprozessordnung (StPO) und Gewalt gegen PVB als Straftat nach den §§ 223 ff. des Strafgesetzbuches (StGB) der Komplexität von Gewalt genügt.[35] Denn PVB sind, über die Kenntnis der rechtlichen Voraussetzungen für die Zwangsanwendung hinaus, faktisch damit konfrontiert, Gewalt ausüben und diese emotional verarbeiten zu müssen.

Aus Sicht der Befragten kann nur eine Differenzierung nach den rechtlichen Vorgaben z. B. hinsichtlich der gewählten Zwangsmittel erfolgen. Insofern entsprechen die Fragen zum Zwangseinsatz den im PolG NRW vorgesehenen Eskalationsstufen von einfacher körperlicher Gewalt bis zum Einsatz der Schusswaffe.

Für die Angaben über Erfahrungen mit Gewalt durch Dritte wurden dahingegen mehrere Eskalationsstufen angenommen, die von psychischen Anfeindungen

[30] Görgen und Hunold 2019, S. 122.

[31] Ebd., S. 121.

[32] Vgl. GdP 2023; Deutsche Polizeigewerkschaft Niedersachsen 2023.

[33] Vgl. Deutsche Polizeigewerkschaft 2023.

[34] Vgl. Behr 2012, S. 179.

[35] Vgl. ebd., S. 180.

(Beleidigungen, konkreten Drohungen) bis zu physischen Angriffen unterschiedlicher Schwere reichen und zwar unabhängig davon, ob sie alle unter der gleichen Rechtsnorm zu subsumieren wären.

7.3.1 Gewalt gegen PVB

Zunächst wurde mittels Filterfrage erhoben, ob die Befragten aktuell direkten Kontakt zu Bürger*innen haben. Da sich der Befragungszeitraum auch über den jährlichen Nachersatz- und Umsetzungstermin am 01.09.2021 erstreckte, war mit einer gewissen Anzahl von PVB zu rechnen, die nach diesem Datum eine andere Stelle bekleiden würden als davor. Für den Fall, dass jemand aus dem Außendienst in den Innendienst gewechselt hatte, sollte ausgeschlossen werden, dass diese PVB über das Merkmal „Keinerlei Bürgerkontakt in der aktuellen Funktion" für die Beantwortung der folgenden Fragen ausgefiltert wurden. Deshalb wurde, sozusagen als Auffangtatbestand, eine entsprechende Angabe zu Bürgerkontakt in der Vorverwendung ermöglicht (Tabelle 7.8).

Tabelle 7.8 Bürgerkontakte

Bürgerkontakte	
	Anteil der Befragten in % (n=404)
Ich habe direkten (Face to Face) Kontakt zu Bürger*innen.	76,5
Ich habe ausschließlich Kontakt zu Bürger*innen über Telefon oder digitale Kommunikationsmedien.	7,9
Ich habe keinerlei Kontakt zu Bürger*innen.	7,2
Ich habe keinerlei Kontakt zu Bürger*innen, hatte aber in meiner vorherigen Verwendung direkten Kontakt.	7,4
Ich habe keinerlei Kontakt zu Bürger*innen, hatte aber in meiner vorherigen Verwendung telefonischen/medialen Kontakt.	1,0
n=Anzahl Befragter	

Mehr als drei Viertel der Befragten gaben mit 76,5 % (n = 309) an, direkten Kontakt zu Bürger*innen zu haben. Weitere 7,4 % (n = 30) hatten in ihrer Vorverwendung direkten Bürgerkontakt. Diesen beiden Gruppen wurden im weiteren

Verlauf drei Fragebatterien zur Beantwortung vorgelegt, die den PVB ohne direkten Bürgerkontakt nicht angezeigt wurden. Dabei handelt es sich um die Fragen zum Zwangseinsatz (siehe Abschnitt 7.3.2), zum Vulnerabilitätsempfinden (siehe Abschnitt 7.3.1.2) und zu Verhaltensweisen, die als Racial Profiling beschrieben werden können (siehe Kapitel 13).

Ausschließlich indirekten (telefonischen oder sonstig medial gestützten) Bürgerkontakt gaben 7,9 % (n = 32) in ihrer aktuellen bzw. 1,0 % (n = 4) in ihrer vorherigen Verwendung an.

Keinerlei Bürgerkontakt berichteten 7,2 % (n = 29). Für diese Gruppe wurden im weiteren Verlauf die Fragen zu Gewalterfahrungen im täglichen Dienst, dem Einsatz von Zwang und dem Kontakt zu spezifischen Bevölkerungsgruppen ausgeblendet.

7.3.1.1 Konfliktaufkommen und Folgen

Vor der Darstellung der einzelnen Konfliktstufen ist vorwegzunehmen, dass die beispielhaften Eskalationsstufen einer logischen Rangfolge von leichten (Beleidigungen) zu schweren (Angriffe mit Waffen) Übergriffen folgen. Eine Relativierung der Konfliktschwere im Vergleich der Stufen miteinander (z. B. von Beleidigungen und Bedrohungen gegenüber körperlichen Übergriffen) ist aber eher theoretischer Natur ist und nicht zwangsläufig deckungsgleich mit den Empfindungen der Betroffenen. Aus Perspektive der PVB muss z. B. eine Bedrohung nicht immer weniger schlimm als ein Bedrängen empfunden werden – auch wenn Letzteres „von außen betrachtet" drastischer wirken mag.

Die individuellen Folgen und empfundenen Emotionen (Angst, Wut, Frustration, etc.) sind mit einer Vielzahl von Faktoren in Verbindung zu bringen (z. B. konkreter Inhalt der Bedrohung, Vulnerabilitätsempfinden der beteiligten PVB, persönliche Fähigkeiten z. B. zur Abwehr körperlicher Angriffe etc.), die im Detail nicht genauer erfasst werden konnten. Bei der Detailbetrachtung der einzelnen BOE lässt sich in einigen Fällen zudem nicht vermeiden, dass die relativen Angaben auf sehr kleinen absoluten Zahlen basieren und somit entsprechend zurückhaltend zu interpretieren sind.

Zur Bemessung des Konfliktaufkommens wurden die Befragten gebeten, auf einer sechsstufigen Skala von "Gar nicht" (1) bis „>20" (6) anzugeben, wie häufig die entsprechenden Konfliktsituationen innerhalb eines Monats vorkommen. Bei der Detailbetrachtung der einzelnen BOE wurden diejenigen ausgewählt,

Tabelle 7.9 Konfliktaufkommen

Konfliktaufkommen							
Häufigkeit pro Monat	**Gar nicht**	**Bis einmal**	**2 - 5**	**6 - 10**	**11 - 20**	**>20**	**MW**
Ich werde angepöbelt/beleidigt. (n=331)	16,9	27,8	35,0	13,0	3,3	3,9	2,70
WWD (n=112)	3,6	21,4	48,2	17,0	7,1	2,7	3,11
BP (n=26)	-	19,2	46,2	30,8	3,8	-	3,19
KK (n=28)	35,7	32,1	17,9	10,7	-	3,6	2,16
KA (n=28)	6,7	26,7	50,0	13,3	-	3,3	2,83
KW/ETK (n=16)	12,5	56,3	25,0	6,3	-	-	2,25
BD (n=27)	25,9	37,0	22,2	7,4	3,7	3,7	2,37
Mir wird konkret Gewalt angedroht. (n=327)	39,8	39,1	15,6	4,0	1,2	0,3	1,89
WWD (n=112)	19,8	46,8	27,9	4,5	0,9	-	2,20
BP (n=25)	12,0	60,0	20,0	8,0	-	-	2,24
KK (n=28)	53,6	28,6	14,3	-	-	3,6	1,75
KA (n=28)	37,9	44,8	17,2	-	-	-	1,79
KW/ETK (n=16)	43,8	43,8	12,5	-	-	-	1,69
BD (n=27)	59,3	29,6	3,7	3,7	3,7	-	1,63
Ich werde bedrängt/passiver Widerstand wird geleistet. (n=299)	24,4	39,5	29,4	5,4	0,7	0,7	2,20
WWD (n=112)	7,3	44,0	43,1	3,7	-	1,8	2,50
BP (n=26)	3,8	42,3	42,3	11,5	-	-	2,62
KK (n=24)	45,8	33,3	16,7	4,2	-	-	1,79
KA (n=28)	12,0	36,0	44,0	8,0	-	-	2,48
KW/ETK (n=16)	37,5	56,3	6,3	-	-	-	1,69
BD (n=26)	46,2	30,8	11,5	11,5	-	-	1,88
Ich werde aktiv körperlich angegriffen. (n=297)	49,5	42,4	8,1	-	-	-	1,59
WWD (n=112)	31,8	57,9	10,3	-	-	-	1,79
BP (n=26)	7,7	80,8	11,5	-	-	-	2,04
KK (n=24)	66,7	29,2	4,2	-	-	-	1,38
KA (n=28)	52,0	36,0	12,0	-	-	-	1,60
KW/ETK (n=16)	75,0	25,0	-	-	-	-	1,25
BD (n=25)	76,0	16,0	8,0	-	-	-	1,32
Ich werde aktiv mit gefährlichen Gegenständen/Waffen angegriffen. (n=292)	77,7	20,9	1,4	-	-	-	1,24
WWD (n=112)	68,9	29,1	1,9	-	-	-	1,33
BP (n=25)	24,0	72,0	4,0	-	-	-	1,80
KK (n=24)	87,5	12,5	-	-	-	-	1,13
KA (n=28)	88,0	12,0	-	-	-	-	1,12
KW/ETK (n=16)	87,5	12,5	-	-	-	-	1,13
BD (n=26)	88,5	11,5	-	-	-	-	1,12

MW=Mittelwert | n=Anzahl Befragter

die sowohl über entsprechende Bürgerkontakte verfügen und darüber hinaus theoretisch über eine gewisse Mindestgröße[36] verfügten[37] (Tabelle 7.9).

Ausgeklammert wurden so z. B. die Leitstelle (n = 17), der Verkehrsdienst (n = 2), die Diensthundeführerstaffel (n = 4), das Polizeigewahrsam (n = 3) und die BOE mit Innendienst (Führungsstellen, Pressestelle, Leitungsstab etc.). Die Summe der einzeln betrachteten BOE ergibt folglich nicht die Gesamtsumme.

Angepöbelt oder beleidigt zu werden, erleben die meisten PVB mit 35,0 % (n = 116) zwischen zwei- und fünfmal im Monat. Bis zu einmal schildern weitere 27,8 % (n = 92) der Befragten entsprechende Situationen. Von sechs bis zehn Ereignissen berichten 13,0 % (n = 43), 3,3 % (n = 11) gaben zwischen elf und 20 Situationen an und 3,9 % (n = 13) sogar mehr als 20 Vorfälle pro Monat. Dies entspricht, bei einer angenommen Vollzeitstelle mit fünf Wochenarbeitstagen, mehr als einer entsprechenden Situation pro Schicht. Demgegenüber gaben 16,9 % (n = 56) an, gar nicht beleidigt oder angepöbelt zu werden. Die Betrachtung des Mittelwertes von MW = 2,70 zeigt, dass beleidigt oder angepöbelt zu werden bei den meisten PVB regelmäßig vorkommt. Dass gut ein Fünftel mit 20,2 % mindestens wöchentlich, in Teilen aber sogar täglich mit entsprechenden Situationen konfrontiert wird, ist an dieser Stelle deutlich zu herauszuheben.

Die Differenzierung zwischen einzelnen BOE zeigt, dass die BP und der WWD am meisten von entsprechenden Ereignissen berichten. Die Mittelwerte im WWD (MW = 3,11) und der BP (MW = 3,18) unterscheiden sich marginal, wobei im WWD die Anteile derer, die mehr als elf Ereignisse berichten mehr als doppelt so hoch ist (9,8 %; n = 11), wie in der BP (3,8 %; n = 1). In der BP sind die Kategorien „gar nicht" und „>20" nicht gewählt worden. Natürlich ist zu hinterfragen, inwieweit in der BP aus Menschenmengen heraus getätigte Beleidigungen (z. B. bei Großlagen wie Demonstrationen oder Fußballspielen als Tagesgeschäft der BP) als Beleidigung subsumiert wurden. Zwar ist hier strafrechtlich keine Unterscheidung zu treffen, vermutlich werden von den Befragten gegen die Polizei allgemein (oder zumindest gegen alle vor Ort eingesetzten Kräfte) skandierte Beleidigungen wie „ACAB" („All Cops are bastards") weniger drastisch aufgefasst, als direkte Face-to-Face-Beleidigungen im WWD, die sich unmittelbar gegen eine/n bestimmten PVB richten.

---

[36] Vgl. Huber 2014, S. 30.

[37] Als Mindestgrößte wurden nach Huber (2014) n>30 angenommen, allerdings zeigte sich auch bei entsprechend großen BOE, dass die folgenden Fragen nicht von allen PVB der BOE beantwortet wurden und insofern der Rücklauf in Teilen <30 ist. Für die KW/ETK bestand von vorneherein ein deutlich niedrigerer Datensatz; da es sich dabei aber um die einzigen operativen Einheiten in zivil handelt, wurde dennoch entschieden, sie mit in die Betrachtung einzubeziehen.

Die Gruppe der KA berichtet mit einem MW = 2,83 die dritthäufigsten Ereignisse, wobei die Einsatzerfahrungen je nach Ausbildungsstand auf den WWD beschränkt sind und somit diese Gruppe naheliegend ähnliche Erfahrungswerte wie der WWD aufweisen dürfte. Zu den anderen drei BOE besteht deutlicher Abstand, wobei der BD als letzte BOE aus dem Bereich der DirGE (MW = 2,37) noch vor den Kräften der DirK in Form der KW/ETK (MW = 2,25) bzw. den KK (MW = 2,16) liegt.

Als nächstes Fallbeispiel wurden konkrete Drohungen mit Gewalt angeführt. Diese sind auf alle Befragten bezogen (MW = 1,89) bereits deutlich weniger weit verbreitet als Beleidigungen.

Mit 39,8 % (n = 130) berichten mehr als ein Drittel gar keine entsprechenden Situationen im Monatsdurchschnitt, was Einzelereignisse auf das gesamte Jahr bezogen nicht ausschließt, aber doch einen gewissen Seltenheitscharakter, besonders im Vergleich zum Bereich der Beleidigungen, unterstreicht. In etwa gleich groß ist mit 39,1 % (n = 128) der Anteil derer, die bis zu einer Bedrohung im Monat erfahren. Weitere 15,6 % (n = 51) berichten zwischen zwei und fünf Ereignisse dieser Kategorie, 4,0 % (n = 13) gaben sechs bis zehn, 1,2 % (n = 4) zwischen elf und 20 und 0,3 % (n = 1) mehr als 20 Ereignisse pro Monat an.

Ähnlich den Beleidigungen weisen die BP (MW = 2,24) und der WWD (MW = 2,20) die höchsten Mittelwerte auf gleichem Niveau auf. Die KA (MW = 1,79) liegen diesmal deutlich näher an den anderen BOE, die alle relativ nah beieinander liegen. Die Beamt*innen der KK (MW = 1,75) berichten etwas häufigere Bedrohungen als die KW/ETK (MW = 1,69) und der BD (MW = 1,63).

Häufiger als Androhungen von Gewalt wird passiver Widerstand (bzw. bedrängt zu werden) mit einem MW = 2,20 berichtet. Unter passivem Widerstand sind Handlungen zu verstehen, die in Kontrast zum rechtlichen Begriff des Widerstands gegen Vollstreckungsbeamte gem. § 113 (1) StGB stehen und keine aktive Drohung mit oder Anwendung von Gewalt umfassen.[38]

Darunter fällt beispielsweise, sich zu sperren und so andere Maßnahmen wie Durchsuchungen oder Fesselungen zu erschweren, sich fallen zu lassen und so z. B. ein Tragen durch PVB zu erzwingen oder sich (im Falle von Demonstrationen regelmäßig zu beobachten) mit anderen Personen unterzuhaken.[39]

Knapp ein Viertel berichtet mit 24,4 % (n = 73), gar nicht entsprechende Situationen zu geraten. Der größte Anteil der Befragten mit 39,5 % (n = 118)

[38] Vgl. Roggan (2023).

[39] Vgl. OLG Stuttgart, Urteil vom 30.07.2015.

wird bis zu einmal pro Monat bedrängt oder mit passivem Widerstand konfrontiert. Dazwischen liegt mit 29,4 % (n = 88) der Anteil derer, die zwischen zwei und fünf Ereignisse pro Monat erleben. Zwischen sechs und zehn Situationen nennen 5,4 % (n = 16) der Befragten, die beiden Kategorien mit einer Häufung von 11 bis 20 Ereignisse pro Monat und darüber wurden jeweils von 0,7 % (n = 2) gewählt.

Im Vergleich der BOE untereinander berichten die PVB der BP (MW = 2,62) die höchste durchschnittliche Anzahl von passiven Widerständen bzw. Bedrängnissen. Dahinter folgt mit der WWD (MW = 2,50), die KA weisen einen nahezu identischen Wert auf (MW = 2,48). Die anderen BOE liegen deutlich darunter, wobei hier der BD (MW = 1,88) mehr Nennungen aufweist, als die KK (MW = 1,79) und die KW/ETK (MW = 1,69).

Aktive Angriffe auf PVB sind deutlich seltener als verbale Aggressionen oder passiver Widerstand. BOE – übergreifend (MW = 1,59) kommen keinen Nennungen in den Antwortkategorien (3) bis (6) vor. Die meisten Befragten berichten mit 49,5 % (n = 147) keine aktiven Übergriffe im Monatsschnitt. Mit 42,4 % (n = 126) gaben etwas weniger PVB bis zu einen Angriff pro Monat an. Deutlich geringer ist mit 8,1 % (n = 24) der Anteil der Befragten, die zwischen zwei und fünf Ereignisse nannten.

Beim Vergleich der BOE wurden in der BP (MW = 2,04) die meisten Angriffe berichtet, durchschnittlich bis zu einem pro Monat. Auch im Vergleich zu den anderen operativ ausgerichteten BOE (WWD, KA) fällt auf, dass in der BP der Anteil derer, die keine Angriffe nannten, mit 7,7 % (n = 2) mit Abstand am geringsten ist. Gleichzeitig berichtet auch die weitaus größte Gruppe mit 80,8 % (n = 21) bis zu einen Angriff pro Monat, was 22,1 % mehr ist als bei den PVB des WWD mit 57,9 % (n = 62). Nochmals rund 20 % geringer ist die Konfliktexposition bei den KA mit 36,0 % (n = 9), die entsprechend bis zu einem Ereignis pro Monat berichteten.

Gar keine Angriffe berichten im WWD mit 31,8 % (n = 34) ca. viermal so viele PVB wie in der BP. Zwei bis fünf entsprechende Ereignisse berichten in diesen beiden BOE ungefähr gleich viele mit 10,3 % (n = 11) im WWD bzw. 11,5 % (n = 3) in der BP. In dieser Kategorie liegen die KA mit 12,0 % (n = 3) höher als der WWD und die BP, wenngleich nur mit sehr geringer Differenz. Aus dem BD berichteten 8,0 % (n = 2) zwischen zwei und fünf Angriffe pro Monat, aus den KK mit 4,2 % (n = 1) im Verhältnis halb so viele PVB.

Bei den KA gibt mehr als die Hälfte mit 52,0 % (n = 13) an, keine entsprechenden Ereignisse erfahren zu haben, in den KK berichteten dies 66,7 % (n = 16), unter den Beschäftigten der KW/ETK sowie des BD bestätigten dies drei Viertel mit 75,0 % (n = 12) bzw. 76,0 % (n = 19).

Insgesamt weist der WWD (MW = 1,79) eine Differenz von 0,25 zur BP auf und damit einen größeren Abstand als bei den zuvor genannten verbalen/passiven Konfliktformen. Die Gruppe der KA (MW = 1,60) liegt etwas dahinter, analog zu den vorherigen Beobachtungen weisen die übrigen BOE danach eine deutlich niedrigere Frequenz auf mit MW = 1,38 (KK), MW = 1,32 (BD) und MW = 1,25 (KW/ETK).

Als letzte Eskalationsstufe wurden die Befragten gebeten, die Frequenz von Angriffen mit Waffen bzw. gefährlichen Gegenständen zu beziffern. Analog zur vorherigen Beobachtung, dass die BP mit steigender Schwere der Übergriffe eine höhere Exposition als die anderen operativen BOE aufweist, setzt sich dies auch hier vor. Die BP (MW = 1,80) berichtet eine um 0,47 höhere durchschnittliche Frequenz als die PVB des WWD (MW = 1,33).

Ins Auge fällt außerdem, dass sämtliche anderen BOE inkl. der Gruppe der KA nahezu identische Werte aufweisen. So nennen 11,5 % (n = 3) des BD bis zu einem entsprechenden Ereignis pro Monat, die KA 12,0 % (n = 3) und die KK sowie die PVB der KW/ETK jeweils 12,5 % (n = 3 bzw. n = 2). Gar keine entsprechenden Ereignisse geben bei den letztgenannten BOE 87,5 % (n = 21 bzw. n = 14), bei den KA 88,0 % (n = 22) und beim BD 88,5 % (n = 23) an.

Neben der Quantität der unterschiedlichen Konfliktszenarien wurde auch erhoben, welches die für die Befragten gravierendsten Folgen eines Widerstandes bzw. Angriffs waren. Dabei ist zu beachten, dass die Nennung der jeweils als am erheblichsten empfundene Folge nicht ausschließt, dass auch andere Folgen hervorgerufen wurden.

So ist beispielsweise denkbar, dass durch einen Angriff auf PVB sowohl körperliche als auch psychische Folgen entstanden sind. In der unten aufgeführten Grafik erscheint dann davon aber nur die durch die Befragten als am gravierendsten berichtete. Als Filterfrage wurde eine Frage zum Bürgerkontakt vorgeschaltet, die folgende Frage wurde nur PVB vorgelegt, die angaben, entweder in ihrer aktuellen oder vorherigen Funktion unmittelbaren Bürgerkontakt gehabt zu haben. Damit wurden auch PVB von der Bearbeitung ausgeschlossen, die in einer weiter zurückliegenden Vorverwendung Bürgerkontakte hatten.

Von der dadurch reduzierten Gesamtzahl (n = 388) gaben 13,6 % (n = 53) an, noch keinen Widerstand oder Angriff erfahren zu haben. Mehr als ein Drittel der Befragten gab mit 38,6 % (n = 150) an, zwar angegriffen worden zu sein, aber keinerlei Verletzungen oder sonstige Folgen erlitten zu haben (Abbildung 7.1).

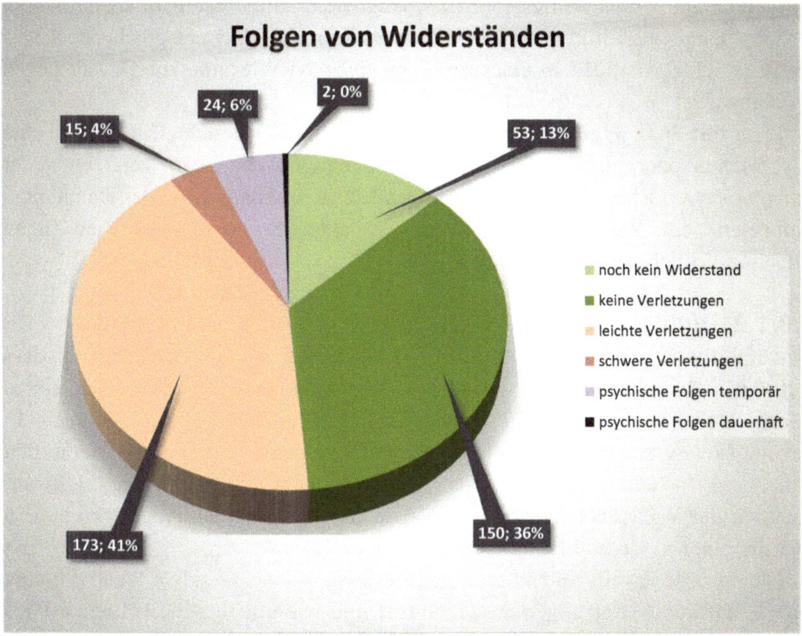

Abbildung 7.1 Folgen von Widerständen

Der größte Anteil der Befragten äußerte (gerundet) mit 410 % (n = 173), bereits leichte Verletzungen durch Angriff bzw. Widerstand erlitten zu haben. Als Definitionsgrundlage wurde hier ein maximal ambulanter Krankenhausaufenthalt für die entsprechende Behandlung zugrunde gelegt.[40]

Schwere Verletzungen als Folge eines Angriffs oder Widerstands benannten 4,0 % (n = 15) als gravierendste Folge, wobei hier entsprechend ein stationärer Krankenhausaufenthalt als Maßstab vorgegeben wurde. Psychische Folgeerscheinungen wurden insgesamt deutlich seltener angegeben als körperliche Folgen. Temporäre psychische Folgen bestätigten mit 6,0 % (n = 24) allerdings deutlich mehr PVB als schwere Verletzungen.

Dauerhafte psychische Beeinträchtigungen gaben 0,5 % (n = 2) an. Zusammenfassend ist festzustellen, dass der ganz überwiegende Teil der Befragten mit

[40] Diese Abgrenzung ist innerpolizeilich auch z. B. bei der Differenzierung der Verletzungsschwere bei Opfern von Verkehrsunfällen gängig und wurde insofern als bekannte „Norm" vorgegeben.

Bürgerkontakt bereits Widerstände bzw. Angriffe erfahren hat, nämlich 87,0 % (n = 335). Damit haben in dieser Erhebung etwas mehr PVB entsprechende Übergriffe berichtet als 2013 in einer repräsentativen NRW-Studie zur Gewalt gegen PVB mit 79,5 %[41].

Dass mit 36,0 % ein relativ großer Anteil der PVB berichtet, bis jetzt keine psychischen oder physischen Folgen davongetragen zu haben, zeigt entweder einen positiven Effekt der Ausrüstung, des Einsatztrainings bzw. der Handlungskompetenz, eine Wechselwirkung aus diesen Faktoren – oder ist in der jeweiligen Situation schlichtweg Glück gewesen.

7.3.1.2 Vulnerabilität

Vulnerabilität beschreibt das Gefühl der Verletzbarkeit, also das Bewusstsein, dass sich ein mehr oder weniger abstraktes Risiko für die eigene Person realisieren könnte. Dabei ist dieses Gefühl nicht an die tatsächliche Umsetzung eines schädigenden Ereignisses geknüpft.[42] Bezogen auf die Polizei wurde die Vulnerabilität auf Übergriffe durch Dritte bezogen. Die Befragten wurden gebeten, sich hinsichtlich der Wahrscheinlichkeit einer Verletzung durch einen Angriff zu äußern und die eigenen Coping-Fähigkeiten[43] einzuschätzen.

Dazu wurde jeweils mittels zwei Items erfasst, wie die affektive Wahrnehmung zur Gefahr von Verletzungen ausgeprägt ist und wie gut sich die befragten PVB entsprechenden Situationen gewappnet sehen. Auf einer voll-verbalisierten Skala von „Stimme nicht zu“ (1) bis „Stimme zu“ (5) konnte zu den unten aufgeführten Aussagen Stellung bezogen werden. Die daraus gebildete Gesamtskala[44] weist mit $\alpha = 0{,}70$ eine zufriedenstellende Reliabilität[45] auf, die auch nicht weiter (etwa durch das Streichen eines Items aus der Skala) hätte optimiert werden können.

Angst vor Verletzungen durch Dritte im Dienst zu haben, bestätigen 4,5 % (n = 19), wobei die Kategorie uneingeschränkter Zustimmung nicht gewählt wurde. 10,3 % (n = 32) waren geteilter Ansicht, der überwiegende Teil stimmte der Aussage eher nicht (39,2 %; n = 122) bzw. nicht (46,0 %; n = 143) zu.

Einem unguten Gefühl beim Gedanken an bevorstehende konfliktträchtige Situationen stimmen demgegenüber mit insgesamt 20,5 % (n = 63) deutlich

[41] Jager et al. 2013, S. 48.

[42] Vgl. Burghardt et al. 2017, S. 12.

[43] Gutschmidt und Vera 2021, S. 13.

[44] Anmkerung zur Tabelle 7.10: Das Item 4 („Wenn mir Gewalt…“) wurde zur Berechnung der Gesamtskala recodiert; MW = 1,85; SD = 0,82.

[45] Vgl. Gliem und Gliem 2003, S. 87.

mehr Befragte eher (17,95 %; n = 55) bzw. uneingeschränkt (2,6 %; n = 8) zu. Auch die Mittelkategorie ist mit 17,9 % (n = 55) deutlich häufiger vertreten. Der größere Anteil entfällt insgesamt auf ablehnende Haltungen mit 25,0 % (n = 77) „Stimme eher nicht zu" und 36,7 % (n = 113) „Stimme nicht zu".

Sich körperlichen Auseinandersetzungen nicht gewachsen zu fühlen, bestätigen insgesamt nur 6,4 % (n = 20), etwa doppelt so viele PVB wählen die Mittelkategorie mit 14,1 % (n = 44). Drei Viertel der Befragten stimmen tendenziell dagegen, bzw. stimmen eher nicht (35,3 %; n = 110) bzw. nicht zu (44,2 %; n = 138).

Als gegenläufig gepoltes Item wurde gefragt, ob die Befragten glauben, Mittel und Wege zu haben, mit ihnen entgegenschlagender Gewalt umzugehen. Bereits anhand des Mittelwertes (MW = 4,14) wird deutlich, dass sich der überwiegende Teil hier handlungsfähig bzw. vorbereitet sieht. Nur 2,6 % (n = 8) äußern hier Zweifel, 16,3 % (n = 51) positionieren sich nicht klar in eine Richtung. Der größte Anteil entfällt mit 43,9 % (n = 137) auf die PVB, die der Aussage eher zustimmten und zusammen mit dem Anteil derer, die mit 37,2 % (n = 116) uneingeschränkt zustimmten, insgesamt für vier Fünftel der Befragten entsprechend klare Handlungsoptionen skizzieren. Die Gesamtskala (MW = 1,91) insgesamt darauf hin, dass unter den Befragten kein starkes Vulnerabilitätsgefühl vorherrscht.

Die niedrigste Zustimmung entfällt auf das erste Item (MW = 1,73) wobei der Begriff der Angst ggf. dazu geführt hat, dass diese Frage sehr niedrig bewertet wurde. Schließlich ist das Eingeständnis, Angst zu haben, generell eher negativ behaftet. Insbesondere im polizeilichen Umfeld ist Angst vermutlich eine Emotion, die man sich vor dem Hintergrund der Ansprüche an dynamische, handlungsfähige und durchsetzungsfähige PVB, nur ungern eingesteht – wenngleich über die letzten Jahre eine begrüßenswerte innerpolizeiliche Öffnung gegenüber berufsethischer und emotionaler Reflexion zu beobachten ist.

Die nächste Frage verdeutlicht, dass die Auseinandersetzung mit Konfliktsituationen sehr wohl eine emotionale Einordnung durch die Befragten erfährt. Bei der etwas dezenteren Beschreibung, „ein ungutes Gefühl" zu haben, wenn Konflikte antizipiert werden, stimmte mehr als jede/r fünfte Befragte zu. Diese Differenzierung könnte damit in Verbindung gebracht werden kann, dass mehr als drei Viertel der Befragten angaben, körperlichen Auseinandersetzungen bzw. Gewalt adäquat begegnen zu können. Angst vor Situationen hat demnach mit hoher Wahrscheinlichkeit vor allem, wer nicht über (für ausreichend erachtete) Bewältigungsstrategien verfügt.

Tabelle 7.10 Vulnerabilität

Vulnerabilität						
Inwiefern treffen die folgenden Aussagen auf Sie zu bzw. nicht zu?	**Anteil der Befragten in %**					
	(1)	**(2)**	**(3)**	**(4)**	**(5)**	**MW**
Ich habe regelmäßig Angst, im Dienst durch Dritte verletzt zu werden. (n=311; SD=0,82)	46,0	39,2	10,3	4,5	-	1,73
Wenn ich vor dem Dienst davon ausgehen muss, dass es viele konfliktträchtige Situationen geben wird, habe ich ein ungutes Gefühl. (n=308; SD=1,19)	36,7	25,0	17,9	17,9	2,6	2,25
Ich fühle mich körperlichen Auseinandersetzungen nicht gewachsen. (n=312; SD=0,94)	44,2	35,3	14,1	4,8	1,6	1,84
Wenn mir Gewalt entgegenschlägt, habe ich Mittel und Wege, damit umzugehen. (n=312; SD=0,82)	1,3	1,3	16,3	43,9	37,2	4,14
Gesamtskala Vulnerabilität (n=312; SD=0,69; α=0,70)						1,91
MW=Mittelwert | SD=Standardabweichung | n=Anzahl Befragter | α=Cronbachs Alpha						

Insofern fühlt sich ein für wahrscheinlich gehaltener Konflikt zwar nicht gut an, der Situation aber ausreichend Coping-Stile entgegenhalten zu können, führt nicht zur Entwicklung von Angst. Diese Vermutung stützt zumindest eine sehr signifikante positive Korrelation zwischen eher schlecht bewerteter Handlungskompetenz und der emotionalen Bewertung antizipierter Konfliktsituationen ($\rho = 0{,}433$; $p<0{,}001$). Wer körperlichen Auseinandersetzungen nach eigener Einschätzung eher gewachsen ist, fürchtet also auch weniger, dass daraus gravierende Folgen in Form von Verletzungen entstehen könnten.

Deutlich zu beobachten, wenn auch auf insgesamt niedrigem Niveau, ist der Unterschied zwischen Frauen und Männern. Von den weiblichen PVB positionieren sich auf der Gesamtskala Vulnerabilität 5,5 % ($n = 5$) im Bereich der Zustimmung, von den männlichen PVB tun dies nur 1,9 % ($n = 5$). Noch deutlicher wird die Differenz, wenn man auf den Teilbereich der eigenen Handlungsoptionen abstellt und nur die beiden entsprechenden Items als Subskala betrachtet:

Exakt 10,0 % ($n = 9$) der weiblichen PVB berichten eher als unzureichend bewertete eigene Fähigkeiten, von den männlichen PVB äußerten sich analog nur

3,6 % (n = 8). Allerdings konnte auch beobachtet werden, dass eine affektive Bewertung wiederum bei Männern stärker ausgeprägt ist. Die Berechnung der zweiten Subskala zur emotionalen Einordnung möglicher Konflikte und Auseinandersetzungen (ρ^{SP} = 0,62, MW = 1,98; SD = 0,87) zeigte, dass erneut 10,0 % (n = 9) der weiblichen PVB Zustimmung zu negativen Emotionen beim Gedanken an bevorstehende Konflikte äußerten, bei den männlichen PVB dieses Mal allerdings mit 8,6 % (n = 19) fast ein gleich großer Anteil bestand.

Innerhalb der Geschlechter scheint es also unterschiedliche Einflussfaktoren auf die affektive Bewertung zu geben – während bei weiblichen PVB die Anteile an negativ bewerteter körperlicher Konfliktfähigkeit mit dem Anteil an negativen Emotionen korrespondieren, schätzen sich Männer grundsätzlich handlungskompetenter ein – zeigen demgegenüber aber überproportionale emotionale Bewertungen, die nicht nur auf die Handlungsfähigkeit zurückgeführt werden können.

Beim Vergleich der Gesamtskala innerhalb der Altersgruppen ist zu beobachten, dass bis auf die Gruppe der 40- bis 49-Jährigen (0,0 % Zustimmung zum Vorliegen eigener Vulnerabilitätsempfindungen) ein Anstieg von jung nach alt vorliegt. So berichten bei der Gruppe der Jüngsten 1,1 % (n = 1) entsprechendes Vulnerabilitätsempfinden, bei den 30- bis 39-Jährigen tun dies 4,2 % (n = 3), in der Gruppe der 50- bis 59-Jährigen beträgt der Anteil 5,4 % (n = 4) und die Gruppe der Ältesten über 60 Jahren bestätigt dies zu 7,4 % (n = 2). Auf Grund der kleinen absoluten Anzahl ist dieser Befund entsprechend vorsichtig zu bewerten.

Eine Differenzierung über die zwei oben beschriebenen Subskalen (Handlungskompetenz und emotionale Bewertung) zeigt, dass zwischen den Altersgruppen zwar kein linearer Anstieg vorliegt, eine negativere Bewertung der eigenen Handlungskompetenz aber etwas häufiger in den Gruppen der älteren PVB auftritt. So äußern 4,4 % (n = 4) der jüngsten PVB eher mangelnde Handlungssicherheit, in der zweiten Altersgruppe tun dies 2,8 % (n = 2), von den 40- bis 49-jährigen PVB wird eine entsprechende Bewertung von 6,0 % (n = 3) vorgenommen, die Gruppen der Älteren liegen minimal höher mit 8,0 % (n = 6) für die 50- bis 59-Jährigen und die Gruppe der Ältesten bestätigt eher mangelnde Handlungsfähigkeit zu 7,4 % (n = 2). Diese Beobachtung ist aufgrund der sehr niedrigen absoluten Zahlen zwar nur begrenzt belastbar, gibt aber zumindest einen Hinweis darauf, dass Zweifel an der eigenen Handlungskompetenz bei körperlichen Konflikten eher bei älteren PVB vorliegen.

Die Analyse der emotionalen Facette zeigt ein anderes Bild. Hier berichtet die Gruppe der 40- bis 49-jährigen PVB mit 2,0 % Zustimmung (n = 1) die niedrigsten negativen Emotionen im Hinblick auf Konflikte; alle anderen Gruppen liegen nahezu gleichauf mit 7,8 % (n = 7) in der Altersgruppe der Jüngsten, 7,2 % (n = 5) in der Altersgruppe der 30- bis 39-Jährigen und 7,4 % (n = 2) in der Gruppe der Ältesten.

Für die Gruppe der 50- bis 59-jährigen PVB zeigt sich mit 17,3 % (n = 13) eine sehr deutliche Häufung gegenüber den anderen Gruppen, die auch nicht mit der Höhe der (mangelnden) Konfliktfähigkeit korrespondiert. In dieser Altersgruppe führt die Antizipation von Konflikten also deutlich häufiger zu einem unguten Gefühl oder gar Angstempfindungen.

Zuletzt wurde der nahegelegenen Vermutung nachgegangen, dass auch die Häufigkeit erlebter Konfliktsituationen das Vulnerabilitätsempfinden beeinflusst. Allerdings zeigte weder eine zusammengefasste Skala aller Konfliktformen noch die einzelnen Eskalationsstufen von Beleidigungen bis zu Angriffen (siehe Abschnitt 7.3.1.1) signifikante Korrelationen mit der Skala Vulnerabilitätsempfinden.

7.3.2 Gewalt durch PVB

Gewaltanwendungen in Form unmittelbaren Zwanges gehören für PVB zum dienstlichen Alltag dazu. Dabei stehen den PVB, neben einfacher körperlicher Gewalt, verschiedene Hilfsmittel der körperlichen Gewalt sowie Dienstwaffen zur Verfügung. Zu den Hilfsmitteln zählen z. B. Handfesseln, Reizstoffsprühgeräte, Wasserwerfer oder Diensthunde.[46]

Als Waffen gelten darüber hinaus der Schlagstock[47], Distanzelektroimpulsgeräte (DEIG)[48] und Schusswaffen.[49] Da angenommen wird, dass unmittelbarer Zwang deutlich häufiger in Form einfacher körperlicher Gewalt oder unter der Nutzung von Hilfsmitteln angewendet, als von der Schusswaffe Gebrauch gemacht wird, wurden unterschiedliche zeitliche Bemessungsgrößen vorgegeben.

---

[46] Vgl. §58 (3) PolG NRW

[47] Im Gesetzestext findet sich der Begriff „Schlagstock", in der polizeilichen Fachsprache und Presseveröffentlichungen wird dagegen der Begriff Einsatzmehrzweckstock (EMS) bzw. Einsatzmehrzweckstock-ausziehbar (EMS-A) verwendet. Daher wurde in der Befragung auch dieser Fachbegriff verwandt. vgl. Polizeipräsidium Dortmund 2022; Ministerium für Inneres und Kommunales des Landes Nordrhein-Westfalen 2012.

[48] Umgangssprachlich meist als „Elektroschocker" oder „Taser" bezeichnet.

[49] Vgl. § 58 (4) PolG NRW.

7.3.2.1 Zwangsformen und Quantität

Die Befragten wurden zunächst gebeten anzugeben, wie häufig sie in einem Monat die angegebenen Zwangsformen anwenden. Dazu wurden auf einer sechsstufigen Skala verschiedene Häufigkeitsbereiche angegeben. Es war anzunehmen, dass weder eine immergleiche monatliche Verteilung vorliegt noch trennscharf absolute Werte angegeben werden können. Als Antwortkategorien wurden „Gar nicht“ (1), „Bis zu einmal“ (2), „2–5-mal“ (3), „6–10-mal“ (4), „11–20-mal“ (5) und „Mehr als 20“ (6) vorgegeben.

Dazu wurden sechs abgestufte Zwangsformen zur Auswahl gestellt, von einfacher körperlicher Gewalt (Gew.), Hilfsmitteln der körperlichen Gewalt bis zur Nutzung des Einsatzmehrzweckstock/Einsatzmehrzweckstock-ausziehbar (EMS/EMS-A). Da zum Zeitpunkt der Erhebung das DEIG noch nicht im Wach- und Wechseldienst eingesetzt wurde, fand als Waffe (unterhalb des Schusswaffengebrauchs) lediglich der EMS/EMS-A Erwähnung im Fragebogen.[50]

Zusätzlich wurde neben diesen drei Abstufungen jeweils zwischen der Androhung und dem tatsächlichen Einsatz des Zwangsmittels differenziert. Der Schusswaffengebrauch wird separat im folgenden Unterkapitel 7.3.2.2 betrachtet.

Die Betrachtung der einzelnen Zwangsformen zeigt, dass es deutliche Unterschiede in der Quantität des Zwangseinsatzes bzw. den dortigen Häufigkeiten anhand des Gesamtmittelwerts gibt. Dies ist mit Blick auf die sehr unterschiedlichen Arbeitsbereiche zwischen Innen-/Außendienst oder Gefahrenabwehr und Strafverfolgung auch naheliegend. Zur einzelnen Betrachtung wurden darüber hinaus nur die Organisationseinheiten ausgewählt, die sowohl über eine entsprechende Mindestgröße (n = 15) und gleichzeitig auch über Bürgerkontakt verfügten. Eine Detailbetrachtung von Dienststellen, die mit Sicherheit nicht über reguläre Außenkontakte verfügten (z. B. Führungsstellen, Leitungsstab etc.) versprach keinen Erkenntnisgewinn. Daher erklärt sich, dass die Summe der im Folgenden einzeln dargestellten BOE nicht mit der Gesamtsumme (n = 282 bis n = 300) übereinstimmt. Als einzelne BOE wurde der Wach- und Wechseldienst (WWD), die Bereitschaftspolizei (BP), Kriminalkommissariate (KK), die Kriminalwache und das ETK (KW/ETK), sowie der Bezirksdienst (BD) betrachtet. Wenn auch keine eigene Organisationseinheit, wurden auch die Kommissaranwärter*innen (KA) als eigene Gruppe betrachtet, wobei diese den größten Anteil ihrer Praktika innerhalb des WWD absolvieren und somit am ehesten diesem Einsatzbereich zuzuordnen sind (Tabelle 7.11).

[50] Vgl. Ministerium des Innern des Landes Nordrhein-Westfalen 2021b.

Tabelle 7.11 Zwangsanwendungen

Zwangsanwendungen							
Wie häufig müssen Sie unmittelbaren Zwang in der angegebenen Form geschätzt pro Monat anwenden?	Anteil Befragter in %						MW
	Gar nicht	Bis einmal	2-5-mal	6-10-mal	11-20-mal	>20	
Androhung Gew. (n=300)	21,7	26,3	33,3	11,0	6,0	1,7	2,58
WWD (n=109)	4,6	21,1	41,3	17,4	13,8	1,8	3,20
BP (n=24)	0	29,2	62,5	4,2	4,2	0	2,83
KK (n=23)	52,2	26,1	21,7	0	0	0	1,70
KA (n=28)	7,1	25,0	35,7	28,6	3,6	0	3,00
KW/ETK (n=15)	46,7	26,7	20,0	6,7	0	0	1,87
BD (n=27)	33,3	37,0	22,2	3,7	0	3,7	2,11
Einsatz Gew. (n=300)	28,0	38,0	26,7	5,0	2,3	0	2,16
WWD (n=109)	7,3	39,4	39,4	8,3	5,5	0	2,65
BP (n=24)	0	62,5	33,3	4,2	0	0	2,42
KK (n=23)	60,9	30,4	8,7	0	0	0	1,48
KA (n=28)	14,3	42,9	39,3	3,6	0	0	2,32
KW/ETK (n=15)	60,0	20,0	13,3	3,4	0	0	1,67
BD (n=27)	48,1	37,0	11,1	3,7	0	0	1,70
Androhung Hilfsmittel (n=300)	26,7	35,0	27,7	8,3	2,0	0,3	2,25
WWD (n=109)	3,4	33,9	43,1	11,9	3,7	0,9	2,75
BP (n=24)	0	66,7	25,0	8,3	0	0	2,42
KK (n=23)	65,2	17,4	17,4	0	0	0	1,52
KA (n=28)	7,1	32,1	42,9	17,9	0	0	2,71
KW/ETK (n=15)	40,0	40,0	13,3	0	6,7	0	1,93
BD (n=27)	48,1	37,0	11,1	3,7	0	0	1,70

(Fortsetzung)

Tabelle 7.11 (Fortsetzung)

Zwangsanwendungen							
Wie häufig müssen Sie unmittelbaren Zwang in der angegebenen Form geschätzt pro Monat anwenden?	Anteil Befragter in %						MW
	Gar nicht	Bis einmal	2-5-mal	6-10-mal	11-20-mal	>20	
Einsatz Hilfsmittel (n=299)	30,4	40,1	21,7	5,7	1,7	0,3	2,09
WWD (n=109)	11,9	43,1	31,2	9,2	3,7	0,9	2,52
BP (n=24)	0	87,5	12,5	0	0	0	2,13
KK (n=23)	65,2	26,1	8,7	0	0	0	1,43
KA (n=28)	14,3	28,6	42,9	14,3	0	0	2,57
KW/ETK (n=15)	40,0	40,0	13,3	6,7	0	0	1,87
BD (n=26)	50,0	38,5	11,5	0	0	0	1,62
Androhung EMS/-A (n=282)	78,4	17,7	3,5	0	0,4	0	1,26
WWD (n=104)	72,1	25,0	1,9	0	1,0	0	1,33
BP (n=21)	14,3	52,4	33,3	0	0	0	2,19
KK (n=22)	95,5	0	4,5	0	0	0	1,09
KA (n=27)	92,6	7,4	0	0	0	0	1,07
KW/ETK (n=13)	100	0	0	0	0	0	1,00
BD (n=25)	84,0	12,0	4,0	0	0	0	1,20
Einsatz EMS/-A (n=283)	88	11	1,1	0	0	0	1,13
WWD (n=104)	92,3	4,8	2,9	0	0	0	1,11
BP (n=22)	27,3	72,7	0	0	0	0	1,73
KK (n=22)	95,5	0	4,5	0	0	0	1,05
KA (n=27)	96,3	3,7	0	0	0	0	1,04
KW/ETK (n=13)	100	0	0	0	0	0	1,00
BD (n=25)	88,0	12,0	0	0	0	0	1,12

MW=Mittelwert | n=Anzahl Befragter |

Die Androhung von Gewalt erfolgt insgesamt betrachtet durchschnittlich zwischen zwei und fünfmal pro Monat, wobei der Mittelwert (MW = 2,58) rechnerisch nur knapp über der Grenze zur Kategorie „Bis einmal" liegt. Etwas mehr als ein Fünftel aller Befragten (21,7 %, n = 65) gab an, gar keine Androhung einfacher körperlicher Gewalt vorzunehmen. Mit 26,3 % (n = 79) gab rund ein Viertel an, bis zu einmal unmittelbaren Zwang in Form einfacher körperlicher Gewalt anzudrohen. Genau ein Drittel (33,3 %, n = 100) entfiel auf die Kategorie des Mittelwerts von zwei bis fünf Androhungen. Zwischen sechs und zehn Androhungen gaben 11,0 % (n = 33) an, die restlichen 7,7 % entfielen auf elf bis 20 Androhungen (6,0 %, n = 18) bzw. mehr als 20 Androhungen pro Monat (11,7 %, n = 5).

Bei der Androhung einfacher körperlicher Gewalt ist anzumerken, dass dies rechtlich theoretisch bereits beim Führen einer Person am Arm oder beispielsweise beim Wegtragen von Personen vorliegt. Der Begriff der Gewalt wird durch PVB daher nicht automatisch mit offensiverem Zwangseinsatz gleichgesetzt wie Faustschlägen, Hebel- oder Festnahmegriffen, dem zu Bodenbringen oder anderen, auch durch Außenstehende klar als Gewalt wahrnehmbaren, Handlungen. Drohen PVB der Bereitschaftspolizei Demonstrant*innen in einer Sitzblockade also an, sie bei Nichtbefolgen eines Platzverweises wegzutragen, wird damit einfache körperliche Gewalt angedroht. Bei alkoholisierten Personen beispielsweise ist nicht selten erforderlich, motorisch eingeschränkte Personen z. B. bei Ruhestörungen oder Zahlungsstreitigkeiten, aus den entsprechenden Räumlichkeiten zu geleiten. Die Androhung, die Personen erforderlichenfalls hinaus zu geleiten und dazu am Handgelenk oder Arm zu führen, entspricht somit ebenfalls einer Androhung unmittelbaren Zwangs in Form einfacher körperlicher Gewalt, auch wenn fraglich ist, ob diese Zwangsmaßnahmen durch die Betroffenen als Gewalt empfunden werden.

Im Wach- und Wechseldienst wird am häufigsten einfache körperliche Gewalt angedroht (MW = 3,20), dahinter folgt die Gruppe der Kommissaranwärter*innen (MW = 3,00), wobei diese, wie bereits erläutert, zum größten Teil in den Praktika Dienst im Wach- und Wechseldienst versehen. In der Bereitschaftspolizei ist die Androhung einfacher körperlicher Gewalt etwas geringer ausgeprägt (MW = 2,83), dahinter folgt der Bezirksdienst (MW = 2,11). Die operativen Kräfte der Kriminalpolizei in Form der Kriminalwache und des ETK berichten deutlich weniger Zwangsandrohungen (MW = 1,87) und nur ein wenig mehr als die Sachbearbeiter*innen der Kriminalkommissariate (MW = 1,70).

Zum Einsatz einfacher körperlicher Gewalt kommt es ebenfalls am häufigsten im Wach- und Wechseldienst (MW = 2,65), danach folgen die Kräfte der Bereitschaftspolizei (MW = 2,42). Auffällig ist, dass dennoch im WWD 7,3 % (n =

8) der Befragten berichten, gar keinen Zwang anzuwenden. Dies könnte damit zusammenhängen, dass diese Gruppe weniger als eine Zwangsanwendung pro Monat angibt und daher diese Antwortkategorie wählte. In der Praxis wäre diese auffällig niedrige Frequenz vor allem bei Kräften des Wachdienstes denkbar, die z. B. als Wachdienstführer*innen oder Dienstgruppenleiter*innen eingesetzt sind und daher mit administrativen Aufgaben betraut oder bei konfrontativen Einsätzen zumindest i. d. R. nicht die ersteintreffenden Kräfte sind. Alternativ wären auch PVB, die z. B. aufgrund von Verwendungseinschränkungen Innendienst (Anzeigenaufnahme) versehen, theoretisch dieser Gruppe zugeordnet. Und dann bliebe auch die Möglichkeit, dass PVB bewusst auf den Zwangseinsatz verzichten, obwohl nicht realistisch erscheint, dass dies immer mit der Einsatzwirklichkeit vereinbar ist. Es könnte aber, insbesondere in eher ruhigen Wachbereichen dazu führen, dass durch diese PVB im Durchschnitt weniger als einmal pro Monat Zwang angewendet werden muss.

Unter den Kräften der Bereitschaftspolizei wurde die Kategorie „Gar nicht" demgegenüber nicht gewählt. Der Anteil derer, die bis zu einmal pro Monat Zwang anwenden, ist mit 62,5 % (n = 14) deutlich größer als im WWD, dort sind es 39,4 % (n = 43). Mit zunehmender Zwangsquantität hebt sich der WWD weiter von der Bereitschaftspolizei ab. So berichten 6,1 % mehr Befragte des WWD zwischen zwei und fünf Zwangsanwendungen pro Monat, die Differenz bei sechs bis zehn Zwangsanwendungen beträgt 4,1 % und darüber gaben PVB der BP gar keine Zwangsanwendungen an, während 5,5 % (n = 6) monatlich elf bis 20 Zwangseinsätze schilderten.

Der Unterschied zwischen KA und dem Wach- und Wechseldienst ist bei der Anwendung unmittelbaren Zwangs (0,33) größer als bei der Androhung (0,20). Dies könnte dafür sprechen, dass Berufseinsteiger*innen etwas weniger Zwang einsetzen oder die Tutor*innen je nach Ausbildungsstand bei konfrontativen Einsätzen versuchen, die KA möglichst nicht unmittelbar zu involvieren. Dies wäre zumindest beim Agieren im (vorgesehenen) Dreierteam aus zwei PVB und einem KA denkbar, sodass letztere/r dann mit anderen Aufgaben (Umfeldsicherung, Funken etc.) betraut werden könnte. 14,3 % (n = 4) der KA berichten weniger als eine Zwangsanwendung pro Monat. Auch hierfür käme eher zurückhaltendes Verhalten als Berufseinsteiger*in oder entsprechend präventives Agieren der betreuenden PVB als Erklärung in Betracht. Alternativ wäre auch ein anderes Frageverständnis denkbar, nachdem die KA den Monatsschnitt auf ihr gesamtes Studium beziehen. Da sich dieses in Theorie-, Trainings- und Praxisphasen unterteilt, würde dieser Bezugszeitraum natürlich die Bezifferung monatlicher Zwangsanwendungen stark minimieren.

Während WWD, BP und KA über dem Gesamtdurchschnitt (MW = 2,16) aller BOE liegen, liegt der BD deutlich darunter (MW = 1,70). Hier berichtet mit 48,1 % (n = 13) knapp die Hälfte der Befragten, dass sie gar keinen Zwang einsetzt. Mit Blick auf die Aufgaben des BD, die insbesondere bürgernahe Netzwerkarbeit und Präsenz im entsprechenden Bezirk umfassen, ist dies denkbar, wenngleich zu den Tätigkeitsfeldern auch regelmäßig die Vollstreckung von Haftbefehlen gehört.

Noch größer ist der Anteil derer, die keinen Zwang einzusetzen angaben, bei den Kräften der Kriminalpolizei. Hier besteht zwischen den primär operativ tätigen BOE der KW/ETK fast kein Unterschied zu den Sachbearbeiter*innen der KK, in beiden liegt der Anteil bei 60,0 % (KW/ETK) bzw. 60,9 % (KK). Betrachtet man die Anteile derer, die bis zu einem Zwangseinsatz pro Monat angaben, unterscheiden sich beide Bereiche um ca. 10 %, wobei die Kräfte KW/ETK erwartbar mehr Zwangseinsätze berichten. Hintergrund dafür ist, dass die Kriminalwache auch für die Vollstreckung von Haftbefehlen sowie (zwischenzeitlich) für Fahndungsmaßnahmen zuständig war und der Einsatztrupp-K trotz eher verdeckter Ausrichtung auch vereinzelt eingreifen musste. Der insgesamt aber relativ geringe Unterschied beim Mittelwertvergleich (0,19) lässt sich dadurch erklären, dass auch in den Kommissariaten die meisten operativen Maßnahmen selbst getroffen werden, in deren Verlauf es auch zu Zwangsanwendungen kommt. Darunter fallen meist Durchsuchungen, aber auch die Vollstreckung von Haftbefehlen im jeweiligen Deliktsbereich.

Die KK sind die einzigen BOE, in denen niemand mehr als zwei bis fünf Zwangsanwendungen angegeben hat. In allen anderen Bereichen entfällt, unabhängig vom Mittelwert, ein Anteil zwischen 3,4 % (KW/ETK) und 8,3 % (WWD) auf die Kategorie von sechs bis zehn Zwangsanwendungen pro Monat. Für alle BOE trifft zudem die Feststellung zu, dass Zwang in Form einfacher körperlicher Gewalt häufiger angedroht als angewendet wird.

Die Androhung von Hilfsmitteln der körperlichen Gewalt erfolgt im Mittel (MW = 2,25) bis zu einmal pro Monat. Der WWD weist mit MW = 2,75 eine etwas höhere Frequenz auf, die Gruppe der KA folgt mit nahezu gleichem Wert (MW = 2,71) vor der BP (MW = 2,42). Die operativen Kräfte der DirGE weisen, bis auf den BD, somit deutlich höhere Werte auf als die der DirK.

Unter diesen liegt die Gruppe aus KW/ETK mit MW = 1,93 deutlich niedriger, gefolgt vom BD (MW = 1,70). Die geringste Häufigkeit bei der Androhung von Hilfsmitteln der körperlichen Gewalt weisen die Kräfte aus den KK mit MW = 1,52 auf.

Zum Einsatz von Hilfsmitteln kommt es seltener als zur Androhung – dies wurde auch für den Bereich einfacher körperlicher Gewalt bereits festgestellt.

Allerdings ist die Mittelwertdifferenz zwischen Androhung und Einsatz deutlich geringer. Beträgt sie bei einfacher körperlicher Gewalt 0,42, liegen bei den Hilfsmitteln nur 0,16 Skaleneinheiten zwischen Androhung und Einsatz. Dies könnte dafürsprechen, dass Hilfsmittel konsequenter angedroht werden, also ein Einsatz häufiger nach vorausgegangener Androhung erfolgt als ad hoc ohne Androhung. Bezogen auf die Fesselung oder das RSG legt die Einsatzwirklichkeit dies auch nahe. So können Personen ohnehin erst gefesselt werden, wenn die Situation entsprechend statisch oder ein etwaiger vorheriger Widerstand gebrochen bzw. die betroffene Person fixiert ist. Liegen diese Gegebenheiten vor, ist meist auch eine verbale Androhung der Folgemaßnahmen (Fesselung, Durchsuchung, Transport zum FustKW etc.) denkbar.

Zudem erfolgt ein Einsatz von Hilfsmitteln i. d. R. auch erst dann, wenn einfache körperliche Gewalt bereits erfolglos angewendet wurde oder von vornherein keinen Erfolg verspricht (z. B. bei Personengruppen und der Unterzahl von Einsatzkräften, besonderem Aggressionspotenzial oder offensichtlich Kampfsport-erfahrenen Adressaten).

Bei der Androhung einfacher körperlicher Gewalt hingegen ist die größere Differenz zwischen Androhung und Einsatz möglicherweise damit zu erklären, dass die Androhung einfacher körperlicher Gewalt als erstes Eskalationsstadium der Einsatzbewältigung ggf. auch ausreicht, um die Situation doch noch kommunikativ lösen zu können. Die große Bandbreite möglicher Zwangsanwendungen (vom Abführen bis zu Festnahmetechniken) legt zudem die Androhung körperlichen Zwangs auch in Situationen nahe, in denen eine Eskalation ohnehin unwahrscheinlicher wäre als wenn bereits die Nutzung von Hilfsmitteln in Betracht gezogen werden muss – der Konflikt in diesen Fällen also bereits eskaliert ist.

Die Anteile derer, die Hilfsmittel weniger als einmal pro Monat androhen oder einsetzen, sind nahezu gleich (BP 0/0; KK 65,2/65,2; KW/ETK 40,0/40,0; BD 48,1/50,0). Ausnahmen hiervon stellen der WWD und KA dar. Im WWD berichten 3,4 % der Befragten (n = 4) keine Androhung und 11,9 % (n = 13) keinen Einsatz von Hilfsmitteln, bei den KA sind es 7,1 % (n = 2) bzw. die doppelte Anzahl mit 14,3 % (n = 4).

Die BP ist die einzige BOE, in der kein PVB weniger als einmal pro Monat die Androhung oder den Einsatz von Hilfsmitteln angegeben hat. Zum Hintergrund kann hier erläutert werden, dass insbesondere Großlagen und ein Zusammentreffen mit größeren, aus polizeilicher Perspektive als Störer*innen einzuordnenden, Personengruppen regelmäßig auch die Fesselung einer Mehrzahl von Personen zur Folge hat. Hierzu nutzen die Kräfte der BP regelmäßig, neben der dienstlichen Handfessel aus Stahl, auch sogenannte Einwegfesseln (Kabelbinder), die in hoher Stückzahl verfügbar sind.

Auch die Nutzung von RSG dürfte in der BP, insbesondere zur Trennung rivalisierender und gewalttätiger Gruppen, häufiger der Fall sein als im WWD. Gleichzeitig berichten die Beamt*innen in der BP mit 87,5 % (n = 21) zum überwiegenden Teil von bis zu einer Anwendung pro Monat, die übrigen 12,5 % (n = 3) wählten die Kategorie von zwei bis fünf Einsätzen der Hilfsmittel.

Im WWD hingegen gab knapp ein Drittel (31,2 %, n = 34) diese Frequenz an, 9,2 % (n = 10) berichteten darüber hinaus den sechs- bis zehnfachen Einsatz von Hilfsmitteln, 3,7 % (n = 4) zwischen 11 und 20 Einsätze sowie 0,9 % (n = 1) einen mehr als 20-fachen Einsatz pro Monat. Mit Bezug zur Fesselung und bei Grundlegung von 20 Schichten pro Monat scheint diese Frequenz auffällig erhöht zur Gesamtheit der übrigen Befragten, ist aber theoretisch denkbar bzw. möglich.

Der EMS/EMS-A stellte zum Zeitpunkt der Befragung die letzte Eskalationsstufe vor dem Schusswaffengebrauch dar. Der weitaus größte Teil der Befragten macht von diesem Einsatzmittel weder in Form der Androhung noch durch faktischen Einsatz Gebrauch. Die Mittelwerte sind dementsprechend deutlich niedriger als bei einfacher körperlicher Gewalt oder Hilfsmitteln und zeigen, dass weder die Androhung (MW = 1,26) noch der Einsatz (MW = 1,13) in der Einsatzrealität häufig vorkommen.

Für die Kräfte der DirK ist festzuhalten, dass der EMS-A nahezu nicht genutzt wird. Die Beamt*innen aus KW/ETK berichten zu 100 %, dass sie weder den EMS-A androhen noch einsetzen. In den KK geben 95,5 % (n = 21) Selbiges an, 4,5 % (n = 1) nennen zwischen zwei- und fünf Androhungen bzw. EMS-A-Einsätzen pro Monat.

Herauszustellen ist, dass der WWD im Gegensatz zu den anderen Zwangsformen den EMS-A deutlich seltener androht oder einsetzt als andere Zwangsformen (MW = 1,33) und deutlich näher an den andern BOE liegt. Knapp dreiviertel (72,1 %, n = 79) der Beamt*innen des WWD berichten, dass der EMS-A nicht angedroht wird, ein Viertel (25,0 %, n = 27) gibt bis zu einer Androhung pro Monat an. Zum Einsatz kommt es bei 92,3 % (n = 101) gar nicht, 4,8 % (n = 5) berichten von bis zu einer Anwendung pro Monat, 2,9 % (n = 3) von zwei bis fünf Anwendungen.

Der EMS wird in der BP, im Vergleich zu allen anderen BOE, deutlich häufiger angedroht (MW = 2,19) und eingesetzt (MW = 1,73). Dies ist damit zu begründen, dass er dort schon lange zur Standardausrüstung gehört und als „TONFA“ bereits viele Jahre etabliert war, bevor die Einführung im WWD erfolgte.

Darüber hinaus ist auch die entsprechende Aus- bzw. Fortbildung am EMS/EMS-A als Faktor zu betrachten. Die BP hat planmäßig 20 % der Dienstzeit für Fortbildung zur Verfügung. Dies ist insbesondere unter den hohen körperlichen Anforderungen für das Tragen der Körperschutzausstattung inkl. Helm sowie für zahlreiche taktische Bewegungsformen und Konzepte erforderlich. Der Fortbildungsturnus ist in der BP damit signifikant höher als im WWD, wo (zum Zeitpunkt der Erhebung) lediglich 30 Stunden Fortbildung pro Jahr (entspricht fünf Tagen) zur Verfügung stehen. Damit müssen sowohl die erforderlichen Waffensysteme (P99, MP5), der EMS-A sowie taktische Bausteine (z. B. Vorgehen in Amoklagen) abgedeckt werden. Es liegt auf der Hand, dass der Zeitansatz keinen hohen Wiederholungszyklus oder intensive Trainingseinheiten zulässt. Zwar erfolgt die Grundausbildung am EMS-A bereits im dreijährigen Studium, in der späteren Praxis beschränkt sich das Training aber meist auf den Qualitätserhalt und das Ablegen des entsprechenden Nachweises, um den EMS-A (weiterhin) führen zu dürfen. Auch darin dürfte eine Ursache für die offensichtlich eher geringe Akzeptanz dieses Einsatzmittels im WWD liegen (Abbildung 7.2).

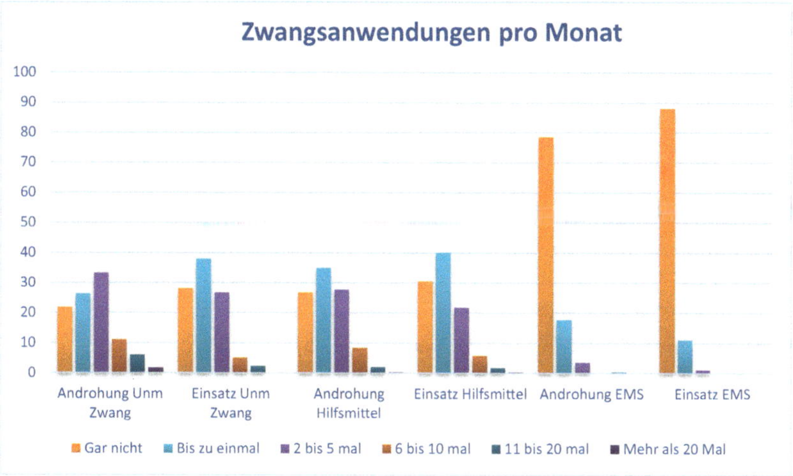

Abbildung 7.2 Zwangsanwendungen pro Monat

7.3.2.2 Schusswaffengebrauch

Der polizeiliche Schusswaffengebrauch stellt rechtlich die Ultima Ratio, ethisch ein schwieriges und einsatztaktisch ein höchst anspruchsvolles Ereignis dar.

Statistisch betrachtet, kommt es verhältnismäßig selten zum Schusswaffengebrauch in Deutschland. Eine im Rahmen der Innenministerkonferenz (IMK) beauftragte jährliche Auswertung aller bundesweiten Schusswaffengebräuche gegen Personen zeigt, dass die absoluten Zahlen in den letzten zehn Jahren von Jahr zu Jahr stark schwanken (zwischen 35 und 60) und im niedrigen bis mittleren zweistelligen Bereich liegen. Insgesamt kann auch bei der Entwicklung der Verletzten oder Getöteten keine lineare Entwicklung festgestellt werden.[51]

Im Vergleich zu den anderen Zwangsformen findet ein polizeilicher Schusswaffengebrauch deutlich seltener statt.[52] Daher wurde der Schusswaffengebrauch separat betrachtet und die Befragten gebeten, ihre gesamte bisherige Dienstzeit als zeitlichen Bezug zugrunde zu legen. Der Schusswaffengebrauch wurde differenziert nach Androhung, dem Schusswaffengebrauch gegen Sachen und dem Einsatz der Dienstwaffe gegen Personen betrachtet.

Insgesamt zeigt die Tabelle 7.12, dass im Querschnitt aller PVB 41,0 % (n = 160) noch nie in ihrer dienstlichen Laufbahn einen Schusswaffengebrauch androhen mussten. Zum tatsächlichen Gebrauch der Schusswaffe ist es gegen Sachen mit 69,5 % (n = 260) bei mehr als zwei Dritteln noch nicht gekommen. Gegen Menschen hat mit 93,9 % (n = 351) der weitaus größte Teil keinen Schusswaffengebrauch berichtet. Bei einer durchschnittlichen Dienstzeit von rund 20 Jahren (siehe Abschnitt 6.3.2) ist damit die Aussage, dass ein Schusswaffengebrauch für die allermeisten PVB insgesamt ein äußerst seltenes Ereignis darstellt, als belastbar anzusehen.

Den Schusswaffengebrauch bis zu einmal angedroht zu haben, gaben rund ein Fünftel mit 19,8 % (n = 74) an. Knapp ein Drittel äußerten mit 31,9 % (n = 119), dies in ihrer bisherigen Dienstzeit zwischen zwei- und fünfmal getan zu haben. Häufiger, nämlich sechs- bis zehnmal und mehr als zehnmal in ihrer bisherigen dienstlichen Laufbahn gaben 4,6 % (n = 17) bzw. 2,7 % (n = 10) an. Im Durchschnitt wurde der Schusswaffengebrauch in der bisherigen Dienstzeit mit MW = 2,08 bis zu einmal angedroht.

Der Schusswaffengebrauch gegen Sachen wurde von ungefähr gleich großen Gruppen mit bis zu einmal (11,8 %; n = 44) und zwei- bis fünfmal (13,1 %; n = 49) beziffert. Im Vergleich zur Androhung weisen diese Kategorien eine deutlich niedrigere Frequenz auf. Die PVB, die häufigeren Schusswaffengebrauch mit sechs bis zehn (3,5 %; n = 13) und mehr als 10 Nennungen (2,1 %; n = 8) dokumentierten, sind hingegen nicht wesentlich weniger als diejenigen, die

[51] Vgl. Institut für Bürgerrechte und öffentliche Sicherheit e. V. 2024.

[52] Vgl. Lorei 2022, S. 332.

entsprechende Androhungen in gleicher Quantität angaben. Der Mittelwertvergleich unterstreicht insgesamt, dass der tatsächliche Schusswaffengebrauch gegen Sachen mit MW = 1,57 nochmal deutlich seltener ist als die Androhung der Schusswaffe.

Der Schusswaffengebrauch gegen Menschen stellt insgesamt die seltenste Variante dar; mit einem MW = 1,09 musste der Durchschnitt bisher nicht auf einen Menschen schießen. Im Vergleich zu den vorgenannten Varianten der Androhung des Schusswaffengebrauchs und des Schusswaffengebrauchs gegen Sachen ist auch die Anzahl der tatsächlichen Einsatzhäufigkeiten deutlich geringer. Bis zu einem Schusswaffengebrauch gaben 3,2 % (n = 12) Befragte an, 2,7 % (n = 10) berichteten, in ihrer bisherigen Vita zwei- bis fünfmal Gebrauch von der Schusswaffe gemacht zu haben und 0,3 % (n = 1) gaben zwischen sechs und zehn entsprechende Einsätze an[53].

Die Betrachtung im Schnitt aller Organisationseinheiten weist, insbesondere beim Thema Schusswaffengebräuche, Schwächen auf[54]. Insbesondere PVB im Innendienst oder mit eher wenig anzunehmenden Konflikten in der Interaktion mit Bürger*innen (z. B. im Bereich der Pressearbeit oder dem Präventionsbereich) werden vermutlich deutlich seltener in Situationen kommen, in denen ein Schusswaffengebrauch oder dessen Androhung in Betracht kommt. Der Bezug zur gesamten dienstlichen Vita lässt zwar auch Ausnahmen zu, wenn die Befragten vorher in anderen BOE mit Außendienst bzw. Konfliktpotential ihren Dienst versehen haben; eine gezielte Betrachtung der aktuellen BOE zum Befragungszeitpunkt schien dennoch sinnvoll. Folglich wurden die BOE einzeln betrachtet, in denen Außendienst versehen wird, entsprechende Einsatzmaßnahmen (Durchsuchungen, Vollstreckung von Haftbefehlen etc.) durchgeführt werden und die eine entsprechende Mindeststärke aufweisen[55].

---

[53] Dieser im Vergleich auffällig hohe Wert wurde in der Folge auf Plausibilität geprüft. Tatsächlich korrespondieren Dienstalter und Diensterfahrung in diesem Datensatz nicht mit einer plausiblen Erklärung entsprechender Häufungen. Eine Vorerfahrung z. B. in den Spezialeinheiten oder eine hohe Diensterfahrung insgesamt als naheliegende Erklärungsansätze liegen in diesem Fall nicht vor. Vielmehr handelt es sich um einen Berufseinsteiger, sodass die Möglichkeit einer Fehl-/Falschangabe hier naheliegt.

[54] Anmerkung zur Tabelle 7.12: Dass es hier einen prozentualen Anteil von 0,3 gab, der sich in den aufgeführten BOE nicht wiederfindet, lässt sich damit erklären, dass die Gesamtsumme alle BOE umfasst, auch die, die aufgrund nur der kleinen Personalstärke nicht gesondert betrachtet werden konnten.

[55] Zwar wäre hier eine Mindeststärke von n = 30 je BOE wünschenswert gewesen, um entsprechend belastbare Testungen zuzulassen, in den Fällen der BPH und des BD war diese Mindeststärke jedoch bei der Beantwortung der Fragen zum Schusswaffengebrauch nicht mehr gegeben.

Im WWD liegt die berichtete Häufigkeit in allen Bereichen des Schusswaffengebrauchs über dem Durchschnitt. Mehr als zwei Drittel der Befragten des WWD berichten mit 68,2 % (n = 77) davon, dass sie mindestens einmal in ihrer bisherigen dienstlichen Laufbahn den Schusswaffengebrauch androhen mussten. Der Anteil derer, die zwischen zwei und fünf Androhungen berichteten, ist mit 40,7 % (n = 46) mehr als doppelt so groß wie die Gruppe der Befragten, die eine einmalige Androhung angegeben haben (18,6 %; n = 21). Mit 7,1 % (n = 8) berichtete eine kleine Gruppe von sechs bis zehn Androhungen, 1,8 % (n = 2) gaben mehr als 10 Androhungen im Laufe ihrer Dienstzeit an. Mit einem MW = 2,28 liegt der WWD deutlich über dem Durchschnitt und an zweithöchster Stelle im Vergleich mit den anderen BOE. Diese Feststellung trifft auch für den Schusswaffengebrauch gegen Sachen und Personen zu.

Bei der BP waren diese beiden Kategorien nicht vergeben. Hier berichtete knapp ein Drittel mit 32,0 % (n = 8) von zwei bis fünf Androhungen des Schusswaffengebrauchs, 24,0 % (n = 6) gaben bis zu einer Androhung an und der größte Teil mit 44,0 % (n = 11) nannte keine Androhung.

Dass auch in den KK als klassische Sachbearbeitungsdienststellen nur unwesentlich weniger Befragte mit 21,9 % (n = 7) bis zu einer Androhung berichteten, ist mit selbstständig durchgeführten operativen Maßnahmen durch die KK zu erklären, wie z. B. Durchsuchungen oder die Vollstreckung von Haftbefehlen. Einen deutlichen Unterschied zeigt innerhalb der DirK hier die Frequenz der Androhungen im KW/ETK, wo ein Viertel (n = 4) eine bis zu einmaliger Androhung angab und 37,5 % (n = 6) eine Häufigkeit von zwei bis fünf Androhungen angaben.

Der in diesem Bereich mit 50,0 % (n = 14) höchste Anteil im BD dürfte am höchsten Durchschnittsalter (57,07 Jahre) dieser BOE liegen und nicht daran, dass dort häufiger von der Dienstwaffe Gebrauch gemacht wird.

Der WWD als klassische Form der polizeilichen Außen- bzw. Streifendienstes nimmt i. d. R. die durch den Bürger über Notruf, Vorsprache auf der Wache oder sonstige Kontaktaufnahme außenveranlassten Einsätze war. Mehrere Befunde belegen dabei, dass dieser Arbeitsbereich innerpolizeilich der gefährlichste ist. Dies ist z. B. auf die Unvorhersehbarkeit der tatsächlichen Einsatzsituation vor Ort bzw. dem vorher bestehenden Informationsdefizit bei Einsatzvergabe, dem Zustand der beteiligten Personen (Alkoholisierung, Drogenintoxikation, psychische Auffälligkeiten etc.) oder dynamischen Verläufen (Solidarisierung anderer Personen, Gewaltanwendung etc.) zurückzuführen.

Dazu kommt, dass in den meisten Routinelagen zunächst ein Einsatzmittel (entspricht i. d. R. einem Funkstreifenwagen mit zwei PVB)[56] mit der Einsatzwahrnehmung betraut ist und je nach Wachbereich eine ggf. erforderliche Verstärkung diese erst mit Zeitverzug unterstützen kann. Im Falle eines Konflikts bergen Alltagslagen daher besonders hohes Gefahrenpotential für die eingesetzten Kräfte. Es ist also zu erwarten, dass im WWD die Schusswaffe häufiger als z. B. im Bereich der Bereitschaftspolizei zum Einsatz kommt.

Allerdings zeigt sich, dass die PVB des WWD, die in allen Bereichen der Zwangsandrohung bzw. Anwendung (mit Ausnahme des EMS), die höchste Frequenz berichten, für den Bereich des Schusswaffengebrauchs deutlich hinter dem BD zurückliegen. Der BD berichtet in allen drei Bereichen die häufigsten Ereignisse. Am deutlichsten ist die Differenz bei der Androhung (0,60) und dem Schusswaffengebrauch gegen Sachen (0,37). Für den Schusswaffengebrauch gegen Menschen beträgt der Unterschied zwar nur noch 0,06 Skaleneinheiten, allerdings ist dies ein Drittel der gesamten Spannweite von 0,18 (1,00 bis 1,18).

[56] Dies bezieht sich auf den WWD; andere BOE wie z. B. die BP, ist mit Gruppenkraftwagen (GruKW) und ca. 5 PVB im Einsatz, vereinzelt nutzt der Verkehrsdienst auch Einzelstreifen mittels Kraftrad.

Tabelle 7.12 Schusswaffengebrauch

Schusswaffengebrauch						
Wie häufig mussten Sie im Laufe Ihrer Dienstzeit bis jetzt von der Schusswaffe Gebrauch machen bzw. den Schusswaffengebrauch androhen?	**Anteil der Befragten in %**					**MW**
	Gar nicht	**Bis einmal**	**2-5-mal**	**6-10-mal**	**>10**	
Androhung (n=373)	41,0	19,8	31,9	4,6	2,7	2,08
WWD (n=113)	31,9	18,6	40,7	7,1	1,8	2,28
BP (n=25)	44,0	24,0	32,0	0	0	1,88
KK (n=32)	56,3	21,9	15,6	3,1	3,1	1,75
KA (n=34)	79,4	14,7	5,9	0	0	1,26
KW/ETK (n=16)	37,5	25,0	37,5	0	0	2,00
BD (n=28)	17,9	10,7	50,0	7,1	14,3	2,89
Gegen Sachen (n=374)	69,5	11,8	13,1	3,5	2,1	1,57
WWD (n=113)	61,9	11,5	17,7	5,3	3,5	1,77
BP (n=25)	76,0	8,0	16,0	0	0	1,40
KK (n=32)	87,5	6,3	6,3	0	0	1,19
KA (n=34)	91,2	8,8	0	0	0	1,09
KW/ETK (n=17)	82,4	17,6	0	0	0	1,18
BD (n=28)	42,9	10,7	35,7	10,7	0	2,14
Gegen Menschen (n=374)	93,9	3,2	2,7	0,3	0	1,09
WWD (n=113)	92,0	4,4	3,5	0	0	1,12
BP (n=25)	100	0	0	0	0	1,00
KK (n=32)	96,9	0	3,1	0	0	1,06
KA (n=34)	97,1	2,9	0	0	0	1,03
KW/ETK (n=17)	100	0	0	0	0	1,00
BD (n=28)	85,7	10,7	3,6	0	0	1,18

MW=Mittelwert | n=Anzahl Befragter

Als organisatorischer Hintergrund muss hier angeführt werden, dass der BD regelmäßig eine Endverwendung vor dem Eintritt in den Ruhestand darstellt. Der tägliche Dienst ist eher geprägt von Präsenz und Vernetzung mit lokalen Akteuren im entsprechenden Bezirk als von der Wahrnehmung außenveranlasster Einsätze wie im WWD. Zudem wird der Dienst nicht im Schichtdienst verrichtet, was für lebensältere Beamt*innen möglicherweise ein weiteres Argument für eine Verwendung im Bezirksdienst ist. Fraglich ist also, ob die größere Anzahl berichteter Schusswaffengebräuche (auf die eigene Dienstzeit insgesamt gesehen) schlicht auf das Dienstalter bzw. die Diensterfahrung zurückzuführen ist.

Mit 57,07 Lebensjahren liegt der Altersdurchschnitt des BD sehr deutlich über dem Durchschnittsalter der anderen BOE (BP: 32,97; WWD: 36,03; KK: 48,87; KA: 22,96; KW/ETK: 40,00). Das Alter korreliert hoch signifikant mit allen Formen des Schusswaffengebrauchs, am deutlichsten mit dem Schusswaffengebrauch gegen Sachen ($\rho = 0{,}377^{**}$) und der Androhung des Schutzwaffengebrauchs ($p = 0{,}334^{**}$). Der Schusswaffengebrauch gegen Menschen geht zwar schwächer ($p = 0{,}245^{**}$), aber auch signifikant positiv mit steigendem Lebensalter einher. Insofern ist anzunehmen, wenngleich Korrelationen keine Wirkungsannahme zulassen, dass die Bezugsgröße der gesamten Dienstzeit bei lebensälteren PVB rein rechnerisch höher ist als bei jüngeren PVB und diese insofern die höhere Ausprägung innerhalb des BD plausibel erklärt.

Signifikant zeigt sich auch der Zusammenhang zwischen dem Geschlecht und sämtlichen Formen des Schusswaffengebrauchs, wobei männliche PVB mit höheren Mittelwerten beim Schusswaffengebrauch korrelieren (Androhung $\rho = 0{,}178^{**}$; gegen Sachen $\rho = 0{,}148^{**}$ und gegen Menschen $\rho = 0{,}105^{*}$).

Darüber hinaus gibt es einen weiteren Zusammenhang zwischen bereits angeführten Faktoren und der Androhung des Schusswaffengebrauchs. So weist die Konfliktbelastung insgesamt, also eine Mittelwertskala aus allen in Abschnitt 7.3.1.1 dargestellten Eskalationsstufen, eine sehr signifikant positive Korrelation mit der Androhung des Schusswaffengebrauchs auf ($\rho = 0{,}322^{**}$). Dabei sind mehrere Erklärungsansätze denkbar, etwa dass PVB, die eine hohe Frequenz an Konflikten aufweisen, entweder eine niedrigere Hemmschwelle zur Androhung der Schusswaffe haben, oder rein statistisch bei einer Vielzahl an Konflikten früher oder später auch die Wahrscheinlichkeit gravierender Einsatzsituationen (in denen dann die Androhung der Schusswaffe erforderlich wird) steigt. Da die tatsächlichen Schusswaffengebräuche nicht mit der Konfliktquantität korrelieren, ist eine weitere Validierung dieser Vermutung anhand des vorliegenden Datenmaterials an dieser Stelle nicht möglich.

7.3.2.3 Gewalterleben

Neben dem tatsächlichen Einsatz von Zwang ist von besonderem Interesse, wie die PVB Gewalt wahrnehmen. Das Gewalterleben sagt viel darüber aus, ob Normalisierungs- bzw. Gewöhnungseffekte bei Anwendung und Aushalten von Gewalt auftreten. Über vier Items wurde ermittelt, wie ausgeprägt das persönliche Erleben von polizeilichem Zwang als Form von Gewalt, die Überwindung zur Zwangsanwendung, die Selbstverständlichkeit körperlicher Auseinandersetzungen im Polizeialltag und das Verständnis dafür, Handgreiflichkeiten aus dem

Weg zu gehen, sind. Die Items bewegen sich inhaltlich zwischen Gewaltakzeptanz bzw. einer Normalisierung von Gewalt im Polizeialltag auf der einen und Aversion und Vermeidung von Gewalt auf der anderen Seite. Daher wurden jeweils zwei Items pro bzw. zwei Items contra Gewaltnormalisierung formuliert[57]. Die Items sind aufsteigend von „Stimme nicht zu" (1) bis „Stimme zu" (5) skaliert.

Tabelle 7.13 Gewalterleben

Gewalterleben						
Inwiefern treffen die folgenden Aussagen auf Sie zu bzw. nicht zu?	**Anteil der Befragten in %**					**MW**
	(1)	**(2)**	**(3)**	**(4)**	**(5)**	
Polizeilicher Zwang und Gewalt sind zwei völlig verschiedene Dinge. (n=374; SD=1,22)	6,4	7,8	15,0	24,6	46,3	3,97
Es kostet(e) mich Überwindung, körperlichen Zwang anzuwenden. (n=376; SD=1,16)	21,8	30,9	26,1	15,4	5,9	2,53
Wer ein Problem mit körperlichen Auseinandersetzungen hat, sollte nicht zur Polizei gehen. (n=378; SD=1,01)	2,4	6,6	15,9	35,2	39,9	4,04
Ich kann verstehen, wenn Kolleg*innen handgreiflichen Auseinandersetzungen aus dem Weg gehen. (n=377; SD=1,20)	17,0	26,8	28,6	18,3	9,3	2,76
Gesamtskala Gewalterleben (n=379; SD=0,81 α=0,54)						3,58
MW=Mittelwert | SD=Standardabweichung | n=Anzahl Befragter | α=Cronbachs Alpha						

Der Unterscheidung zwischen polizeilichem Zwang und Gewalt stimmten 24,6 % (n = 92) eher und weitere 46,3 % (n = 173) uneingeschränkt zu. Insgesamt 70,9 % der PVB differenzieren also zwischen ihrer Anwendung von Zwang im polizeilichen Kontext und Gewalt im Allgemeinen. Geteilter Ansicht sind 15,0 % (n = 56), was in etwa dem Gesamtanteil derer entspricht, die einer Unterscheidung zwischen Zwang und Gewalt mit 7,8 % (n = 29) eher nicht bzw. mit

[57] Anmerkung zur Tabelle 7.13: Das Item 1 („Polizeilicher Zwang…") wurde nach Reliabilitätsanalyse (α = 0,379) nicht in die Gesamtskala mit aufgenommen. Die Items 2 („Es kostet(e) mich….") und 4 („Ich kann verstehen…) wurden zur Berechnung der Gesamtskala recodiert (Item 1: MW = 3,47; SD = 1,16; Item 4: MW = 3,23; SD = 1,20).

6,4 % (n = 24) uneingeschränkt nicht zustimmen. Ein MW = 3,97 bestätigt, dass diese Aussage insgesamt auf breite Zustimmung stößt.

Der Aussage, dass es sie Überwindung kostet(e), körperlichen Zwang anzuwenden, stimmten 5,9 % (n = 22) zu bzw. 15,4 % (n = 58) eher zu. Insgesamt rund ein Fünftel der Befragten bestätigte also, nicht frei von Überwindung Gewalt anzuwenden. Geteilter Meinung waren etwas mehr als ein Viertel mit 26,1 % (n = 98). Mit 52,7 % äußerten mehr als die Hälfte der PVB also tendenziell eher keine (30,9 %; n = 116) bzw. keine Zustimmung (21,8 %; n = 82). Der MW = 2,53 zeigt, dass diese Aussage im Durchschnitt eher Ablehnung als Zustimmung erfährt.

Dass Menschen, die ein Problem mit körperlichen Auseinandersetzungen haben, nicht zur Polizei gehen sollten, wurde von drei Vierteln mit 75,1 % (n = 284) bejaht, wobei mehr PVB uneingeschränkte Zustimmung mit 39,9 % (n = 151) artikulierten (gegenüber 35,2 % bzw. n = 133, die „eher" zustimmten). Auf die Teils/teils-Kategorie entfielen 15,9 % (n = 60), 6,6 % (n = 15) stimmten eher nicht und weitere 2,4 % (n = 9) nicht zu. Mit einem MW = 4,04 wird deutlich, dass diese Aussage grundsätzlich hohe Zustimmung erfährt, was sich bereits am geringen Anteil ablehnender Haltung gegenüber der Aussage i. H. v. von 9,0 % (24) der PVB erkennen ließ.

Verständnis für Kolleg*innen, die körperlichen Auseinandersetzungen aus dem Weg gehen, äußerten 27,6 % (n = 104), wobei mit 18,3 % (n = 69) doppelt so viele PVB dieser Aussage eher zustimmten, wie uneingeschränkt Zustimmung geäußert wurde (9,3 %; n = 35). Mit 28,6 % (n = 108) war die Teils/teils-Kategorie die am stärksten gewählte Antwortkategorie, wenngleich der Anteil derer, die eher zustimmten, mit 26,8 % (n = 101) nur unwesentlich kleiner ausfiel. Weitere 17,0 % (n = 64) stimmten uneingeschränkt zu.

Bei der Berechnung der Gesamtskala wurde in Richtung eines normalisierenden Gewalterlebens gepolt, mit zunehmendem Wert der Skala geht also die Normalisierung von Gewalt einher. Die Items contra Normalisierung wurden entsprechend recodiert. Die Prüfung der Reliabilität der Skala zeigte mit α = 0,389 einen nicht akzeptablen Wert. Da ohne das Item zur Unterscheidung zwischen Zwang und Gewalt die Reliabilität der Skala auf 0,542 ansteigen und somit deutlich verbessert würde, erfolgte eine Faktorenanalyse zur Überprüfung verschiedener Dimensionen innerhalb der Skala.

Der KMO-Test sprach mit p = 0,582 für eine Eignung der Stichprobe. Da auch der Bartlett-Test mit $p<0{,}001$ signifikant war, wurde mit der Faktorenanalyse fortgefahren. Eine unrotierte Extraktion von Hauptkomponenten mit einem Eigenwert >1 ergab zwei entsprechende Hauptkomponenten, die insgesamt eine Varianz von 65,14 % aufklärten.

Die drei Items, die konkret auf körperlichen Zwang bzw. Gewalt eingehen, luden dabei mit 0,668 (Verständnis für Kolleg*innen, die Auseinandersetzungen aus dem Weg gehen), 0,700 (Menschen, die Probleme mit Gewalt haben, sollten nicht zur Polizei gehen) und 0,798 (Es kostet [keine] Überwindung, Zwang anzuwenden) sehr deutlich auf dem Faktor 1, wohingegen die Ladungen auf Faktor zwei als niedrig zu bezeichnen sind (0,277; -0,245; 0,026). Die Unterscheidung zwischen Gewalt und Zwang lädt hingegen sehr deutlich auf dem Faktor 2 (0,946) gegenüber einer sehr schwachen Ausprägung bei Faktor 1 (-0,037). Die Faktorenanalyse stützt also die Annahme, dass dieses Item nicht das gleiche Konstrukt von Gewalterleben misst, wie die drei übrigen Items und somit nicht in die Gesamtskala aufgenommen werden sollte.

Insgesamt ist festzuhalten, dass die Äußerungen der PVB zum persönlichen Gewalterleben unterstreichen, dass körperliche Auseinandersetzungen und Gewalt ein festes Element im polizeilichen Alltag sind. Dies ist nicht weiter überraschend, da gezeigt werden konnte, dass mehr als ein Drittel der Befragten einmal monatlich selbst Zwang anwendeten und ein weiteres Viertel bis zu fünf Zwangsanwendungen angab (siehe Abschnitt 7.3.2.1). Dennoch verdeutlicht dies den Grad der Normalisierung von eigener Körperlichkeit und auch der Selbstverständlichkeit von Gewalt im dienstlichen Alltag.

Dass drei Viertel der Befragten Gewalt und polizeilichen Zwang als „völlig verschieden“ einordnen, legt nahe, dass die bereits beschriebene Abstraktion von Zwang[58] als (rechtmäßiges) „körperliches Verwaltungshandeln“ zur Durchsetzung der eigenen Maßnahme für die/den Awiederumwiederumdreswiederumsaten und auch die für einschreitenden PVB selbst faktisch Gewalt bedeutet bzw. bedeuten muss. Dass es zu Festnahmetechniken, Schlägen oder Tritten (und damit einhergehenden Verletzungen) kommt, ist also nicht ausschlaggebend für den durch diese Gruppe geäußerten Gewaltbegriff, sondern allein der Umstand, dass die entsprechenden Handlungen als gerechtfertigt angenommen werden. Auch wenn grundsätzlich rechtmäßiges Handeln der PVB unterstellt wird, offenbart diese Auslegung doch eine nicht unerhebliche Umdeutung des eigenen Tuns bzw. eine ausschließlich formalistische Reflexion desselben.

Dabei werden durchaus Hemmungen bei der eigentlichen Gewaltanwendung dokumentiert; etwas mehr als ein Fünftel äußert sich entsprechend und ein weiteres Viertel ist hier geteilter Ansicht. Tendenziell keine Überwindung wird von ca. der Hälfte empfunden, was wiederum die These der Normalisierung von Gewalt unterstützt. Denn es ist, bei i. d. R. vorliegender bürgerlicher Sozialisation, anzunehmen, dass die allermeisten PVB in ihrem privaten Alltag keine

[58] Vgl. Behr 2012, S. 178.

Gewaltgewöhnung erfahren haben, sondern vielmehr eine natürliche Hemmung bestehen müsste.

Obwohl man tendenziell vermutlich eher Männern unterstellen würde, Konflikte im Zweifelsfall auch körperlich auszutragen, liegen unter den Befragten keine klar erkennbaren Unterschiede vor. Im Gegenteil, wenn auch in geringem Umfang, berichteten die weiblichen PVB weniger Hemmungen bei der Anwendung von Zwang. So kostete es in Summe 19,2 % (n = 20) der weiblichen PVB tendenziell Überwindung, Zwang anzuwenden – bei den männlichen PVB waren es 22,2 % (n = 60). Geteilter Ansicht waren prozentual nahezu gleich viele Frauen 26,9 % (n = 28) und Männer 25,6 % (n = 69). Eher keine Überwindung mussten 53,8 % (n = 56) der Frauen und 52,2 % (n = 141) der Männer aufbringen.

Bezogen auf das Alter wäre denkbar, dass Routine und Gewöhnung einerseits eine gewisse Abstumpfung hervorrufen, gleichzeitig könnte der eigene Altersprozess und damit einhergehend möglicherweise eine Abnehme von körperlicher Leistungsfähigkeit und somit Durchsetzungsfähigkeit auch eine höhere Hemmnis bewirken. Die Gruppe der jüngsten PVB im Alter zwischen 19 und 29 Jahren zeigt, diese Annahme stützend, mit 10,1 % (n = 10) die mit Abstand geringste Zustimmung zu eigenen Hemmungen beim Einsatz von Zwang. Mit 65,6 % (n = 65) negiert in dieser Altersgruppe gleichzeitig der zweitgrößte Prozentsatz eigene Hemmungen. Noch deutlicher ist dies nur in der Gruppe der 40- bis 49-Jährigen mit 66,0 % (n = 37) ausgeprägt, wobei gleichzeitig 19,6 % (n = 11) vorliegende Hemmungen bejahen.

In den übrigen Altersgruppen rangiert die Zustimmung zu Überwindung beim Einsatz von Zwang ungefähr bei gleichen Anteilen i. H. v. 26,2 % (30 bis 39 Jahre), 26,4 % (50 bis 59 Jahre) und 29,1 % (>60 Jahre). Die Anteile derer, die sich tendenziell nicht überwinden müssen, differieren dabei allerdings deutlich. Während in der Gruppe der Ältesten nur 30,5 % (n = 11) tendenziell keine Überwindung empfinden, waren dies in der nächstjüngeren Gruppe 40,6 % (n = 43) und bei den PVB zwischen 30 und 39 Jahren 50,0 % (n = 42).

Zwang und damit Gewalt sind nicht aus dem Polizeialltag wegzudenken sind, auch wenn es für rund ein Fünftel der Befragten Überwindung kostet, entsprechend zu agieren. Das unterstreicht die hohe Zustimmung zur nächsten Aussage „Menschen, die Probleme mit körperlichen Auseinandersetzungen haben, sollten nicht zur Polizei gehen“. Weniger als 10 % der Befragten widersprechen dieser Aussage, wodurch deutlich wird, dass sie körperliche Auseinandersetzungen als unausweichlich wahrnehmen. Zur Polizei zu gehen, impliziert in diesem Zusammenhang natürlich, dass die Aussage besonders auf Berufsanfänger*innen bezogen wurde, die sich in der vorgesehenen Erstverwendung (i. d. R. WWD, BP) erst recht nicht entsprechenden Situationen entziehen können.

Dennoch ist zu hinterfragen, warum rein rechnerisch auch PVB den Aspekt körperlicher Auseinandersetzungen so deutlich teilen, die selbst seit Jahren nicht mehr regelmäßig mit entsprechenden Situationen konfrontiert sein dürften. Gerade Beamt*innen, die selbst bereits Jahre im Innendienst eingesetzt sind oder konfliktarme Tätigkeiten ausüben, müssten doch entsprechende Verwendungen, die eben sehr wohl den Einstieg in die Polizei ohne langfristige Gewaltexposition möglich erscheinen lassen, im Bewusstsein haben. Denkbar ist insofern durchaus, dass hier auch mittelbare Vorstellungen außerhalb des eigenen Erlebens, etwa durch Berichte von PVB aus entsprechend konfliktintensiven BOE oder gar durch Presseberichterstattung zu überregionaler Gewaltentwicklung, in die Beurteilung eingeflossen sind.

Verständnis für Kolleg*innen zu haben, die handgreiflichen Auseinandersetzungen aus dem Weg gehen, stimmen 18,3 % (n = 69) eher und weitere 9,3 % (n = 35) uneingeschränkt zu. Mit 27,6 % entfiel mehr als ein Viertel auf tendenzielle Zustimmung. Damit ist der Anteil an Zustimmung deutlich kleiner als der der tendenziellen Ablehnung mit 26,8 % (n = 101) bei „Stimme eher nicht zu“ und weiteren 17,0 % (n = 64) bei „Stimme nicht zu“. Im Vergleich zur Zustimmung entfiel genau 1 % auf die Kategorie „Teils/teils“ mit 28,6 % (n = 108). Der Mittelwert MW = 2,76 zeigt, dass das Meiden körperlicher Auseinandersetzungen kritisch betrachtet wird.

Es ist zu hinterfragen, auf welche Umstände die Aussage durch die Befragten bezogen wurde. Bei der Bewertung fällt vermutlich unterschiedlich ins Gewicht, welche Einsatzsituation und die damit verbundenen dienstlichen Pflichten und kollegialen Erwartungen die Befragten PVB assoziiert haben.

Differenziert man zwischen PVB, die ihrer Garantenstellung nicht nachkommen und ggf. sogar die Verletzung von Unbeteiligten oder Kolleg*innen in Kauf nehmen, um sich selbst zu schützen, und solchen, die einfach länger als andere versuchen, Lagen kommunikativ zu bewältigen, kommt man vermutlich zu unterschiedlichen Konnotationen der o. g. Aussage.

Dass insbesondere zum Schutz von Bürger*innen auch körperliche Konflikte und hohes Gefahrenpotential in Kauf genommen werden müssen, verdeutlicht ein Fallbeispiel aus jüngerer Vergangenheit, in dem zwei PVB im Rahmen eines Schusswechsels einen Kollegen zurückgelassen hatten, um sich selbst in Sicherheit zu bringen.[59]

---

[59] Vgl. Zahel 2022.

Gleichermaßen ist aber auch denkbar, dass es PVB gibt, die einfach länger als andere verbale Provokationen aushalten können oder einfach länger versuchen (sofern es die Lage und Gefährdung Unbeteiligter zulässt), Lagen kommunikativ zu lösen. Deutliche Unterschiede beim Einschreitverhalten[60] legen nahe, dass ein Vermeiden körperlicher Auseinandersetzungen auch unter Einhaltung rechtlicher und informeller (kollegialer) Vorgaben und Erwartungen erfolgen kann.

Interessant ist in diesem Zusammenhang die Feststellung, dass das eigene Vulnerabilitätsempfinden (siehe Abschnitt 7.3.1.2) hoch signifikant negativ mit dem eigenen Gewalterleben korreliert. Mit $\rho = -0{,}410^{**}$ besteht Grund zu der Annahme, dass PVB, die eigene Verletzlichkeit empfinden, gleichzeitig generell weniger zur Normalisierung von Gewalt im Polizeialltag (unabhängig von der Richtung) neigen. Ein ähnlicher Befund zeigte bereits die Verbindung von eigenen Opfererfahrungen und der eigenen Gewaltausübung von PVB.[61]

Um die Stärke dieses Zusammenhangs in Bezug zu setzen, wurde ebenfalls betrachtet, ob die bezifferte Häufigkeit zu entsprechenden Konfliktsituationen mit dem eigenen Gewalterleben korrelierte. Hier waren bei allen Konfliktkonstellationen ebenfalls hoch signifikante positive Korrelationen zum Gewalterleben messbar, die sich zwischen $p = 0{,}185^{**}$ (Androhung von Gewalt) und $p = 0{,}243^{**}$ (Angriff mit gefährlichen Gegenständen/Waffen) bewegten. Insgesamt lagen die Korrelationskoeffizienten relativ nah beieinander ($p = 0{,}230^{**}$ bei passivem Widerstand; $p = 0{,}231^{**}$ bei körperlichen Angriffen; $p = 0{,}242^{**}$ bei Beleidigungen). Daher scheint es so, dass die Normalisierung von Gewalt umso stärker ausgeprägt ist, je mehr Konflikte erlebt werden. Dieser Schluss, der umgangssprachlich formuliert eine Abstumpfung bzw. Verrohung befürchten lässt, ist dabei wenig überraschend. Er verdeutlicht aber, dass PVB durch Konfliktsituationen und Übergriffe nicht nur physisch beansprucht werden, sondern der emotionalen Einordnung, Verarbeitung und Reflexion des Erlebten eine besondere Bedeutung beizumessen ist. Dies trifft insbesondere auf die BOE zu, in denen eine hohe Konfliktexposition berichtet wurde.

7.3.3 Innerdienstliche Konflikte

Innerdienstliche Konflikte, auch als „*Binnenkonflikte*"[62] bezeichnet, stellen Konfliktsituationen zwischen Kolleg*innen und Kollegen dar, wobei sowohl Konflikte

[60] Vgl. Haendschke 2019, S. 98.

[61] Vgl. Manzoni 2003, S. 179.

[62] Ohlemacher et al. 2002, S. 59.

auf gleicher Ebene als auch Konflikte mit den Vorgesetzten davon umfasst werden. Dass eine Beeinträchtigung des inneren Friedens durchaus als Belastung wahrgenommen wird, konnte bereits in der Vergangenheit gezeigt werden[63], wenngleich innerdienstliche Konflikte weniger häufig und schwächer in ihren Auswirkungen berichtet wurden als andere Belastungssituationen wie z. B. Zeit- oder Verantwortungsdruck.[64]

Gemessen wurden die innerdienstlichen Konflikte mit zwei gegensätzlich gepolten Items auf einer vollverbalisierten fünfstufigen Skala von „Stimme nicht zu“ (1) bis „Stimme zu“ (5). Nach Recodierung des zweiten Items „Konflikte und Differenzen können offen, auch gegenüber der Führung, artikuliert werden“ wurde daraus ein Mittelwert berechnet, wobei ein höherer Mittelwert in Richtung stärkerer innerdienstlicher Konflikte weist[65].

Tabelle 7.14 Innerdienstliche Konflikte

Innerdienstliche Konflikte						
Bitte nehmen Sie Stellung zu folgenden Aussagen.	**Anteil Befragter in %**					**MW**
	(1)	**(2)**	**(3)**	**(4)**	**(5)**	
Es gibt häufig Spannungen unter den Kolleg*innen meiner Dienststelle. (SD=1,08; n=409)	31,1	39,9	15,6	9,5	3,9	2,15
Konflikte und Differenzen können offen, auch gegenüber der Führung, artikuliert werden. (SD=1,10; n=408)	4,7	10,8	22,3	37,0	25,2	3,67
Innerdienstliche Konflikte (SD=0,93; $\rho^{(SP)}$=0,62 n=409)						2,23
MW=Mittelwert | SD=Standardabweichung | n=Anzahl Befragter | $\rho^{(SP)}$=Spearman Brown Koeffizient						

Der Aussage „Es gibt häufig Spannungen unter den Kolleg*innen meiner Dienststelle“ stimmten 3,9 % (n = 16) zu, weitere 9,5 % (n = 39) stimmten eher zu. Die Teils/teils-Kategorie wurde von 15,6 % (n = 64) gewählt. Demgegenüber stimmten 39,9 % (n = 163) eher nicht bzw. 31,1 % (n = 127) uneingeschränkt nicht zu. Mit 71,0 % (n = 289) geben also mehr als zwei Drittel der Befragten an,

[63] Vgl. ebd., S. 64.

[64] Vgl. ebd., S. 60.

[65] Anmerkung zur Tabelle 7.14: Das Item 2 („Konflikte und Differenzen….“) wurde für die Skalenberechnung recodiert (MW = 2,32; SD = 1,10).

dass Spannungen nicht häufig auf der jeweiligen Dienststelle vorkommen. Spannungen innerhalb der eigenen Dienststelle werden vom Großteil der befragten PVB nicht als häufig berichtet. Mehr als jede/r zehnte bestätigt allerdings entsprechende Spannungen häufig zu erleben. Das Attribut „häufig" unterliegt darüber hinaus dem subjektiven Empfinden und lässt daher auch Interpretationsspielraum zu.

Wenn es entsprechendes Konfliktpotential gibt, kann dies ein Großteil der Befragten mit einem Anteil von insgesamt 62,2 % (n = 253) offen, auch gegenüber den Führungskräften, artikulieren, wobei dies 37,0 % (n = 151) eher und 25,2 % (n = 103) uneingeschränkt bejahen. Für rund 15,5 % (n = 63) besteht diese Option der Konfliktlösung eher nicht (10,8 %, n = 44) bzw. nicht (4,7 %, n = 19). Keine eindeutige Aussage treffen mit der Teils/teils-Kategorie 22,3 % (n = 91) und damit etwas mehr als beim vorherigen Item. Mit einem MW = 3,67 spricht der Mittelwert eher für ein positives Konflikthandling, wenngleich hier der Ausschlag mit 0,67 Punkten Differenz etwas näher am Skalenmittelpunkt (3,0) als beim anderen Item mit 0,85 liegt und insofern etwas negativer bewertet wird.

Hervorzuheben ist, dass es eine beträchtliche Schnittmenge gibt zwischen PVB, die sowohl bestehende Spannungen bestätigen, als auch Probleme bei der transparenten Lösung (auch mit der Führung) schildern. So berichten von den insgesamt 55 PVB, die häufigen Spannungen tendenziell zustimmen, 45,5 % (n = 25) über entsprechende Probleme bei der offenen Artikulation der Differenzen. Für rund 6 % aller Befragten treffen also beide Problembeschreibungen zu und führen im Ergebnis dazu, dass bestehende Konflikte nicht adäquat thematisiert werden können. Auch wenn die Gesamtskala zu innerdienstlichen Konflikten zeigt, dass im Schnitt innerdienstliche Spannungen nicht als häufig berichtet werden, ist doch insbesondere für diese Gruppe von PVB anzunehmen, dass die ungelösten innerdienstlichen Konflikte negative Auswirkungen, z. B. auf die Arbeitszufriedenheit (siehe Abschnitt 9.6.3), entfalten.

7.4 Erfahrungen von PVB mit Migrationshintergrund

Die Erfahrungen von PVB mit Migrationshintergrund wurden gesondert erhoben, um Aussagen zu deren Wahrnehmungen im kollegialen Umfeld treffen zu können. Die innerpolizeiliche Diversität bzw. Erfahrungen zur innerpolizeilichen Akzeptanz von Kolleg*innen mit Migrationshintergrund ist von besonderem Interesse. Denn an ihrem Beispiel lässt sich die Sicht auf andere Ethnien und

Kulturen beobachten, die im polizeilichen Einsatzkontext gegenüber den Bürger*innen eingenommen werden – im kollegialen Binnenverhältnis aber aus Sicht der Betroffenen erfasst werden.

Die Items wurden auf einer fünfstufigen Skala von „Stimme nicht zu“ (1) bis „Stimme zu“ (5) gemessen. Die daraus berechnete Gesamtskala weist mit $\alpha = 0{,}61$ ein in Frage zu stellendes Reliabilitätsmaß auf[66]. Die Trennschärfe der einzelnen Items bewegt sich zwischen 0,323 und 0,512 und damit im mittleren Bereich[67]. Hinweise darauf, die Reliabilität durch Streichen eines Items aus der Skala[68] verbessern zu können, lagen nicht vor.

Tabelle 7.15 Erfahrungen von PVB mit Migrationshintergrund

Erfahrungen von PVB mit Migrationshintergrund						
Entsprechend Ihrer Angaben zu Ihrem Geburtsort (oder dem Geburtsort Ihrer Eltern) trifft auf Sie die Definition eines Menschen mit Migrationshintergrund des Statistischen Bundesamtes zu. Bitte teilen Sie Ihre Erfahrungen zu folgenden Aussagen mit:	**Anteil der Befragten in %**					**MW**
	(1)	(2)	(3)	(4)	(5)	
In der Polizei spielt die eigene Herkunft keine Rolle, die gemeinsame Sache zählt. (n=41; SD=0,74)	-	2,4	7,3	29,3	61,0	4,49
Mein Migrationshintergrund war im Kreis der Kolleg*innen bereits Anlass für Beleidigungen/diskriminierende Äußerungen. (n=40; SD=1,02)	87,5	2,5	2,5	2,5	5,0	1,35
Ich werde im dienstlichen Umfeld anders (positiv/negativ abweichend) behandelt als Kolleg*innen ohne Migrationshintergrund. (n=41; SD=0,80)	56,1	29,3	12,2	2,4	-	1,61
Ich werde von den Kolleg*innen genauso behandelt wie alle anderen auch. (n=40, SD=0,93)	5,0	-	2,5	5,0	87,5	4,70
Gesamtskala Erfahrungen mit eigenem Migrationshintergrund (n=39; SD=0,58; α=0,61)						4,55
MW=Mittelwert | SD=Standardabweichung | n=Anzahl Befragter						

[66] Vgl. Schrepp 2020, S. 250.

[67] Vgl. Döring und Bortz 2016, S. 478.

[68] Anmerkung zu Tabelle 7.15: Die Items 2 („Mein Migrationshintergrund…“) und 3 („Ich werde im dienstlichen Umfeld…“) wurden zur Berechnung des Gesamtskala recodiert (Item 2: MW = 4,65, SD = 1,02; Item 3: MW = 4,39, SD = 0,80). Die Skala wurde in positive Richtung (zwischen 1 und 5) codiert, d. h. je höher der Wert, desto positiver die eigenen Erfahrungen i.Z.m. dem eigenen Migrationshintergrund.

Der Großteil der Befragten mit Migrationshintergrund stimmt mit 90,3 % (n = 37) der Aussage, dass in der Polizei die eigene Herkunft keine Rolle spiele, sondern die gemeinsame Sache zählt, tendenziell zu. Weitere 7,3 % (n = 3) sind geteilter Ansicht, die verbleibenden 2,4 % (n = 1) stimmen dem eher nicht zu. Die Kategorie „Stimme nicht zu" ist nicht vertreten.

Dass der eigene Migrationshintergrund bereits im Kreis der Kolleg*innen Anlass für Diskriminierung oder Beleidigungen war, bestätigen rund 7,5 % (n = 3), auf die Mittelkategorie entfallen 2,5 % (n = 1). Demgegenüber stimmen summiert 90,0 % (n = 36) nicht zu, wobei die meisten mit 87,5 % (n = 35) uneingeschränkt widersprechen und nur 2,5 % (n = 1) die Kategorie „Stimme eher zu nicht" wählen.

Eine Andersbehandlung im dienstlichen Umfeld in Form eines (positiven wie negativen) wiederum „ Othewiederumrings"[69] bestätigen 2,4 % (n = 1) der Befragten mit der Antwortkategorie „Stimme eher zu", uneingeschränkte Zustimmung wurde nicht geäußert. 12,2 % (n = 5) wählen die Teils/teils-Kategorie. Mit 85,4 % (n = 35) stimmt der überwiegende Anteil der Befragten dieser Aussage tendenziell nicht zu.

Der gegenläufigen Aussage, von Kolleg*innen genauso behandelt zu werden, wie alle anderen, stimmen 92,5 % (n = 37) in Summe zu. 2,5 % (n = 1) positionieren sich in der Mittelkategorie, 5,0 % (n = 2) stimmen nicht zu, wobei die Kategorie „Stimme eher nicht zu" gar nicht gewählt wurde.

Obwohl die absoluten Zahlen und damit deren Belastbarkeit sehr klein ausfallen, fällt die Diskrepanz zwischen PVB, die im dienstlichen Umfeld angeben, anders behandelt zu werden, zu denen, die eine entsprechende Gleichbehandlung durch Kollegen verneinen, auf.

Dies könnte dadurch zu erklären sein, dass die Formulierung „dienstliches Umfeld" theoretisch auch dienstlichen Kontakt zu Bürger*innen umfasst, während die Behandlung durch Kolleg*innen eben dieses ausklammert. Dadurch wäre eine inhaltlich andere Bewertung und im Ergebnis eine etwas andere Antwortverteilung zu erklären. Bei Einberechnung der Kategorie „Teils/teils" nennen insgesamt 14,6 % (n = 6) Erfahrungen mit einer Ungleich- bzw. Andersbehandlung, wobei diese nicht positiv oder negativ belegt ist, sondern sämtliche Erfahrungen eines gesonderten Umgangs im Vergleich zu Beamt*innen ohne Migrationshintergrund umfasst.

In klar negativem Kontext bewegen sich die berichteten Erfahrungen mit diskriminierenden Äußerungen und Beleidigungen, deren Anlass der jeweilige Migrationshintergrund war, die 7,5 % (inkl. „Teils/teils" 10 %) der Beamt*innen

[69] Vgl. Kanbur 2023, S. 60.

mit Migrationshintergrund berichten. Die geringfügige Diskrepanz zwischen den PVB, die damit entsprechende Ereignisse dokumentiert und denen, die eine Gleichbehandlung durch Kolleg*innen verneinen, ist ggf. damit zu erklären, dass die Befragten zwischen Handlungen einzelner Kolleg*innen und der generellen Behandlung im kollegialen Umfeld differenziert haben.

In der Gesamtbetrachtung wurden die Erfahrungen zum Umgang mit dem eigenen Migrationshintergrund sehr positiv auf einer Skala von 1 bis 5 (MW = 4,59) bewertet, ein Großteil der PVB mit Migrationshintergrund hat weder Diskriminierungen noch sonstige Ungleichbehandlungen berichtet. Limitiert wird dieser Befund, neben der bereits dargestellten geringen Gesamtzahl, theoretisch auch dadurch, dass die PVB mit Migrationshintergrund selbst teils jahrelange innerpolizeiliche Sozialisation durchlaufen haben und damit ggf. weniger sensibel für Vokabular oder Verhaltensweisen sind, welches außerpolizeilich bereits kritisch bewertet würde. Eine differenziertere Erhebung (z. B. zum Herkunftsland bzw. dem ethnisch/kulturellen Hintergrund) wurde bewusst auf Grund möglicher Identifizierbarkeit der Befragten verworfen, obwohl z. B. die Frage, ob PVB unterschiedlicher Herkunftsländer unterschiedliche Diskriminierungserfahrungen machen, interessant gewesen wäre.

7.5 Zusammenfassung und Diskussion

Die betrachteten Merkmale polizeilicher Arbeitswelt haben viele Hinweise für die folgenden Detailanalysen geliefert.

Die strukturellen Rahmenbedingungen des täglichen Dienstes wurden von den Befragten sehr ambivalent bewertet. Während eine inhaltliche Überforderung (MW = 2,13) nicht als verbreitetes Problem artikuliert wurde, bestätigte die Mehrzahl Zeitdruck und entsprechende Belastungswahrnehmungen durch gestiegenes Arbeitspensum (MW = 3,20). Bei den positiv konnotierten Elementen sticht die positive Sicht von PVB mit Migrationshintergrund auf ihre innerpolizeiliche Akzeptanz (MW = 4,55) hervor und auch die Mitgestaltungsmöglichkeiten erfuhren eine positive Bewertung (MW = 3,68). Die Vereinbarkeit von Beruf und Familie wurde weniger gut bewertet (MW = 3,09). Am negativsten beurteilten die Befragten die Entwicklungsperspektiven (MW = 2,70) bzw. einen gerechten (leistungsbasierten) Zugang zu denselben innerhalb des polizeilichen Beurteilungssystems.

Konflikte und der Umgang mit (eigener) Gewalt machen über diese organisatorischen Faktoren hinaus einen wichtigen Faktor der polizeilichen Arbeitswelt aus. Dass knapp 90 % der PVB mit Bürgerkontakt bereits Angriffe erfahren hat, verdeutlicht die Konfliktintensität des Polizeiberufs. Besonders in den uniformierten BOE der Dir GE war zu erwarten, dass hier die zahlreichsten Situationen der verschiedenen Eskalationsstufen erlebt werden. Dies konnte bestätigt und durch die Feststellung ergänzt werden, dass auch die Berufseinsteiger*innen während ihren Praktika augenscheinlich nur unwesentlich weniger Provokationen oder Gewalt erleben (müssen). Dass dies gerade zu Beginn der beruflichen Laufbahn bei lebensjungen Beamt*innen ggf. prägende Eindrücke hinterlassen kann, ist zu vermuten.

Auch der Umstand, dass insgesamt mehr als die Hälfte der konflikterfahrenen PVB bereits gesundheitliche oder psychische Folgen eines Übergriffs berichteten, unterstreicht die potenziellen Auswirkungen der beruflichen Sozialisation zwischen eigener und fremder Gewalt. Auch wenn ein entsprechendes Vulnerabilitätsempfinden nur von wenigen PVB bestätigt wurde, hat der regelmäßige Umgang mit Gewalt augenscheinlich anderweitige Auswirkungen.

Die PVB skizzierten eine Sichtweise auf Gewalt und Gewalteinsatz, die deutlich zur Normalisierung entsprechender Szenarien tendierte. Gewalt und Zwang werden als alltäglich empfunden und mehr als ein Drittel der Befragten bringt kein Verständnis für Kolleg*innen auf, die versuchen, entsprechenden Situationen aus dem Weg zu gehen.

Der signifikante Zusammenhang zwischen der Anzahl berichteter Zwangs- bzw. Gewaltanwendungen und dem Grad der Normalisierung zeigt hier auf, dass PVB mit diesen Erfahrungen keinesfalls allein gelassen werden dürfen, damit sich auch unabwendbare drastische Einsatzsituationen nicht ungehindert abstumpfend und verrohend auswirken.

In diesen Kontext fällt auch der Umgang mit internen Konflikten, die zwar in Summe nur von etwas mehr als 10 % berichtet wurden; in knapp der Hälfte der Fälle aber mit mangelnden transparenten Lösungsoptionen innerhalb der BOE bzw. Ansprechbarkeit der Führungskraft einhergingen.

Neben diesen wesentlichen Befunden ist an dieser Stelle eine weitere Feststellung hervorzuheben, die mehrere der kurz umrissenen Innenansichten verbindet:

PVB haben in mehreren Bereichen gezeigt, dass sie Einstellungen und Annahmen über allgemeingültige Zustände ihres Berufsstandes haben, die sich durch eigenes Erleben jedoch nicht bestätigen lassen. Anders formuliert: PVB neigen anscheinend dazu, generalisierende Annahmen über „ihre Polizei“ als Allgemeinplätze zu übernehmen, auch wenn sie selbst keine entsprechenden eigenen Erfahrungen vorweisen können.

Obwohl nur rund 11 % eigene Probleme bei der Vereinbarkeit von Beruf und Familie schilderten, bewerten mehr als doppelt so viele PVB mit über 25 % die Polizei NRW insgesamt nicht als attraktiv in diesem Bereich.

Ebenso bestätigt etwa jede/r Dritte, persönliche Nachteile durch das Beurteilungssystem erfahren zu haben. Fast drei Viertel bewerten dies insgesamt als ungerecht, auch wenn keine eigenen Negativerfahrung existieren.

Diese Tendenz zur Verallgemeinerung konnte auch in anderen polizeilichen Erhebungen festgestellt werden. So wurde die eigene Arbeitszufriedenheit hessischer PVB deutlich besser bewertet, als die insgesamt unter den Kolleg*innen angenommene.[70]

Bereits 2002 wurde zur Diskrepanz eigener und global vermuteter Arbeitsbelastung in der Polizei Niedersachsen festgehalten: *„Die kollektive Stimmung scheint demnach negativer zu sein als die je aktuelle individuelle Lage"*[71]

Diese Tendenz ist deshalb besonders kritisch zu hinterfragen, weil sie auch auf andere Bereiche übertragbar und in Teilen geeignet scheint, eine Impression zur eigenen Situation zu formen, die weder der objektiven Faktenlage noch dem eigenen Erfahrungshorizont entspricht.

Auch politische Akteure und Berufsvertretungen tragen durch stark emotionalisierende Verlautbarungen dazu bei, dass PVB möglicherweise omnipräsente Botschaften für sich selbst übernehmen. Besonders ist hier auf den Diskurs rund um die Gewalt gegen PVB zu verweisen[72], in dem die „Polizeifamilie"[73] zusammensteht und so zum sinnbildlichen Schluss führt, dass ein Angriff auf einzelne PVB immer auch einen Angriff auf die ganze Familie darstellt – ein Bild, was nur schwer überein mit einer professionellen und neutralen Instanz des Rechtsstaates zu bringen ist.

Inwieweit, ob individuell zutreffend oder nicht, die vorausgegangenen Merkmale Einfluss auf die eigenen Sichtweisen zur Organisation Polizei wie etwa auf das Commitment oder die Berufszufriedenheit entfalten, wird in Abschnitt 9.6 betrachtet. Zuvor werden als letzter großer Teilbereich des polizeilichen Alltags die Kontakte mit bestimmten gesellschaftlichen Gruppen näher betrachtet.

---

[70] Vgl. HKE 2020, S. 26.

[71] Ohlemacher et al. 2002, S. 54.

[72] Vgl. Behr 2012, S. 183.

[73] Deutsche Polizeigewerkschaft (DPolG) Berlin 2024; Ministerium des Innern des Landes Nordrhein-Westfalen 2023b.

Intergruppenkontakte 8

Nachdem nun wesentliche Rahmenbedingungen und Merkmale des polizeilichen Dienstalltages dargestellt wurden, fokussiert sich der folgende Abschnitt auf die Kontakte zwischen PVB und spezifischen Bevölkerungsgruppen. In einem ersten Schritt werden mögliche Zusammenhänge zwischen Kontaktfrequenz, dem Verlauf der entsprechenden Einsatzsituationen sowie dem Empfinden der jeweiligen Gruppe analysiert. Darunter fällt z. B. die Beantwortung der Fragestellung, ob bereits die reine Quantität von Kontakten nachweisbar das Empfinden der jeweiligen Gruppe gegenüber beeinflusst oder die Erfahrungen, die in Interaktion mit der Gruppe berichtet wurden, das Empfinden determinieren.

Dazu werden zunächst etwaige Zusammenhänge zwischen der Kontaktfrequenz, der Charakterisierung von Einsatzsituationen und dem spezifischen Kontaktempfinden gegenüber einzelnen Gruppen betrachtet. Die Kontakte zu diesen Gruppen werden zunächst hinsichtlich ihrer Frequenz betrachtet. Darüber hinaus werden situationsspezifische Charakteristika für die Einsatzverläufe herausgearbeitet. Anhand objektiver Merkmale, wie Berechenbarkeit oder Konfliktpotenzial, sollen objektive Erfahrungswerte zu den Kontaktsituationen erfasst werden. Als affektive Komponente wird schließlich das Empfinden diesen Gruppen gegenüber betrachtet und in Bezug zur Kontaktfrequenz und den Situationscharakterisierungen bzw. Kontakterfahrungen gesetzt.

Der Frage nach einem möglichen Einfluss dieser Merkmale auf die Abwertung der entsprechenden Gruppe wird in den Abschnitten 11.4.4. sowie 13.1.2 nachgegangen.

© Der/die Autor(en), exklusiv lizenziert an Springer Fachmedien Wiesbaden GmbH, ein Teil von Springer Nature 2026

M. Haendschke, *Werte und Einstellungen von Polizeibeamtinnen und Polizeibeamten*, Kriminologische Studien,
https://doi.org/10.1007/978-3-658-50480-9_8

8.1 Kontaktfrequenz

Um prüfen zu können, ob sich die Häufigkeit von Kontakten entsprechend der Hypothese $H1^{KON}$ auf Wahrnehmungen und Einstellungen gegenüber den spezifischen Gruppen auswirkt, wurde die Kontaktfrequenz anhand einer voll verbalisierten sechsstufigen Skala erhoben. Dabei wurden aufsteigend folgende Antwortkategorien vorgegeben: „Nie“ (1), „Sehr selten“ (2), „Eher selten“ (3), „Eher häufig“ (4), „Sehr häufig“ (5) und „Ständig“ (6).

Als Bezugsgruppen wurden solche ausgewählt, die im polizeilichen Alltag mutmaßlich Relevanz entfalten und dabei gleichermaßen von den Befragten relativ eindeutig als Angehörige ihrer Gruppe eingeordnet werden. Zwar sind auch Überschneidungen zwischen den Gruppen denkbar, etwa wenn asylsuchende Menschen gleichzeitig muslimischen Glaubens sind oder Personen aus der örtlichen Drogenszene im Einsatzgeschehen psychisch auffällig[1] agieren. Allerdings schließen sich die Gruppierungen nicht gegenseitig aus; häufige Kontakte zu drogenabhängigen Menschen, die sich im Einsatzverlauf psychisch auffällig zeigen, müssten also theoretisch dazu führen, dass häufige Kontakte zu beiden Gruppen angegeben werden. Für die später folgende Prüfung von Zusammenhängen zwischen Kontakten und Abwertungstendenzen wurde darauf geachtet, auch Gruppen aufzuführen, die im Syndrom GMF erfasst sind. Dazu gehören Muslime, asylsuchende Menschen, Sinti_zee und Rom_nja sowie obdachlose Menschen (Tabelle 8.1).

Die Auswahl dieser Gruppen ist damit begründet, dass einige in GMF erfasste Gruppen zwar theoretisch anhand eines typisierenden Merkmals definiert werden können, dieses für PVB in Kontaktsituationen aber ggf. nicht erkennbar und damit abfragbar ist. Insofern würde beispielsweise eine Bezugnahme auf die Gruppe der Langzeitarbeitslosen oder der Homosexuellen bei der Analyse vom Verhältnis zwischen Kontakten und Abwertungen unterstellen, dass das entsprechende Merkmal in den Kontaktsituationen auch für die beteiligten PVB erkennbar gewesen wäre.

[1] Der Terminus psychisch kranker Menschen wurde bewusst nicht gewählt, da psychische Erkrankungen nicht durch PVB diagnostiziert werden können. Bei den Fällen, in denen Menschen psychisch auffällig agieren, ist zudem für die Wahrnehmung des Kontaktes und den Situationsverlauf irrelevant, ob zu diesem Zeitpunkt eine psychische Erkrankung ursächlich ist, oder andere Faktoren (etwa Drogenmissbrauch etc.) oder Ausnahmesituationen mit zumindest temporären psychischen Folgeerscheinungen (Schock etc.) vorliegen. Erstens können PVB keine valide Diagnostik leisten und zweitens sind die Ursachen für die polizeiliche Einsatzbewältigung zunächst zweitrangig und haben insbesondere bei Gefahrenlagen keine Auswirkungen auf die taktisch angezeigten und rechtlich möglichen Maßnahmen.

Aufgrund dieser Problematik wurden über die o. g. hinaus Gruppen ausgewählt, die mit hoher Wahrscheinlichkeit als solche für PVB in Einsatzsituationen erkennbar sind. Zudem wurde auch hier anhand polizeilicher und wissenschaftlicher Quellen eine Auswahl getroffen, welche Gruppen im täglichen Polizeidienst mutmaßlich häufiger adressiert werden; beispielsweise war aufgrund der in Kapitel 3 dargestellten Befunde nicht zu erwarten, dass Trans*Menschen oder Menschen mit Behinderung eine ähnliche Exposition gegenüber polizeilichen Maßnahmen oder Kontrollen aufweisen, wie beispielsweise Bewohner*innen von Asylunterkünften oder psychisch auffällige Menschen.[2]

Auf den ersten Blick wird beim Vergleich der Mittelwerte deutlich, dass zu den Gruppen der Sinti_zze und Rom_nja (MW = 3,25), der obdachlosen Menschen (MW = 3,67) sowie der People of Colour[3] (MW = 3,83) seltenere Kontakte berichtet wurden als zu drogenabhängigen Menschen (MW = 4,19), psychisch auffälligen Menschen (MW = 4,21), Muslimen und asylsuchenden Menschen (jeweils MW = 4,40).

Allerdings reicht die rein nummerische Betrachtung des Mittelwertes nicht aus, um eine trennscharfe Differenzierung vorzunehmen. So berichten rund ein Drittel der Befragten (30,2 % bzw. n = 92), dass sie beispielsweise zur Gruppe der obdachlosen Menschen, die den zweitniedrigsten Mittelwert aufweist, sehr häufige oder ständige Kontakte hätten. Nur 23,0 % (n = 66) berichten entsprechende Kontaktfrequenzen zur Gruppe der PoC, wenngleich der Mittelwert höher ist (Tabelle 8.1).

[2] Vgl. Wittmann 2022, S. 414.

[3] Im Weiteren abgekürzt mit „PoC“. Im Fragebogen wurde PoC übersetzt mit „Menschen dunkler Hautfarbe“, da die Bezeichnung „Schwarz“ durch die Befragten möglicherweise ausschließlich auf Menschen schwarzafrikanischer Ethnien bezogen worden wäre, ohne den Begriff als soziale Konstruktion in Kontrast zu *weiß sein* einzuordnen. Siehe dazu auch El Mafaalani 2021, S. 155.

Tabelle 8.1 Kontaktfrequenz

Kontaktfrequenz							
Wie häufig haben Sie dienstlichen Kontakt zu folgenden Bevölkerungsgruppen?	Anteil der Befragten in %						MW
	(1)	(2)	(3)	(4)	(5)	(6)	
Muslime (SD=1,12; n=298)	1,0	4,0	14,1	33,9	28,5	18,5	4,40
Asylsuchende Menschen (MW=4,40; SD=1,12; n=304)	1,3	3,6	14,5	32,6	29,9	18,1	4,40
Sinti_zze und Rom_nja (SD=1,10; n=296)	4,4	18,2	42,6	20,6	11,1	3,0	3,25
PoC (SD=1,08; n=300)	2,0	6,7	29,0	39,3	15,0	8,0	3,83
Drogenabhängige Menschen (SD=1,32; n=308)	3,9	7,8	15,9	27,3	27,6	17,5	4,19
Psychisch auffällige Menschen (SD=1,10; n=306)	1,3	8,8	15,0	30,7	31,0	13,1	4,21
Obdachlose Menschen (SD=1,40; n=305)	6,9	16,7	19,7	26,6	20,0	10,2	3,67
MW=Mittelwert | SD=Standardabweichung | n=Anzahl Befragter							

Zudem fällt auf, dass die Mittelwerte von asylsuchenden Menschen und von Muslimen übereinstimmen und auch bei drogenabhängigen sowie psychisch auffälligen Menschen nur ein marginaler Unterschied besteht. Daher ist anzunehmen, dass Überschneidungen zwischen den jeweiligen Personengruppen bestehen, die im polizeilichen Kontakt auch nicht trennscharf zu differenzieren sind bzw. häufig beide Merkmale vereinen. So sind insbesondere vor Beginn des Überfalls Russlands auf die Ukraine im Jahr 2022 die Flüchtlingsunterkünfte besonders von Menschen muslimischen Glaubens aus Nordafrika, Afghanistan und dem südost-europäischen Raum frequentiert worden[4], sodass asylsuchende Menschen regelmäßig gleichzeitig muslimischen Glaubens gewesen sein dürften.

Für psychisch auffälliges Verhalten ist festzustellen, dass auch (Misch-) Intoxikation nach der Einnahme von Medikamenten oder Betäubungsmitteln entsprechende Verhaltensweisen hervorrufen kann[5] und somit auch hier in der Einsatzwahrnehmung Drogenkonsument*innen psychisch auffällig agiert haben

[4] Vgl. Ministerium für Kinder, Jugend, Familie, Gleichstellung, Flucht und Integration des Landes Nordrhein-Westfalen 2024.

[5] Vgl. Brück 2015, S. 13.

dürften bzw. beim Einsatz mit psychisch auffälligen Personen Hinweise auf Drogenkonsum bestanden.

8.2 Kontakterfahrungen

Für die Erhebung von Kontakterfahrungen wurden die Befragten gebeten, die Einsatzsituationen mit verschiedenen Bevölkerungsgruppen bzgl. mehrerer Gesichtspunkte zu charakterisieren. Dazu konnten sich die Befragten für drei kontaktbezogene Faktoren auf einer nummerischen Skala von (1) bis (5) zwischen zwei gegensätzlich formulierten Attributen entscheiden. Dabei war (1) dem negativ konnotierten Attribut am nächsten, (5) dem positiv besetzten (Tabelle 8.2).

Der Kontakt zu Muslimen wird von knapp der Hälfte der Befragten mit 46,7 % (n = 129) in der Tendenz respektlos eingestuft, etwas mehr als ein Drittel positionierte sich mit 34,8 % (n = 96) in der Skalenmitte. 18,5 % (n = 51) bewerteten die Kontaktsituationen eher als freundlich. Negativer wurde das Konfliktpotential eingestuft. Bei etwa gleicher Anzahl Befragter in der Skalenmitte mit 32,7 % (n = 90) berichteten nur 12,4 % (n = 34) eher entspannte Situationsverläufe, demgegenüber machten 55,0 % (n = 151) Angaben zu eher konfliktträchtigen Situationsverläufen. Zur Berechenbarkeit äußerten sich insgesamt 37,8 % der Befragten (n = 103) eher negativ, 40,7 % (n = 111) positionierten sich in der Skalenmitte und etwas mehr als ein Fünftel berichtete mit 21,7 % (n = 50) von tendenziell berechenbaren Einsatzsituationen mit Muslimen.

Im Kontakt mit asylsuchenden Menschen fällt eingangs auf, dass sowohl die Bewertung zwischen Freundlichkeit und Respektlosigkeit (MW = 2,63) als auch das Konfliktpotential (MW = 2,48) eine nahezu identische Bewertung erfahren, wie im Kontakt mit Muslimen (MW = 2,62 bzw. MW = 2,47).

Zum Faktor der Berechenbarkeit werden bei asylsuchenden Menschen von der Hälfte der Befragten mit 50,2 % (n = 138) negative Erfahrungen berichtet, 37,8 % (n = 104) wählten die Mittelkategorie und 12,0 % (n = 30) gaben eher berechenbares Verhalten an. Dass dieser Faktor bei asylsuchenden Menschen negativer bewertet wird, als bei Muslimen (MW = 2,51 zu MW = 2.79), ist u. U. auf den Umstand zurückzuführen, dass Geflüchtete immer noch zu großen Teilen in Gemeinschaftsunterkünften untergebracht sind.[6]

Unübersichtlichkeit, Gruppendynamiken oder Solidarisierungseffekte gegen Polizeikräfte könnten Beispiele für die spezielle Situation im Kontakt mit asylsuchenden Menschen sein, die allerdings nicht auf die Eigenschaft, Asyl zu suchen,

[6] Vgl. Mediendienst Integration 2022a.

sondern auf die Unterbringungsform mit zahlreichen Menschen auf engem Raum und einer (teilweise) bestehenden Perspektivproblematik zurückzuführen wären.

Im Kontakt mit Sinti_zze und Rom_nja gaben mit 51,8 % (n = 124) mehr als die Hälfte der Befragten tendenziell respektlose Erfahrungen an, 39,3 % (n = 95) wählten die Antwortkategorie (3) in der Mitte. Somit entfielen noch 8,8 % (n = 21) auf die beiden Antwortkategorien, die eher freundliche Kontakte umfassten. Das Konfliktpotential im Kontakt mit Sinti_zze und Rom_nja wurde ähnlich bewertet, mit 48,2 % (n = 115) der Befragten, die konfliktträchtige Situationen schilderten, einem Drittel mit 33,7 % (n = 80) in der Skalenmitte und 7,8 % (n = 19), die entspannte Einsatzverläufe berichteten. Deutlich positiver wurde der Faktor Berechenbarkeit gesehen, der von 16,3 % (n = 39) in Summe auf der positiven Skalenhälfte eingeordnet wurde. Neben den 47,3 % (n = 113), die die Mittelkategorie (3) wählten, entfielen noch 37,4 % (n = 89) auf die in Richtung Unberechenbarkeit weisenden Antwortoptionen.

Mit PoC assoziierten die befragten PVB deutlich positivere Einsatzsituationen. Knapp ein Fünftel mit 19,2 % (n = 52) dokumentierte tendenziell respektlose Erfahrungen, mehr als jede/r Zweite positionierte sich mit 51,4 % (n = 139) in der Skalenmitte und 29,3 % (n = 79) gaben an, eher freundliche Situationen erfahren zu haben. Eher konfliktträchtig berichteten 27,1 % (n = 76) PVB die Kontakte zu PoC, rund die Hälfte wählte auch hier die Mittelkategorie (3) mit 50,2 % (n = 135). Entspannt ordneten 22,7 % (n = 61) die entsprechenden Einsatzsituationen ein. In etwa gleich viele Befragte gaben mit 21,9 % (n = 59) an, dass die Situationen eher von Berechenbarkeit geprägt sind. Nicht eindeutig äußerte sich hierzu der überwiegende Teil der Befragten mit 56,9 % (n = 153), als unberechenbar stuften 21,2 % (n = 57) die Einsatzsituationen mit PoC ein.

Der Kontakt zu drogenabhängigen Menschen wird im allgemeinen Umgang von 21,9 % (n = 61) als freundlich bewertet, respektlose Erfahrungen im Umgang gemacht zu haben, berichteten 29,4 % (n = 82). Die Mittelkategorie (3) wählten 48,7 % (n = 136). Negativer wird das Konfliktpotential bewertet, nämlich von knapp der Hälfte der Befragten mit 49,5 % (n = 139) gegenüber 13,1 % (n = 37), die eher entspannte Einsatzerfahrungen berichten und 37,4 % (n = 105) in der Mittelkategorie. In Punkto (Un-)Berechenbarkeit werden die Einsatzsituationen von fast jeder/jedem dritten Befragten mit 72,2 % (n = 203) als negativ bewertet, neben 18,9 % (n = 53) die sich in der Skalenmitte positionieren, schätzen nur 8,9 % (n = 25) die Einsatzsituationen mit drogenabhängigen Menschen als berechenbar ein.

Im Umgang mit psychisch auffälligen Menschen skizziert rund ein Viertel der Befragten mit 24,8 % (n = 71) eher respektloses Verhalten, der überwiegende Teil der befragten PVB wählte hier mit 64,3 % (n = 185) die Mittelkategorie.

Als freundlich wurden die Einsatzsituationen von 10,8 % (n = 31) bewertet. Konfliktträchtig sahen fast drei Viertel der Befragten mit 72,8 % (n = 209) die Einsatzsituationen mit psychisch auffälligen Menschen, 22,6 % (n = 65) wählten die Mittelkategorie. Unter allen Attributen wurde bei psychisch auffälligen Menschen die Unberechenbarkeit mit deutlichem Abstand am negativsten bewertet (MW = 1,45). Nur 2,0 % (n = 6) der befragten PVB hielten entsprechende Einsatzsituationen für berechenbar. Auch die Mittelkategorie wurde bei keinem anderen Einzelitem mit 9,4 % (n = 27) so wenig angegeben. Demgegenüber charakterisiert mit 88,6 % (n = 255) eine sehr deutliche Mehrheit die Einsatzsituationen mit psychisch auffälligen Menschen als unberechenbar, wobei auch die Verteilung der Antwortkategorien (68,8 % bei (1) bzw. 19,8 % bei (2)) hier deutlicher negativer ausschlägt als bei den anderen Gruppen bzw. Attributen.

Als letzte Gruppe wurden die Einsatzsituationen mit obdachlosen Menschen betrachtet. Mehr als ein Drittel der Befragten mit 35,6 % (n = 99) charakterisierten die Einsatzsituationen als freundlich, deutlich geringer war der Anteil derer, die mit 10,5 % (n = 29) respektlose Situationen dokumentierten. Mehr als die Hälfte der Befragten entfiel mit 54,0 % (n = 150) auf die Mittelkategorie. Etwas negativer wurde das Konfliktpotential bewertet. Zwar betrug der Anteil der positiven Einsatzerfahrungen mit 31,5 % (n = 88) nicht deutlich weniger als im vorherigen Item; mit 47,0 % (n = 131) war die Mittelkategorie aber deutlich weniger vertreten und mit 21,5 % (60) der Anteil negativer Einsatzerfahrungen fast doppelt so hoch. Der Faktor Berechenbarkeit war sehr ähnlich ausgeprägt mit 23,7 % (n = 66) der Befragten, die Einsatzsituationen als tendenziell unberechenbar schilderten, 46,8 % (n = 130) in der Mittelkategorie und 29,5 % (n = 82), die Einsatzsituationen mit obdachlosen Menschen als eher berechenbar bezeichneten.

Aus den drei Teilskalen wurde anschließend ein Mittelwert berechnet, der Aufschluss über die Kontakterfahrungen mit den jeweiligen Gruppen insgesamt geben und die Vergleichbarkeit erleichtern soll. Bei der Überprüfung der Reliabilität mittels Cronbachs α[7] ist vorwegzunehmen, dass fünf Skalen eine gute (>0,8) bzw. exzellente (>0,9) Reliabilität aufweisen.[8] Da die Skalen lediglich drei Items umfassen, ist eine Überschätzung von α aufgrund der Anzahl berücksichtigter Items nicht zu befürchten.[9] Allerdings zeigt sich α für die zwei übrigen Skalen drogenabhängiger (α = 0,73) und psychisch auffälliger Menschen (α =

[7] Vgl. Döring und Bortz 2016, S. 468.

[8] Vgl. Schrepp 2020, S. 250.

[9] Vgl. Döring und Bortz 2016, S. 468.

0,66) deutlich niedrigerer. So gibt besonders Letztere mit $\alpha = 0{,}66$ Grund, diese Gesamtskala auf ihre Belastbarkeit hin zu überprüfen[10].

Bereits bei deskriptiver Betrachtung der Gruppe psychisch auffälliger Menschen sticht hervor, dass auf der Skala der (Un-)Berechenbarkeit der Einsatzsituationen ein deutlich niedrigerer Wert (MW = 1,45) berichtet wurde, als bei beiden anderen Skalen (Differenz 0,62 bzw. 1,38 zu den anderen Teilskalen). Fraglich ist also an dieser Stelle, ob die deutlich differierende Einschätzung zu den Kontaktsituationen je nach abgefragtem Attribut das Vorliegen mehrerer Faktoren (Hauptkomponenten) und damit unterschiedlicher Erklärungsansätze nahelegt. Für die Durchführung einer Faktorenanalyse ist das Maß der Stichprobeneignung nach dem KMO-Kriterium mit 0,520 ausreichend, wenngleich der Wert nur knapp über der allgemein angenommenen Mindestgröße von 0,5 liegt.[11] Der Bartlett-Test auf Sphärizität zeigt eine Signifikanz von <0,001 und lässt damit ebenfalls eine Faktorenanalyse zu.

Eine Extraktion unrotierter Hauptkomponenten mit einem Eigenwert >1 zeigt, dass es lediglich eine Komponente mit einem entsprechenden Eigenwert von 1,823 gibt, der 66,77 % der Varianz aufzuklären vermag. Auf diesem Faktor laden alle drei Items relativ hoch (Skala Konfliktträchtigkeit: 0,896; Skala Berechenbarkeit: 0,742; Skala Umgang: 0,686). Im Ergebnis gibt die Faktorenanalyse also keine Hinweise darauf, die Skala zur Bewertung der Einsatzsituationen im Kontakt mit psychisch auffälligen Menschen zu verändern bzw. die Teilskala der (Un-)Berechenbarkeit nicht mit in die Gesamtskala aufzunehmen. Herauszustellen ist dennoch, dass eine isolierte Betrachtung der einzelnen Attribute innerhalb der Kontaktsituationen mit psychisch auffälligen Menschen sehr unterschiedliche Schlüsse ziehen lässt (Tabelle 8.2).

---

[10] Vgl. Schrepp 2020, S. 250; Gliem und Gliem 2003, S. 87.

[11] Vgl. Cleff 2015, S. 220.

Tabelle 8.2 Kontakterfahrungen

Kontakterfahrungen								
Wie charakterisieren Sie die Einsatzsituationen im Kontakt mit der entsprechenden Gruppe zwischen den angegebenen Gegenpolen:		**Anteil der Befragten in %**						**MW**
Muslime (SD=0,86; α=0,86)		**(1)**	**(2)**	**(3)**	**(4)**	**(5)**		**2,62**
(SD=1,04; n=276)	respektlos	14,5	32,2	34,8	13,8	4,7	freundlich	2,62
(SD=0,94; n=275)	konfliktträchtig	13,5	41,5	32,7	9,1	3,3	entspannt	2,47
(SD=1,01; n=273)	unberechenbar	10,3	27,5	40,7	15,8	5,9	berechenbar	2,79
Asylsuchende Menschen (SD=0,83; α=0,87)		**(1)**	**(2)**	**(3)**	**(4)**	**(5)**		**2,54**
(SD=0,95; n=276)	respektlos	12,3	30,1	42,4	12,3	2,9	freundlich	2,63
(SD=0,91; n=276)	konfliktträchtig	12,7	41,3	33,7	10,1	2,2	entspannt	2,48
(SD=0,91; n=275)	unberechenbar	12,7	37,5	37,8	9,8	2,2	berechenbar	2,51
Sinti_zze und Rom_nja (SD=0,80; α=0,82)		**(1)**	**(2)**	**(3)**	**(4)**	**(5)**		**2,51**
(SD=0,97; n=239)	respektlos	21,3	30,5	39,3	6,3	2,5	freundlich	2,38
(SD=0,89; n=239)	konfliktträchtig	15,1	33,1	43,1	6,7	1,1	entspannt	2,46
(SD=0,97; n=239)	unberechenbar	13,4	23,0	47,3	13,0	3,3	berechenbar	2,70
PoC (SD=0,81; α=0,91)		**(1)**	**(2)**	**(3)**	**(4)**	**(5)**		**3,02**
(SD=0,91; n=270)	respektlos	4,8	14,4	51,4	21,9	7,4	freundlich	3,13
(SD=0,88; n=269)	konfliktträchtig	4,8	22,3	50,2	18,2	4,5	entspannt	2,95
(SD=0,85; n=269)	unberechenbar	4,8	16,4	56,9	17,1	4,8	berechenbar	3,01
Drogenabhängige Menschen (SD=0,73; α=0,73)		**(1)**	**(2)**	**(3)**	**(4)**	**(5)**		**2,49**
(SD=0,83; n=279)	respektlos	4,3	25,1	48,7	19,7	2,2	freundlich	2,90
(SD=0,89; n=281)	konfliktträchtig	8,9	40,6	37,4	10,3	2,8	entspannt	2,58
(SD=0,99; n=281)	unberechenbar	37,7	34,5	18,9	7,5	1,4	berechenbar	2,00
Psychisch auffällige Menschen (SD=0,60; α=0,66)		**(1)**	**(2)**	**(3)**	**(4)**	**(5)**		**2,11**
(SD=0,71; n=286)	respektlos	4,5	20,3	64,3	9,4	1,4	freundlich	2,83
(SD=0,83; n=287)	konfliktträchtig	25,4	47,4	22,6	3,8	0,7	entspannt	2,07
(SD=0,76; n=288)	unberechenbar	68,8	19,8	9,4	1,7	0,3	berechenbar	1,45
Obdachlose Menschen (SD=0,76; α=0,82)		**(1)**	**(2)**	**(3)**	**(4)**	**(5)**		**3,17**
(SD=0,78; n=278)	respektlos	1,1	9,4	54,0	28,4	7,2	freundlich	3,31
(SD=0,84; n=279)	konfliktträchtig	1,4	20,1	47,0	26,5	5,0	entspannt	3,14
(SD=0,89; n=278)	unberechenbar	3,2	20,5	46,8	23,7	5,8	berechenbar	3,08
MW=Mittelwert | SD=Standardabweichung | n=Anzahl Befragter | α=Cronbachs α								

Während der Umgang mit MW = 2,83 nah am rechnerischen Skalenmittelpunkt weder deutlich positiv noch negativ bewertet wird, zeigt sich der Faktor der (Un-)Berechenbarkeit mit MW = 1,45 klar negativ orientiert. Die Konfliktträchtigkeit liegt mit MW = 2,07 zwischen den beiden anderen Dimensionen und spricht ebenfalls für eine negative Bewertung, also eher konfliktträchtige Einsatzverläufe.

Eine analoge Feststellung zur Differenz der Mittelwerte zwischen dem Attribut der (Un-)Berechenbarkeit (MW = 2,00) zu den anderen Teilskalen ist auch für die Gruppe der drogenabhängigen Menschen zu treffen, wenngleich die Unterschiede der Mittelwerte geringer ausfallen als bei der Gruppe psychisch auffälliger Menschen (Differenzen 0,58 und 0,90 zu den anderen Teilskalen). Mit $\alpha = 0{,}73$ zeigt die Gesamtskala zwar einen noch akzeptablen Wert[12]. Allerdings steht auch hier einer näheren Betrachtung mittels Faktorenanalyse nach Würdigung des KMO-Kriteriums mit 0,683 sowie einem mit <0,001 signifikanten Bartlett-Test nichts entgegen. Mit einem Eigenwert von 1,966 vermag die einzige zu extrahierende Hauptkomponente mit einem Eigenwert >1 hier 65,528 % der Gesamtvarianz zu erklären. Die einzelnen Komponenten laden dabei jeweils mit Werten über 0,7 (Skala Konfliktträchtigkeit: 0,900; Skala Berechenbarkeit: 0,736; Skala Umgang: 0,784) auf dieser Hauptkomponente und legen damit auch für die Kontaktsituationen mit drogenabhängigen Menschen eine weitere Betrachtung als Gesamtskala nahe.

Ähnlich den bereits zu psychisch auffälligen Menschen getroffenen Feststellungen lässt sich berichten, dass die Dimension der (Un-)Berechenbarkeit auch für Einsatzsituationen mit drogenabhängigen Menschen am negativsten (MW = 2,00) bewertet wird, wohingegen der Umgang an sich nicht per se kritisch bewertet wird (MW = 2,90).

Dass die Dimension der (Un-)Berechenbarkeit für die Gruppen psychisch auffälliger und drogenabhängiger Menschen ähnlich bewertet wird, nämlich in beiden Fällen deutlich negativer als die anderen Dimensionen zur Charakterisierung der Einsatzsituationen, spricht zunächst für ähnliche Erfahrungen im Umgang mit diesen beiden Gruppen. Mit hoher Wahrscheinlichkeit gibt es auch deutliche Überschneidungen zwischen Menschen, die polizeilich als drogenabhängig oder psychisch auffällig wahrgenommen werden. So geht, besonders unter Angehörigen offener Drogenszenen, jahrelanger Konsum (auch harter Drogen) aus kriminologischer Perspektive mit Beschaffungskriminalität einher und damit auch mit einer entsprechenden polizeilichen Kontrolldichte.

Gleichzeitig führt Drogenkonsum auch zu substanzinduzierten psychotischen Zuständen bzw. psychischen Erkrankungen[13]. Für PVB (als medizinische Laien) ist es für die tägliche Einsatzbewältigung zudem unerheblich, ob psychisch auffälliges Verhalten aufgrund eines Krankheitsbildes oder durch Substanzmissbrauch

[12] Vgl. Gliem und Gliem 2003, S. 87.

[13] Vgl. Brück 2015, S. 13.

(Mischintoxikation etc.) verursacht wird. Letztendlich ist ausschlaggebend, dass psychisch auffälliges bzw. als irrational bewertetes Verhalten für PVB die Antizipation der Situation und damit die Ausrichtung der eigenen Maßnahmen deutlich erschwert und in der Praxis regelmäßig zur Eskalation der Situation beitragen dürfte (Abbildung 8.1).[14]

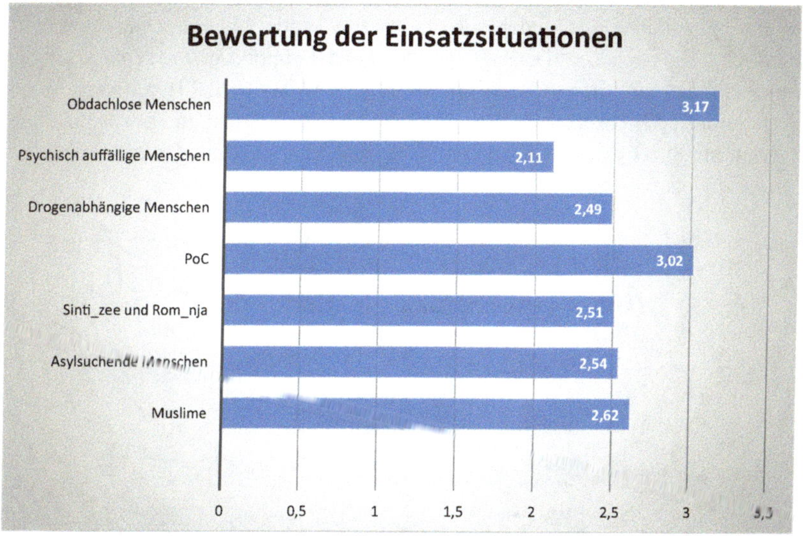

Abbildung 8.1 Bewertung der Einsatzsituationen

Möglicherweise ist dies eine Erklärung dafür, dass Einsatzsituationen mit psychisch Auffälligen (MW = 2,11) und drogenabhängige Menschen (MW = 2,49) insgesamt am negativsten bewertet werden. Die bereits thematisierten niedrigen Mittelwerte zur Dimension der (Un-)Berechenbarkeit führen in der Konsequenz zu einer deutlichen Beeinflussung des Gesamtmittelwertes nach unten. Diese mögliche Einschränkungen der Vergleichbarkeit zur Kenntnis nehmend, zeigt sich im Vergleich aller Gruppen miteinander, dass die Gruppen der obdachlosen Menschen (MW = 3,17) sowie der PoC (MW = 3,02) die einzigen sind, bei denen insgesamt eine positive Bewertung der Einsatzsituationen vorliegt. Diese liegt allerdings nur knapp auf der positiven Hälfte der Skalenspannweite.

[14] Vgl. Hermanutz und Hamann 2012, S. 238.

Es folgen, relativ nah aufeinander, Muslime (MW = 2,62), asylsuchende Menschen (MW = 2,54), Sinti_zze und Rom_nja (MW = 2,51) und drogenabhängige Menschen (MW = 2,49). Deutlich dahinter liegt der Mittelwert im Kontakt mit psychisch auffälligen Menschen (MW = 2,11).

Schließt man den Faktor der (Un-)Berechenbarkeit aus, liegt die Gruppe psychisch auffälliger Menschen auf gleichem Niveau mit den anderen Gruppen, wobei die positivere Einordnung der Einsatzsituationen obdachloser Menschen und PoC gegenüber den anderen Gruppen unverändert bleibt. Deutlich unterschiedlich zeigt sich bei dieser Betrachtung die Gruppe der drogenabhängigen Menschen, die nun den drittbesten Mittelwert (MW = 2,74) aufweist. Psychisch auffällige Menschen (MW = 2.45) werden im Kontakt nun etwas positiver bewertet, als Sinzi_zze und Rom_nja (MW = 2,42) (Abbildung 8.2).

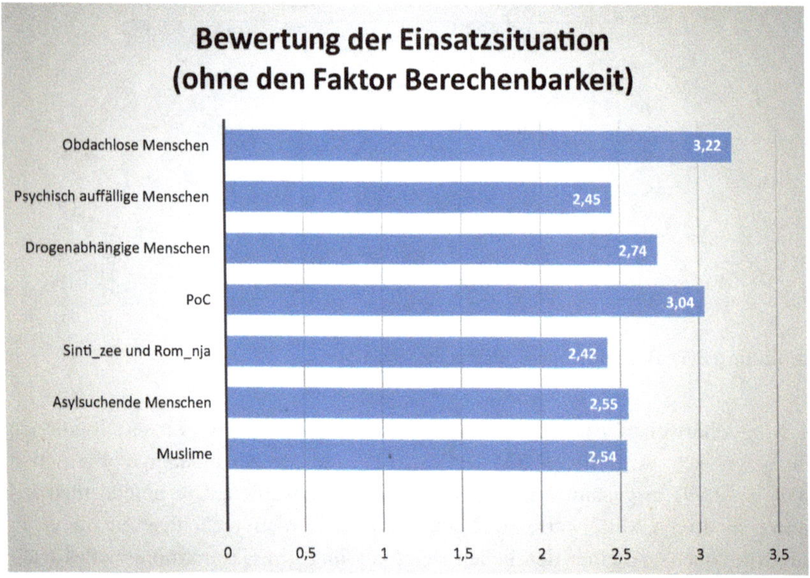

Abbildung 8.2 Bewertung der Einsatzsituationen (ohne den Faktor Berechenbarkeit)

8.3 Kontaktempfinden

Zur Messung des Kontaktempfindens[15] wurde eine sechsstufige Skala ohne Mittelkategorie gewählt. Die Skala reicht von den Kategorien „Sehr unangenehm" (1) bis zu „Sehr angenehm" (6). Als Bezugsgruppen wurden diejenigen ausgewählt, zu denen bereits die Kontaktquantität sowie die Charakterisierung der Einsatzsituationen erhoben wurden.

Tabelle 8.3 Kontaktempfinden

Kontaktempfinden							
	Anteil der Befragten in %						MW
	sehr	überwiegend	eher	eher	überwiegend	sehr	
	unangenehm			angenehm			
Muslime (SD=1,05; n=252)	3,2	12,7	30,6	34,9	17,9	0,8	3,54
Asylsuchende Menschen (SD=1,04; n=262)	3.8	19,5	32,8	31,7	11,8	0,4	3,29
Sinti_zze und Rom_nja (SD=0,99; n=222)	9,9	26,1	39,6	20,3	4,1	-	2,82
PoC (SD=0,96; n=247)	0,8	6,5	22,7	39,7	27,9	2,4	3,95
Drogenabhängige Menschen (SD=0,96; n=269)	7,8	29,7	40,9	17,5	3,7	0,4	2,81
Psychisch auffällige Menschen (SD=0,95; n=273)	14,3	29,3	43,6	9,5	3,3	-	2,58
Obdachlose Menschen (SD=0,96; n=255)	1,2	13,3	40,0	29,4	15,7	0,4	3,46
MW=Mittelwert | SD=Standardabweichung | n=Anzahl Befragter							

Mit dem Blick auf die anstehenden Vergleiche der Empfindungen gegenüber den unterschiedlichen Bezugsgruppen sowie der verknüpfenden Analyse von Kontaktfrequenz, Einsatzsituationen und Empfinden werden die Empfindungen nach negativer oder positiver Tendenz zunächst zusammengefasst betrachtet, also die jeweils drei Antwortkategorien (1 bis 3 sowie 4 bis 6) summiert betrachtet.

[15] Anmerkung zur Tabelle 8.3: Diese Skala stammt aus einem Fragebogenentwurf des Projekts DeWePol (Stand 08/2021) im Einverständnis mit den Projektverantwortlichen.

Der Kontakt zu Muslimen wird von 46,5 % (n = 117) der Befragten tendenziell als unangenehm empfunden, demgegenüber stehen 53,5 % (n = 135), die bei Kontakten zu Muslimen angenehme Assoziationen haben.

Das Kontaktempfinden asylsuchenden Menschen gegenüber ist insgesamt etwas negativer ausgeprägt. In Summe berichteten 56,1 (n = 147) % unangenehme Empfindungen, angenehm hingegen empfanden 43,9 % (n = 115) den Kontakt zu asylsuchenden Menschen.

Zur Gruppe der Sinti_zze und Rom_nja ist festzustellen, dass mit 75,6 % (n = 168) rund drei Viertel der Befragten den Kontakt tendenziell unangenehm empfinden, lediglich 24,4 % (n = 54) äußerten angenehmes Empfinden. Die Antwortkategorie sehr angenehm wurde in keinem Fall belegt.

Nahezu umgekehrt sind die Empfindungen gegenüber PoC verteilt. So äußern 70,0 % (n = 173) der Befragten tendenziell angenehmes Empfinden, 30,0 % (n = 74) gaben unangenehmes Empfinden an.

Der Kontakt zu drogenabhängigen Menschen wird von 78,4 % (n = 231) als unangenehm empfunden, 21,6 % (n = 58) positionierten sich innerhalb der angenehmen Antwortkategorien.

Zur Gruppe der psychisch auffälligen Menschen äußerten 87,2 % (n = 238) der Befragten ein negativ geprägtes Kontaktempfinden, 12,8 % (n = 35) gaben angenehme Empfindungen an, wobei keiner der Befragten die Kategorie sehr angenehm wählte.

Obdachlose Menschen werden von 54,5 % (n = 139) tendenziell als unangenehm empfunden, 45,5 % (n = 116) gaben ein eher angenehmes Kontaktempfinden an.

Wie bereits diese zusammenfassende Darstellung zeigt, wird der Kontakt zu den genannten Gruppen sehr unterschiedlich empfunden. Eine Betrachtung der Mittelwerte liefert zwar mehr Detailinformationen zum Vergleich der Gruppen untereinander, muss aber aufgrund der Skalierung mit dem Hinweis versehen werden, dass die Trennung der Skalenmitte nach klassischen Rundungskriterien nur als Interpretationshilfe verstanden werden kann. Rechnerisch sind die Mittelwerte bis 3,5 also mit den Antwortkategorien (1) bis (3) verknüpft, die Werte darüber dementsprechend mit den angenehmen Empfindungen von (4) bis (6).

Folgt man diesem Maßstab, werden lediglich zwei Gruppen im Mittel als (eher) angenehm empfunden: PoC (MW = 3,95) sowie Muslime (MW = 3,54). Allerdings liegt das Empfinden gegenüber Muslimen nur sehr knapp über dem rechnerischen Skalenmittelpunkt, analog dazu werden obdachlose Menschen nur knapp darunter (MW = 3,46) und damit im Grenzbereich der als unangenehm empfundenen Gruppen eingeordnet. Dennoch ist für die weiteren Analysen festzuhalten, dass beide Gruppen ähnlich bewertet werden.

Asylsuchenden Menschen (MW = 3,29) gegenüber zeigt sich eine etwas deutlichere Tendenz zu unangenehmen Empfindungen, die übrigen Gruppen drogenabhängiger Menschen (MW = 2,82), Sinti_zze und Rom_nja (MW = 2,81) und psychisch auffälliger Menschen (MW = 2,58) sind klar auf der negativen Skalenhälfte verortet.

8.4 Wechselwirkungen

Es liegt nahe zu vermuten, dass die Häufigkeit der Kontakte, die eigenen Erfahrungen in den jeweiligen Kontaktsituationen und das Empfinden den beteiligten Gruppen gegenüber zusammenhängen. Die in Abschnitt 3.3 dargestellten Befunde lassen erwarten, dass sich die Kontaktfrequenz als nicht zu beeinflussende Größe auf die beiden anderen Faktoren auswirkt. Die Gegenthese, PVB könnten gleichermaßen versuchen, Kontakte zu Gruppen, mit denen im Einsatz bereits negative Erfahrungen gemacht wurden oder die als unangenehm wahrgenommen werden, zu vermeiden, scheint allein im praktischen Übertrag auf die Einsatz- bzw. Ermittlungspraxis nicht umsetzbar.

Für die weitere Betrachtung wird daher angenommen, dass sich ein etwaiger Zusammenhang von der Kontaktfrequenz auf die Situationserfahrungen und das Empfinden auswirken könnte. Wenn z. B. bei vermehrten Einsätzen in Aufnahmeeinrichtungen für Asylsuchende deren Lebensumstände erfahren und somit möglicherweise Verständnis/Empathie für deren Situation entwickelt wird, ist durchaus denkbar, dass die agierenden PVB ihre Wahrnehmungen anders einordnen und sich dadurch Einsatzsituationen insgesamt positiver entwickeln.

Für einen Zusammenhang zwischen den Kontakterfahrungen und dem Empfinden der jeweiligen Gruppe gegenüber gestaltet sich eine eindeutig anzunehmende Wirkungsrichtung komplexer. Denn es ist sowohl denkbar, dass konfliktfreie und von gegenseitigem Respekt geprägte Einsatzsituationen das Empfinden gegenüber einer Gruppe positiv beeinflussen als auch der umgekehrte Fall, dass einer Gruppe, die bereits als unangenehm empfunden wird, im Einsatz auch anders gegenübergetreten wird und damit negativere Einsatzerfahrungen generiert werden. Außerdem könnten (etwa aus der privaten bzw. vorpolizeilichen Sozialisation) bereits Empfindungen gegenüber den angesprochenen Gruppen bestehen, bevor der erste dienstliche Kontakt zu Stande kommt.

Zunächst frei von einer Wirkungsannahme zeigen sich alle als signifikant beobachtbaren Korrelationen zwischen der Kontaktfrequenz und dem Kontaktempfinden einerseits bzw. der Kontaktfrequenz und den Kontakterfahrungen andererseits negativ (Tabelle 8.4).

Tabelle 8.4 Korrelation zwischen Frequenz und Erfahrungen / Empfinden

Korrelationen zwischen Frequenz und Erfahrungen / Empfinden		
Kontaktfrequenz	**Korrelation mit Kontaktempfinden**	**Korrelation mit Kontakterfahrung**
Obdachlose Menschen	-0,003	-0,019
Psychisch auffällige Menschen	-0,224**	-0,215**
Drogenabhängige Menschen	0,031	-0,003
PoC	-0,219**	-0,192**
Sinti_zze und Rom_nja	-0,161*	-0,232
Asylsuchende Menschen	-0,239**	-0,280**
Muslime	-0,257**	-0,281**
* Die Korrelation ist auf dem Niveau von p=0,05 signifikant. | ** Die Korrelation ist auf dem Niveau von p=0,01 signifikant.		

Die Korrelationskoeffizienten liegen im Bereich zwischen −0,192 und −0,281 und sind somit als schwache Zusammenhänge zu bezeichnen.[16]

Mit Ausnahme der Gruppen der obdachlosen und der drogenabhängigen Menschen ist ein signifikant negativer Zusammenhang zwischen der Kontaktfrequenz und dem Kontaktempfinden, wenn auch auf niedrigem Niveau, erkennbar. Gleiches lässt sich auch für den Zusammenhang zwischen der Kontaktfrequenz und den Kontakterfahrungen innerhalb der Einsatzsituationen festhalten. Hier zeigt sich darüber hinaus auch die Korrelation in der Gruppe der Sinti_zze und Rom_nja als nicht signifikant.

An stärksten besteht der Zusammenhang bei Muslimen ($\rho = 0{,}257^{**}$ bei Kontaktempfinden bzw. $\rho = 0{,}281^{**}$ bei der Situationscharakterisierung) und asylsuchenden Menschen ($\rho = 0{,}249^{**}$ bei Kontaktempfinden bzw. $\rho = 0{,}280^{**}$ bei der Situationscharakterisierung).

Die negativen Korrelationskoeffizienten sprechen dafür, dass eine höhere Anzahl von Kontakten zu den entsprechenden Gruppen mit einer negativeren Situationscharakterisierung bzw. einem unangenehmeren Kontaktempfinden einher geht. Allerdings geben die separaten Korrelationen keinen Aufschluss über Wechselwirkungen zwischen den Kontakterfahrungen und dem Kontaktempfinden.

---

16 Vgl. Cohen 1988, S. 115.

Inwieweit die unterschiedlichen Empfindungen mit den im Einsatz gesammelten Erfahrungen im Kontakt mit den jeweiligen Gruppen einhergehen, wird daher im Folgenden genauer betrachtet (Abbildung 8.3).

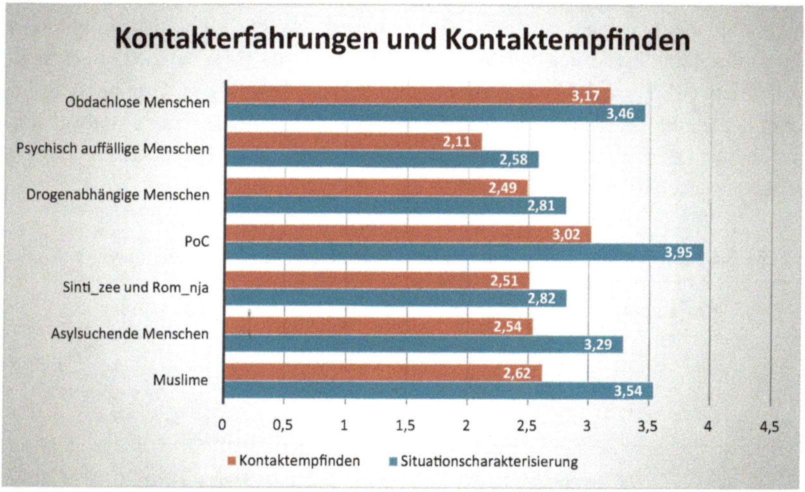

Abbildung 8.3 Kontakterfahrungen und Kontaktempfinden

Aufgrund der unterschiedlichen Skalierung von Kontaktempfinden (sechsstufige Skala) und den Kontakterfahrungen (fünfstufige Skala) ist anzumerken, dass die Mittelwerte in ihrer absoluten Ausprägung nicht vergleichbar sind. Auf den ersten Blick wird bereits deutlich, dass bei positiven Kontakterfahrungen auch der Kontakt am angenehmsten empfunden wird. Besonders deutlich wird dieser augenscheinliche Zusammenhang bei obdachlosen Menschen sowie PoC. Einsatzsituationen mit obdachlosen Menschen werden etwas positiver bewertet (MW = 3,17) als die mit PoC (MW = 3,02), gleichzeitig werden die Empfindungen letztgenannten gegenüber aber als deutlich angenehmer empfunden (MW = 3,95 zu MW = 3,46).

Während die Einsatzsituationen mit drogenabhängigen Menschen (MW = 2,49), Sinti_zze und Rom_nja (MW = 2,51) sowie asylsuchenden Menschen (MW = 2,54) sehr ähnlich bewertet werden, sticht bezüglich des Kontaktempfindens die Gruppe asylsuchender Menschen gegenüber den anderen positiv hervor.

Die Kontakterfahrungen mit psychisch auffälligen Menschen werden am wenigsten positiv bewertet (MW = 2,11), dies korrespondiert mit dem unangenehmsten Kontaktempfinden, wobei beide Mittelwerte deutlich nach unten von den anderen Gruppen abweichen. Obwohl die Annahme besteht, dass die Kontakterfahrungen in den jeweiligen Einsatzsituationen das Empfinden der entsprechenden Gruppe gegenüber beeinflussen, weichen bei nahezu gleicher Situationscharakterisierung bei Sinti_zze und Rom_nja (MW = 2,51) und Asylsuchenden (MW = 2,54) die Empfindungen der jeweiligen Gruppe deutlich voneinander ab (MW = 3,29 zu MW = 2,82). Über diese erste Analyse hinausgehend, können die Zusammenhänge anhand der Korrelationskoeffizienten[17] weiter ausgeschärft werden.

Tabelle 8.5 Korrelationen zwischen Kontakterfahrungen und Kontaktempfinden

Korrelationen zwischen Kontakterfahrungen und Kontaktempfinden			
	MW		Korrelation
	Kontakterfahrungen	Kontaktempfinden	
Obdachlose Menschen	3,17	3,46	0,463**
Psychisch auffällige Menschen	2,11	2,58	0,497**
Drogenabhängige Menschen	2,49	2,81	0,424**
PoC	3,02	3,95	0,666**
Sinti_zze und Rom_nja	2,51	2,82	0,559**
Asylsuchende Menschen	2,54	3,29	0,671**
Muslime	2,62	3,54	0,709**

**Die Korrelation ist auf dem Niveau von <0,01 (2-seitig) signifikant | MW=Mittelwert

[17] Anmerkung zu Tabelle 8.5: Kontakterfahrungen wurden auf fünfstufiger Skala gemessen, so können die Mittelwerte Werte von 1 bis 5 annehmen, wobei die Kontakterfahrungen umso positiver bewertet werden, je größer der Wert ist. Das Kontaktempfinden wurde auf sechsstufiger Skala gemessen, die Mittelwerte können Werte von 1 bis 6 annehmen, je größer desto angenehmer das Empfinden.

Sämtliche Korrelationen zwischen den Kontakterfahrungen und dem Kontaktempfinden zeigen sich signifikant ($p<0{,}01$). Es gibt also keine Gruppe, bei der die Erfahrungen aus den Einsatzsituationen nicht mit dem Empfinden in korrelativem Zusammenhang steht. Im Vergleich mit der Kontaktfrequenz fällt auch auf, dass die Korrelationskoeffizienten deutlich höher sind und in allen Gruppen mittlere (>0,3)[18] bis starke (>0,5)[19] Zusammenhänge aufzeigen. Gleichzeitig weisen mit Muslimen und asylsuchenden Menschen die beiden Gruppen die höchste Korrelation zwischen Kontakterfahrungen und Kontaktempfinden auf, zu denen auch die höchste Kontaktfrequenz (MW = 4,40) berichtet wurde.

Um statistisch belastbar zwischen den Wirkungszusammenhängen differenzieren zu können, wurde für alle Gruppen ein Mediationsmodell[20] aufgestellt und geprüft (siehe Abbildung 8.4). Die Grundannahme für das folgende Modell ist, dass sich die Kontaktfrequenz zunächst auf die Kontakterfahrungen auswirkt und diese wiederum als „notwendiges Bindeglied"[21] Wirkung auf das Kontaktempfinden entfalten.

Die Frequenz bedingt also die Kontakterfahrungen – je häufiger PVB Kontakte zu spezifischen Gruppen haben, desto eher bestehen entsprechende Erfahrungen, die auch verallgemeinernd der Gruppe zugeordnet und benannt werden können. Dabei ist anzunehmen, dass auf Grund der polizeilichen Kontextualisierung (siehe Abschnitt 3.3) eine höhere Frequenz zu negativeren Erfahrungen führt, weil wichtige Faktoren für positiv verlaufende Kontakte im täglichen Einsatzgeschäft nicht vorliegen (können).[22] Bestehen bereits Kontakterfahrungen aus Einsatzsituationen mit den entsprechenden Gruppen, wirken sich diese direkt auf die Empfindungen gegenüber der Gruppe aus – positive Erfahrungen führen zu positiverem Empfinden, wie bereits die durchweg signifikant positiven Korrelationen erwarten lassen (siehe Tabelle 8.5).

---

[18] Vgl. Cohen 1988, S. 79.

[19] Vgl. ebd., S. 80.

[20] Vgl. Hayes 2022, S. 480.

[21] Döring und Bortz 2016, S. 697.

[22] Vgl. Ganter 2003, S. 131.

Es ist also davon auszugehen, dass mehrere Effekte das Kontaktempfinden determinieren und die durch die Frequenz beeinflussten Kontakterfahrungen ihrerseits das Empfinden determinieren. Daher wurde als abhängige Variable das Kontaktempfinden „Y“ definiert. Die Kontaktfrequenz wurde als unabhängige Variable „X“ in das Modell einbezogen, da sich (der oben formulierten Annahme nach) die Frequenz sowohl als direkter Effekt (Gerade „c“) als auch indirekt über die Mediatorvariable „M“ (und die Geraden „a“, „b“ sowie deren Produkt a*b), in diesem Falle die Kontakterfahrungen, auswirken könnte. Je Gruppe wurde analysiert, wie sich diese Effekte a, b, c und a*b auf das Kontaktempfinden auswirken. Da zum berechneten indirekten Gesamteffekt keine p-Werte als Signifikanzindikatoren ausgegeben werden, wird stattdessen das 95 -prozentige Bootstrapping Konfidenzintervall (KI) zwischen Untergrenze (UG) und Obergrenze (OG) angegeben, also der Bereich, in dem *„der unbekannte wahre Populationsparameter“*[23] mit 95 % Wahrscheinlichkeit liegt. Sofern das Konfidenzintervall den Wert 0 umfasst, muss der indirekte Effekt verneint werden, da b = 0 keine interpretierbare Richtung des Effekts bedeuten würde.[24]

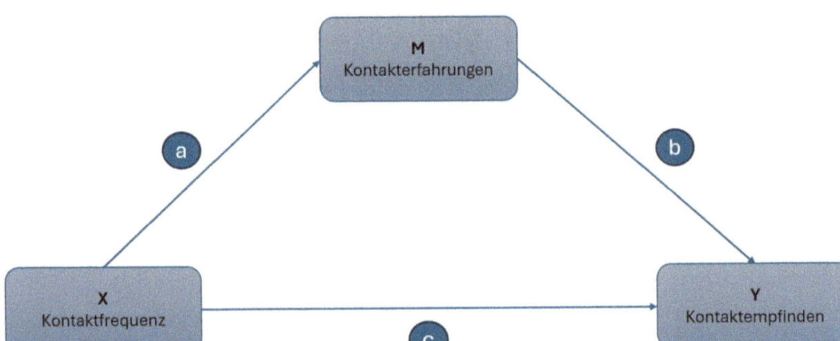

Abbildung 8.4 Mediationsmodell Kontaktmerkmale

Dies trifft auf die Gruppen der obdachlosen (KI zwischen -0,053 und 0,038) und drogenabhängigen Menschen (KI zwischen -0,040 und 0,038) zu (siehe Tabelle 8.6). Für beide Gruppen liegen also keine signifikanten indirekten Effekte (a*b) und damit keine Mediation entsprechend des Modells vor. Auch die direkten Effekte (c) der jeweiligen Kontaktfrequenz auf das Kontaktempfinden zeigen

[23] Döring und Bortz 2016, S. 673.

[24] Vgl. ebd., S. 674.

sich nicht signifikant. Die Effekte der Kontakterfahrungen (b) zeigen sich hingegen hoch signifikant (b = 0,548*** bzw. b = 0,615***). Im Ergebnis ist für das Kontaktempfinden der befragten PVB gegenüber obdachlosen und drogenabhängigen Menschen also nicht die Kontaktfrequenz ausschlaggebend, da sie sich weder über die Kontakterfahrungen noch direkt auf das Kontaktempfinden auswirkt. Einzig die berichteten Kontakterfahrungen selbst haben einen signifikanten Einfluss gezeigt.

Für alle anderen Gruppen kann festgestellt werden, dass die Konfidenzintervalle der indirekten Gesamteffekte nicht den Wert 0 umfassen und somit klar zu interpretieren sind. Sämtliche Richtungen weisen dabei negative Vorzeichen auf, sodass die Kontaktfrequenz über die Kontakterfahrungen immer negativ auf das Kontaktempfinden wirkt. In den Modellen für PoC und psychisch auffällige Menschen zeigen sich auch die direkten Effekte der Kontaktfrequenz auf das Kontaktempfinden signifikant (b = 0,100* bzw. b = -0,103*) und bestehen mit gleicher Wirkrichtung komplementär[25] zu den indirekten Gesamteffekten.

Auch bei asylsuchenden Menschen, Muslimen und Sinti_zze und Rom_nja nehmen die direkten Effekte negative Vorzeichen an, allerdings nicht auf signifikantem Niveau.

Einzeln betrachtet wird deutlich, dass der direkte Effekt der Kontaktfrequenz auf das Kontaktempfinden nur für zwei der sieben Gruppen, nämlich für PoC und psychisch auffällige Menschen statistisch signifikant zu beobachten ist[26]. Auch bei den nichtsignifikanten Beobachtungen zu Muslimen, asylsuchenden Menschen und Sinti_zze und Rom_nja zeigen sich negative Vorzeichen. Bei Erhöhung der Stichprobe (und damit der Teststärke) ist zu vermuten, dass auch hier signifikante p-Werte zu beobachten wären.

Bei der Betrachtung der einzelnen indirekten Effekte (a bzw. b) zeigen sich, außer für obdachlose und drogenabhängige Menschen, durchgängig sowohl die Effekte der Frequenz auf die Erfahrungen als auch die Effekte der Erfahrungen auf das Empfinden hoch signifikant und bestätigen damit die Grundannahme der Mediation. Da zu den beiden ausgeschlossenen Gruppen bereits die Konfidenzintervalle keine Mediation annehmen ließen, überrascht diese Feststellung nicht.

---

[25] Vgl. Zhao et al. 2010, S. 201.

[26] Anmerkung zur Tabelle 8.6: Direkter Effekt der Frequenz (c) bei Muslimen: p = 0,14; n = 236; Direkter Effekt der Frequenz (c) bei Asylsuchenden Menschen: p = 0,61; n = 244; Direkter Effekt der Frequenz (c) bei PoC: p = 0,04; n = 232; Direkter Effekt der Frequenz (c) bei Sinti_zze und Rom_nja: p = 0,19; n = 206; Direkter Effekt der Frequenz (c) bei Psychisch auffälligen Menschen: p = 0,05; n = 263; Direkter Effekt der Frequenz (c) bei Obdachlosen Menschen: p = 0,28; n = 244; Direkter Effekt der Frequenz (c) bei Drogenabhängigen Menschen: p = 0,12; n = 258.

Das Vorzeichen der indirekten Effekte (a) ist in den übrigen Gruppen durchweg negativ, sodass eine höhere Kontaktfrequenz mit negativeren Kontakterfahrungen einhergeht. Die Effekte der Kontakterfahrungen auf das Kontaktempfinden nehmen hingegen für alle sieben Gruppen ein positives Vorzeichen an und sind ebenfalls hoch signifikant. Am niedrigsten besteht dieser Einfluss der Erfahrungen auf das Empfinden bei drogenabhängigen Menschen (b = 0,548***), am deutlichsten bei asylsuchenden Menschen (b = 0,821***). Positivere Kontakterfahrungen führen in allen Fällen auch zu positiverem Empfinden der jeweiligen Gruppe gegenüber.

Für asylsuchende Menschen bedeutet dies z. B., dass je Einheit auf der Skala der Kontakterfahrungen das Kontaktempfinden um 0,821 Einheiten steigt. Die im Einsatz generierten Erfahrungen führen also in diesem Beispiel rechnerisch dazu, dass das Empfinden asylsuchenden Menschen gegenüber um maximal 3,28 (4 × 0,821) Skaleneinheiten zwischen negativen und positiven Erfahrungen differiert. Bei der sechsstufigen Skalierung des Kontaktempfindens wird also ein beträchtlicher Teil der subjektiven Einschätzung von den Kontakterfahrungen beeinflusst. Dies wird auch dadurch verdeutlicht, dass die Varianzaufklärung von R2 = 0,451 in diesem Modell zum Großteil durch den indirekten Effekt b (als einzige signifikante Variable) geleistet wird, also das Kontaktempfinden zu 45,1 %, und zwar primär durch die Kontakterfahrungen erklärt wird. Eine noch größere Varianzaufklärung ist mit R2 = 0,504 nur in der Gruppe der Muslime zu beobachten. Insgesamt lässt sich durch die Mediation beobachten, dass sich die Frequenz der Kontakte, isoliert betrachtet, negativ auswirkt. Je häufiger PVB Kontakt zu Sinti_zze und Rom_nja sowie zu psychisch auffälligen Menschen berichtet haben, desto unangenehmer wurde das Empfinden diesen Gruppen gegenüber angegeben und zwar unabhängig von den eigenen Erfahrungen aus den jeweiligen Einsatzsituationen.

Als Befund kann für Muslime, asylsuchende Menschen, Sinti_zze und Rom_nja, PoC und psychisch auffällige Menschen festgehalten werden, dass mehr Kontakt zu negativen Kontakterfahrungen führt, also ein signifikanter indirekter Effekt über die Kontakterfahrungen auf das Empfinden besteht. Die Kontakterfahrungen bedingen wiederum das Empfinden zu beträchtlichem Anteil, wobei entsprechend der Annahme positive Erfahrungen zu positiverem Empfinden führt. In den zwei Fällen, in denen bei PoC und psychisch auffälligen Menschen auch ein signifikanter direkter Effekt der Kontaktfrequenz besteht, ist dieser komplementär[27] zum indirekten Effekt mit gleicher Wirkrichtung vorhanden.

---

[27] Vgl. Zhao et al. 2010, S. 201.

Tabelle 8.6 Mediation von Kontaktmerkmalen

Mediation von Kontaktmerkmalen					
	Variablen		Gesamtmodell		
Muslime	**b**	**SE(HC3)**	**p**	**R²**	**F-Test**
Effekt von Frequenz auf Erfahrung (a)	-0,228***	0,056	0,0001	0,074	16,5976 (1:234)
Effekt der Erfahrung auf Empfinden (b)	0,798***	0,056	0,0001	0,504	134,0747 (2:233)
Direkter Effekt der Frequenz (c)	-0,075	0,051			
			95% KI UG		**95% KI OG**
Indirekter Effekt gesamt (a*b)	-0,182	0,048	-0,284		-0,092
Asylsuchende Menschen	**b**	**SE(HC3)**	**p**	**R²**	**F-Test**
Effekt von Frequenz auf Erfahrung (a)	-0,212***	0,050	0,0001	0,069	17,6968 (1:242)
Effekt der Erfahrung auf Empfinden (b)	0,821***	0,056	0,0001	0,451	114,2344 (2:241)
Direkter Effekt der Frequenz (c)	-0,022	0,044			
			95% KI UG		**95% KI OG**
Indirekter Effekt gesamt (a*b)	-0,174	0,041	-0,255		-0,093
PoC	**b**	**SE(HC3)**	**p**	**R²**	**F-Test**
Effekt von Frequenz auf Erfahrung (a)	-0,173**	0,066	0,0098	0,044	6,7904 (1:230)
Effekt der Erfahrung auf Empfinden (b)	0,746***	0,061	0,0001	0,463	82,7734 (2:229)
Direkter Effekt der Frequenz (c)	-0,103*	0,052			
			95% KI UG		**95% KI OG**
Indirekter Effekt gesamt (a*b)	-0,129	0,05	-0,232		0,031
Sinti_zze und Rom_nja	**b**	**SE(HC3)**	**p**	**R²**	**F-Test**
Effekt von Frequenz auf Erfahrung (a)	-0,176**	0,055	0,0017	0,051	10,1174 (1:204)
Effekt der Erfahrung auf Empfinden (b)	0,658***	0,065	0,0001	0,317	52,8579 (1:204)
Direkter Effekt der Frequenz (c)	-0,072	0,055			
			95% KI UG		**95% KI OG**
Indirekter Effekt gesamt (a*b)	-0,116	0,037	-0,192		-0,044
Psychisch auffällige Menschen	**b**	**SE(HC3)**	**p**	**R²**	**F-Test**
Effekt von Frequenz auf Erfahrung (a)	-0,113**	0,034	0,011	0,041	10,9670 (1:261)
Effekt der Erfahrung auf Empfinden (b)	0,750***	0,085	0,0001	0,259	46,3071 (2:260)
Direkter Effekt der Frequenz (c)	-0,100*	0,051			
			95% KI UG		**95% KI OG**
Indirekter Effekt gesamt (a*b)	-0,085	0,025	-0,135		-0,034

(Fortsetzung)

Tabelle 8.6 (Fortsetzung)

Mediation von Kontaktmerkmalen					
	Variablen		Gesamtmodell		
Obdachlose Menschen	b	SE(HC3)	p	R^2	F-Test
Effekt von Frequenz auf Erfahrung (a)	-0,010	0,037	0,782	0,0004	0,0761 (1:242)
Effekt der Erfahrung auf Empfinden (b)	0,615***	0,075	0,0001	0,221	34,6360 (2:241)
Direkter Effekt der Frequenz (c)	0,047	0,045			
			95% KI UG		95% KI OG
Indirekter Effekt gesamt (a*b)	-0,006	0,023	-0,053		0,038
Drogenabhängige Menschen	b	SE(HC3)	p	R^2	F-Test
Effekt von Frequenz auf Erfahrung (a)	-0,005	0,037	0,886	0,0001	0,0206 (1:256)
Effekt der Erfahrung auf Empfinden (b)	0,548***	0,072	0,0001	0,188	29,3978 (2:255)
Direkter Effekt der Frequenz (c)	0,075	0,04			
			95% KI UG		95% KI OG
Indirekter Effekt gesamt (a*b)	-0,003	0,020	-0,040		0,038
*auf dem Niveau von p=0,05 signifikant | **auf dem Niveau von p=0,01 signifikant | ***auf dem Niveau von p=0,001 signifikant					
b=Koeffizient | SE(HC3)=Standardfehler mit HC3 Korrektur | 95 % KI UG/OG=Konfidenzintervall Unter-/Obergrenze					

Für obdachlose und drogensüchtige Menschen wirkt sich die Kontaktfrequenz weder direkt noch indirekt statistisch signifikant auf das Empfinden aus.

Die Kontakte separat zu betrachten, hat sich also als sinnvoll erwiesen, da sich die gegensätzlichen Effekte bei der Betrachtung in einem gruppenübergreifenden Modell im Sinne einer Mischverteilung möglicherweise gegenseitig aufgehoben hätten und interpretierbare Beobachtungen so nicht möglich gewesen wären.

8.5 Zusammenfassung und Diskussion

Wenn PVB Menschen bestimmten Gruppen zuordnen, wirkt sich der Kontakt zu diesen Menschen auf die Sichtweise gegenüber der jeweiligen Gruppe aus. Ob Einsatzsituationen beispielsweise als entspannt, konfliktträchtig oder unvorhersehbar erlebt werden, beeinflusst sehr deutlich das Empfinden der gesamten Gruppe gegenüber. In den meisten Fällen hat auch die Häufigkeit der Kontakte Einfluss darauf, wie die Kontakterfahrungen bewertet werden. So konnte gezeigt werden, dass für fünf von sieben betrachteten Gruppen die Frequenz einen negativen Einfluss auf die Kontakterfahrungen nimmt.

Dies ist insofern naheliegend, als das die Polizei regelmäßig in konfliktbehafteten Situationen wie Streitigkeiten, häuslicher Gewalt oder Körperverletzungsdelikten hinzugezogen wird und daher die Wahrscheinlichkeit steigt, dass früher oder später Einsatzsituationen erlebt werden, die negative Kontakterfahrungen generieren.

Aus polizeilicher Perspektive besteht bereits aus Eigensicherungsaspekten der Anspruch, durch desskalierende Kommunikation oder einsatztaktische Konzeptionen (z. B. zum Umgang mit Menschen in psychischen Ausnahmesituationen), die Handlungskompetenz der einschreitenden PVB und damit den Verlauf der Einsatzsituationen positiv zu beeinflussen. Wenn z. B. Situationen mit psychisch auffälligem Menschen durch priorisierte Behandlung im Einsatztraining NRW[28] besser deeskaliert werden können, dürfte dies mittelfristig auch zu positiveren Kontakterfahrungen und angenehmerem Empfinden führen. Gerade am Beispiel dieser Gruppe konnte besonders deutlich eine Verbindung zwischen Unvorhersehbarkeit entsprechender Einsatzsituationen, als negativstes Element der Kontakterfahrungen, und dem Empfinden aufgezeigt werden.

Zur Einsatzrealität gehört gleichzeitig auch, dass unabhängig von Qualifikationen, Vorbereitung und Setting auch immer die Gefahr besteht, dass Bürger*innen aus unterschiedlichen Gründen nicht oder nicht handlebar reagieren oder sogar bewusst die Konfrontation mit den agierenden PVB suchen. Es wird also immer Einsatzsituationen geben, die negativ verlaufen und sich somit auch hemmend auf positives Empfinden den Beteiligten gegenüber auswirken. Umso wichtiger ist es, die jeweiligen Umstände nicht resignierend als unveränderlich hinzunehmen, sondern im eigenen Interesse in puncto Eigensicherung und eigenem Wertekompass Nachbereitungsoptionen und Reflexionsangebote bewusst einzufordern. Insbesondere in konfliktträchtigen Einsatzbereichen scheint es, auch aus Perspektive des Dienstherrn, von hoher Wichtigkeit, über Rotations- und Betreuungsangebote drohende Negativspiralen aufzubrechen und den Einsatzkräften strukturelle Unterstützung anzubieten, um entweder die Wahrscheinlichkeit positiver Kontakterfahrungen zu erhöhen oder deren negative Auswirkung auf das Empfinden zu schmälern.

Dass der indirekte Effekt der Frequenz bei drogenabhängigen und obdachlosen Menschen keinen Einfluss auf die Bewertung der Einsatzsituationen zu haben scheint, lässt sich wie folgt aus der Praxis erklären:

Obdachlose und drogenabhängige Menschen verbindet, dass sie regelmäßig in polizeiliche Maßnahmen verwickelt werden. Durch ihre Exposition in der Öffentlichkeit und die ihnen durch die Bevölkerung oft entgegengebrachten Vorbehalte

[28] Vgl. Haendschke 2022.

wird häufig die Polizei gerufen, um Maßnahmen, wie z. B. einen Platzverweis aus einer temporären Schlafstätte (z. B. Vorräume von Geldinstituten, Geschäftseingängen), das Untersagen von Betteleien an Außengastronomien oder von sichtbarem Drogenkonsum zu treffen[29]. Auch niedrigschwellige Ordnungsstörungen oder schlicht durch Passanten als unangemessen oder unangenehm empfundenes Verhalten (z. B. Gegröle, Alkoholkonsum, verbale Pöbeleien innerhalb der Szene) sind oft mit der Erwartungshaltung an die Polizei verknüpft, die entsprechenden Personen anzusprechen und Maßnahmen zu ergreifen.

Aus polizeilicher Sicht handelt es sich dabei meist um überschaubare Einsatzanlässe ohne größeres Konfliktpotential, die entsprechend routiniert abgearbeitet werden können. Darüber hinaus sind je nach Wachbereich auch die einschlägigen Treffpunkte der Drogen- oder Trinkerszene, Konsumräume, Substitutionsärzte etc. sowie die regelmäßig auftretenden Charaktere bekannt. Dass diese (gegenseitige) Bekanntheit auch dazu führen kann, dass beide Seiten um die „Regeln" des Aufeinandertreffens (adressatengerechte Sprache, Verständnis für die polizeilichen Aufgaben einerseits und die Nöte des polizeilichen Gegenübers andererseits) wissen, begünstigt nach hiesiger Einschätzung eine eher entspannte Einsatzsituation.

Demgegenüber gibt es bei den anderen Gruppen viel schwieriger zu kalkulierende Dynamiken; etwa beim Kontakt zu asylsuchenden Menschen, der regelmäßig in den entsprechenden Unterkünften stattfindet. Dort trifft polizeiliche Präsenz, vor dem Hintergrund der ausländerrechtlich für die Betroffenen oft unklare Lage, oft auf Ängste und Emotionalität. Gleichzeitig bewirken Sprachbarrieren und emotional aufgeladenes Gebaren aus polizeilicher Sicht eine schwer einzuschätzende Dynamik und auch Solidarisierungseffekte gegen die Polizei können nicht ausgeschlossen werden. Insofern ist hier z. B. grundsätzlich die Spannweite zwischen den möglichen Einsatzverläufen sehr viel größer als bei obdachlosen oder drogenabhängigen Menschen. Dies schließt dynamische und eskalierende Einsatzverläufe mit diesen Gruppen natürlich nicht aus, ist aber ein möglicher Erklärungsansatz für den ausbleibenden Effekt der Kontaktfrequenz auf die Kontakterfahrungen.

Inwiefern sich diese kontaktspezifischen Merkmale auch auf Abwertungstendenzen diesen Gruppen gegenüber auswirken, wird in Abschnitt 11.5.4 noch detailliert betrachtet.

---

[29] Vgl. Howe et al. 2022, S. 77.

9 Einstellungen gegenüber der Organisation Polizei und Rollenverständnis

Bisher wurden die Einschätzung der Befragten zu den Rahmenbedingungen und Anforderungen des täglichen Dienstes, etwa anhand der Konfliktexposition oder zeitlicher und inhaltlicher Bedingungen sowie des Kontakterlebens nachgezeichnet. Im Fokus standen also externe Faktoren, die sozusagen „von außen" den Arbeitsalltag der Befragten prägen und möglicherweise deren Sicht auf ihre Arbeitswelt beeinflussen. Daher gilt es nun zu hinterfragen, ob bzw. wie die Einschätzung der PVB zu eigener Zufriedenheit, ihrem Commitment, ihrer Berufsmotivation und der Cop Culture in ihrem Arbeitsumfeld durch diese Faktoren beeinflusst werden.

Als erste zu analysierende Bezugsebene zu diesen Merkmalen kommt die Arbeitszufriedenheit in Betracht. Im Anschluss an die Frage, wie zufrieden die PVB sind (Abschnitt 9.1), wird weiter hinterfragt, wie ausgeprägt ihr Commitment gegenüber der Institution Polizei ist (Abschnitt 9.2), wie sie den Rückhalt durch Vorgesetzte und im übergeordneten Kontext empfinden (Abschnitt 9.3) und was sie täglich motiviert (Abschnitt 9.4). Welches aus Perspektive der Befragten typische Werte für ihre jeweilige Organisationseinheit darstellen, ist Teil der Betrachtung der polizeilichen Cop Culture als gelebte Binnenkultur (Abschnitt 9.5). Diese fünf verschiedenen Aspekte werden zunächst einzeln erläutert und deskriptiv analysiert, bevor das Kapitel mit der Analyse von Einflussfaktoren auf diese Elemente sowie etwaiger Wechselwirkungen (Abschnitt 9.6) schließt.

© Der/die Autor(en), exklusiv lizenziert an Springer Fachmedien Wiesbaden GmbH, ein Teil von Springer Nature 2026

M. Haendschke, *Werte und Einstellungen von Polizeibeamtinnen und Polizeibeamten*, Kriminologische Studien,
https://doi.org/10.1007/978-3-658-50480-9_9

9.1 Arbeitszufriedenheit

In wirtschaftlich orientierten Betrieben wird niedrige Arbeitszufriedenheit vor allem als Problem verstanden, weil sie in direktem Zusammenhang zu abnehmender Motivation, niedrigerer Produktivität der entsprechenden Mitarbeitenden bis hin zu deren Abwanderung in andere Betriebe steht.[1]

Für die Polizei konnte bereits gezeigt werden, dass Arbeitsunzufriedenheit eine Folge von Stress, Resignation oder Frustration darstellen[2] und mögliche Auswirkungen auf die (handlungsleitenden) Einstellungen von PVB entfalten kann (siehe Abschnitt 3.2.1). Neben organisationsbezogenen Einstellungen, wie z. B. dem Commitment gegenüber der eigenen Organisation, konnten auch Einstellungen mit unmittelbaren Auswirkungen auf polizeiliches Handeln, wie dem Auftreten gegenüber als fremd empfundenen Personen,[3] festgestellt werden. Nachgewiesen wurde außerdem eine Häufung von Gewalterfahrungen einerseits bzw. Zwangseinsatz andererseits bei PVB mit niedriger Arbeitszufriedenheit.[4]

Arbeitszufriedenheit ist also mehr als ein Indikator für die Bewertung der arbeitsweltlichen Facetten – sie stellt mutmaßlich eine Transmission von Arbeitsbedingungen (als potenzielle Einflussfaktoren auf die Arbeitszufriedenheit) zu Einstellungen (als mögliche Auswirkungen von Arbeitszufriedenheit) im polizeilichen Kontext dar.

Die Erfassung von Arbeitszufriedenheit erfolgte anhand zwei sich ergänzender Skalen. Zunächst wurden drei Dimensionen von Arbeitszufriedenheit, nämlich die Zufriedenheit mit der eigenen Besoldung, die Wiederwahl des Polizeiberufs und die Empfehlung des Polizeiberufes an Freund*innen und Bekannte erhoben. Mittels einer fünfstufigen vollverbalisierten Skala von „Stimme nicht zu" (1), „Stimme eher nicht zu" (2), „Teils/teils" (3), „Stimme eher zu" (4) und „Stimme zu" (5) konnten sich die Befragten gegenüber den drei Items positionieren.

Anhand dieser Dimensionen wurde bereits 2001/2002 die Arbeitszufriedenheit von PVB durch das kriminologische Forschungsinstitut Niedersachsen (KFN) erhoben.[5] Eine Betrachtung dieser drei Dimensionen als Gesamtskala wurde in dieser Bezugsstudie nicht vorgenommen, da dort nach Interkorrelationsberechnung zwar ein hoher Zusammenhang zwischen den Aspekten der beruflichen Wiederwahl und der Weiterempfehlung des Berufs festgestellt werden konnte, die

[1] Vgl. Felfe und Six 2006, S. 42.

[2] Vgl. Manzoni 2003, S. 23.

[3] Vgl. Jaschke 1998, S. 208.

[4] Vgl. Manzoni 2003, S. 176.

[5] Vgl. Ohlemacher et al. 2002, S. 42.

Dimension der Besoldungszufriedenheit aber deutlich weniger mit den anderen Elementen einherging.[6]

In der vorliegenden Erhebung wurde ebenfalls eine gesonderte Betrachtung geprüft. Auch hier zeigte sich, dass das Item zur Besoldungszufriedenheit deutlich geringer mit den anderen Items korrelierte (ρ = 0,226** bzw. ρ = 0,262**), während die beiden anderen Dimensionen der Wiederwahl und Weiterempfehlung des Polizeiberufs einen Zusammenhang in Form einer signifikanten Korrelation mit starkem Effekt zeigten (ρ = 0,771**). Auch α als Reliabilitätsmaß veränderte sich deutlich positiv von 0,700 auf 0,870, sobald das Item zur Besoldungszufriedenheit[7] aus der Skala ausgeschlossen wurde. Daher wurde die Skala nur mit den beiden Items zur Wiederwahl und Weiterempfehlung der Polizei als Arbeitgeber gebildet.

Ergänzend dazu wurde auf einer zehnstufigen Skala die eigene Arbeitszufriedenheit, unter Berücksichtigung der gesamten arbeitsweltlichen Eindrücke, von 1 (ganz und gar unzufrieden) bis 10 (ganz und gar zufrieden) erhoben. Wie die untenstehende Tabelle zeigt, liefern beide Skalen nahezu identische Ergebnisse. So liegt der Mittelwert der modifizierten KFN-Skala bei 3,61 von 5 maximal zu erreichenden Punkten (und damit bei einem Quotienten von 0,722); auf der zehnstufigen Skala liegt der Mittelwert bei 7,44 von 10. Der daraus gebildete Gesamtindikator Arbeitszufriedenheit liegt bei MW = 7,33[8].

Die Mittelwerte der Einzelitems zeigen, dass die Elemente der Arbeitszufriedenheit unterschiedlich bewertet wurden. Während die Zufriedenheit mit der Besoldung (MW = 3,89) bzw. eine potenzielle Wiederwahl des Polizeiberufs (MW = 3,86) auf breite Zustimmung trifft, ist die Weiterempfehlung gegenüber Freund*innen und Bekannten (MW = 3,36) deutlich näher an der Skalenmitte orientiert (Tabelle 9.1).

---

[6] Vgl. ebd., S. 44.

[7] Es liegt nahe, dass die Frage nach der Zufriedenheit mit der eigenen Besoldung aus mehreren Perspektiven durch die Befragten beurteilt wurde. Dazu gehört die generelle Zufriedenheit mit der Besoldung, die man im aktuellen Amt erhält, als auch die Frage nach der angemessenen Alimentierung für die eigene Leistung. Diese steht wiederum mit der Frage in Verbindung, ob man das eigene Amt für angemessen hält (etwas in Beförderungskonkurrenz zu Kolleg*innen etc.). Insofern kann die Feststellung der Bezugsstudie, dass Einkommens- und Berufszufriedenheit nicht in Gänze deckungsgleich verrechnet werden können, gestützt werden.

[8] Anmerkung zur Tabelle 9.1: Da das Item 4 („Wenn sie ihre Arbeitssituation insgesamt…") von 0 bis 10 skaliert ist, erfolgte zur Berechnung der Gesamtskala eine Verdoppelung des anderen Items der KFN Skala (MW = 7,22), wodurch sich der rechnerische Mittelwert der Gesamtskala MW = 7,33 ergibt.

Tabelle 9.1 Arbeitszufriedenheit

Arbeitszufriedenheit

Was denken Sie zu folgenden Aspekten beruflicher Zufriedenheit?	Anteil der Befragten in %					MW
	(1)	(2)	(3)	(4)	(5)	
Ich bin zufrieden mit meiner aktuellen Besoldung. (SD=1,06; n=409)	3,7	8,1	15,9	40,3	32,0	3,89
Ich würde den Beruf der/des Polizist*in jederzeit wieder ergreifen. (SD=1,32; n=410)	8,0	10,2	16,3	18,3	47,1	3,86
Ich würde Freund*innen und Bekannten empfehlen, auch Polizist*in zu werden. (SD=1,25; n=409)	9,3	15,2	29,8	22,0	23,7	3,36
Arbeitszufriedenheit – modifizierte KFN-Skala 2002 ($\rho^{(SP)}$=0,87; n=410)						3,61

Wenn Sie Ihre Arbeitssituation insgesamt betrachten, wie zufrieden sind Sie mit Ihrer Arbeit, unter Berücksichtigung aller Aspekte?	1	2	3	4	5	6	7	8	9	10	
Arbeitszufriedenheit 1 bis 10 (SD=1,72; n=410)	0	1,2	2,7	4,4	4,9	9,0	19,0	32,2	19,0	7,6	7,44
Gesamtskala Arbeitszufriedenheit (SD=1,86; $\rho^{(SP)}$=0,74; n=410)											**7,33**

n=Anzahl Befragter | MW=Mittelwert | ρ(SP) = Spearman-Brown-Koeffizient | SD=Standardabweichung

Einzeln betrachtet äußern sich mit 72,3 % (n = 296) knapp drei Viertel der Befragten tendenziell zufrieden mit der aktuellen Besoldung. Während sich 15,9 % (n = 65) in der Teils/teils-Kategorie nicht eindeutig positionieren, geben insgesamt 11,8 % (n = 48) an, nicht bzw. eher nicht zufrieden zu sein.

Heterogener zeigt sich das Antwortverhalten bei der Frage nach der Wiederwahl des Polizeiberufs, die zusammengefasst von 65,4 % (n = 268) bejaht wird. Mit 16,3 % (n = 67) ist die Teils/teils-Kategorie nahezu identisch wie in der vorherigen Frage ausgeprägt. Insgesamt 18,2 % (n = 75) äußern tendenziell, dass sie den Beruf der Polizeibeamtin bzw. des Polizeibeamten nicht wieder ergreifen würden.

Die Berufsempfehlung gegenüber Freund*innen und Bekannten ist am geringsten ausgeprägt. Weniger als die Hälfte der Befragten gibt mit 45,7 % (n = 187) an, dass sie eine Weiterempfehlung aussprechen würde. Knapp ein Drittel der Befragten wählt mit 29,8 % (n = 122) die Teils/teils-Kategorie. Mit 24,5 % (n = 100) positionieren sich bei dieser Frage rund ein Viertel ablehnend gegenüber der Aussage, Freund*innen und Bekannten zu empfehlen, auch Polizist*in zu werden.

Betrachtet man die zweite Skala von 1 bis 10 separat (aufsteigend von geringer nach hoher Arbeitszufriedenheit), äußern insgesamt 8,3 % (n = 34) eine eher niedrige Arbeitszufriedenheit (Werte von 1 bis 4), 13,9 % (n = 57) positionieren sich mittig auf der Skala (Werte 5 und 6) und der überwiegende Anteil mit 77,8 % (n = 319) zeigt sich tendenziell zufrieden. Dabei zeigen sich mit 58,8 % (n = 241) mehr als die Hälfte der Befragten deutlich zufriedener (Werte 8, 9 und 10) als der Durchschnitt (MW = 7,44).

Bei der Verrechnung beider Skalen entsteht ein Gesamtmittelwert von 7,33 auf der Skala von 1 bis 10. Im Vergleich zu bisherigen innerpolizeilichen Erhebungen ist dieser Wert deutlich höher als in länger zurückliegenden Erhebungen[9]. Aktuellere Befunde zeigen wiederum eine vergleichbar hohe Arbeitszufriedenheit. So gaben 2021 in Niedersachsen 66,67 % von 14.574 befragten PVB auf einer fünfstufigen Skala an, eher zufrieden (4) und zufrieden (5) zu sein, 26,36 % wählten die Mittelkategorie „mal so-mal so".[10]

Zur einfachen rechnerischen Vergleichbarkeit kann die oben aufgeführte Skala von 1 bis 10 herangezogen werden, wenn man die entsprechenden Abstufungen addiert (9 und 10 entspricht einer 5, 7 und 8 entspricht der 4, 5 und 6 entspricht der Mittelkategorie usw.). Dementsprechend wären in vorliegender Stichprobe 26,6 % auf der niedersächsischen Skala sehr zufrieden und weitere 51,2 % eher zufrieden. Auf die Mittelkategorie entfielen somit 13,9 %.

Dieser Vergleich ist insofern eingeschränkt belastbar, als dass die Skala von 1 bis 10 oben einen leicht höheren Mittelwert (MW = 7,44) aufweist, als der Gesamtindikator inkl. der KFN-Skala (MW = 7,33). Eine moderate Korrektur nach unten wäre daher für einen Vergleich folgerichtig. Darüber hinaus ist festzuhalten, dass ein bundeslandübergreifender Vergleich der Arbeitszufriedenheit isoliert von anderen Faktoren ohnehin problematisch ist, da die strukturellen und organisatorischen Rahmenbedingungen nicht identisch sind.

Im Ergebnis ist zunächst festzuhalten, dass die PVB der vorliegenden Stichprobe eine eher hohe Arbeitszufriedenheit berichten. Bevor im weiteren Verlauf

---

[9] Vgl. Bornewasser 2000, S. 36; Ohlemacher et al. 2002.

[10] Vgl. Niedersächsisches Ministerium für Inneres und Sport 2022, S. 6.

Einflussfaktoren für diesen Befund betrachtet werden, liegen mit dem Commitment, der Berufsmotivation und polizeitypischen Werten zunächst die weiteren Einstellungskonstruktionen mit Bezug zum beruflichen Binnenverhältnis im Fokus.

9.2 Commitment

Commitment bezeichnet allgemein die Bindung der Mitarbeitenden an ihre Organisation.[11] Oft wird der Begriff im Kontext arbeits- oder sozialpsychologischer Fragestellungen gebraucht, um z. B. aus Arbeitgeberperspektive zu beleuchten, wie die Abwanderung von Mitarbeitenden verhindert bzw. die Bindung an die eigene Organisation gestärkt werden kann.[12]

Aus Sicht der Mitarbeitenden stellt „*Organisationale[n] Identifikation*"[13] dabei einen wichtigen Teilaspekt dar, der oft als Synonym für Commitment verwendet wird. Dieser stellt auf das Bewusstsein der Mitarbeitenden ab, Teil einer Organisation oder Organisationseinheit zu sein und damit auch Emotionen zu verbinden, etwa Stolz oder Zufriedenheit.[14]

Die Repräsentation einer bestimmten Marke, eines Produktes oder einer Profession wird oft mit der Formulierung „Beruf als Berufung"[15] beschrieben, wodurch deutlich wird, dass eine Identifikation mit einem bestimmten Berufsfeld bzw. mit einem Arbeitsgeber aus Sicht der Arbeitnehmer stattfindet. Diese affektive Dimension[16] ist von besonderer Bedeutung, da sich durch sie auch ein Zusammenhang zwischen dem Grad der Identifikation und dem Handeln im Sinne der Organisation herstellen lässt.[17] Diese affektive Ebene beschreibt aber nur eine Facette von organisationalem Commitment (auch als „*Organisationsbindung*"[18] bezeichnet).

---

[11] Vgl. Felfe und Six 2006, S. 38.

[12] Vgl. ebd., S. 41.

[13] Van Dick 2004, S. 2.

[14] Vgl. ebd., S. 2.

[15] Vgl. Berg 2017, S. 170.

[16] Vgl. Kraus und Woschée 2012, S. 188.

[17] Vgl. Dutton et al. 1994, S. 256.

[18] Van Dick 2004, S. 3.

Parallel dazu wird auch eine normative Bindung beschrieben[19]. Diese umfasst die Zustimmung zu den durch die Organisation repräsentierten ethischen Werten bzw. moralischen Vorstellungen.[20] Darunter können auch internalisierte (Gruppen-)Normen fallen, die in der Organisation verbreitet sind und unter dem Stichwort „*gruppenbezogener Identifikation*"[21] zahlreiche bereits dargestellte Zusammenhänge tangieren, wie z. B. die Abgrenzung der Eigen- gegenüber der Fremdgruppe oder die Adaption gruppentypischer Normen und Einstellungen.[22] Normative Verbundenheit kann auch die Bindung an die Organisation oder Dienststelle aus eigenen Wertvorstellungen heraus bedeuten.[23] Darunter würden Überzeugungen fallen, dass man die Dienststelle nicht verlässt, wenn der Vorgesetzte gerade erst eine gute Beurteilung verkündet hat oder man eine unterbesetzte Dienststelle nicht verlässt, weil man persönliche Verantwortung und Pflichtbewusstsein gegenüber dem Arbeitsbereich empfindet.

Daneben existiert auch eine utilitaristisch geprägte Sicht auf Commitment als kalkulatorische Größe, die zwischen Kosten, Nutzen und Risiken des Verbleibs innerhalb einer Organisation gegenüber einer potenziellen Neuorientierung abwägt.[24]

Bezogen auf die Polizei dürfte diese kalkulatorische Facette von Commitment hinter den anderen beiden Konzepten zu vernachlässigen sein. Im Unterschied zu Arbeitsverhältnissen in der freien Wirtschaft ist das Berufsbeamtentum (insbesondere in NRW) dadurch geprägt, materielle Planungssicherheit in Bezug auf Besoldung, Pension und Krankenversicherung in Form der freien Heilfürsorge zu bieten und gleichzeitig erhebliche Hürden für die dauerhafte Beendigung des Dienstverhältnisses vorzusehen.[25] Dass diese Vermutung durch die Befragten bestätigt wird, zeigt der hohe Anteil an Zustimmung zur Aussage, den Aspekt beruflicher Sicherheit im Polizeiberuf für wichtig zu erachten (siehe Abschnitt 9.3).

[19] Vgl. Berg 2017, S. 171.

[20] Vgl. ebd., S. 171.

[21] Weber 2017, S. 60.

[22] Vgl. ebd., S. 60.

[23] Vgl. van Dick 2004, S. 3.

[24] Vgl. Berg 2017, S. 171.

[25] Hier muss zwischen den rechtlichen Abstufungen des Beamtenverhältnisses – auf Widerruf, auf Probe oder auf Lebenszeit – unterschieden werden. In der Regel werden Beamte in NRW, so keine disziplinarrechtlichen, gesundheitlichen oder formale Hindernisse bestehen, nach drei Jahren Probezeit zu Beamten auf Lebenszeit ernannt, vgl. § 13 (1) LBG, § sowie 5 LVO Pol NRW.

Gleichzeitig eignet sich die polizeiliche Ausbildung bzw. das Bachelorstudium im gehobenen Polizeivollzugsdienst nur bedingt für eine Neuorientierung auf dem Arbeitsmarkt bzw. innerhalb anderer Ressorts. Obwohl vereinzelt Wechsel zu anderen (Polizei-)Behörden vorkommen, erschweren i. d. R. auch Laufbahnanforderungen sowie interne Vorgaben (z. B. zu besoldungsgleichen Tauschpartner*innen bei einem Wechsel zwischen Bundesländern) eine Neuorientierung innerhalb des öffentlichen Dienstes. Oft sind entsprechende Einzelfälle dadurch zu erklären, dass Bewerber*innen über besondere Fähigkeiten oder Qualifikationen verfügen, die sie über das polizeiliche Bachelorstudium hinaus erworben haben.

In Kontrast dazu sind affektives und normatives Commitment in der Polizei als besonders naheliegend zu vermuten. Der Polizeiberuf an sich ist bereits durch ein bestimmtes Normenverständnis gekennzeichnet, sodass die Wahl des Polizeiberufs mit der Akzeptanz organisationstypischer Grundlagen wie Rechtstreue und Hierarchieverständnis ein normatives Commitment impliziert.

Affektives Commitment unter PVB zu vermuten, liegt ebenfalls auf der Hand. Dies hat einerseits mit der emotionalen Aufladung der Polizei als Arbeitgeber zwischen Action, Gefahr und Gerechtigkeit in der eigenen Außendarstellung und besonders der Nachwuchswerbung zu tun. Gleichzeitig hat in den letzten Jahren die Betonung menschlicher Facetten der PVB deutlich an Bedeutung gewonnen. Durch Kampagnen wie *„Respekt“*[26] *oder „Auch Mensch“*[27] wurde der Mensch hinter der Uniform öffentlichkeitswirksam in den Mittelpunkt gestellt und dadurch vor allem versucht, auf die zunehmende Gewalt gegen PVB aufmerksam zu machen.

Zudem fokussieren öffentliche Darstellungen durch Politik und Medien bewusst auf zwischenmenschliche Verbundenheit innerhalb der Polizei und bedienen sich dabei eines geradezu familiär anmutenden Wordings. Besonders bei dramatischen Einsatzverläufen, wie z. B. den Tötungsdelikten zum Nachteil von PVB in Mannheim 2024[28] oder in Rheinland-Pfalz 2022[29], sind bundesweite Solidaritätsbekundungen *(„Einer von uns“)*[30] festzustellen. Über Social Media Auftritte oder Trauerflore an den Einsatzfahrzeugen wird deutlich die überregionale Verbundenheit innerhalb des Berufsstandes unterstrichen. Auch von politisch

---

[26] Vgl. Ministerium des Innern des Landes Nordrhein-Westfalen 2020.

[27] Vgl. GdP 2017.

[28] Vgl. Spiegel 2024.

[29] Vgl. SWR Aktuell 2023.

[30] Vgl. Bundespolizei 2024.

Verantwortlichen wird dieser nicht selten als „Polizeifamilie“[31] bezeichnet. Dies zeigt deutlich, dass die Bindung der Beamt*innen auch von offizieller Seite aus forciert wird.

Auf Basis dieser Vorüberlegungen wurden drei Items zu normativem und affektivem Commitment konstruiert, die gemeinsam in einer Gesamtskala[32] aufgenommen wurden.

Tabelle 9.2 Commitment

Commitment						
Inwiefern treffen die folgenden Aussagen auf Sie zu bzw. nicht zu?	Anteil der Befragten in %					MW
	(1)	(2)	(3)	(4)	(5)	
Ich denke, dass meine Wertvorstellungen zu denen der Polizei NRW passen.	0,3	1,2	6,3	37,5	54,8	4,45
Ich bin stolz darauf, der Polizei NRW anzugehören.	1,2	3,3	17,6	32,7	45,2	4,18
Ich fühle mich mit anderen Polizist*innen (auch außerhalb von NRW) generell stark verbunden.	2,4	5,7	23,8	36,3	31,8	3,90
Gesamtskala Commitment n=336; SD=0,68; α=0,68						4,17

n=Anzahl Befragter | MW=Mittelwert | ρ(SP) = Spearman-Brown-Koeffizient | SD=Standardabweichung

Der Aussage, dass die eigenen Wertvorstellungen zu denen der Polizei NRW passen, stimmt mit insgesamt 92,3 % (n = 310) der ganz überwiegende Teil der Befragten zu (54,8 %, n = 184) bzw. eher zu (37,5 %, n = 126). Keine klare Positionierung nehmen 6,3 % (n = 21) mit der Teils/teils-Kategorie vor. Für eher nicht (1,2 %, n = 4) bzw. nicht (0,3 %, n = 1) passend halten in Summe 1,5 % ihre eigenen Wertvorstellungen.

[31] Vgl. Ministerium des Innern des Landes Nordrhein-Westfalen 2023a.

[32] Anmerkung zur Tabelle 9.2: Diese Skala stammt aus einem Fragebogenentwurf des Projekts DeWePol (Stand 08/2021) mit Zustimmung der Projektverantwortlichen und wurde nur redaktionell (Bezug zu NRW) angepasst. Mit $\alpha = 0{,}68$ weist die Skala eine akzeptable Reliabilität auf. Würde man das Item zu normativem Commitment („Ich denke, dass meine Wertvorstellungen zu denen der Polizei NRW passen“) separat betrachten, würde die Teilskala aus den beiden affektiven Items („Ich bin stolz darauf, der Polizei NRW anzugehören“; „Ich fühle mich Polizist*innen [auch außerhalb von NRW] generell stark verbunden.“) ein noch höheres Reliabilitätsmaß aufweisen mit $\alpha = 0{,}70$. Da diese Verbesserung nur marginal ist, wurde das Item in der Gesamtskala belassen.

Stolz auf ihre Zugehörigkeit zu empfinden, bejaht ein etwas kleinerer Teil der Befragten. Zusammen 77,9 % (n = 262) stimmen dieser Aussage zu (45,2 %, n = 152) oder eher zu (32,7 %, n = 110). Geteilter Meinung ist hier ein deutlich größerer Anteil im Vergleich zur Werteorientierung, 17,6 % (n = 59) wählten die Mittelkategorie. Insgesamt 4,5 % (n = 15) stimmen nicht (1,2 %, n = 4) bzw. eher nicht (3,3 %, n = 11) zu und äußern so, nicht stolz auf ihre Zugehörigkeit zur Polizei NRW zu sein.

Dem zweiten Item mit emotionalem Bezug, sich anderen Polizist*innen generell stark verbunden zu fühlen, wird von 68,1 % der Befragten (n = 229) zugestimmt (31,8 %, n = 107) bzw. eher zugestimmt (36,3 %, n = 122). Fast ein Viertel der Befragten wähle mit 23,8 % (n = 80) die Teils/teils-Kategorie. Mit 8,1 % (n = 27) ist in diesem Item auch der Anteil derer am höchsten, die nicht (2,4 %, n = 8) oder eher nicht (5,7 %, n = 19) zustimmen.

Beim Vergleich der drei Items untereinander wird deutlich, dass die normative Dimension von Commitment am stärksten ausgeprägt ist (MW = 4,45), die Identifikation mit den Werten der Polizei NRW nimmt einen hohen Stellenwert ein. Dies stützt die zu Beginn dieses Kapitels aufgestellte Vermutung, dass die Organisation Polizei sich in einem hohen Maße bereits durch spezifische Normen darstellt und die PVB diese Werte auch als erstrebenswert betrachten.

Der Stolz der Polizei anzugehören, als Element emotionaler Bindung (MW = 4,18) ist etwas geringer ausgeprägt, aber dennoch deutlich im positiven Bereich einzuordnen. Am niedrigsten stellt sich die Zustimmung zur Aussage überregionaler Verbundenheit mit dem Berufsstand Polizei (MW = 3,90) dar. Die Differenzen der Mittelwerte zwischen den drei Items sind nahezu identisch (0,28 bzw. 0,27). Insgesamt beträgt die Spannweite also 0,55 zwischen den drei Items.

Das organisationale Commitment zeigt sich, wenn auch mit klaren Abstufungen zwischen normativer und affektiver Dimension, insgesamt deutlich positiv ausgeprägt. Ob sich PVB unterschiedlicher demographischer Ausgangslagen unterschiedlich stark gegenüber der Polizei committen, wurde zunächst mittels Korrelationsanalyse betrachtet.

Von den Variablen Dienstalter (in Jahren), Geschlecht und Migrationshintergrund ist festzustellen, dass lediglich das Dienstalter eine signifikante Korrelation (auf dem Niveau von p = 0,05) mit Commitment aufweist. Mit einem Korrelationskoeffizienten von $\rho = -0{,}122^*$ ist dieser sehr niedrig ausgeprägt und negativ, d. h. stärker ausgeprägtes Commitment geht mit kürzerem Dienstalter einher oder anders formuliert – wer größere Diensterfahrung vorweist, zeigt anscheinend geringeres Commitment. Da bis hier ausschließlich eine Betrachtung der Gesamtskala Commitment vorgenommen wurde, aber womöglich Unterschiede in den einzelnen Facetten vorliegen, wurde ein Mittelwertvergleich unter den

Altersgruppen (Lebensalter in Jahren) und den drei verschiedenen Facetten von Commitment angestellt.

Während innerhalb des normativen Commitments altersgruppenübergreifend die Mittelwerte zwischen MW = 4,31 (Gruppe > 60 Jahre) und MW = 4,56 (Gruppe 50 – 59 Jahre) schwanken, aber keine lineare Verteilung erkennen lassen, zeigen die Facetten des affektiven Commitmens andere Effekte.

Die Gruppe der jüngsten PVB (19–29 Jahre) weist die stärkste Zustimmung zur Aussage, Stolz auf die Zugehörigkeit zur Polizei zu sein (MW = 4,54) auf. Die Zustimmungswerte nehmen in diesem Item linear über alle Altersgruppen ab (MW = 3,90 in der Gruppe >60 Jahre) und liegen deutlich weiter auseinander als beim normativen Commitment. Bis auf die Gruppe der 40–49–Jährigen (MW = 4,06) äußern die jüngsten PVB auch die deutlichste Zustimmung zur überregionalen Verbundenheit mit anderen PVB (MW = 4,02). Insgesamt zeigt diese Altersgruppe (MW = 4,33) also auch die höchsten Werte für die Gesamtskala.

In die gleiche Richtung weist der Vergleich der einzelnen BOE, der insgesamt für die Gruppe der KA das höchste Commitment (MW = 4,42) ausweist, wenn auch nicht deutlich über den Mitarbeitenden der BP (MW = 4,28) und des WWD (MW = 4,25). Allerdings ist hier hervorzuheben, dass die Aussage über den Stolz zur Zugehörigkeit von den KA mit deutlichem Abstand (MW = 4,80) zur BP (MW = 4,36) vertreten wird und anhand des Mittelwertes nahezu uneingeschränkte Zustimmung zeigt.

Neben den PVB, die sich als „commited" einordnen, ist die Teilmenge der PVB, die sich deutlich dagegen positionieren, ebenso von besonderem Interesse. Das geringste Commitment berichten die KW/ETK (MW = 3,75), wobei hier die normative Dimension (MW = 4,40) im Mittelfeld der betrachteten BOE liegt, während die affektiven Items (MW = 3,53 bzw. MW = 3,33) deutlich weniger Zustimmung als in den anderen Dienststellen erfahren und von jeweils 20,0 % der Mitarbeitenden der ETK/KW abgelehnt werden.

Insgesamt beträgt die Ablehnung der überregionalen Verbundenheit 7,1 % (n = 27), weitere 4,5 % (n = 15) widersprechen dem Gefühl, Stolz auf Ihre Zugehörigkeit zur Polizei zu empfinden. Der prozentuale Anteil derer, die nach eigener Einschätzung die Werte der Polizei NRW nicht teilen (1,5 %; n = 5) oder geteilter Ansicht dazu sind (6,3 %, n = 21), ist noch geringer. Im gleichen Zuge führt die diese Antwort aber zur Frage, welche Werte dann durch diese kleine Gruppe stattdessen vertreten werden.

Auf die in den letzten Jahren vor der hier durchgeführten Erhebung angestoßene Wertedebatte innerhalb der Polizei muss an dieser Stelle verwiesen werden.[33] Vor dem Hintergrund gesellschaftlicher Entwicklung wurde zunächst die grundlegende Werteorientierung der Mitarbeitenden hinterfragt und ein Austauschprozess angestoßen. Insbesondere nach dem Verfahren um rechtsextremistische Verfehlungen im Jahr 2020 wurden darüber hinaus dezidierte Maßnahmen zur Förderung der demokratischen Resilienz getroffen, sodass auch der geringe Anteil von PVB, deren Einstellungen nach eigenen Einschätzungen nicht zu denen der Gesamtorganisation passen, besonders beachtet werden muss.

Wie diese PVB in der Organisation agieren, warum besonders die klar Ablehnung Äußernden noch Teil der Organisation sind und welche Maßnahmen sie zur kritischen Reflexion ihrer Werte anregen könnten, sind wichtige Anschlussfragen. Unklar ist zu diesem Zeitpunkt allerdings, ob eine negative Einstellung gegenüber „den Werten" der Polizei NRW tatsächlich die Grundwerte der Rechtsstaatlichkeit und Bürgernähe meint. Alternativ wäre auch denkbar, dass sich die Befragten hier ablehnend gegenüber den in ihrem direkten Arbeitsumfeld verbreiteten Werte und gelebten Verhaltensweisen positionieren wollten[34]. Diese müssten dann nicht unbedingt auch den offiziellen Leitwerten entsprechen. Ob also Ablehnung dieses Items tatsächlich mit Einstellungen wie NRM einhergeht, wird an späterer Stelle noch zu prüfen sein (Siehe Abschnitt 12.3).

9.3 Rückhalt

Neben dem Commitment wurde auch der durch die Befragten empfundene Rückhalt betrachtet. Als *„soziale Ressource"*[35] wurde Rückhalt in der Vergangenheit in verschiedenen Konstellationen durch PVB als wichtiger Faktor in der Beurteilung der eigenen Arbeitswelt benannt. Dabei wurde auf die Beziehungen der PVB untereinander[36], auf die Unterstützung durch Vorgesetzte[37] bzw. die eigene Behörde[38] und auch auf den übergeordneten Rückhalt gegenüber der Polizei von

[33] Vgl. Ministerium des Innern des Landes Nordrhein-Westfalen 2019.

[34] Als plakatives Beispiel sei hier z. B. die BP genannt, in der viel Wert auf körperliche Fitness und eine gewisse körperliche Durchsetzungskraft gelegt wird. Wenn in diesem Umfeld eher maskuline Attribute wie Mut und Stärke und sportlicher Wettbewerbsgeist gelebt werden, könnten insbesondere junge PVB den Eindruck gewinnen, dass dies die Polizei insgesamt als Maßstab ausmache. Entsprechenden Idealen zu widersprechen, wäre dann zwar gegen die gelebten Werte gerichtet, nicht aber gegen die der Gesamtorganisation.

[35] Ohlemacher et al. 2002, S. 83.

[36] Vgl. ebd., S. 83.

[37] Vgl. Ministerium des Innern des Landes Nordrhein-Westfalen 2021a, S. 44.

[38] Vgl. Jager et al. 2013, S. 158.

Politik[39] und Justiz[40] Bezug genommen. Die Exposition gegenüber Angriffen und eine als unzureichend empfundene Ahndung der Übergriffe auf PVB[41] wird häufig im Kontext mangelnden Rückhalts durch die eigene Behörde oder Justiz angeführt. Sozusagen als Gegenstück wird auch der gesellschaftliche Rückhalt thematisiert, wenn in den (sozialen) Medien polizeiliche Zwangsanwendungen ohne Kontext dokumentiert und als illegitime Polizeigewalt vorverurteilt werden.

Dies wurde anhand von zwei Items abgebildet, wobei die erste Aussage auf die konkrete Rückendeckung bei eigenen Maßnahmen (und insbesondere Zwangsanwendung) durch die Vorgesetzten abzielt, während das zweite Item eher global die Vorstellung adressiert, als PVB bei eigenem Zwangseinsatz selbst der Justiz (mehr oder weniger willkürlich) preisgegeben zu sein.

Die Gesamtskala weist mit $\rho^{SP} = 0{,}69$ eine zufriedenstellende Reliabilität auf. Da beide Items negativ gepolt sind (höhere Mittelwerte zeigen geringer empfundenen Rückhalt auf), wurden sie für spätere Berechnungen recodiert, da dies leichter zu interpretieren schien (siehe Abschnitt 9.6, 12.3 ff.). Die folgend aufgeführte Gesamtskala in Tabelle 9.3 zeigt somit zwar die negativ gepolten Mittelwerte der einzelnen Items, aber die positiv gepolte Gesamtskala an[42]. Die in Richtung gegebenen Rückhalts recodierte Skala weist einen Mittelwert von MW = 3,39 (SD = 1,14) auf.

[39] Vgl. ebd., S. 159.

[40] Vgl. Hermanutz 2015, S. 76.

[41] Vgl. Jager et al. 2013, S. 159.

[42] Anmerkung zu Tabelle 9.3: Die ursprünglich negativ gepolte Skala zeigt MW = 2,57, $\rho^{(SP)} = 0{,}69$; SD = 1,13. Beide Items wurden zur Berechnung der Gesamtskala recodiert, Item 1 („Ich wünsche mir…“) MW = 3,25; SD = 1,35 und Item 2 („Wenn man Zwang…“) MW = 3,55; SD = 1,23.

Tabelle 9.3 Rückhalt

Rückhalt						
Bitte nehmen Sie Stellung zu folgenden Aussagen.	Anteil Befragter in %					MW
	(1)	(2)	(3)	(4)	(5)	
Ich wünsche mir mehr Rückhalt von meinen Vorgesetzten (insbesondere) wenn ich Zwangsmaßnahmen treffen muss. (n=273; SD=1,35)	22,0	28,5	15,4	20,9	13,2	2,75
Wenn man Zwang zur Durchsetzung von Maßnahmen anwendet, steht man selbst schon mit einem Bein im Gefängnis. (n=295; SD=1,23)	26,4	32,9	18,3	14,9	7,5	2,44
Gesamtskala Rückhalt (n=271 ρ^{SP}=0,69; SD=1,14)						3,39
n=Anzahl Befragter | MW=Mittelwert | SD=Standardabweichung | ρ(SP)=Spearman-Brown-Koeffizient						

Mit einem Anteil von 34,1 % (n = 93) bestätigt jede/r dritte PVB, sich mehr Rückhalt von den Vorgesetzten zu wünschen. Etwa halb so viele sind mit 15,4 % geteilter Ansicht (n = 42), während in Summe 50,5 % (n = 138) dieser Aussage nicht zustimmen. Der Bezug zu den jeweils vorgesetzten Personen scheint auf Grund der individuellen Beziehungskonstellationen und Erfahrungen nicht uneingeschränkt verallgemeinerbar. Das faktische Führungshandeln ist aber in der Praxis nicht auf eine einzelne Person beschränkt, sondern i. d. R. auf mehrere Personen aufgeteilt, etwa auf Dienstgruppenleiter*innen (DGL) und den Wachdienstführer*innen (WDF) als deren Vertretung im Amt, den Gruppen- und Zugführungen in der BP oder den Kommissariatsleitungen und deren Stellvertreter*innen.

Die Befürchtung, man stünde selbst schon mit einem Bein im Gefängnis, sobald man Zwang anwenden würde, trifft bei etwas mehr als einem Fünftel der Befragten mit 22,4 % (n = 66) auf Zustimmung. Unentschlossen zeigen sich 18,3 % (n = 54) der PVB, die deutliche Mehrheit teilen mit 59,3 % (n = 175) diese Befürchtung nicht.

Insgesamt zeigt der Blick auf einen zumindest im Ansatz vergleichbaren Befund, dass der hier erhobene Rückhalt (MW = 3,39) etwas unter dem Bundesdurchschnitt (3,8 von 5)[43] berichtet wird. Aufgrund des konkreten Bezugs

[43] Vgl. Schiemann et al. 2023, S. 32.

zu Zwangsmaßnahmen schließt sich die Frage an, ob Unterschiede zwischen BOE mit eher regelmäßig bis häufigem Zwangseinsatz zu den BOE mit seltenem Zwangseinsatz vorliegen (Tabelle 9.4).

Tabelle 9.4 Rückhalt in den BOE

Rückhalt in den BOE						
	Rückhalt Vorgesetzte	**SD**	**Rückhalt Justiz**	**SD**	**Gesamt**	**SD**
WWD (n=103)	3,52	1,42	3,71	1,27	3,61	1,22
BP (n=25)	3,76	1,12	3,68	1,10	3,72	0,99
KK (n=15/20)	3,11	1,26	3,52	1,11	3,29	1,01
KA (n=19/24)	3,15	1,46	3,70	1,42	3,36	1,30
KW/ETK (n=15)	2,82	1,42	3,33	1,37	3,11	1,08
BD (n=27)	2,74	1,40	3,14	1,32	2,92	1,21
Gesamt	3,25	1,35	3,55	1,23	3,39	1,14
n=Anzahl Befragter | SD=Standardabweichung						

Die PVB der BP (MW = 3,72) und des WWD (MW = 3,61) bewerten den empfundenen Rückhalt insgesamt am positivsten. Im WWD wird der Rückhalt von den Vorgesetzten dabei etwas niedriger bewertet als der durch die Justiz empfundene (0,19 Differenz). In der BP liegen beide Werte näher beieinander, aber mit gegensätzlicher Reihenfolge (hier beträgt der Unterschied 0,08 zu Gunsten des Rückhalts der Vorgesetzten)

Etwas niedriger schätzen die KA (MW = 3,36)[44] sowie die Beamt*innen der KK (MW = 3,29)[45] den Rückhalt insgesamt ein, wobei beide Gruppen deutlich positivere Angaben zum globalen Rückhalt gegenüber dem durch die Vorgesetzten wahrgenommenen machen (0,41 bzw. 0,55 Differenz).

Die KW/ETK (MW = 3,11) und dem BD (MW = 2,92) berichten den geringsten Rückhalt insgesamt, wobei sich auch hier die Unterscheidung der vorherigen BOE zu Lasten der Vorgesetzten fortsetzt und ähnlich deutlich ausfällt (0,51 bzw. 0,40 Differenz).

In allen BOE außer der BP wird der insgesamt vorliegende Trend, den Rückhalt durch die Justiz besser zu bewerten, als den Rückhalt durch die Vorgesetzten,

[44] Die Frage zum Rückhalt durch Vorgesetzte wurde durch n = 19 beantwortet, der globale Rückhalt durch n = 24.

[45] Die Frage zum Rückhalt durch Vorgesetzte wurde durch n = 15 beantwortet, der globale Rückhalt durch n = 20.

bestätigt. Natürlich ist an dieser Stelle festzuhalten, dass hier auch persönliche Erfahrungen mit eigenen Vorgesetzten eine Rolle spielen und dieser Frage insofern auch eine sehr persönliche Bewertung der jeweiligen Person zugrunde liegen kann. Dass ein signifikanter Zusammenhang zwischen zu gering empfundenem Rückhalt durch die eigenen Vorgesetzten und der Aussage, man könne Konflikte in der eigenen BOE (auch) gegenüber der Führung nicht offen artikulieren (siehe Abschnitt 7.3.3), besteht, lässt eine rein auf persönlichen Befindlichkeiten vorgenommene Bewertung des Rückhalts durch die Vorgesetzten eher abwegig erscheinen. Beide Items korrelieren sehr signifikant mit mittlerer Stärke miteinander (ρ = 306**).

Die Vermutung, das eigene Handeln würde durch die Justiz unter Generalverdacht gestellt und man würde auch bei rechtmäßigem Zwang entsprechende Vorverurteilungen fürchten müssen, wird insgesamt eher abgelehnt. Dennoch beträgt der Anteil derer, die sich bei eignen Maßnahmen einer entsprechenden Gefahr ausgesetzt sieht, zwischen 20 % (WWD, BP) und 33 % (BD). Es ist durchaus fraglich, ob diese PVB durch die Befürchtung, unter Generalverdacht zu stehen, im Einsatz anders (also z. B. zurückhaltender) agieren und durch die diffuse Befürchtung, zu Unrecht für das eigene Handeln verurteilt zu werden, gehemmt sind bei der professionellen Wahl der Mittel – die nun einmal auch Zwang in allen Formen umfasst. Ein entsprechendes Hemmnis, Zwang erforderlichenfalls einzusetzen, würde wiederum die Gefahr bergen, Einsatzsituationen außer Kontrolle geraten zu lassen und ggf. selbst (vermeidbare) Verletzungen zu erleiden.

Besonders bei Berufseinsteiger*innen in Form der KA wäre die Verunsicherung, sich nicht auf das Rechtssystem verlassen zu können (mangels eigener positiver Erfahrungen oder auf Grund des fragilen beamtenrechtlichen Status), vermutlich noch erheblicher (obwohl die KA den zweithöchsten Wert bei der Bewertung des justiziellen Rückhalts aufweisen). Einer Betrachtung der Korrelationen in den einzelnen BOE zeigt tatsächlich mehrere dementsprechende Befunde.

Die Gruppe der KA zeigt als einzige von allen betrachteten BOE zwei signifikante Zusammenhänge im Bereich der Androhung des Zwangs:

Die Befürchtung mangelnden Rückhalts durch die Justiz korreliert sowohl mit der Androhung von unmittelbarem Zwang in Form einfacher körperlicher Gewalt (ρ = 0,477*) als auch mit der Androhung des EMS-A (ρ = 0,469*). Da der Einsatz beider Zwangsformen nicht signifikant mit negativem Rückhalt korreliert, könnte dies dafürsprechen, dass die KA sich bei entsprechenden Befürchtungen über vermehrte Androhungen des Zwangs rechtlich absichern wollen oder durch häufigere Androhung den faktischen Einsatz von Zwang doch noch versuchen, abzuwenden.

Darüber hinaus korreliert auch das Vulnerabilitätsempfinden der KA in ähnlicher Stärke ($\rho = 0{,}426^*$) mit der institutionellen Facette von Rückhalt, wodurch die oben geschilderte Vermutung gestützt wird. Ob tatsächlich eine Kausalkette von zurückhaltenderem Zwangseinsatz (bzw. längerer Androhung) auf Grund der Befürchtung, zu Unrecht rechtlich belangt zu werden und daraus resultierenden Verletzungen mit entsprechenden Auswirkungen auf das Vulnerabilitätsempfinden vorliegt, kann auf Grund der geringen Anzahl an Datensätzen in der Gruppe der KA nicht weiter geprüft werden.

Die einzige BOE, bei der neben den KA auch eine signifikante Korrelation zwischen negativem Rückhalt durch die Justiz und dem Vulnerabilitätsempfinden vorliegt, ist der WWD ($\rho = 0{,}197^*$), der Zusammenhang weist hier allerdings eine schwache Ausprägung auf.

Da WWD und BP, wie in Abschnitt 7.3.2 dargestellt wurde, mit deutlichem Abstand die meisten Zwangseinsätze berichten und gleichzeitig den Rückhalt insgesamt am positivsten bewerten, scheint es keinen Zusammenhang zwischen der Quantität des eigenen Zwangseinsatzes und dem empfundenen Rückhalt zu geben. Dies stützt auch eher die These, dass die polizeiliche Praxis eben nicht regelmäßig Erfahrungen generiert, in denen PVB Zwang einsetzen und dann zu Unrecht (empfunden) belangt werden.[46]

Inwieweit sich Rückhalt (bzw. mangelnder Rückhalt) selbst auf andere Bereiche, etwa die Arbeitszufriedenheit[47] oder die Neigung, politisch Verantwortlichen zu misstrauen (sozusagen als Pendant eines Systems, was PVB ohne Rückhalt sich selbst überlässt und sie nicht schützt, wenn sie erforderliche aber ggf. unpopuläre Maßnahmen treffen) auswirkt, wird später noch betrachtet.

Nachdem nun gezeigt wurde, dass sich die befragten PVB durchaus deutlich verbunden mit der Polizei als Institution und anderen PVB fühlen und somit ein hohes Commitment berichten, aber gleichzeitig der empfundene Rückhalt in Teilen als Mangel beschrieben wurde, folgt die Betrachtung der individuellen Berufsmotivation. Es ist anzunehmen, dass die Identifikation mit der Polizei als Institution verschiedene individuelle Motivationslagen zulässt, die unterschiedliche Aspekte polizeilicher Tätigkeit in den Fokus stellen.

---

[46] Tatsächlich gibt es Hinweise auf gegenteilige Zusammenhänge, dass eindeutig als Fehlverhalten einzuordnende Zwangsmaßnahmen mit ausbleibender Ahndung einhergehen. vgl. Singelnstein et al. 2023, S. 447.

[47] Vgl. Ohlemacher et al. 2002, S. 83.

9.4 Berufsmotivation

Obwohl der Begriff der Berufsmotivation auf den ersten Blick eingängig und selbsterklärend zu sein scheint, werden darunter verschiedene motivationspsychologische Elemente betrachtet, die zu unterschiedlichen Zeitpunkten ansetzen. So erfolgt die Auswahl eines Berufs bzw. Berufsfeldes (auch als *„Berufswahlmotivation“*[48] bezeichnet) möglicherweise unter anderen Vorzeichen als das Ausüben der eigentlichen Tätigkeit im weiteren Berufsleben. Motivationen, die immer auch mit eigenen Zielvorstellungen verknüpft sind, sind zudem veränderbar und über die Zeit hinweg keineswegs konsistent.

Auf die Polizei bezogen sind für die Berufsauswahl und auch während der dienstlichen Praxis mehrere Motive zu benennen, die immer wieder identifiziert werden können. Das weit verbreitete Bild des „Freund und Helfers“ (wenngleich der Terminus „Freund“ etwas romantisch anmutet) ist insofern belastbar, als dass die Motive, Menschen zu helfen sowie etwas Gemeinnütziges bzw. gesellschaftlich Wertvolles zu leisten, über Jahrzehnte konstant ausgeprägt sind. So wurden in der bereits angeführten KFN-Studie von 2002 auf einer siebenstufigen Skala von Vor- und Nachteilen des Polizeiberufs (spricht stark dagegen = 1 bis spricht stark dafür = 7) erhoben. Auf Platz 3 wurde mit einem Wert von 6,0 *„andere Menschen helfen“*[49] sowie auf Platz 7 mit einem Wert von 4,9 die *„Bedeutung für die Gesellschaft“*[50] genannt.

Auch in der MEGAVO-Studie wird die Motivation *„weil ich Menschen helfen wollte“*[51] sowohl als Faktor für die Berufswahl als auch in der aktuellen Tätigkeit auf dem dritten von insgesamt 24 Motivationslagen geführt.[52] Sich für die Gesellschaft einsetzen zu wollen, folgt auf dem sechsten Platz[53] und wird damit ebenfalls von den Befragten hervorgehoben.

[48] Besa 2018, S. 11.

[49] Ohlemacher et al. 2002, S. 39.

[50] Ebd., S. 39.

[51] Schiemann et al. 2023, S. 29.

[52] Vgl. ebd., S. 29.

[53] Vgl. ebd., S. 29.

Die Facette des krisensicheren Berufs (bezogen auf die materielle Sicherheit des Beamtenverhältnisses, Kündigungsschutz etc.) ist bei entsprechenden Befragungen ebenfalls regelmäßig vertreten, wenngleich diese, je nach Studie, unterschiedlich stark ausgeprägt ist. So wurde 2002 das Beamtenverhältnis als Vorteil des Polizeiberufs auf Platz vier von 13 positiven Merkmalen relativ hoch bewertet[54], aktuelle Befunde zeigen soziale Absicherung (wenngleich auch wegen der unterschiedlichen Formulierung Abweichungen zu erklären sind) eher im oberen Mittelfeld der Motivationslagen.[55] Auch die Karriere- bzw. Aufstiegsmöglichkeiten wurden regelmäßig genannt, allerdings im Vergleich zu den anderen Motiven deutlich niedriger platziert.[56]

Darüber hinaus sind auch Aspekte des *„Crime Fighters“*[57], also die Fokussierung auf eine repressive und rechtsdurchsetzende polizeiliche Praxis, regelmäßig zu finden.[58]

In Anlehnung an diese Erkenntnisse wurden sechs Aussagen ausgewählt, die ganz unterschiedliche Aspekte des Polizeiberufs betonen und sowohl individuelle als auch übergeordnete Facetten in den Fokus stellen (Tabelle 9.5). Als Bezugspunkt wurden die Befragten gebeten anzugeben, wie wichtig ihnen die beispielhaft aufgeführten Aspekte bei ihrer Tätigkeit als Polizist*in sind. Beschrieben wird also die Motivation im Status Quo, nicht die Motivation, die für die Berufswahl entscheidend war. Als Antwortkategorien wurden auf einer fünfstufigen verbalisierten Skala die Attribute „Unwichtig“ (1), „Eher unwichtig“ (2), „Teils/teils“ (3), „Eher wichtig“ (4) und „Wichtig“ (5) zur Auswahl gestellt.

[54] Vgl. Ohlemacher et al. 2002, S. 39.

[55] Vgl. Schiemann et al. 2023, S. 30.

[56] Vgl. ebd., S. 29; Ohlemacher et al. 2002, S. 39.

[57] Schöne 2022, S. 250.

[58] Vgl. Groß 2015, S. 32; Behrendes 2022, S. 707.

Tabelle 9.5 Berufsmotivation

Berufsmotivation						
Wie wichtig sind Ihnen die folgenden Aspekte bei Ihrer Tätigkeit als Polizist*in?	Anteil der Befragten in %					MW
	(1)	(2)	(3)	(4)	(5)	
Ich möchte Menschen helfen. (n=339, SD=0,56)	-	0,6	2,9	27,1	69,3	4,65
Ich möchte etwas Gemeinnütziges tun. (n=339, SD=1,03)	2,1	8,8	20,9	35,1	33,0	3,88
Ich möchte für Recht und Ordnung einstehen. (n=339, SD=0,59)	-	0,6	3,8	29,8	65,8	4,61
Ich möchte Straftäter*innen zur Rechenschaft ziehen. (n=339, SD=0,72)	0,6	1,2	6,8	23,9	67,6	4,57
Ich möchte Karriere machen. (n=339, SD=1,09)	7,7	27,4	31,9	23,9	9,1	2,99
Ich möchte einen krisensicheren Arbeitsplatz haben. (n=339, SD=0,93)	1,2	5,6	13,0	37,2	43,1	4,15
n=Anzahl Befragter | MW=Mittelwert | | SD=Standardabweichung						

Die sechs Aussagen weisen Mittelwerte zwischen MW = 2,99 („Ich möchte Karriere machen.") und MW = 4,65 („Ich möchte Menschen helfen") auf. Für wie wichtig die einzelnen Aspekte im Detail gehalten werden, zeigt die folgende Auswertung.

Die Motivationslage, Menschen zu helfen, findet der überwiegende Anteil der Befragten mit 69,3 % (n = 235) wichtig oder mit 27,1 % (n = 92) eher wichtig. In Summe sehen also 96,4 % das Helfen als wichtigen Teil ihrer Tätigkeit an. Nur 2,9 % (n = 13) haben sich mit Teils/teils geteilter Meinung gegenüber der Rolle als Helfende/r gezeigt, eher unwichtig finden 0,4 % (n = 2) diesen Aspekt. Die Kategorie „unwichtig" wurde nicht gewählt. Mit einem Mittelwert von MW = 4,65 handelt es sich hierbei um die Motivationslage, die am stärksten vertreten ist.

Das zweite Item mit karitativen Aspekten („Ich möchte etwas Gemeinnütziges tun") wird demgegenüber für weniger wichtig gehalten. Für wichtig halten 33,0 % (n = 112) dies in ihrer Tätigkeit, weitere 35,1 % (n = 119) für eher wichtig. Mit 20,9 % (n = 71) wählte ein Fünftel der Befragten die Teils/teils-Kategorie. In Summe 10,9 % (n = 37) halten etwas Gemeinnütziges zu tun für tendenziell unwichtig. Der Mittelwert ist mit MW = 3,88 um 0,77 Punkte geringer als beim ersten Item dieser Motivationslage.

Für Recht und Ordnung einzustehen wird für nahezu ebenso wichtig gehalten, wie zu helfen. Mit 95,6 % (n = 324) ist dieser Aspekt für fast alle Befragten wichtig (65,8 %, n = 223) bzw. eher wichtig (29,8 %, n = 101). 3,8 % (n = 13) wählten die Teils/teils-Kategorie, für 0,6 % (n = 2) ist dieser Aspekt eher unwichtig. Die Kategorie „unwichtig“ wurde nicht gewählt. Mit einem Mittelwert MW = 4,61 ist dieses Item nur 0,04 Skalenpunkte hinter dem Ersten platziert.

Straftäter zur Rechenschaft zu ziehen, wird für ähnlich wichtig erachtet. Mit 91,5 % (n = 310) ist der Anteil derer, die dieses Element für wichtig (67,6 %, n = 229) oder eher wichtig (23,9 %, n = 81) halten, etwas geringer. Auch die Kategorie „teils/teils“ ist mit 6,8 % (n = 23) etwas häufiger vertreten. Für eher unwichtig halten 1,2 % (n = 4) die Motivation, Straftäter zur Rechenschaft zu ziehen, 0,6 % (n = 2) finden dies unwichtig. Der Mittelwert von MW = 4,57 liegt nur minimal hinter dem des anderen Items der Teilskala „Recht und Ordnung“.

Die Motivation, Karriere zu machen, wird sehr ambivalent beurteilt. In etwa die gleichen Anteile halten dies für wichtig (9,1 %, n = 31) oder eher wichtig (23,9 %, n = 81), wohingegen 27,4 % (n = 93) Karriereambitionen für eher unwichtig bzw. unwichtig (7,7 %, n = 26) halten. Rund ein Drittel hat mit 31,9 % (n = 108) die Teils/teils-Kategorie gewählt. Mit einem Mittelwert von MW = 2,99 wird dieses Item für die am wenigsten wichtige Berufsmotivation erachtet.

Deutlich höherer Wert wird der Aussage beigemessen, einen krisensicheren Arbeitsplatz zu haben. In Summe 81,3 % (n = 272) halten dies für eher wichtig (37,2 %, n = 126) oder wichtig (43,1 %, n = 146). Auf die Teils/teils-Kategorie entfallen mit 13,0 % (n = 44) ca. doppelt so viele Stimmen, wie auf die Summe der beiden Kategorien „eher unwichtig“ (5,6 %, n = 19) bzw. „wichtig“ (1,2 %, n = 4). Dementsprechend liegt auch der Mittelwert mit MW = 4,15 deutlich höher als bei der vorherigen Aussage zu den Karriereambitionen.

Es wird deutlich, dass die Motivationslagen sehr differenziert durch die Befragten bewertet werden. Zwar ist Menschen zu helfen die ausgeprägteste Motivation im täglichen Dienst; etwas Gemeinnütziges zu tun, tritt als Antrieb aber deutlich dahinter zurück. Im Gegensatz dazu nehmen die beiden Motivationslagen mit eher repressivem Fokus deutlich mehr Raum ein und zeigen, dass das Element der Rechtschaffenheit („für Recht und Gesetz eintreten“) nur marginal mehr bestätigt wird als das Motiv, Straftäter*innen zur Rechenschaft zu ziehen. Das Bedürfnis nach Strafe, auch als Punitivität bezeichnet, könnte ein Erklärungsansatz für die hohe Motivation sein, Täter und Täterinnen zur Rechenschaft zu ziehen. Dabei wurde in der Vergangenheit im Rahmen einer Vergleichsstudie festgestellt, dass die Punitivität von PVB im Vergleich zur

Allgemeinbevölkerung nicht signifikant höher ist.[59] Im Vergleich von Berufseinsteiger*innen zu PVB mit Berufserfahrung sind unter letzteren aber signifikant höhere Werte feststellbar gewesen.[60]

Auf die Motive, die das individuelle Fortkommen bzw. die materielle Absicherung beschreiben, entfallen sehr unterschiedliche Zustimmungswerte. Während die Eigenschaft des krisensicheren Jobs für drei Viertel der Befragten ein wichtiger Faktor ist, scheint der Aspekt der Karriere eher zweitrangig unter den Motivationslagen zu sein. Dies deckt sich auch mit dem o. g. Befunden anderer Studien.

Ob es darüber hinaus sinnvoll ist, die unterschiedlichen Motivationen gebündelt zu betrachten, zeigt eine Faktorenanalyse. Die Stichprobe eignet sich mit einem KMO-Koeffizient[61] von 0,652 sowie einem signifikanten Bartlett-Test auf Sphärizität ($p<0{,}001$) grundsätzlich für eine Faktorenanalyse,[62] wenngleich der KMO-Koeffizient nur eine mäßige Eignung der vorliegenden Daten annehmen lässt.[63] Die extrahierten Hauptkomponenten mit einem Eigenwert >1[64] wurden einer Varimax-Rotation[65] unterzogen, um möglichst ausgeprägte Ladungen einzelner Items auf die extrahierten Faktoren zu generieren und zeitgleich keine oder nur geringe Nebenladungen auf andere Faktoren zu erzielen.[66] Dies wird auch als „Einfachstruktur"[67] bezeichnet.

Zwei Faktoren weisen mit 2,070 (Faktor 1) und 1,201 (Faktor 2) entsprechende Eigenwerte auf und liefern 34,50 % (Faktor 1) bzw. 20,02 % (Faktor 2) Varianzaufklärung. Auch die Analyse des Screeplots (siehe Abbildung 9.1) unterstützt die Extraktion dieser beiden Faktoren; die erklärte Gesamtvarianz des Modells liegt somit bei 54,52 %.

---

[59] Vgl. Ellrich 2012, S. 98.

[60] Vgl. Abdul-Rahman 2019, S. 2.

[61] Vgl. Field 2018, S. 808.

[62] Vgl. Schnaudt 2020, S. 214.

[63] Vgl. Klopp 2010, S. 4.

[64] Vgl. Schnaudt 2020, S. 216.

[65] Vgl. Klopp 2010, S. 7.

[66] Vgl. Schnaudt 2020, S. 217.

[67] Vgl. Klopp 2010, S. 7.

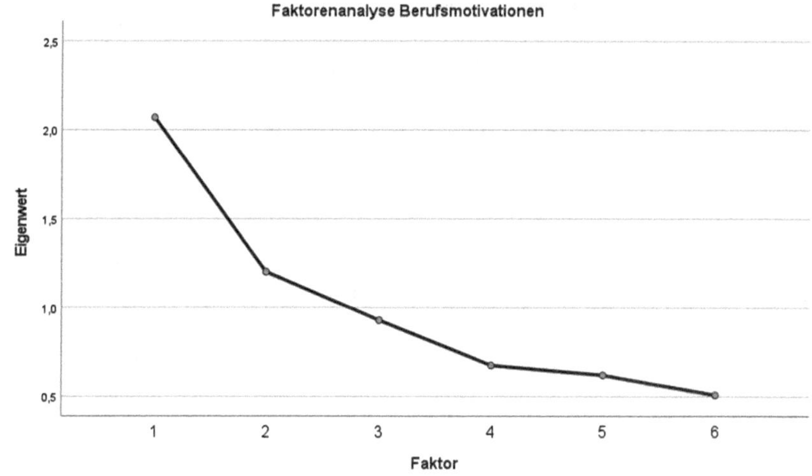

Abbildung 9.1 Faktorenanalyse Berufsmovitationen Scree Plot

Die rotierte Komponentenmatrix zeigt, dass der Faktor 1 die Items mit eher altruistischer Ausrichtung beinhaltet, nämlich die Motivationen Menschen zu helfen (0,849), etwas Gemeinnütziges zu tun (0,719) und „für Recht und Ordnung einzustehen" (0,571). Das letztgenannte Item lädt dabei auch auf dem zweiten Faktor, wenngleich mit geringerer Stärke (0,497), und widerspricht somit einer idealen Einfachstruktur.

Der zweite Faktor beinhaltet alle übrigen Items, wobei festzustellen ist, dass die Ambition, Karriere machen zu wollen mit 0,763 und die Eigenschaft eines krisensichereren Arbeitsplatzes mit 0,742 deutlich stärker auf dem Faktor 2 laden als die Motivation, Straftäter zur Rechenschaft ziehen zu wollen mit 0,469. Dieses Item lädt wiederum auch auf dem Faktor 1, mit einer Stärke von 0,308 aber kaum über Grenzwert für inhaltliche Interpretation.[68]

Überhaupt ist die inhaltliche Interpretation von Faktor 2 nicht eindeutig leistbar, da keine naheliegende Verknüpfung zwischen dem Bedarf an beruflicher Sicherheit und Perspektive einerseits und der Motivation, Straftäter*innen zur Rechenschaft zu ziehen, hergestellt werden kann.

Ein Blick auf die Korrelationen der einzelnen Items zeigt, dass der Bedarf eines strukturell sicheren Arbeitsplatzes am deutlichsten mit Karrierewünschen

[68] Vgl. Klopp 2010, S. 7.

einhergeht und eine signifikante Korrelation mittlerer Stärke zwischen beiden Items mit $\rho = 327^{**}$ besteht.

Die repressive Motivation, Straftäter*innen zur Rechenschaft zu ziehen, weist zwar auch signifikante positive Korrelationen zu diesen beiden Items auf ($\rho = 0{,}154^{**}$ zu Karriereambitionen bzw. $\rho = 0{,}164^{**}$ für Krisensicherheit), geht allerdings am deutlichsten und auch inhaltlich schlüssigsten mit dem Item einher, für Recht und Ordnung einzutreten.

Das Zusammenhangsmaß zeigt hier mit $\rho = 0{,}361^{**}$ eine signifikante Korrelation mittlerer Stärke, die innerhalb der sechs Einzelitems nur noch vom Zusammenhang zwischen dem Ansinnen, etwas Gemeinnütziges zu tun, und der Motivation zu helfen mit $\rho = 0{,}399^{**}$ übertroffen wird. Allerdings liegt auch eine signifikante Korrelation zwischen dem Anspruch, für Recht und Ordnung einzutreten und etwas Gemeinnütziges zu tun mit $\rho = 0{,}358^{**}$ in nur minimal geringerer Stärke vor.

Wenngleich also die Korrelationsanalyse eher nahelegen würde, die beiden Items mit repressiver Ausrichtung gemeinsam zu betrachten, lässt die Ladung der Items auf den Faktoren 1 und 2 eher eine Kombination mit den gemeinnützigen Elementen schlüssig erscheinen. Es ist hier durchaus denkbar, dass die Motivation, für Recht und Ordnung einzutreten, dabei weniger mit der repressiven Verfolgung von Straftaten bzw. Straftäter*innen in Verbindung gebracht wird, sondern eher als rechtschaffenes Ansinnen, die Rechtsordnung durchzusetzen, verstanden werden sollte. Diese Auslegung würde auch den entsprechenden Zusammenhang mit dem Faktor des Allgemeinnutzes erklären.

Aufgrund dieser Annahme wird für weitere Detailbetrachtungen die Berufsmotivation grundsätzlich über eine helfend-allgemeinnützige Komponente (drei Items, s. o.), die materiell-karriereorientierte (zwei Items zur beruflichen Entwicklung und materiellen Sicherheit) sowie das Einzelitem mit repressiver Ausrichtung erfasst. Die Reliabilität der gebildeten Subskalen weist dabei eine noch akzeptable Stärke mit $\alpha = 0{,}55$ bzw. $p^{SP} = 0{,}49$ auf (Tabelle 9.6).

Tabelle 9.6 Korrelationen der Berufsmotivationen

Korrelationen der Berufsmotivationen				
	MW	Helfen	Job	Repression
Berufsmotivation Helfen (α=0,55; SD=0,55)	4,38	-	0,230**	0,243**
Berufsmotivation Job (p^{SP}=0,49; SD=0,82)	3,57	0,230**	-	0,195**
Berufsmotivation Repression (SD=0,72)	4,57	0,243**	0,195**	-
n=Anzahl Befragter | MW=Mittelwert | | SD=Standardabweichung | **=auf dem Niveau von p=0,01 signifikant				

Insgesamt zeigt sich die nur über ein Item abgebildete Motivation, Straftäter*innen zur Rechenschaft ziehen zu wollen, als die am stärksten vertretene mit MW = 4,57. Vor dem Hintergrund der Skalierung (1 bis 5) zeigt sich somit deutlich, dass BOE übergreifend das repressive Element der eigenen Arbeit durchweg Zustimmung findet.

Gleichzeitig ist auch anzuführen, dass die Motivation des Helfens bei zwei von drei umfassten Items höhere Zustimmungswerte gezeigt hat (MW = 4,61 bzw. MW = 4,65 siehe Tabelle 9.5) und die Subskala nur aufgrund des deutlich geringeren Mittelwerts beim Aspekt, etwas Gemeinnütziges tun zu wollen (MW = 3,88), insgesamt mit MW = 4,38 hinter den repressiven Elementen eingeordnet werden muss. Mit Abstand am wenigsten motivierend sind für die PVB die Facetten beruflich-materieller Sicherheit und von Karriereambitionen mit MW = 3,57. Allerdings zeigen andere Erhebungen, dass die soziale Absicherung bei der Berufswahl sehr wohl ein nicht unerheblicher Faktor ist[69] und die Krisensicherheit des Beamtenstatus auch für mehr als drei Viertel der hier befragten PVB einen wichtigen Aspekt darstellt – der Teilbereich der Karriereambitionen ist den Befragten im Vergleich deutlich weniger wichtig.

Alle Motivationsstränge korrelieren signifikant miteinander, wobei die Berufsmotivationen des Helfens und der Repression mit ρ = 0,243** den größten Zusammenhang aufweisen. Dies ist aufgrund des im Rahmen der Faktorenanalyse bereits angesprochenen Items zum Eintreten für Recht und Ordnung und dessen Ladungen auf beide Faktoren (Helfen, Repression) nicht überraschend. Obwohl die Korrelationen also keinen Hinweis darauf geben, dass die unterschiedlichen Motivationslagen in Konkurrenz zueinander stehen oder sich gar gegenseitig ausschließen würden, sind doch Unterschiede zu vermuten.

[69] Vgl. Schiemann et al. 2023, S. 29.

So wäre anzunehmen, dass gerade für jüngere PVB der Aspekt der materiellen Sicherheit oder möglicher Karriereambitionen höhere Priorität als für ältere PVB einnimmt, die bereits materiell abgesichert sind oder keine Karriereambitionen (mehr) haben – entweder weil sie entsprechende Funktionen bereits erreicht haben oder entsprechende Entwicklungspfade altersbedingt nicht mehr offenstehen. Gleichermaßen wäre denkbar, dass jüngere PVB noch mehr von *„Jagdfieber“*[70] angetrieben werden und für sie der Aspekt, Straftäter*innen zur Rechenschaft zu ziehen, daher mehr verfängt und mit steigendem Alter eher zurückhaltender agiert wird. Die einzige Motivation, bei der keine klare altersbedingte Entwicklung skizziert werden kann, ist die Dimension des Helfens.

Tatsächlich bestätigt die folgende Tabelle diese Vermutungen zumindest im Ansatz. Eine signifikante Korrelation besteht mit $\rho = -0{,}175^{**}$ nur zwischen dem Lebensalter und der materiell geprägten Motivation. Jüngere PVB äußern also öfter, den Polizeiberuf (auch) aufgrund materieller Gesichtspunkte ergriffen zu haben. Auch wenn keine lineare Entwicklung über alle fünf Altersgruppen abgebildet wird, zeigen die beiden jüngsten Gruppen der PVB von 18 bis 29 Jahren und von 30 bis 39 Jahren erkennbar höhere Mittelwerte als die anderen Gruppen. Die maximale Differenz beträgt hier 0,41 bzw. 0,37 zwischen den PVB dieser Gruppen und der Gruppe der ältesten PVB, die mit MW = 3,36 am wenigsten materielle Motivation berichtet.

Die allgemeinnützig-helfende Motivation verteilt sich über alle Altersgruppen hinweg über eine etwas geringere Spannweite von MW = 4,20 (Gruppe >59 Jahre) bis MW = 4,48 (Gruppe 40 bis 49 Jahre); es besteht kein signifikanter Zusammenhang zwischen dieser Motivationslage und dem Alter mit $\rho = 0{,}001$. Am geringsten sind die Schwankungen zwischen den Altersgruppen bei der repressiven Motivation, die mit maximal 0,12 Einheiten deutlich geringer als bei den anderen Motivationen sind. Wenngleich das negative Vorzeichen anzeigt, dass jüngere PVB eher von der Motivation, Straftäter*innen zur Rechenschaft zu ziehen, angetrieben werden, ist dieser Zusammenhang mit $\rho = -0{,}060$ nicht signifikant (Tabelle 9.7).

[70] Vgl. Lorei 2012, S. 141.

Tabelle 9.7 Berufsmotivation und Alter

Berufsmotivation und Alter						
	Lebensalter in Jahren gruppiert					Korrelation
	18-29 (n=81)	30-39 (n=75)	40-49 (n=47)	50-59 (n=94)	>59 (n=29)	
Berufsmotivation Helfen (MW)	4,36	4,34	4,48	4,41	4,20	0,001
Berufsmotivation Job (MW)	3,77	3,73	3,38	3,44	3,36	-0,175**
Berufsmotivation Repression (MW)	4,62	4,62	4,55	4,50	4,52	-0,060
** auf dem Niveau von 0,01 signifikant (zweiseitig) | n=Anzahl | MW=Mittelwert						

9.5 Cop Culture

Nach Arbeitszufriedenheit, Commitment, dem empfundenen Rückhalt und der Berufsmotivation wird die Cop Culture als letzte Facette von Einstellungen gegenüber bzw. in der eigenen Organisation betrachtet.

Als Cop Culture bezeichnet man die Binnenkultur von Polizist*innen, die auch als sogenannter „Second Code“[71], also als informelle Alternative zu offiziellen Vorgaben und Leitbildern, gelebt wird. Die Befragten wurden gebeten anzugeben, mit Blick auf die letzte Organisationseinheit, in der sie längere Zeit mit Kolleg*innen zusammengearbeitet hatten, für wie typisch sie vorgegebene Attribute in dieser Gruppe hielten. Die zur Disposition gestellten Attribute entstammen dem von Gutschmidt und Vera[72] entwickelten Fragebogen „CC-20“[73]. Die ursprünglich 20 Items wurden aus befragungsökonomischen Erwägungen auf 14 reduziert[74]. Dazu wurde eine fünfstufige verbalisierte Skala von „Gar nicht“ (1), „Wenig“ (2), „Mittelmäßig“ (3), „Überwiegend“ (4) bis „Völlig“ (5) vorgegeben.

[71] Vgl. Püschel 2022, S. 409.

[72] Gutschmidt und Vera 2019, S. 238.

[73] Ebd., S. 238.

[74] Anmerkung zu Tabelle 9.8: Die Reduzierung der ursprünglich 22 Items von Gutschmidt/Vera wurde analog zum Fragebogen des Projekts DeWePol (Stand 08/2021) vorgenommen.

Ein Vergleich der Mittelwerte zeigt deutlich, dass die Attribute sehr unterschiedlich im Hinblick darauf bewertet werden, ob sie als typisch für die Polizei (bzw. für die jeweilige Organisationseinheit) angesehen werden. Insgesamt verteilen sich die Werte über eine Spannweite von 1,65 Skaleneinheiten. „Männlichkeit“ wird dabei zwischen wenig und mittelmäßig typisch (MW = 2,52) mit dem geringsten Wert eingeordnet und liegt damit sehr deutlich (0,53) hinter den anderen Attributen zurück. Als Nächstes folgt, als mittelmäßig typisch, Mut/Tapferkeit (MW = 3,05). Relativ nah beieinander werden ebenfalls als mittelmäßig typisch die Opferbereitschaft des Einzelnen gegenüber der Gruppe (MW = 3,30), Stärke (MW = 3,38), Stolz auf/Verbundenheit mit der Polizei (MW = 3,47) und Ehre/guter Ruf (MW = 3,49) gesehen. Inhaltlich sind diese Attribute allerdings sehr unterschiedlich zu bewerten, sodass deren relative Nähe zueinander zufällig erscheint.

In Kontrast dazu sind mit Loyalität gegenüber dem Staat (MW = 3,71), Besonnenheit (WM = 3,72) und Neutralität (MW = 3,77) drei Eigenschaften fast kongruent, denen auch inhaltlich zumindest eine gewisse Nähe zugesprochen werden kann. Mit Ihren Mittelwerten liegen diese zwischen mittelmäßig und überwiegend typisch, wenngleich rechnerisch die Tendenz bereits zur Kategorie „Überwiegend“ geht (>3,5).

Tabelle 9.8 Cop Culture

Cop Culture						
Bitte denken Sie an die letzte Organisationseinheit, in der sie über längere Zeit mit Kolleg*innen zusammengearbeitet haben. Kreuzen Sie bitte an, in welchem Ausma0 die folgenden Werte für diese Gruppe typisch sind oder nicht.	**Anteil der Befragten in %**					**MW**
	(1)	**(2)**	**(3)**	**(4)**	**(5)**	
Verantwortlichkeit/Verantwortungsbewusstsein (n=335, SD=0,75)	0,6	2,4	10,7	52,2	34,0	4,17
Unterstützung der Gruppe (n=335, SD=0,83)	0,3	4,2	13,7	43,9	37,9	4,15
Gerechtigkeit (n=333, SD=0,75)	0,6	2,1	13,5	52,6	31,2	4,12
Vertrauen in die Gruppe (n=335, SD=0,89)	0,6	5,4	16,1	40,9	37,0	4,08
Solidarität/Zusammenhalt in der Gruppe (n=335, SD=0,84)	0,6	4,8	16,4	48,4	29,9	4,02
Neutralität (n=334, SD=0,88)	1,5	5,4	27,8	45,2	20,1	3,77
Besonnenheit (n=334, SD=0,81)	0,9	4,8	31,1	47,6	15,6	3,72
Loyalität (gegenüber dem Staat) (n=335, SD=0,85)	1,8	6,9	23,9	53,4	14,0	3,71
Ehre/guter Ruf (n=333, SD=0,88)	2,1	10,2	33,9	43,8	9,9	3,49
Stolz auf/Verbundenheit mit der Institution Polizei (n=334, SD=0,94)	2,4	13,5	29,9	43,1	11,1	3,47
Stärke (n=335, SD=0,96)	4,8	11,3	33,1	43,0	7,8	3,38
Opferbereitschaft (der/des Einzelnen gegenüber der Gruppe) (n=335, SD=1,02)	5,4	15,8	31,6	37,3	9,9	3,30
Mut/Tapferkeit (n=335, SD=0,96)	7,5	18,2	40,0	30,7	3,6	3,05
Männlichkeit (n=334, SD=0,96)	14,1	36,5	34,7	12,3	2,4	2,52
n=Anzahl Befragter | MW=Mittelwert | SD=Standardabweichung | ρ(SP)=Spearman-Brown-Koeffizient						

Als überwiegend typisch werden darüber hinaus die letzten fünf Attribute empfunden. Dazu liegen Solidarität in der Gruppe (MW = 4,02), Vertrauen in die Gruppe (MW = 4,08), Gerechtigkeit (MW = 4,12), Unterstützung der Gruppe (MW = 4,15) und Verantwortlichkeit/Verantwortungsbewusstsein (MW = 4,17) mit einer Spannweite von 0,15 ebenfalls sehr nahe beieinander. Auffällig ist hier, dass drei der fünf Attribute Bezug zum Gruppengefüge der Organisationseinheit haben und mit Gerechtigkeit und Verantwortlichkeit/Verantwortungsbewusstsein weitere Elemente als typisch gesehen werden, die auch eher auf das Binnenverhältnis der Dienstverrichtung bezogen sein dürften.

Bereits dieser erste oberflächliche Blick verdeutlicht, dass dem Element der Gruppe als innerdienstlichem Sozialgefüge eine hohe Bedeutung zugemessen wird. Dass Gruppen innerpolizeilich eine Rolle spielen, liegt aufgrund der Organisationsstruktur und der Gliederung in Dienstgruppen (z. B. Wachdienst der Direktionen GE und K, dem Verkehrsdienst) bzw. Gruppen (als Untereinheit der Züge innerhalb der BP) zunächst nahe. Allerdings beziehen sich die genannten Attribute nicht nur auf die Existenz von Gruppen. Vielmehr werden individuelle Einstellungen zur Gruppe wie Solidarität und Vertrauen im Gruppengefüge artikuliert, welche deutlich machen, dass Gruppen nicht nur als organisatorische Rahmung akzeptiert, sondern auch als soziales Element für wichtig erachtet werden. Mit Blick auf gruppendynamische Prozesse und die Sozialisation innerhalb der eigenen dienstlichen Gruppe werden etwaige Schlüsse daraus noch an späterer Stelle diskutiert.

Eine Betrachtung aller Attribute in einer gemeinsamen Gesamtskala scheint, auch wenn es Aussagen über „die Cop Culture" oder die Prüfung weiterer Einflüsse auf und von dieser vereinheitlichten Binnenkultur vereinfachen würde, nicht zielführend. Denn die genannten Attribute werden nicht nur für sehr unterschiedlich typisch gehalten, ihre inhaltliche Disposition zueinander ist in Teilen sogar gegensätzlich. Die Betrachtung der Interkorrelationen aller Items zeigt zum Beispiel, dass Männlichkeit signifikant negativ mit anderen Attributen korreliert ist, so z. B. beispielsweise mit Vertrauen in die Gruppe (−0,124*), Verantwortlichkeit/Verantwortungsbewusstsein (−0,140**), Gerechtigkeit (−0,146**), Neutralität (−0,154**) oder Besonnenheit (−0,207**). Eine inhaltliche Gesamtskala wäre schlicht inhaltlich nicht interpretierbar, denn sie würde ja offen lassen, ob ein hoher Wert z. B. eher ausgeprägte Männlichkeit oder Mut für die jeweilige Bezugsgruppe oder dem entgegenstehende Attribute (z. B. Besonnenheit) impliziert.

Stattdessen wurde dem auch von Gutschmidt und Vera praktizierten Ansatz gefolgt[75] und mittels Faktorenanalyse ermittelt, ob es verschiedene Hauptkomponenten gibt, mit deren Hilfe sich mehrere Facetten von Cop Culture benennen und interpretieren lassen. Dazu wurde eine explorative Faktorenanalyse durchgeführt, nachdem das Kaiser-Meyer-Olkin-Kriterium (KMO = 0,857) sowie der Bartlett-Test[76] die Eignung der Variablen dafür bestätigten. Als Vorgabe wurden Hauptkomponenten mit einem Eigenwert >1 extrahiert[77] und anschließend

[75] Vgl. Gutschmidt und Vera 2019, S. 239.

[76] Bartlett-Test auf Sphärizität: $Chi^2(91) = 2095{,}185$, sig <0,001.

[77] Vgl. Martens 2003, S. 234.

mittels Varimax-Rotation und Kaiser-Normalisierung ausgewertet. Der Screeplot verdeutlicht, dass drei Hauptkomponenten mit entsprechenden Eigenwerten (Komponente 1 = 5,160 I Komponente 2 = 2,238 I Komponente 3 = 1,244) extrahiert werden konnten, die in Summe 62,37 % der Varianz aufklären (Abbildung 9.2).

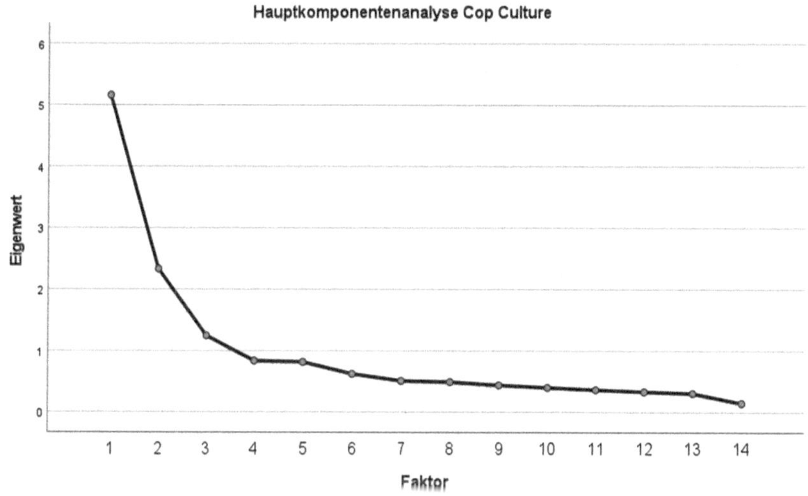

Abbildung 9.2 Hauptkomponentenanlyse Cop Culture – Scree Plot

Den drei extrahierten Faktoren konnten aus der Strukturmatrix unterschiedlich viele Attribute zugeordnet werden. Auf dem ersten Faktor laden sieben Eigenschaften, die eine professionell rechtsstaatliche Ausrichtung zeigen. Neutralität, Verantwortlichkeit/Verantwortungsbewusstsein, Besonnenheit, Gerechtigkeit, Stolz auf/Verbundenheit mit der Polizei, Loyalität gegenüber dem Staat und Ehre/guter Ruf zeichnen eine Dimension von Cop Culture, in der viele Ideale der offiziellen Polizeikultur aufgehen.

Allerdings sind die Faktorladungen unterschiedlich stark ausgeprägt und zeigen, dass die auf Professionalität und Rechtsstaatlichkeit bezogenen Items wie „Neutralität" (0,736), „Verantwortlichkeit/Verantwortungsbewusstsein" (0,724), „Besonnenheit" (0,691) und „Gerechtigkeit" (0,689) stärkere Ladungen aufweisen als Attribute wie „Stolz auf/Verbundenheit mit der Polizei" (0,651)[78],

[78] Anmerkung zu Tabelle 9.9: Dieses Item wies mittlere Ladungen sowohl im Faktor 1 (0,651) als auch im Faktor 3 (0,502) auf. Nach Reliabilitätsanalyse mittels Cronbachs α

„Loyalität gegenüber dem Staat“ (0,643) und „Ehre/guter Ruf“ (0,596), die eher Organisationstreue und ein repräsentatives Bewusstsein beschreiben. Sämtliche Eigenschaften zeigen gute Trennschärfekoeffizienten (korrigierte Korrelation zwischen den einzelnen Attributen und der Gesamtskala) > 0,5 bis auf Ehre/guter Ruf; auch hier liegt der Wert mit 0,47 noch im akzeptablen Bereich.[79] Mit einem $\alpha = 0{,}804$ weist dieser Faktor 1 (Tabelle 9.9) von Cop Culture eine gute Reliabilität auf.[80] Der Mittelwert von MW = 3,77 würde die diese rechtsstaatlich-professionelle Dimension im Durchschnitt (bei Aufrundung ab 3,5) in der Kategorie „überwiegend typisch“ positionieren.

Tabelle 9.9 Faktor 1 – Professionelle Rechtsstaatlichkeit

Faktor 1: Professionelle Rechtsstaatlichkeit		
	Faktorladung	**Trennschärfe**
Neutralität	0,736	0,594
Verantwortlichkeit/Verantwortungsbewusstsein	0,724	0,627
Besonnenheit	0,691	0,573
Gerechtigkeit	0,689	0,594
Stolz auf/Verbundenheit mit der Polizei	0,651	0,548
Loyalität gegenüber dem Staat *	0,643	0,530
Ehre/Guter Ruf	0,596	0,470
MW=3,77; SD=0,57; α=0,804		
MW=Mittelwert | SD=Standardabweichung | α=Cronbachs Alpha		

Stolz auf/Verbundenheit mit der Polizei lässt hierbei bereits semantisch eine Überschneidung zu ausgeprägtem Commitment erwarten, dies wird an späterer Stelle (siehe Abschnitt 9.6) noch zu betrachten sein.

zeigte sich, dass ein Einschluss dieses Items in die Skala zu Faktor 3 zu einer Verschlechterung auf 0,709 führen würde. Gleichzeitig würde ein Ausschluss aus der Skala zu Faktor 1 zum Absinken von α der Skala auf 0,783 führen, sodass sowohl die Faktorladungen als auch die Reliabilitätsanalyse dafürsprechen, dieses Item nur in Faktor 1 mit einzubeziehen.

[79] Vgl. Schnaudt 2020, S. 222.

[80] Vgl. ebd., S. 222.

Der zweite Faktor zeigt sich als gruppenbetone Dimension (Tabelle 9.10), in der die Unterstützung der Gruppe, das Vertrauen in die Gruppe, Solidarität/Zusammenhalt in der Gruppe und die Opferbereitschaft des Einzelnen gegenüber der Gruppe aufgehen. Zwar lädt die Opferbereitschaft mit 0,648[81] am schwächsten der vier Attribute auf diesem Faktor, dennoch implizieren die Unterstützung (0,893), das Vertrauen (0,869) und der Zusammenhalt in der Gruppe (0,810) allesamt auch, dass die Unterstützung der Gruppe und Solidarität per se eine Opferbereitschaft des Einzelnen einfordern. Ob diese Opferbereitschaft als immanenter Teil einer ausgeprägten Gruppenkultur die Gefahr übersteigerter bzw. falsch verstandener Kollegialität birgt, müssen weitere Analysen zeigen (siehe Abschnitt 13.2).

Mit einem MW = 3,88 wird die Gruppenkultur als noch etwas typischer als die professionelle und rechtsstaatliche Facette angesehen. Auch hier spricht das hohe α = 0,847 für eine gute Reliabilität dieser Teilskala. Die Trennschärfekoeffizienten sind mit mindestens 0,58 (Opferbereitschaft) und in allen anderen Fällen von >0,7 als hoch zu bezeichnen.

Tabelle 9.10 Faktor 2 – Gruppenkultur

Faktor 2: Gruppenkultur		
	Faktorladung	**Trennschärfe**
Unterstützung der Gruppe	0,893	0,823
Vertrauen in die Gruppe	0,869	0,769
Solidarität/Zusammenhalt in der Gruppe	0,810	0,752
Opferbereitschaft gegenüber der Gruppe	0,648	0,588
MW=3,88; SD=0,74; α=0,847		
MW=Mittelwert | SD=Standardabweichung | α=Cronbachs Alpha		

Der dritte Faktor umfasst mit lediglich drei Items die wenigsten Attribute (Tabelle 9.11) und zugleich diejenigen, die insgesamt eher als weniger typisch eingeschätzt werden, was sich auch anhand des deutlich geringeren Mittelwertes (MW = 2,98) dieser Teilskala im Vergleich zu den beiden anderen Faktoren zeigt. Inhaltlich weisen Mut/Tapferkeit, Männlichkeit und Stärke auf eine maskulin-heroische Dimension, die traditionelle Elemente männlicher Hegemonie

[81] Anmerkung zu Tabelle : Die Reliabilität der Skala wäre bei Löschung des Items „Opferbereitschaft“ auf α = 0,884 gestiegen. Auf Grund des mit α = 0,847 bereits guten Wertes wurde darauf jedoch verzichtet.

sowie (eher militärisch anmutender) Vorstellungen anzustrebender Ideale entspricht. Mit einem $\alpha = 0{,}731$ liegt die Reliabilität noch im guten Bereich, wobei bereits allein die geringere Anzahl an Items innerhalb dieser Skala eine niedrigere Reliabilität als in den beiden anderen Dimensionen bedingen könnte[82]. Die Trennschärfekoeffizienten zeigen auch hier durchgängig hohe Werte >0,6 (Tabelle 9.11).

Tabelle 9.11 Faktor 3 – Maskulin-heroisch

Faktor 3: Maskulin-heroisch		
	Faktorladung	**Trennschärfe**
Mut/Tapferkeit	0,792	0,609
Männlichkeit	0,742	0,700
Stärke	0,702	0,621
MW=2,98; SD=0,77; α=0,731		
MW=Mittelwert | SD=Standardabweichung | α=Cronbachs Alpha		

Diese drei Faktoren definieren sich inhaltlich also über Attribute, die sich durchaus entgegenstehen (können). Ob dies tatsächlich zutrifft, oder Tätigkeitsbereiche auch mehrere Faktoren umfassen können, zeigt die Analyse der Interkorrelationen. Zunächst sind sämtliche Korrelationen sehr signifikant ($p<0{,}01$) und positiv. Grundsätzlich in oppositionellem Zusammenhang stehen also keine der Faktoren zueinander (Tabelle 9.12).

Tabelle 9.12 Cop Culture – Interkorrelationen der Dimensionen

Cop Culture – Interkorrelationen der Dimensionen			
	Dimension 1	**Dimension 2**	**Dimension 3**
Dimension 1 – Professionell - rechtsstaatlich	x	0,592**	0,192**
Dimension 2 – Gruppenkultur	0,592**	x	0,311**
Dimension 3 – Maskulin-heroisch	0,192**	0,311**	x
** auf dem Niveau von p=0,01 signifikant | zweiseitiges Signifikanzniveau			

[82] Vgl. Gliem und Gliem 2003, S. 87.

Am stärksten ausgeprägt ist die Korrelation zwischen der professionell-rechtsstaatlichen Dimension und der Gruppenkultur. Mit 0,592** liegt eine mittlere Effektstärke vor. Dies spricht zunächst dafür, dass PVB, die eine ausgeprägte Gruppenkultur berichteten, gleichermaßen zu hohen Anteilen auch die professionell-rechtsstaatlichen Elemente für typisch bewerteten. Da nicht danach gefragt wurde, ob diese Teilaspekte von den Befragten auch für gut bzw. erstrebenswert gehalten werden, sondern lediglich, ob diese im eigenen Arbeitsumfeld typisch sind, lässt sich von der Verteilung der Cop-Culture-Elemente also lediglich darauf zurückschließen, dass Elemente unterschiedlicher Dimensionen gleichzeitig für typisch erachtet werden.

Insofern stehen Elemente von Rechtsstaatlichkeit und Professionalität gruppenkulturellen Aspekten nicht entgegen und selbst die maskulin-heroische Facette zeigen mit 0,192** bzw. 0,311** sehr signifikante positive Korrelationen mit den anderen Dimensionen auf.

Obwohl also Mut, Männlichkeit und Stärke bereits semantisch eher als Gegenkonstruktionen zu Besonnenheit oder Neutralität (als Teilaspekte der professionell-rechtstaatlichen Dimension) aufgefasst werden könnten, schließen sich augenscheinlich diese Facetten nicht gegenseitig aus. Natürlich wäre denkbar, dass innerhalb eines Arbeitsbereiches (z. B. einer Dienstgruppe) wiederum Subgruppen existieren und (überzeichnet dargestellt) z. B. innerhalb der eigenen Dienstgruppe sowohl eine Gruppe kampfsportaffiner, diensterfahrener männlicher PVB, die sich eher über Körperlichkeit und den „mutigen“ Einsatz in der erste Reihe bei Konflikten definieren, als auch eine Gruppe von Berufseinsteiger*innen, die sehr besonnen, auf Deeskalation bedacht und sehr nah an der Vorschriftenlage agieren. Solche tiefergehenden inhaltlichen Analysen müssten aber z. B. durch qualitative Anschlussforschungen beleuchtet werden und können hier nur als theoretische Erklärung aufgezeigt werden.

Allerdings ist zumindest die Betrachtung der einzelnen Organisationseinheiten und deren Mittelwertvergleich möglich. So kann zumindest eine weitere Differenzierung und Interpretation der Dimensionen sowie deren Verbreitung in verschiedenen Arbeitsumfeldern erfolgen (Tabelle 9.13).

Tabelle 9.13 Cop Culture nach Organisationseinheiten

Cop Culture nach Organisationseinheiten							
	WWD (n=98)	BP (n=22)	KK (n=78)	KA (n=24)	BD (n=26)	FÜSt (n=27)	KW/ETK (n=15)
Professionell-rechtsstaatlich	3,76	3,96	3,66	3,86	3,79	3,76	3,65
Gruppenkultur	3,95	4,56	3,73	4,13	3,67	3,69	3,87
Maskuliner Heroismus	3,12	3,69	2,78	3,32	2,93	2,70	2,76

WWD: Wach- und Wechseldienst | BP: Bereitschaftspolizei | KK: Kriminalkommissariat | KA: Kommissaranwärter*innen
BD: Bezirksdienst | FüST: Führungsstellen | KW/ETK: K-Wache/Einsatztrupp K |n=Anzahl Befragter

Professionelles und rechtsstaatliches Auftreten ist in allen betrachteten Organisationseinheiten[83] relativ nah am Gesamtmittelwert (MW = 3,77) zu beobachten und verteilt sich über eine Spannweite von 0,30. Am geringsten ist der Wert mit MW = 3,65 im ETK bzw. der KW, am höchsten in der BP mit MW = 3,96 ausgeprägt.

Die Gruppe der KA belegt mit MW = 3,86 den zweithöchsten Wert, während WWD und FÜST (mit jeweils MW = 3,76) sowie der BD mit MW = 3,79 nahezu gleiche Werte aufweisen. Innerhalb der gruppenkulturellen Dimension liegen die einzelnen BOE deutlich weiter auseinander und weisen eine Spannweite von 0,89 auf. Am geringsten werden gruppenkulturelle Facetten im BD mit MW = 3,67 geteilt, am deutlichsten mit MW = 4,56 in der BP. Dazwischen liegen absteigend die Gruppe der KA mit MW = 4,13, der WWD mit MW = 3,95, die PVB des KW/ETK mit 3,87, die KK mit MW = 3,73 und die FÜSt mit MW = 3,69. Ähnlich starke Unterschiede zwischen den BOE sind auch in der Dimension 3 festzustellen; so liegt zwischen der BP mit MW = 3,69 und den FÜSt als Gegenpol mit MW = 2,70 eine Differenz von 0,99. Die KA folgen, wie in den beiden anderen Dimensionen, der BP mit MW = 3,32 vor dem WWD mit MW = 3,12, dem BD mit MW = 2,93, den KK mit MW = 2,78 sowie dem KW/ETK mit MW = 2,76.

Die vergleichende Analyse der drei identifizierten Dimensionen von Cop Culture zwischen den einzelnen BOE lässt folgende Schlussfolgerungen zu:

Die Dimension von Cop Culture, die BOE-übergreifend als am typischsten bewertet wird, ist die gruppenkulturelle Dimension mit MW = 3,88. Die BP sticht hier mit einem deutlich höheren MW = 4,56 im Vergleich zu den übrigen

[83] Hier wurden die BOE gewählt, bei denen mindestens n = 30 beträgt.

BOE hervor. Die Gruppe der KA als Berufseinsteiger weist mit MW = 4,13 nach der BP den zweithöchsten Wert für die gruppenkulturelle Dimension auf. Danach berichten die PVB des WWD mit MW = 3,95 gruppenbezogene Elemente und das KW/ETK mit MW = 3,87. Die übrigen BOE liegen mit Werten zwischen MW = 3,67 (BD), MW = 3,69 (FÜSt) und MW = 3,73 (KK) relativ nah beieinander. Zu den gruppenbezogenen Attributen lässt sich also feststellen, dass die operativen BOE deutlich stärkere Ausprägungen als die BOE zeigen, in denen eher Büro- bzw. Innendiensttätigkeiten anfallen.

Der deutlich hervorstechende Abstand der BP zu den anderen operativen BOE lässt sich damit erklären, dass dort größtenteils im Gruppengefüge gearbeitet wird – die kleinste Organisationsform stellt i. d. R. der „Trupp" (auch als Halbgruppe bezeichnet) mit einer Stärke von meist fünf PVB dar. Im Einsatz wird meist mindestens in Gruppenstärke agiert, da man im Tagesgeschäft der BP regelmäßig auf größere Gruppen trifft (Demonstrant*innen, Fußballfans etc.). Die eigene Gruppe stellt somit den engsten Bezugspunkt innerhalb eines Einsatzzuges dar.

Das Verständnis, nicht alleine oder „nur" im Zweierteam wie im WWD zu agieren, sondern grundsätzlich Teil einer (taktischen) Einheit und damit einer größeren Gruppe zu sein, scheint auch das Bewusstsein für Gruppenstrukturen als wichtigen Teil der eigenen beruflichen Identität hervorzuheben. Gemeinsame Fortbildungen (bzw. Einsatztrainings), gemeinsamer Sport, gemeinsame Einsätze – und nicht selten auch private Verbindungen oder Freizeitaktivitäten innerhalb eines Zuges prägen den dienstlichen Alltag. Dies stützt die Überlegung, dass der dienstliche Alltag in einem Gruppengefüge auch die gruppenbezogenen Attribute wichtiger erscheinen lässt.

Dies wäre auch ein Ansatzpunkt dafür, dass aus Perspektive der KA gruppenbezogene Merkmale für typischer erachtet werden als im WWD. Denn KA sind während des dreijährigen Bachelorstudiums während der theoretischen Studienabschnitte an der HSPV NRW sowie der Trainings am LAFP NRW durchgängig in Kursverbänden organisiert. Folglich beginnt die berufliche Sozialisation innerhalb eines Gruppengefüges, auch wenn die praktischen Studienanteile in den Ausbildungsbehörden i. d. R. im WWD erfolgen, wo eher das Arbeiten in Streifenteams (als Teil einer Dienstgruppe) im Vordergrund steht. Der WWD mit MW = 3,91 folgt auf die Gruppe der KA mit einer Differenz von 0,22 und damit einem Abstand, der nur rund halb so groß ist, wie der zwischen den KA und der BP mit 0,43.

Die Gruppe der KA hält folglich die gruppenbezogenen Attribute für ihr persönliches Arbeitsumfeld für typischer, als dies der Durchschnitt im WWD tut (obwohl dies wie oben beschrieben auch das prägende dienstliche Umfeld der KA ist). Zu erklären wäre diese Beobachtung damit, dass die kursbezogenen Module des Bachelorstudiums das Gruppengefüge im Kursverband herausstellen, oder damit, dass sich KA aufgrund ihrer gerade erst beginnenden beruflichen Sozialisation und Orientierung innerhalb der Organisation eher auf die gruppenbezogenen Elemente fokussieren und noch keine differenzierte Position dazu einnehmen, ob das gelebte Gruppengefüge für sie positiv oder negativ zu bewerten ist. Es würde also das für typisch erachtet, was gerade für die Befragten selbst auch wichtig ist.

Dass es sich bei KA und PVB der BP um eher jüngere Menschen handelt, wurde auch ein entsprechender Zusammenhang zwischen dem Lebensalter geprüft; hier zeigte sich eine sehr signifikante negative Korrelation mit $\rho = -0{,}200^{**}$ zwischen dem Lebensalter und der gruppenkulturellen Dimension von Cop Culture – diese geht also tatsächlich eher mit jüngerem Alter einher. Allerdings konnte anhand einer Moderationsberechnung[84] ausgeschlossen werden, dass eigentlich „nur" ein Alterseffekt besteht. Hätten sich allein aufgrund der Überrepräsentanz junger PVB die gruppenbezogenen Attribute als typisch gezeigt, wäre dies anhand einer signifikanten Interaktion zwischen dem Lebensalter als Moderatorvariable erkennbar gewesen – dies war jedoch nicht der Fall.[85]

Im ETK bzw. der KW werden mit MW = 3,87 gruppenbezogene Attribute für fast genauso typisch wie im WWD bewertet. Obwohl mit der Gruppe KW/ ETK zwei Arbeitsbereiche zusammengefasst wurden, die sich sowohl vom Tätigkeitsfeld als auch im organisatorischen Rahmen unterscheiden, handelt es sich in beiden Fällen um BOE, die innerhalb der DirK operative Tätigkeiten ausführen (siehe Abschnitt 6.3.3) und feste Gruppenstrukturen (in Dienstgruppen für die KW, als fester Trupp im ETK) aufweisen.

Auch wenn PVB in den KK oder dem PD ebenfalls operative Tätigkeiten ausführen, Bürgerkontakt aufweisen und (im Falle der KK oder der FÜSt) einen festen Personalkörper als Form einer Gruppe umfassen, finden doch zahlreiche Tätigkeiten auf Ebene der Sachbearbeitung eher eigenverantwortlich und nicht im Team statt. Es gibt auch Gegenbeispiele (Arbeitsgruppen, Ermittlungsgruppen, Projekte etc.), in denen temporär stärker aufeinander abgestimmt gearbeitet werden muss oder mehr Interaktionen stattfinden (z.B. wenn in KK operative

[84] Berechnung mit dem PROCESS Plugin für SPSS in der Version 4.2, Für die Gruppe der BP: Modellzusammenfassung: $R = 0{,}4315$, $R^2 = 0{,}186$, SE (HC3) = 0,4239, $p = 0{,}73$ | Interaktionsterm X*Y: $R^2 = 0{,}070$, SE(HC3) = 0,24, $p = 0{,}625$. Für die Gruppe der KA: Modellzusammenfassung: $R = 0{,}2090$, $R^2 = 0{,}0437$, SE (HC3) = 0,634, $p = 0{,}003$ | Interaktionsterm X*Y: $R^2 = 0{,}032$, SE(HC3) = 0,35, $p = 0{,}55$.

[85] Vgl. Field 2018, S. 490.

Maßnahmen wie Durchsuchungen, Vollstreckung von Haftbefehlen etc. durchgeführt werden). Die Feststellung, dass in den BOE, in denen die gruppenbezogenen Attribute für weniger typisch eingeschätzt werden, das Arbeiten regelmäßig nicht als Gruppe stattfindet, ist aber belastbar. Neben den gruppenbezogenen Elementen werden die Aspekte professionellen und rechtsstaatlichen Agierens mit MW = 3,77 für fast genauso typisch bewertet. Wie bereits dargestellt wurde, liegen die betrachteten BOE hier deutlich näher aneinander, sodass weniger organisationsspezifische Unterschiede zwischen ihnen als bei der gruppenbezogenen Dimension zu vermuten sind.

Erneut weisen die BP und die Gruppe der KA auch die Attribute rechtsstaatlicher und professioneller Dienstverrichtung als typischer für sie aus, als dies die anderen BOE tun. Obwohl die Abstände untereinander weniger ins Gewicht fallen, geben die BOE der DirK hier mit MW = 3,65 (KW/ETK) sowie MW = 3,66 (KK) Grund zu hinterfragen, warum die entsprechenden Werte augenscheinlich durch die Beamt*innen der Kriminalpolizei für weniger typisch gehalten werden als in den anderen Bereichen. Ein Erklärungsansatz könnte hier sein, dass z. B. Gerechtigkeit (KW/ETK: MW = 4,00; SD = 0,57 | KK: MW = 4,11; SD = 0,73) und Verantwortungsbewusstsein (KW/ETK: MW = 4,14; SD = 0,57 | KK: MW = 4,11; SD = 0,68) für überwiegend typisch gehalten werden, andere Teilelemente der rechtsstaatlich-professionellen Dimension aber nicht. Für weniger typisch werden z. B. der Stolz auf /Verbundenheit mit der Polizei (KW/ETK: MW = 3,23; SD = 0,92 | KK: MW = 3,14; SD = 0,97) und Ehre/guter Ruf (KW/ETK: MW = 3,36; SD = 0,74 | KK: MW = 3,21; SD = 0,83) erachtet. Man könnte also vermuten, dass Beamt*innen der DirK eine inhaltliche Verantwortlichkeit gegenüber ihren „Fällen" bzw. der Aufklärung von Straftaten und dem Überführen der verantwortlichen Personen empfinden, gleichzeitig ihr eigenes Handeln aber weniger in einen übergeordneten Zusammenhang als „Teil der Polizei NRW" stellen.

Ob dies auch mit anderen Motivationslagen einhergeht und ob geringeres Commitment gleichzeitig geringere Arbeitszufriedenheit hervorruft, wird im folgenden Kapitel näher erläutert.

Die letzte Dimension der eher maskulin besetzten Motive wird erneut von den PVB der BP stärker als typisch angesehen als in den anderen BOE. Der Abstand der BP (MW = 3,69) zu der nächsten BOE ist mit 0,37 zu den KA (MW = 3,32) ähnlich wie bei den gruppenbezogenen Attributen ausgeprägt. Die KA liegen hierbei erneut 0,20 Einheiten vor dem WWD (MW = 3,12.) Anders als in der gruppenkulturellen Dimension zu beobachten, besteht hier ein deutlicher Abstand der PVB aus dem BD mit MW = 2,93 zu den PVB aus den KK mit MW = 2,78, dem KW/ETK mit MW = 2,76 und den FÜSt mit MW = 2,70.

Da Männlichkeit als Definitionsmerkmal dieser Dimension fungiert, liegt der Schluss nahe, dass der Männeranteil in den BOE vermutlich mit der Bewertung, ob Männlichkeit typisch für sie ist, einhergeht. Die folgende Tabelle zeigt für die drei BOE, in denen der maskuline Heroismus für typischer als in den anderen Bereichen gehalten wird, dass ein Zusammenhang zum Anteil der männlichen PVB nicht durchgängig vermutet werden kann. So werden die entsprechenden Attribute in der BP am häufigsten berichtet, der Männeranteil liegt mit 70,0 % aber z. B. hinter dem der KA, des KW/ETK, des BD oder den FÜSt. Auch die Gruppe der KA weist bei höher Bestätigung der maskulin-heroischen Dimension weniger männliche PVB im Verhältnis zu anderen BOE auf, die ihrerseits die entsprechenden Attribute für weniger typisch halten. Wie oben beschrieben, liegt für die BP und KA gleichzeitig die Besonderheit eines eher niedrigen Durchschnittsalters vor, sodass hier ggf. Wechselwirkungen zwischen dem Männeranteil und dem Alter zu vermuten sind, die bei der Kombination aus jungem Durchschnittsalter und nicht übermäßig hohem Männeranteil dennoch die maskulin-heroische Dimension typisch erscheinen lassen. Für den BD wiederum ist festzuhalten, dass hier zwar das mit Abstand höchste Durchschnittsalter besteht, gleichzeitig aber auch der Männeranteil mit 100 % am höchsten liegt. Bis auf den BD zeigen also mit BP, KA und WWD die BOE mit dem niedrigsten Durchschnittsalter die höchste Verbreitung maskulin-heroischer Eigenschaften als typisch an (Tabelle 9.14).

Tabelle 9.14 Maskulinität, Männeranteil und Alter

Maskulinität, Männeranteil und Alter							
	WWD (n=98)	BP (n=22)	KK (n=78)	KA (n=24)	BD (n=26)	FüSt (n=27)	KW/ETK (n=15)
Maskuliner Heroismus (MW)	3,12	3,69	2,78	3,32	2,93	2,70	2,76
Männeranteil in %	65,9	70,0	62,4	71,4	100,0	87,5	75,0
Durchschnittsalter in Jahren	36,03	32,97	48,86	22,96	57,07	46,12	40,00

WWD: Wach- und Wechseldienst | BP: Bereitschaftspolizei | KK: Kriminalkommissariat | KA: Kommissaranwärter*innen
BD: Bezirksdienst | FüST: Führungsstellen | KW/ETK: Einsatztrupp K/K-Wache | n=Anzahl Befragter | MW=Mittelwert

Festzustellen ist außerdem, dass die maskulin-heroische Dimension innerhalb der operativen BOE in gleicher Rangfolge wie die gruppenspezifischen Attribute auftritt. Die insgesamt deutlich niedrigere Ausprägung spricht dafür, dass diese Dimension BOE-übergreifend als weniger typisch empfunden wird.

Die Feststellungen von Gutschmidt und Vera, dass die gruppenbezogenen Attribute besonders in operativ arbeitenden BOE für typisch gehalten werden[86], konnte auch die hier durchgeführte Analyse bestätigen. Allerdings zeigt sich für die maskulin-heroischen Attribute eine deutliche Differenz zwischen den operativen BOE aus Wachdienst (inkl. KA), Bereitschaftspolizei und den operativen Dienststellen der Kriminalpolizei. Dass dies in Verbindung mit dem jeweiligen Männeranteil steht, konnte nicht verifiziert werden.

In welchen Wechselwirkungen die unterschiedlichen Facetten von Cop Culture zu anderen Einstellungen, wie z. B. dem Commitment oder der Arbeitszufriedenheit stehen, zeigt der folgende Abschnitt 9.6. Darüber hinaus werden die unterschiedlichen Teilaspekte der Cop Culture und ihr etwaiger Einfluss auf GMF in Abschnitt 11.4 gesondert betrachtet

9.6 Detailbetrachtungen und Wechselwirkungen

Nachdem nun die Arbeitszufriedenheit, das Commitment, der empfundene Rückhalt, unterschiedliche Berufsmotivationen und als typisch empfundene polizeikulturelle Facetten einzeln betrachtet wurden, stellt sich die Frage, inwieweit sich diese gegenseitig beeinflussen. Zunächst werden die übergeordneten Wahrnehmungen von Zufriedenheit, das Commitment sowie der empfundene Rückhalt in Verbindung zueinander betrachtet.

9.6.1 Arbeitszufriedenheit und Commitment

Einen Zusammenhang zwischen Arbeitszufriedenheit und Commitment anzunehmen, legen zahlreiche entsprechende Befunde nahe.[87] Diskutiert wird allerdings, ob Arbeitszufriedenheit eine stärkere Bindung von Mitarbeitenden an ihr Unternehmen bzw. ihre Organisation bewirkt, oder Mitarbeiter mit hoher Identifikation zufriedener sind. Für beide dieser gegensätzlichen Wirkungsannahmen gibt es, auf die freie Wirtschaft bezogen, schlüssige Begründungen.[88]

Für die vorliegende Stichprobe ist festzustellen, dass die Arbeitszufriedenheit sehr signifikant mit Commitment ($\rho = 0{,}452^{**}$) korreliert. Wer sich übergeordnet mit der Polizei identifiziert und sich der Organisation insgesamt verbunden fühlt,

[86] Vgl. Gutschmidt und Vera 2019, S. 240.

[87] Vgl. Berg 2017, S. 175.

[88] Felfe und Six 2006, S. 43.

berichtet auch höhere Arbeitszufriedenheit. Allerdings gibt die Korrelation keinen Aufschluss über die etwaige Wirkungsrichtung. Eine denkbare Verbindung von Commitment und Arbeitszufriedenheit im täglichen Dienst wäre z. B. in der Form denkbar, dass PVB, die sich selbst mit der Polizei identifizieren und stolz sind, Teil der Polizei zu sein, vermutlich eher oder länger bereit sind, auch widrige Einsatz- oder Arbeitsbedingungen zumindest temporär hinzunehmen. Dies würde sozusagen als Teil einer Berufsehre und als Beitrag zum (als sinnvoll erachteten) „großen Ganzen“ zu verstehen sein.

Gleichzeitig ist aber auch eine entgegengesetzte Wirkrichtung denkbar, nämlich dann, wenn beispielsweise durch Arbeitsbelastung, interne Konflikte und mangelnde Gestaltungsoptionen die eigene Arbeitszufriedenheit sinkt und man in der Folge auch den Sinn, sich im Namen der Organisation Polizei selbst aufzuopfern, in Frage stellt. Dies würde eher eine Auswirkung von Arbeitszufriedenheit auf Commitment implizieren, versinnbildlicht durch den verbreiteten Ausspruch lebensälterer PVB „das ist nicht mehr meine Polizei“.

Allerdings umfasst Commitment grundlegende Dispositionen gegenüber der Polizei, die eher als allgemeingültige und mitunter abstrakte Einstellungen gegenüber der Organisation zu verstehen sind. Für den polizeilichen Kontext ist hier besonders die normative Facette von Commitment und die „(...) *Bedeutung moralischer Wertvorstellung für Stärke und Aufrechterhaltung der Bindung (...)*“[89] hervorzuheben. Denn Moralvorstellungen und grundlegende Werte bilden sich relativ langfristig und konstant heraus (siehe Abschnitt 2.1.1) und legen nahe, dass sich Commitment gleichermaßen beständig entwickelt und nur langsam veränderbar ist. Commitment bedarf also nicht zwangsläufig längerer beruflicher Sozialisation oder Erfahrung, weil sich die Verbundenheit (auch) aus bereits bestehenden Wertvorstellungen und Normen speist. Stolz zu sein, der Polizei anzugehören, ist beispielsweise eine Aussage, die vor allem unter jungen PVB Zustimmung findet[90] (siehe Abschnitt 9.2).

Im Gegensatz dazu bildet sich Arbeitszufriedenheit erst auf Basis von Erfahrungen im täglichen Dienst heraus, z. B. wenn ein Überblick über die eigenen Aufgaben und Anforderungen existiert oder eigene Fähigkeiten, Entwicklungspotentiale und Problemdispositionen abgewägt werden können. Der Bezug zum konkreten Arbeitskontext macht Arbeitszufriedenheit auch zu einem veränderlichen Konstrukt, etwa wenn die Arbeitsbelastung ansteigt oder Gratifikationskrisen[91] durchlebt werden.

---

[89] Felfe und Six 2006, S. 41.

[90] Vgl. Renneberg 2016, S. 37.

[91] Vgl. Georg et al. 2019, S. 192.

Es ist also wahrscheinlich, dass auch PVB bei ihrer Berufswahl bzw. zu Beginn des Studiums Aussagen zu ihrer Verbundenheit mit der Polizei treffen können oder bereits Stolz empfinden; Aussagen zu ihrer Arbeitszufriedenheit werden sie vermutlich nicht von Beginn an tätigen können. Mit dieser Vermutung liegt es nahe, dass Commitment sich eher auf Arbeitszufriedenheit auswirkt, auch da es eher plausibel erscheint, dass sich die übergeordneten Werte auf die Einordnung von Erfahrungen auswirkt, als dass kurzfristige Einstellungen zur eigenen Arbeitswelt die grundlegenden Werte und Ideale verändern.

Um diese Vermutung explorativ zu erhellen, wurde in zwei Regressionsanalysen jeweils die Eigenschaft als abhängige bzw. unabhängige Variable zwischen Commitment und Arbeitszufriedenheit, neben zwei identischen Kontrollvariablen (Geschlecht und Dienstalter) getauscht.[92] Beide Regressionsmodelle wurden mit robusten Standardfehlern (HC3)[93] berechnet und zeigen im Vergleich, dass Modell 1 zur Erklärung von Arbeitszufriedenheit durch Commitment mit R2 = 0,297 eine deutlich höhere Varianzaufklärung liefert, als Modell 2 mit R2 = 0,211 (Tabelle 9.15).

Tabelle 9.15 Arbeitszufriedenheit und Commitment

Arbeitszufriedenheit und Commitment							
Modell 1 - Abhängige Variable: Arbeitszufriedenheit						**95 % KI**	
Koeffizienten	**b**	**SE (HC3)**	**β**	**T**	**P**	**UG**	**OG**
Konstante	1,283	0,351	-	3,659	<0,001	0,593	1,970
Geschlecht	0,113	0,097	0,053	1,169	0,243	-0,077	0,304
Dienstalter	-0,021	0,003	-0,314	-6,575	<0,001	-0,028	-0,015
Commitment***	0,625	0,076	0,424	8,772	<0,001	0,485	0,765
Anmerkungen: n= 334; R^2= 0,297; korr. R^2= 0,291; F=(46,463); p < 0,001 | Signifikanz (zweiseitig)							
Modell 2 - Abhängige Variable: Commitment						**95 % KI**	
Koeffizienten	**b**	**SE (HC3)**	**β**	**T**	**P**	**UG**	**OG**
Konstante	3,064	0,218		14,080	<0,001	2,636	3,492
Geschlecht	-0,077	0,068	-0,053	-1,127	0,260	-0,210	0,057
Dienstalter	0,003	0,002	0,075	-1,392	0,165	-0,001	0,008
Arbeitszufriedenheit***	0,323	0,041	0,476	7,911	<0,001	0,243	0,404
Anmerkungen: n= 334; R^2= 0,211; korr. R^2= 0,204; F=(29,471); p < 0,001 | Signifikanz (zweiseitig)							

[92] Vgl. Döring und Bortz 2016, S. 689.

[93] Vgl. Hayes und Cai 2007, S. 710.

Auch die unter Abschnitt 9.2 getroffene Feststellung, dass die Gruppe der Berufseinsteiger*innen das höchste Commitment berichtet, stützt die Annahme, dass sich Commitment gegenüber der Polizei bereits vor eigenen Berufserfahrungen entwickelt und somit eher Determinante für Arbeitszufriedenheit sein dürfte, als das eine gegengesetzte Wirkrichtung von Arbeitszufriedenheit auf Commitment anzunehmen ist.

Da Commitment nicht isoliert von anderen Einflussfaktoren auf Arbeitszufriedenheit wirken kann, erfolgt eine weitere Detailanalyse zu sämtlichen (übrigen) Einflussfaktoren auf Arbeitszufriedenheit an späterer Stelle (siehe Abschnitt 9.6.3).

9.6.2 Cop Culture, Berufsmotivationen und Commitment

Wechselwirkungen und Überschneidungen werden auch zwischen den unterschiedlichen Facetten von Cop Culture in Form der drei rechtsstaatlich-professionellen, gruppenkulturellen und männlich-heroischen Dimensionen, unterschiedlichen Berufsmotivationen und dem Commitment gegenüber der Polizei vermutet (Tabelle 9.16).

Tabelle 9.16 Cop Culture, Berufsmotivationen und Commitment

Cop Culture, Berufsmotivationen und Commitment						
	CC1	CC2	CC3	MOT1	MOT2	MOT3
Commitment	0,366**	0,219**	0,134*	0,290**	0,239**	0,178**
Rechtsstaatlichkeit (CC1)	-	0,592**	0,192	0,242**	0,184**	0,140*
Gruppenkultur (CC2)		-	0,311**	0,096	0,149**	0,102
Maskuliner Heroismus (CC3)			-	0,211**	0,188**	0,187**
Motivation Helfen (MOT1)				-	0,230**	0,243**
Motivation Job (MOT2)					-	0,195**
Motivation Repression (MOT3)						-

*die Korrelation auf dem Niveau von p=0,05 signifikant (zweiseitig)

**die Korrelation auf dem Niveau von p=0,01 signifikant (zweiseitig)

Das Commitment zeigt signifikante Korrelationen (mindestens auf dem Niveau von p>0,05) mit allen Dimensionen von Cop Culture sowie mit den unterschiedlichen Motivationen. Am stärksten korrelieren die rechtsstaatliche-professionelle

Dimension von Cop Culture (ρ = 0,366**) sowie die Berufsmotivation des Helfens (ρ = 0,290**).

Dass die rechtsstaatlich-professionelle Dimension von Cop Culture mit Commitment einhergeht, wurde bereits aufgrund der Tatsache vermutet, dass diese Subkala explizit das Element der Verbundenheit mit der Polizei (als Teilfacette von Commitment) umfasst. Darüber hinaus umfasst auch die Motivation zu helfen Elemente, die Teil der offiziellen Leitkultur der Polizei NRW sind – beispielsweise das (viel zitierte) Image des Freund und Helfers oder die Elemente Rechtsstaatlichkeit und Professionalität in der eigenen Außendarstellung der Polizei NRW.

Die Korrelation mit der materiell und karrierebezogenen Berufsmotivation ist etwas geringer ausgeprägt (ρ = 0,239**), folglich steht der Bedarf an sozialstruktureller Sicherheit in geringerem Zusammenhang zum Commitment.

Repressive oder maskulin-heroische Attribute gehen am wenigsten mit Commitment einher, die Korrelationen zwischen der entsprechenden Motivationslage (ρ = 0,178**) und der Dimension von Cop Culture (ρ = 0,134*) zeigen die geringsten Korrelationskoeffizienten.

Die einzelnen Motivationslagen zeigen unterschiedliche Überschneidungen zu den verschiedenen Aspekten von Cop Culture. PVB, die in ihrem Umfeld rechtsstaatliche und professionelle Attribute für besonders typisch halten, berichten signifikant häufiger die Motivation zu helfen (ρ = 0,242**) als materielle Sicherheit (ρ = 0,184**) oder repressive Ambitionen (ρ = 0,140*).

Zwischen der gruppenkulturellen Dimension besteht nur eine signifikante Korrelation zur Motivation, einen sicheren Arbeitsplatz bzw. Entwicklungsoptionen zu haben (ρ = 0,149**).

Die maskulin-heroische Dimension von Cop Culture korreliert im Gegensatz dazu mit allen Motivationslagen signifikant. Am deutlichsten ist der Zusammenhang hier zur Motivation zu helfen (ρ = 0,211**), die Überschneidungen mit der materiell ausgerichteten (ρ = 0,188**) und repressiven Motivation (ρ = 0,187**) weisen nahezu die gleiche Stärke auf.

9.6.3 Einflussfaktoren auf Arbeitszufriedenheit

Arbeitszufriedenheit wird, unter vielen anderen Merkmalen, als potenzieller Einflussfaktor auf die im Kern dieser Arbeit stehenden Einstellungskonstruktionen GMF und NRM vermutet. Gleichzeitig konnten zwar Wechselwirkungen zu Commitment aufgezeigt werden (siehe Abschnitt 9.6.1) – ob und in welchem

Umfang die zuvor skizzierten Rahmenbedingungen Arbeitszufriedenheit determinieren, ist aber noch unklar. Daher wird an dieser Stelle die Detailanalyse zu den Einflussfaktoren, die sich auf die Arbeitszufriedenheit auswirken, vorangestellt.

Die bisherigen Erhebungen zu Einflussfaktoren in Bezug auf die Arbeitszufriedenheit innerhalb der Polizei zeigten verschiedene starke Einflussfaktoren. Allerdings können die dort beobachteten Effekte nicht ohne Weiteres auf die Polizei NRW zum Erhebungszeitpunkt übertragen werden. Dies ist damit zu begründen, dass die organisationsspezifischen Faktoren, wie etwa das Besoldungsniveau oder der Stellenplan bzw. die Entwicklungsperspektiven, zwischen der Polizei NRW und anderen Länderpolizeien sowie der Bundespolizei stark differieren. Zudem darf auch unterstellt werden, dass auch der bestehende zeitliche Horizont zwischen den Erhebungen (ca. 20 Jahre[94]) dazu führt, dass Arbeitsbedingungen im Kontext von Zeitgeist und Organisationsentwicklung (z. B. Wandel der Führungsstile, Diversität, Weiterentwicklung der Aus-/Fortbildung etc.) Veränderungen erfahren haben.

Deshalb wurden zwar die bestehenden Hinweise auf unterschiedliche Facetten von zeitlichen, inhaltlichen oder konfliktbezogenen Einflussdimensionen in die Ausgangsüberlegungen mit einbezogen, aber letztlich eigene Überlegungen zu erwartbaren Zusammenhängen für ein erklärendes Gesamtmodell zugrunde gelegt. Dabei wurden folgende Einflussfaktoren unterschieden:

- demographische Kontrollvariablen (Alter, Geschlecht)
- zeitliche Faktoren (Arbeitspensum, zeitliche Belastungswahrnehmung, Vereinbarkeit von Beruf und Familie)
- tätigkeitsbezogene Faktoren (Mitgestaltungsoptionen, Überforderungsempfinden)
- konfliktbezogene Faktoren (Konfliktexposition, Rückhalt, innerdienstliche Konflikte)
- Rückhalt
- Commitment

Um alle Faktoren unter Berücksichtigung der jeweils anderen als positive oder negative Prädiktoren für Arbeitszufriedenheit testen zu können, wurde eine multiple fünfstufige Regressionsanalyse im Einschlussverfahren vorgenommen. Dabei wurden schrittweise die jeweils unabhängigen Variablen der einzelnen Facetten in das Modell eingeführt.

---

[94] Vgl. Bosold et al. 2002, S. 5.

Der Test der Residuen auf Normalverteilung nach Kolmogorov-Smirnov wies zunächst mit einer Signifikanz von <0,001 darauf hin, dass die Daten für die Gesamtskala der Arbeitszufriedenheit nicht normalverteilt sind. Die Betrachtung des Q-Q-Diagramms legte allerdings, bis auf wenige Ausreißer, eine Verteilung entsprechend der erwarteten Normalverteilung nahe. Die mit zunehmender Stichprobengröße größere Teststärke von analytischen Verfahren kann für diese unterschiedlichen Ergebnisse bzgl. Normalverteilung als Grund angeführt werden.[95] Aufgrund dieser zu hohen Sensitivität wurden weitere Prüfungen auf Normalverteilung ausschließlich mit Q-Q-Diagrammen durchgeführt und auf analytische Tests hierfür verzichtet.

Multikollinearität konnte anhand von VIF-Werten zwischen 1,076 (Geschlecht) bis 1,690 (Überforderung) ausgeschlossen werden[96]. Um Hinweisen auf Heteroskedastizität nach signifikantem Breusch-Pagan-Test[97] (<0,001) zu begegnen, wurden robuste Standardfehler mit HC3-Niveau berechnet, um potenzielle Verzerrungen der p-Werte infolge Heteroskedastizität und Autokorrelation zu korrigieren.[98] Das Gesamtmodell in Stufe 5 liefert mit $R^2 = 0{,}503$ und einer Signifikanz von <0,001 einen Erklärungsbeitrag für die abhängige Variable Arbeitszufriedenheit und zwar durch eine Varianzaufklärung von 50,3 % für die abhängige Variable Arbeitszufriedenheit (Tabelle 9.17).[99]

[95] Vgl. Best und Wolf 2015, S. 100.

[96] Vgl. Field 2018, S. 402.

[97] Vgl. Breusch und Pagan 1979, S. 1288.

[98] Vgl. Hayes und Cai 2007, S. 714.

[99] Vgl. Field 2018, S. 527.

Tabelle 9.17 Regressionsmodell Arbeitszufriedenheit

Regressionsmodell Arbeitszufriedenheit							
Abhängige Variable: Gesamtindikator Arbeitszufriedenheit						95 % KI	
Koeffizienten	**b**	**SE**	**β**	**T**	**P**	**UG**	**OG**
(Konstante)	3,089	1,531	-	2,017	0,045	0,073	6,104
Alter***	-0,040	0,008	-0,284	-5,134	<0,001	-0,055	-0,025
Geschlecht	0,092	0,190	0,022	0,482	0,630	-0,283	0,467
Arbeitspensum	0,271	0,169	0,113	1,599	0,111	-0,063	0,605
Belastungswahrnehmung ^{x1}	-0,190	0,119	-0,090	-1,587	0,114	-0,425	0,046
Vereinbarkeit Beruf und Familie**	0,448	0,139	0,199	3,211	0,002	0,173	0,722
Mitgestaltung*	0,356	0,152	0,155	2,337	0,020	0,056	0,655
Überforderung ^{x1}	-0,313	0,178	-0,113	-1,759	0,080	-0,663	0,037
Externe Konflikte	-0,004	0,133	-0,001	-0,027	0,979	-0,265	0,258
Interne Konflikte*	-0,261	0,128	-0,130	-2,028	0,044	-0,514	-0,007
Rückhalt	-0,062	0,082	-0,037	-0,757	0,450	-0,225	0,100
Commitment***	0,881	0,140	0,335	6,269	<0,001	0,604	1,157

Anmerkungen: N= 253; R^2 = 0,503; korr. R^2 = 0,480; F (11,242) = 19,852; p < 0,001 | Signifikanz (zweiseitig)
^{X1}=signifikant bei einseitigem Signifikanzniveau

Insgesamt zeigen sich fünf der elf in das Modell eingeführten Variablen mindestens auf dem Niveau von p = 0,05 signifikant. Hoch signifikant (p<0,001) sind Alter und Commitment, sehr signifikant (p<0,01) zeigt sich die Vereinbarkeit von Beruf und Familie (p = 0,002) und signifikant die Mitgestaltung (p = 0,020) sowie interne Konflikte. Grundsätzlich wurde ein zweiseitiges Signifikanzniveau angenommen, wobei bei gerichteten Zusammenhangsvermutungen ein einseitiger Signifikanztest ausreicht, da die Richtung (positiv/negativ) des erwarteten Effekts klar definiert werden kann.[100]

Im vorliegenden Fall trifft dies auf Überforderung zu, welche einen negativen Effekt auf die Arbeitszufriedenheit erwarten lässt. Insofern ist der zweiseitig berechnete p-Wert zu halbieren[101] und wird so mit p = 0,040 ebenfalls signifikant.

Gleiches gilt für die Belastungswahrnehmungen, da hier eine klare Wirkrichtung, nämlich in Form eines negativen Effekts (je stärker die Belastungswahrnehmung, desto geringer die Arbeitszufriedenheit) erwartet werden kann. Mit

100 Vgl. Döring und Bortz 2016, S. 666.

101 Vgl. ebd., S. 667.

einem $p = 0{,}057$ zeigt sich bei einseitigem Signifikanzniveau ein Wert, der marginal außerhalb des definierten Fehlerniveaus von $p = 0{,}05$ liegt und auf Grund der ohnehin bestehenden Kritik an ausschließlich auf p-Wert abstellende Interpretationen[102] trotzdem weiter betrachtet wird.

Bzgl. des Arbeitspensums, bei dem fast exakt der gleiche p-Wert bei zweiseitigem Signifikanzniveau vorliegt ($p = 0{,}111$), ist dieses Vorgehen nicht angezeigt. Denn die Variable Arbeitspensum ist aufsteigend in Richtung höherer Wochenarbeitszeit skaliert, allerdings lässt sich hier theoriebasiert keine gerichtete Wirkungsvermutung konstruieren. Nur weil jemand faktisch mehr Stunden pro Woche Dienst versieht als z. B. Teilzeitkräfte, muss dies nicht automatisch zu geringerer Arbeitszufriedenheit führen. Die bereits dargestellten Sichtweisen von Teilzeitkräften lassen u. U. sogar eher gegensätzliche Erwartungen zu, da die Akzeptanz innerhalb der Organisation bei rund jeder fünften Teilzeitkraft bemängelt wurde (siehe Abschnitt 7.1.2). Letztendlich wäre also eine klare Hypothesenkonstruktion hier nicht möglich, sodass auch kein einseitiges Signifikanzniveau angenommen werden kann.

Im Vergleich untereinander zeigt Commitment einen hoch signifikanten positiven Einfluss mittlerer Stärke mit $\beta = 0{,}335$. Danach wirkt sich am deutlichsten das Alter mit $\beta = -0{,}284$ aus (in Form niedrigerer Arbeitszufriedenheit bei älteren PVB). Die Vereinbarkeit von Beruf und Familie hat einen sehr signifikant positiven Einfluss, der sich mit $\beta = 0{,}199$ allerdings deutlich weniger als Commitment und Alter niederschlägt.

Die übrigen signifikanten Prädiktoren haben nochmals schwächeren Einfluss auf die Arbeitszufriedenheit, wobei dieser bei der Mitgestaltung positiv mit $\beta = 0{,}155$, bei den übrigen Variablen schwach negativ ausgeprägt ist. Interne Konflikte haben dabei im Vergleich den negativsten Effekt auf die Arbeitszufriedenheit mit $\beta = -0{,}130$, etwas geringer fällt die Beobachtung für Überforderung mit $\beta = -0{,}113$ aus. Die Belastungswahrnehmungen stehen mit $\beta = -0{,}09$ sehr deutlich hinter den anderen Prädiktoren zurück. In chronologischer Reihenfolge nach ihrer Aufnahme in das Modell sind die einzelnen signifikanten Prädiktorvariablen wie folgt zu interpretieren:

Das Alter hat mit $b = -0{,}040$ auf den ersten Blick nur sehr kleinen Einfluss auf die Arbeitszufriedenheit, pro Einheit auf der Altersskala (von 19 bis 63 Jahren) sinkt die Arbeitszufriedenheit um $-0{,}040$ Punkte. Zwischen den jüngsten und dem ältesten PVB bestünde somit theoretisch ein Unterschied von $-1{,}76$ Punkten, die ältesten PVB wären also um 1,76 Einheiten weniger arbeitszufrieden auf der Skala von 1 bis 10 als die jüngsten.

---

[102] Vgl. Wasserstein et al. 2019, S. 2.

Probehalber wurde alternativ das Alter, gruppiert in fünf Altersgruppen (siehe dazu Abschnitt 6.2.1), in das Modell aufgenommen. In diesem Falle hätte Alter mit $b = -0{,}339$ einen leichter vorstellbaren Effekt; je Altersgruppe würde die Arbeitszufriedenheit sinken, sodass rechnerisch ein Unterschied von −1,35 zwischen der jüngsten und der ältesten Gruppe zu beobachten wäre. Da aufgrund der ungenaueren Differenzierung mit dieser Betrachtung auch ein Stück Informationsgehalt verloren geht, würde dieses Modell in der fünften Stufe eine etwas geringere Varianzaufklärung von 48,6 % ($R = 0{,}698$; $R^2 = 0{,}486$; korrigiertes $R^2 = 0{,}463$) im Vergleich zur Betrachtung anhand des absoluten Alters liefern.

Die zeitlichen Belastungswahrnehmungen weisen mit $b = -0{,}190$ darauf hin, dass je Einheit auf der Belastungsskala die Arbeitszufriedenheit um 0,190 abnimmt. Zwischen den am wenigsten bzw. am stärksten belasteten PVB bestünde somit rechnerisch ein Unterschied von 0,76 auf der Skala Arbeitsbelastung. Mehr als doppelt so stark sind die Auswirkungen der Vereinbarkeit von Beruf und Familie. Mit jedem Punkt Zuwachs bei vorliegender Vereinbarkeit von beiden Lebenswelten steigt die Arbeitszufriedenheit um 0,448 und damit um maximal 1,79 Punkte zwischen als sehr gut bzw. sehr schlecht berichteter Vereinbarkeit von Beruf und Familie.

Die Möglichkeit, Einfluss auf das eigene Arbeiten in Form von Schwerpunktsetzung und transparenter Beteiligung nehmen zu können, wirkt sich ebenfalls förderlich auf die Arbeitszufriedenheit aus. Mit $b = 0{,}356$ steigt die Arbeitszufriedenheit zwischen schwacher und starker Mitgestaltung folglich um maximal 1,42 Skalenpunkte. Überforderung hingegen wirkt stark negativ auf die Arbeitszufriedenheit und führt so mit $b = -0{,}313$ zu einem Absinken der Arbeitszufriedenheit bei ausgeprägter Überforderung von maximal 1,25 Punkten. Als letzter Punkt interner Arbeitsbedingungen zeigen sich auch interne Konflikte als Hemmnis für Arbeitszufriedenheit. Mit $b = -0{,}261$ wirken sich diese theoretisch um 1,04 Punkte reduzierend auf die Gesamtskala Arbeitszufriedenheit zwischen PVB aus, die interne Konflikte verneinen bzw. bejahen.

Commitment weist, wie schon anhand der standardisierten β-Koeffizienten erkennbar, mit Abstand den deutlichsten Einfluss auf Arbeitszufriedenheit auf. Mit $b = 0{,}881$ zeigt sich der positive Einfluss in Form einer maximalen Differenz von 3,52 Einheiten auf der Skala Arbeitszufriedenheit. Bei Konstanthaltung aller anderen Faktoren besteht theoretisch allein aufgrund des Commitments gegenüber der Organisation Polizei eine potenzielle Differenz (zwischen PVB mit niedrigem und hohem Commitment) die so stark ist, wie die Summe der Risikofaktoren (Belastungswahrnehmungen, Überforderungsempfinden und internen Konflikte generieren rechnerisch maximal 3,05 Punkte auf der Skala Arbeitszufriedenheit) zusammengenommen. Die bereits geäußerte Vermutung zur Wirkung von Commitment auf Arbeitszufriedenheit wird auch durch diesen Befund gestützt (siehe Abschnitt 9.6.1).

Zusammenfassend konnten die Belastungswahrnehmungen, das Gefühl der Überforderung und interne Konflikte als Faktoren mit negativem Einfluss auf die Arbeitszufriedenheit identifiziert werden. Demgegenüber sind die Möglichkeit der Mitgestaltung, die Vereinbarkeit von Beruf und Familie und das Commitment als Förderungsfaktoren für Arbeitszufriedenheit zu benennen. Die Analyse der Einflussfaktoren hat in Teilen erwartbare Ergebnisse geliefert, in Teilen auch überraschende Befunde gezeigt. Dass sich z. B. die Belastungswahrnehmungen und das Gefühl der Überforderung negativ auf die eigene Arbeitszufriedenheit auswirken, würde man (auch unabhängig von der empirischen Prüfung) bereits rein logisch für plausibel erachten. Auch ein konfliktbehaftetes Binnenklima ist per se eher mit einer niedrigeren Arbeitszufriedenheit in Verbindung zu bringen als mit einer hoch ausgeprägten. Dass die internen Konflikte (bzw. der Umgang damit) doch erkennbar stärker auf die Arbeits(un-)zufriedenheit auswirken, verdeutlicht möglicherweise zwei Besonderheiten der innerpolizeilichen Strukturen:

Erstens bestätigen mehr als 10 % der Befragten häufige innerdienstliche Spannungen. Häufige Spannungen sprechen nun möglicherweise dafür, dass der Aufgabenbereich nicht lösbare Konfliktfelder mit sich bringt und daher Spannungen nicht abgebaut werden können. Andererseits könnte auch im hierarchischen Aufbau der entsprechenden BOE ein Spannungsfeld begründet sein. Zumindest gaben 15 % der befragten PVB an, Konflikte (eher) nicht offen ansprechen zu können. Wenngleich dies auch individuellem Führungsversagen bzw. mangelnder Konfliktfähigkeit der jeweils Beteiligten zugeschrieben werden könnte, hemmt eine starre Hierarchie mit klaren Entscheidungskompetenzen möglicherweise den offenen Umgang mit Kritikpunkten, wenn dieser von vorneherein als aussichtslos bewertet wird.

Zweitens spricht einiges dafür, dass innerpolizeilich das Gruppengefüge als herausragendes Element der Arbeitskultur empfunden wird. Wenn das innerdienstliche „Wir-Gefühl" also durch Konflikte belastet ist, wirkt sich dies potenziell deutlicher auf die Arbeitszufriedenheit aus als in anderen Arbeitsfeldern, in denen sich das innerkollegiale Verhältnis rein auf eine ablauforganisatorische Zusammenarbeit beschränkt.

Die aus Medien bekannte und von Berufsverbänden regelmäßig geführte Diskussion um Arbeitsbelastung in der Polizei und insbesondere zeitlichen

Belastungen in Form von (nur selten gänzlich abzubauenden) Überstunden hat entsprechende Wahrnehmungen hinsichtlich einer negativen Auswirkung von Zeitdruck und mangelndem Zeitansatz für eigene Tätigkeiten nahegelegt. Dass sich das Gefühl von Zeitdruck auf die Arbeitszufriedenheit auswirkt, obwohl die zeitliche Belastungswahrnehmung insgesamt nicht auffällig stark ausgeprägt ist (siehe Abschnitt 7.1.3), spricht für eine Wahrnehmung, die eher auf einem allgemeinen Empfinden in Bezug auf die Gesamtorganisation, als auf eigenen Erfahrungen beruht.

Das Alter als hoch signifikanter negativer Einflussfaktor auf die Arbeitszufriedenheit nimmt insofern eine Sonderrolle ein, als dass die Erkenntnis, dass ältere PVB augenscheinlich weniger zufrieden sind als jüngere, zumindest keine direkte Einflussnahme auf den Faktor Alter zulässt. Zwar wäre denkbar, das negative Einflussfaktoren in höherem Alter stärker bzw. positive Faktoren geringer ausgeprägt sind und daher nicht das Alter selbst, sondern mit dem Alter einhergehende Effekte diesen Zusammenhang erklären. Allerdings zeigt zumindest eine Betrachtung der entsprechenden Interkorrelationen, dass das Alter sogar eher mit den positiv assoziierten Faktoren als mit den negativen Faktoren signifikant einhergeht. So korrelieren die Gestaltungsoptionen ($\rho = 0{,}125^{*}$) und die Vereinbarkeit von Beruf und Familie ($\rho = 0{,}138^{**}$) positiv mit dem Lebensalter, während von den einschränkenden Faktoren nur die Arbeitsbelastung ($\rho = 0{,}175^{**}$) eine entsprechend signifikante Korrelation aufweist. Das Commitment, als stärkster positiver Einflussfaktor einzeln betrachtet, zeigt einen negativen Zusammenhang zum Lebensalter, wenngleich dieser nur sehr gering ausgeprägt ($\rho = -0{,}076$) und nicht signifikant ist.

Inhaltlich lassen sich diese Beobachtungen durchaus plausibel erklären. So geht höheres Alter mit entsprechenden Funktionen einher, die eher eigene Entscheidungsspielräume bzw. Gestaltungsoptionen zulassen. Hierunter fallen entweder Führungsfunktionen oder BOE, die inhaltlich (z. B. als Bezirksdienstbeamt*in oder Ermittler*in innerhalb eines Kriminalkommissariats) mehr autarke bzw. selbstbestimmte Tätigkeiten zulassen.

Ein positiver Zusammenhang zwischen der Vereinbarkeit von Beruf und Familie und höherem Lebensalter ist insofern naheliegend, als dass in höherem Alter insbesondere die Betreuungsaufwände für (kleine) Kinder eher geringer ausgeprägt sein dürften (wobei gleichzeitig Pflegeszenarien wahrscheinlicher werden) und generell die gesamten privaten und dienstlichen Abläufe eingespielter bzw. routinierter sein dürften.

Eine ausgeprägtere zeitliche Belastung bei älteren PVB lässt sich u. a. damit erklären, dass ältere PVB überhaupt erst in der Lage sind, gestiegene zeitliche Auslastungen über einen längeren Zeitraum zu beurteilen. So korreliert das entsprechende Item der Skala zeitlicher Belastungen (siehe Abschnitt 7.1.3) zum Gefühl einer stetigen Belastungszunahme am stärksten mit dem Alter ($\rho = 0{,}375^{**}$) und zwar hoch signifikant mit einer deutlich höheren Effektstärke als die anderen Items.

Die positiven Regressoren auf Arbeitszufriedenheit waren insofern erwartbar, als dass die Vereinbarkeit von Beruf und Familie bereits seit Jahren als zentrales Element des behördlichen Gesundheitsmanagements (insbesondere für jüngere PVB) identifiziert wurde und eine Vielzahl von Maßnahmen (z. B. in Form von Telearbeit, Homeoffice, gleitender und flexibler Arbeitszeit, Eltern-Kind-Büros etc.) fest etabliert ist. Natürlich befindet sich die Polizei dabei in einem besonderen Spannungsfeld, da die Verfügbarkeit des Personals (etwa zu bestimmten Kernarbeitszeiten) sowie die Ansprechbarkeit für die Bürger*innen rund um die Uhr die Reduzierung oder flexible Arbeitszeitverlagerung je nach Tätigkeitsbereich teils deutlich einschränken. Dass eine positiv bewertete Vereinbarkeit aber grundsätzlich auch eher mit höherer Zufriedenheit einhergeht, war zu erwarten. Auch die Optionen zur Mitgestaltung zeigten sich entsprechend der Vorannahmen als positiver Faktor, wenngleich etwas schwächer als die Vereinbarkeit von Beruf und Familie.

Deutlich hervor sticht in dieser Reihe das Commitment, dass von allen Faktoren (positiv wie negativ) den stärksten Effekt auf die Arbeitszufriedenheit zeigt. Verdeutlicht man sich, dass die Messung von Commitment eher über abstrakte Dimensionen zu eigenen Einstellungen gegenüber der Polizei als Organisation bzw. anderen Polizist*innen gegenüber erfasst wurde, scheint es doch bemerkenswert, dass sich diese Dimension so viel deutlicher auswirkt als die vorgenannten Faktoren, die wesentlich konkreter auf den eigenen dienstlichen Alltag in Bezug zu setzen sein müssten. Im Ergebnis ist festzuhalten, dass die Bindung der PVB an die Polizei ihre Berufszufriedenheit nicht unwesentlich beeinflussen kann. Den über Werbungs- und Einstellungskampagnen sowie einem fortlaufenden Wertediskurs in der Polizei vermittelten Werten und Einstellungen kommt also umso mehr Bedeutung zu.

In diesem Zusammenhang spielt auch die Führung eine besondere Rolle, etwa bei der transparenten Kommunikation und Beteiligung der Mitarbeitenden an Entscheidungsprozessen, der Verteilung von Aufgaben und ggf. der klaren Artikulation von Belastung an die nächsthöhere Führungsebene zur entsprechenden organisatorischen Optimierung. Es wird in der Realität nicht immer möglich sein,

Abläufe zu optimieren, Aufgaben neu zu strukturieren und so ggf. der (empfundenen) Belastung entgegenzuwirken – Personalmangel und/oder der Zuwachs an Quantität und Komplexität der eigenen Aufgaben lassen sich i. d. R. nicht kurzfristig lösen. Der transparente Umgang damit sowie das mitarbeiterorientierte Handling entsprechender Konflikte – und das hat die Betrachtung auch gezeigt – sind aber mindestens genauso wichtig für zufriedene Mitarbeitende, wie die Belastungsfaktoren selbst.

Politische Grundhaltungen 10

Nachdem im vorherigen Kapitel die polizeiliche Binnenwahrnehmung in Form der Arbeitszufriedenheit, des Commitments gegenüber der Institution sowie typischen Facetten der Cop Culture beleuchtet wurde, werden nun die politischen Werte und Grundhaltungen betrachtet. Dazu gehören die politische Selbsteinschätzung, das eigene Wahlverhalten, das grundsätzliche Vertrauen in die Demokratie, die Bereitschaft zur Selbstreflexion und die eigenen Einstellungen zu rassistischen und populistischen Entwicklungen innerhalb der Gesellschaft.

Ein besonderes Augenmerk liegt auch auf den Einstellungen zur AfD, da sie einerseits seit Jahren fester Bestandteil der Parteienlandschaft in Deutschland ist, andererseits aber auch klar demokratie- und verfassungsfeindliche Tendenzen aufweist. Gleichzeitig ist zu beobachten, dass auch Amtsträger*innen in den Reihen der AfD engagiert sind und möglicherweise besonders auf repressive und autoritäre Verlautbarungen ansprechen.

10.1 Politische Selbsteinordnung und Wahlverhalten

Die politische Selbsteinordnung sowie das potenzielle Wahlverhalten der Befragten wurden separat abgefragt, der Übersichtlichkeit halber erfolgt die Darstellung aber in einer gemeinsamen Tabelle. Zur politischen Selbsteinordnung wurden die Befragten gebeten, sich selbst auf einer fünfstufigen vollverbalisierten Skala zwischen „Links" (1), „Eher links" (2), „Genau in der Mitte" (3), „Eher rechts" (4) und „Rechts" (5) zu positionieren. Für die Frage, welche Partei gewählt werden würde, wenn am nächsten Sonntag Bundestagswahl wäre, wurden die gängigen Parteien (CDU/CSU, SPD, FDP, Bündnis 90/Die Grünen, Die Linke, AfD), die Option „Andere" sowie ein Wahlverzicht zur Auswahl gestellt.

© Der/die Autor(en), exklusiv lizenziert an Springer Fachmedien Wiesbaden GmbH, ein Teil von Springer Nature 2026

M. Haendschke, *Werte und Einstellungen von Polizeibeamtinnen und Polizeibeamten*, Kriminologische Studien,
https://doi.org/10.1007/978-3-658-50480-9_10

Der überwiegende Teil der Befragten ordnet sich mit 68,5 % (n = 217) in der politischen Mitte ein. Der nächstgrößte Anteil positioniert sich links der Mitte, wobei darunter 18,6 % (n = 59) fallen, die sich „Eher links“ sehen und weitere 2,8 % (n = 9), die sich uneingeschränkt links positionieren. „Eher rechts“ sehen sich 10,1 % (n = 32), auf die Kategorie „Rechts“ entfielen keine Nennungen (Tabelle 10.1)[1].

Tabelle 10.1 Politische Grundwerte und Wahlverhalten

Politische Grundwerte und Wahlverhalten							
	Links	**Eher links**	**Genau in der Mitte**	**Eher rechts**	**Rechts**	**WeKoPol 2021**	**Mitte-Studie 2021**
Politische Selbsteinordnung in % der Befragten (MW=2,88; SD=0,66, n=317)	2,8	18,6	68,5	10,1	-		
Potenzielle Wahlentscheidung in % (n=317)						**Anteil Stimmen in %**	
CDU/CSU (n=116)	0	3,4	45,2	50,0	-	36,6	33,2
SPD (n=59)	11,1	27,1	18,4	6,3	-	18,6	13,1
FDP (n=42)	0,0	3,4	15,2	21,9	-	13,2	5,5
B'90/Die Grünen (n=67)	66,7	33,3	0,0	0,0	-	21,1	24,2
Die Linke (n=3)	22,2	1,7	0,0	0,0	-	0,9	4,7
AfD (n=4)	0,0	0,0	0,0	12,5	-	1,3	4,8
Andere (n=17)	0,0	5,1	6,0	3,1	-	5,4	3,6[a]
Ich würde nicht wählen. (n=9)	0,0	5,1	2,3	3,1	-	2,8	9,2
Gesamt % von politischer Einordnung	100	100	100	100		100	100

[a] (Inkl. NPD (0,3 %) und Piratenpartei (0,1 %); diese wurden in der Mitte-Studie 2020/1 als separate Parteien aufgeführt, in der vorliegenden Umfrage nicht)

Betrachtet man das Wahlverhalten, so würden potenziell die meisten Befragten mit 36,6 % (n = 116) die CDU/CSU wählen, danach folgen Bündnis 90/Die Grünen mit 21,1 % (n = 67) sowie mit 18,6 % (n = 59) die SPD.

Danach liegt die FDP mit 13,2 % (n = 42) als letzte Partei oberhalb der 5-%-Hürde. Auf andere, nicht näher genannte Parteien, entfallen potenziell weitere

[1] Zwar wurde bei n = 2 die politische Selbsteinordnung gewählt, diese Datensätze wurden jedoch im Rahmen der Datenbereinigung ausgefiltert; siehe Abschnitt 6.1 zu den Kriterien.

5,4 % (n = 17), auf die AfD 1,3 % (n = 4) und auf Die Linke 0,9 % (n = 3), die übrigen 2,8 % der Befragten (n = 9) äußerten, nicht zu wählen. Aufgrund eines möglichen Einflusses der politischen Verhältnisse zum Befragungszeitpunkt, insbesondere aufgrund der Covid-19-Pandemie und entsprechender politischer Maßnahmen zum Infektionsschutz, wurden als Bezugsgrößen für eine vergleichende Betrachtung der Wahlentscheidungen der Zivilbevölkerung ausschließlich Befunde der Mitte-Studie 2021 herangezogen[2]. Diese zeigt für beide Erhebungen, dass die ersten drei Plätze identisch belegt sind. So fallen der CDU/CSU mit 36,6 % der befragten PVB bzw. 33,2 % in der Zivilbevölkerung die meisten (theoretischen) Wählerstimmen zu, danach folgt Bündnis 90/Die Grünen als zweitstärkste Kraft mit 21,1 % in der vorliegenden Stichprobe und 24,2 % in der Mitte-Studie 2021. Den dritten Platz belegt in beiden Erhebungen die SPD – mit 18,6 % in vorliegender Erhebung und 13,1 % in der Mitte-Studie 2021. Die FDP folgt in beiden Erhebungen, wobei die Zustimmung hier deutlich differiert, die FDP erhält unter den PVB 13,2 %, in der Gesamtbevölkerung demgegenüber nur 5,5 %.

Die Parteien der politischen Außenpole erhalten in der Mitte-Studie nahezu identische Zustimmung mit 4,7 % für Die Linke und 4,8 % für die AfD; innerpolizeilich liegen beide Parteien ebenfalls nah beieinander, aber auf deutlich geringerem Niveau mit 0,9 % für die Linke bzw. 1,3 % für die AfD. Auf „Andere Parteien" wiederum entfallen für die vorliegende Stichprobe mit 5,4 % etwas mehr als gesamtgesellschaftlich mit 3,6 %.Die potenziellen Nichtwähler*innen sind innerpolizeilich mit 2,8 % deutlich geringer vertreten als mit 9,2 % in der Mitte-Studie 2021.

Im Verhältnis von politischer Selbstverortung und Wahlverhalten ist erkennbar, dass die PVB, die sich selbst als links einordnen, ausschließlich B'90/Die Grünen (66,7 %), Die Linke (22,2 %) und die SPD (11,1 %) wählen würden. Unter den eher links Vertretenen besteht, mit Ausnahme der AfD, Wahlpotenzial allen Parteien gegenüber. Am höchsten sind auch hier die Zustimmungsanteile zu B'90/ Die Grünen mit 33,3 %. Anders als bei der Verortung links belegt die SPD hier mit 27,1 % den zweiten Platz. Gleich große Anteile entfallen dahinter auf die Wahl anderer Parteien sowie die Entscheidung, nicht zu wählen mit jeweils 5,1 %. Je 3,4 % entfallen auf CDU/CSU sowie die FDP, die Linke belegt mit 1,7 % den vorletzten Platz, was im Verhältnis zur Einordnung als eher links überrascht. Auf die AfD entfallen auch in dieser Kategorie keine Stimmanteile.

Deutlich homogener verteilen sich die potenziellen Stimmen innerhalb derer, die sich selbst als politisch genau in der Mitte einordnen. Hier würden 45,2 %

[2] Vgl. Rump und Küpper 2021, S. 213.

die CDU/CSU wählen, 18,4 % die SPD und 15,2 % die FDP. Auf nicht näher genannte andere Parteien entfallen 6,0 %, weitere 2,3 % gaben an, nicht zu wählen.

Die PVB, die sich eher rechts positionierten, zeigten mit 50,0 % Zustimmung zur CDU/CSU, und mit 21,9 % zur FDP. Dahinter folgt die AfD mit 12,5 %, die ausschließlich von PVB mit dieser Selbstverortung potenziell gewählt würde. Dahinter liegt mit 6,3 % die SPD, die Anteile potenzieller Nichtwähler*innen und anderer Parteien waren mit jeweils 3,1 % identisch.

Überraschend ist dieses Ergebnis insofern, als dass PVB regelmäßig aufgrund der hierarchischen Strukturen ein eher konservativer Habitus unterstellt wird. Damit wäre eher eine konservativ bzw. rechts geneigte Haltung zu verbinden. Das vorliegende Ergebnis zeigt hingegen deutlich mehr Selbstverortungen links der Mitte als rechts davon. Bezogen auf demographischen Merkmale Alter, Geschlecht und Migrationshintergrund sind folgende Ausprägungen zu berichten:

Im Vergleich der Altersgruppen zeigen alle Gruppen mit Abstand die häufigste Selbstverortung „Genau in der Mitte“ zwischen 60,4 % (n = 58) in der Gruppe von 50 bis 59 Jahren und 75,9 % (n = 22) in der Gruppe >60 Jahre. Die übrigen Altersgruppen liegen recht nahe beieinander mit 70,3 % (n = 52) bei den 30 bis 39-Jährigen, 70,9 % (n = 56) in der jüngsten Altersgruppe von 19 bis 29 Jahren und 72,3 % (n = 34) in der mittleren Altersgruppe zwischen 40 und 49 Jahren.

Rechts der Mitte ordnen sich die einzelnen Gruppen deutlich unterschiedlich ein, allerdings ohne klar erkennbare lineare Tendenz. So wählten 16,7 % (n = 16) der Gruppe von 50 bis 59 Jahren diese Kategorie und mit 13,5 % (n = 10) danach die Gruppe der 30 bis 39-Jährigen. Deutlich geringer ist eine eher rechts orientierte Selbsteinordnung unter den PVB in der mittleren Altersgruppe von 40 bis 49 Jahren mit 4,3 % (n = 2), den Jüngsten zwischen 19 und 29 Jahren mit 3,8 % (n = 3) sowie der Gruppe der Ältesten >60 Jahre mit 3,4 % (n = 1).

Links der Mitte (beide Kategorien zusammengefasst betrachtet) liegen die Werte dementsprechend ähnlich nah beieinander, wobei die Gruppe der 30- bis 39-Jährigen mit der geringsten Selbsteinordnung links mit 16,3 % (n = 12) etwas hervorsticht, während die anderen Gruppen alle zwischen 20,6 % (n = 6) in der Gruppe der PVB >60 Jahre und 23,4 % (n = 11) bei den 40 bis 49-Jährigen liegen.

Der Vergleich männlicher und weiblicher PVB zeigt, dass Männer mit 10,9 % (n = 26) etwas häufiger eine Selbsteinordnung rechts der Mitte vornehmen, als Frauen mit 6,0 % (n = 5). Links der Mitte wiederum ordnen sich die männlichen PVB mit 21,7 % (n = 52) etwas häufiger als die weiblichen PVB mit 20,3 % (n = 17) ein.

PVB mit Migrationshintergrund zeigen mit 7,1 % (n = 2) etwas seltener eine rechte Selbsteinordnung als die PVB ohne Migrationshintergrund mit 10,1 % (n = 30) und tendieren demgegenüber deutlich stärker zu linksgerichteter Orientierung mit 28,6 % (n = 8) gegenüber PVB ohne Migrationshintergrund mit 20,5 % (n = 63).

10.1.1 Zum Einfluss der Covid-19-Pandemie auf die eigene Wahlentscheidung

Vor dem Hintergrund der, zum Zeitpunkt der Erhebung aktuellen, Diskussion um die politischen Entscheidungen in Zusammenhang mit der Covid-19-Pandemie wurde auch gefragt, ob die potenzielle Wahlentscheidung vor der Pandemie anders ausgefallen wäre. 8,4 % der Befragten (n = 27) gaben an, dass ihre Wahlentscheidung vor der Pandemie anders verlaufen wäre, nämlich bei 88,9 % (n = 24) von dieser Gruppe zugunsten der CDU/CSU. Vergleicht man dies mit den potenziell verbliebenen Wahlpotenzial von 116 PVB wird deutlich, dass die CDU/CSU in der vorliegenden Stichprobe einen Anteil in Höhe von 20,6 % ihrer Stimmen mit Bezug zur Pandemie verloren hat.

Andere Parteien (SPD, Bündnis 90/Die Grünen) sind hypothetisch mit jeweils einer Nennung kaum von einer entsprechenden Wählerabwanderung betroffen. Dies ist insofern plausibel, als dass sowohl Bundes- als auch Landesregierung in NRW zum Zeitpunkt der Erhebung CDU-geführt waren und somit die Entscheidungen über die Maßnahmen zur Pandemiebekämpfung entsprechend auf sie zurückgeführt bzw. Akteuren der CDU Bund/CDU NRW angelastet wurden. Dies verdeutlicht, dass PVB je nach Organisationseinheit im Zwiespalt zwischen dienstlichen Pflichten und persönlichen Ansichten stehen. So ist durchaus denkbar, dass PVB im Rahmen von Demonstrationen gegen die pandemiebedingten Einschränkungen eingesetzt waren, obwohl sie selbst von den politisch verfügten Maßnahmen nicht überzeugt waren.

10.1.2 Sicht auf die AfD

Die Frage, inwieweit Angehörige deutscher Sicherheitsbehörden mit der AfD sympathisieren oder gar aktiv in der AfD mitwirken, beschäftigt spätestens seit der Besetzung einiger Spitzenfunktionen sowohl die öffentliche als auch die wissenschaftliche Debatte. Als demokratisch legitimierte Partei brauchen Polizeibeamt*innen zwar grundsätzlich keine disziplinar- oder strafrechtliche Verfolgung per se befürchten.

Seit der gerichtlich bestätigten Einstufung der AfD als Verdachtsfall und Beobachtung durch den Verfassungsschutz[3] scheint aber eine Einzelfallprüfung erforderlich, ob ggf. eine Dienstpflichtverletzung bzw. Anhaltspunkte für einen Verstoß gegen die FDGO bei entsprechendem Engagement in der Partei vorliegen.

Die darüber hinausgehende Einstufung als „gesichert extremistisch“, die nach jüngster Verlautbarung des Bundesamtes für Verfassungsschutz (BfV)[4] nicht abwegig ist, würde mit hoher Wahrscheinlichkeit ein Engagement für PVB in der AfD erheblich erschweren. Den Befragten wurde eine voll verbalisierte fünfstufige Skala von „Stimme nicht zu“ (1), „Stimme eher nicht zu“ (2), „Teils/teils“ (3), „Stimme eher zu“ (4) bis „Stimme zu“ (5) vorgegeben, anhand derer sie sich gegenüber vier Aussagen zur AfD positionieren sollten.[5]

Dass die AfD unbequeme Wahrheiten offen anspricht, bejahen in Summe 15,9 % (n = 51) der Befragten. Rund ein Viertel bezieht mit 24,9 %(n = 80) in der Teils/teils-Kategorie keine klare Position. Der Aussage widersprechen insgesamt 59,2 % (n = 190).

Für überzeugend werden die Argumente der AfD von 4,0 % (n = 13) gehalten, 9,3 % (n = 30) wählten die Teils/teils-Kategorie. Dagegen positionieren sich 85,6 % (n = 278), wobei mit 64,5 % (n = 207) der deutlich größere Anteil auf die Stimme nicht zu Kategorie entfällt.

Der Aussage, die AfD sei für eine/n Polizist/in eines demokratischen Rechtsstaates unwählbar, schließen sich in Summe 77,2 % (n = 247) der befragten PVB an. Mit 8,1 % (n = 26) entfallen in etwa gleich viele Stimme auf die Mittelkategorie wie im vorherigen Item. 14,7 % (n = 47) stimmen der Aussage hingegen tendenziell nicht zu, wobei die Anteile zwischen „Stimme eher nicht zu“ (n = 23) und „Stimme nicht zu“ (n = 24) nahezu identisch sind.

Sich nur deshalb nicht offen für die AfD zu engagieren, weil man dienstrechtliche Konsequenzen befürchtet, bestätigen 0,9 % (n = 3) der Befragten. Die Teils/teils-Kategorie wählten 1,6 % (n = 5), der ganz überwiegende Teil stimmte der Aussage mit 97,5 % (n = 311) nicht zu.

[3] Vgl. Bundesamt für Verfassungsschutz 2022.

[4] Vgl. Kehlbach und Bräutigam 2024.

[5] Anmerkung zu Tabelle 10.2: Zur Berechnung der Gesamtskala wurde das Item 3 („Für eine/n Polizist*in….“) recodiert MW = 1,94, SD = 1,36.

Tabelle 10.2 Sicht auf die AfD

Sicht auf die AfD						
Wie beurteilen Sie die folgenden Statements zur AfD?	Anteil der Befragten in %					
	(1)	(2)	(3)	(4)	(5)	MW
Die AfD spricht unbequeme Wahrheiten offen an. (n=321, SD=1,19)	37,1	22,1	24,9	11,5	4,4	2,24
Die Argumente der AfD sind oft überzeugend. (n=321, SD=0,86)	64,5	22,1	9,3	2,8	1,2	1,54
Für eine/n Polizist*in eines demokratischen Rechtsstaates ist die AfD unwählbar. (n=320, SD=1,27)	7,5	7,2	8,1	18,8	58,4	4,13
Ich engagiere mich nur deshalb nicht offen in der AfD, weil ich dienstrechtliche Konsequenzen fürchte. (n=319, SD=0,45)	92,8	4,7	1,6	0,6	0,3	1,11
Gesamtskala „Sicht auf die AfD“ (n=320, SD=0,72, α=0,68)						1,70

n=Anzahl Befragter | MW=Mittelwert | SD=Standardabweichung | α=Cronbachs Alpha

Die Gesamtskala aus allen vier Items weist mit $\alpha = 0{,}68$ ein zufriedenstellendes Reliabilitätsmaß auf. Mit einem Mittelwert von MW = 1,70 erfährt die AfD insgesamt breite Ablehnung. Allerdings ist auch zur Kenntnis zu nehmen, dass bei zwei Items rund 15 % der Befragten pro AfD geantwortet haben. Dass 15,9 % (n = 51) bestätigen, die AfD spreche unbequeme Wahrheiten offen an, muss zwar (analog zu den vorherigen politischen Grundeinstellungen) auch im Kontext der sehr kontrovers geführten Diskussion um den Umgang mit der Covid-19-Pandemie und tragbaren gesellschaftlichen Einschränkungen (Lockdown, Maskenpflicht, Impfvorgaben etc.) bewertet werden – denkbar ist jedoch auch ein Bezug auf andere durch die AfD polarisierend vorgebrachte Themen, wie z. B. die Migration oder der Umgang mit (vermeintlich) kriminellen Ausländer*innen.

Umso mehr überrascht es, dass offensichtlich ein Großteil dieser 15,9 % selbst nicht davon überzeugt ist, dass die AfD überzeugende Argumente anbietet.

Anders ist die geringere Zustimmung zu dieser Aussage mit 4,0 % (n = 13) nicht zu erklären.

Bezogen auf die Ansprüche an Polizist*innen eines demokratischen Rechtsstaates, hielten 14,7 % (n = 47) eine Wahlentscheidung zugunsten der AfD für vertretbar. Hier ist zu bedenken, dass zum Zeitpunkt der Befragung zwar der völkisch-nationalistische Flügel der Partei um den Thüringer Fraktionsvorsitzenden Björn Höcke als Beobachtungsfall durch das BfV eingestuft war,[6] innerparteilich aber mit Personen wie dem ehemaligen Bundesvorsitzenden Jörg Meuthen zumindest eine gewisse Uneindeutigkeit in der politischen Zukunft und Ausrichtung der Partei gesehen werden konnte. Dies dürfte mit den jüngsten Berichten zu Kontakten in die rechtsextreme Szene und Remigrationspopulismus sowie der Konkretisierung zur Einstufung und Beobachtung der gesamten Partei als gesichert rechtsextrem klarer geworden sein.

10.2 Demokratievertrauen und Demokratiemisstrauen

Das Vertrauen in die Demokratie stellt eine zentrale Einstellung zur Gesamtheit unserer Staatsform dar. Insbesondere populistische Verlautbarungen stellen den demokratischen Rechtsstaat als nicht-entscheidungsfähig und seine Akteure als ausschließliche Vertreter*innen des Establishments dar. Das Vertrauen in politische Akteure und Institutionen einerseits steht dem Misstrauen gegenüber der Demokratie als Staatsform und politischen Funktionsträger*in gegenüber. Über vier entsprechend gegensätzlich formulierte Items wurde das Demokratievertrauen sowie das Demokratiemisstrauen erfasst[7]. Auf einer fünfstufigen vollverbalisierten Skala von „Stimme nicht zu" (1), „Stimme eher nicht zu" (2), „Teils/teils" (3), „Stimme eher zu" (4) und „Stimme zu" (5) wurden die Befragten gebeten, sich gegenüber den vorgegebenen Aussagen zu positionieren. Jeweils die zwei gleichgepolten Items zu Demokratievertrauen bzw. Demokratiemisstrauen wurden zunächst zu einer Subskala verrechnet, analog zu den Vergleichserhebungen.[8]

---

[6] Vgl. tagesschau.de 2020.

[7] Anmerkung zu Tabelle 10.3: Zur Berechnung der Gesamtskala wurde die Teilskala Demokratiemisstrauen recodiert (MW = 2,93, SD = 0,87) und dann mit der Teilskala Demokratievertrauen verrechnet.

[8] Vgl. Zick und Berghan 2019, S. 230; Küpper et al. 2021, S. 50.

Tabelle 10.3 Demokratievertrauen und Demokratiemisstrauen

Demokratievertrauen und Demokratiemisstrauen								
Wie stehen Sie zu folgenden Aussagen?	**Anteil der Befragten in %**					**MW**		
						WeKoPol	**Mitte 2019**	**Mitte 2021**
Demokratievertrauen (n=325; SD=0,76; p^{SP}=0,56)	**(1)**	**(2)**	**(3)**	**(4)**	**(5)**	3,48	3,39	4,02
Ich fühle mich von den Politiker*innen im Bundestag alles in allem gut vertreten. (n=325; SD=0,92, MW=2,98)	5,5	23,4	42,2	25,2	3,7			
Alles in allem vertraue ich den staatlichen Institutionen wie Behörden, Gerichten und Universitäten. (n=325; SD=0,91; MW=3,98)	1,2	6,5	16,0	45,2	31,1			
Demokratiemisstrauen (n=324; SD=0,85; p^{SP}=0,49)						2,98	3,37	
Politiker*innen umgehen die bestehenden Gesetze, wenn es um ihre eigenen Vorteile geht. (n=324; SD=0.97; MW=3,15)	2,5	24,7	37,7	25,9	9,3			
Die demokratischen Parteien zerreden alles und lösen Probleme nicht. (n=323; SD=1,11; MW=2,83)	13,6	23,8	35,9	19,2	7,4			
Gesamtskala Demokratievertrauen (n=323; SD=0,69; α=0,66)						3,34		
MW=Mittelwert | SD=Standardabweichung | n=Anzahl Befragter | $\rho^{(SP)}$=SpearmanBrown Koeffizient | α=Cronbachs Alpha								

Beide Skalen weisen mit $\rho^{(SP)} = 0{,}56$ (Demokratievertrauen) und $\rho^{(SP)} = 0{,}49$ (Demokratiemisstrauen) Reliabilitätswerte auf, die knapp über bzw. knapp unter der noch als ausreichend definierten Schwelle von 0,5 einzuordnen sind. Eine Überschätzung der Reliabilität ist aufgrund der geringen Anzahl von Items pro Skala bei der Verwendung des Spearman-Brown-Koeffizienten hingegen nicht zu befürchten.[9]

[9] Vgl. Danner 2015, S. 5.

Da die beiden Subskalen nur zwei von ursprünglich drei Items umfassen[10], ist die geringere Reliabilität als in der Bezugsstudie möglicherweise auch darauf zurückzuführen. Der Aussage, sich von den Politiker*innen im Bundestag alles in allem gut vertreten zu fühlen, stimmen exakt gleich große Anteile tendenziell zu bzw. nicht zu 28,9 % (n = 94). Der größte Teil entfällt mit 42,2 % (n = 137) auf die Teils/teils-Kategorie. Der Mittelwert von MW = 2,98 unterstreicht für diese Frage das äußerst heterogene Antwortverhalten der Befragten. Das Vertrauen in die staatlichen Institutionen ist deutlich stärker ausgeprägt. Drei Viertel der Befragten bestätigen mit 76,3 % (n = 248) eher entsprechendes Vertrauen, 16,0 % (n = 52) sind geteilter Meinung. Kein bzw. eher kein Vertrauen äußern in Summe 7,7 % (n = 25). Der Mittelwert von MW = 3,98 verdeutlicht die sehr viel positivere Wahrnehmung der staatlichen Institutionen im Vergleich zu den agierenden Politiker*innen.

Die Items zum Demokratiemisstrauen weisen in eine ähnliche Richtung, wenngleich mit schwächerer Tendenz. So stimmen insgesamt 26,6 % (n = 86) der Befragten der Aussage zu bzw. eher zu, dass die demokratischen Gruppen alles zerreden und Probleme nicht lösen würden, etwas mehr als ein Drittel wählt mit 35,9 % (n = 116) die Mittelkategorie. Pro demokratisch äußern sich etwa gleich viele Befragte mit 37,4 % (n = 121). Der Mittelwert beträgt für diese Frage MW = 2,83. Dass Politiker hingegen selbst bestehende Gesetze zu ihren eigenen Gunsten umgehen, findet bei insgesamt 35,2 % (n = 114) Zustimmung, 27,2 % (88) verneinen dies (eher). Die Mittelkategorie weist den höchsten Anteil mit 37,7 % (n = 122) auf. Mit einem MW = 3,15 wird insgesamt eine leichte Tendenz in Richtung des Demokratiemisstrauens für diese Frage deutlich.

Betrachtet man diese vier Items in zwei jeweiligen Teilskalen, zeigt sich das Demokratievertrauen mit einem MW = 3,48 stärker ausgeprägt als das Demokratiemisstrauen mit MW = 2,98. Dies wirkt insofern zunächst unplausibel, als dass hier (theoretisch) absolute Gegensätze beschrieben werden, sodass Vertrauen in die Demokratie geringes Misstrauen implizieren müsste. Erklärbar ist diese Diskrepanz durch den Umstand, dass (wie bereits innerhalb der beiden Teilskalen beobachtet) den handelnden Akteuren in der Politik deutlich stärkeres Misstrauen entgegengebracht wird als den Institutionen und Gruppen allgemein.

Verrechnet man beide Teilskalen zu einer Gesamtskala Demokratievertrauen, ist mit einem MW = 3,24 das Vertrauen der Befragten in die Demokratie insgesamt nur mittelmäßig ausgeprägt mit einer leichten Tendenz in die positive Skalenhälfte. Im Vergleich zu den Befunden der Mitte-Studien der letzten Jahre

[10] Vgl. Häusler und Küpper 2019, S. 230.

zeigt sich zunächst, dass das Demokratievertrauen (isoliert betrachtet) in der vorliegenden Stichprobe minimal ausgeprägter ist (+0,09) als in der Mitte-Studie 2018/19. Korrespondierend dazu und deutlicher sichtbar, liegt gesamtgesellschaftlich ein stärkeres Demokratiemisstrauen (+0,39) vor als unter den befragten PVB.

So äußerten insgesamt 46,3 % der Befragten Zustimmung zum Statement, dass Politiker zu ihren eigenen Gunsten die Gesetze missachteten, und somit rund 10 % mehr als in der hier zugrunde liegenden Stichprobe. Mit 42,9 % lag auch der Anteil der Befürworter*innen zum Statement, die demokratischen Parteien würden alles nur zerreden, rund 7 % höher. Im Vergleich zur jüngeren Erhebung 2020/21 ist hingegen ein gegenläufiger Befund mit einem deutlich stärkeren Vertrauen in die Demokratie (+0,54) gegenüber den befragten PVB festzustellen, wenngleich aufgrund modifizierter Items in der Erhebung 2020/21 keine exakte Deckungsgleichheit beider Skalen und somit nur eine eingeschränkte Vergleichbarkeit gegeben ist.[11]

Darüber hinaus ist in puncto Vergleichbarkeit zu berücksichtigen, dass der Erhebungszeitraum der Mitte-Studie 2018/19 (September 2018 bis Februar 2019[12]) deutlich vor Ausbruch der Covid-19-Pandemie lag, während die Erhebungen der Mitte-Studie 2020/21 (im Januar und Februar 2021[13]) sowie des hier vorliegenden Projektes (von August 2021 bis Oktober 2021) inmitten der Pandemie durchgeführt wurden. Insbesondere mit Blick auf die Wahrnehmung politischer Entscheidungen und der Sicht auf die (damals) Verantwortlichen lägen Auswirkungen der pandemischen Maßnahmen auf das Demokratievertrauen durchaus nahe. Denn unter dem Eindruck bereits länger anhaltender Hygiene- und Schutzmaßnahmen mit Einschränkungen des gesamtgesellschaftlichen und wirtschaftlichen Lebens in Deutschland war zu beobachten, dass verschiedene Lager und Akteure von Impfgegner*innen, Corona-Leugnenden, Esoteriker*innen, Verschwörungstheoretiker*innen oder vielfältig beruflich Betroffenen ihren Unmut über die anhaltenden Maßnahmen mit zunehmender Vehemenz und teils offen populistischen Zügen artikulierten.

Insofern wäre niedrigeres Vertrauen in die Demokratie zu dieser Zeit zumindest anhand der gesamtgesellschaftlichen Diskussion um die Erforderlichkeit von Kontaktbeschränkungen, Maskenpflicht, Lockdowns etc. und damit einhergehender Existenzängste zahlreicher Wirtschaftszweige zumindest erklärbar gewesen. Auch die Kritik an öffentlich gewordenen politischen Unzulänglichkeiten, etwa

[11] Küpper et al. 2021, S. 50.

[12] Faulbaum und Berghan 2019, S. 41.

[13] Vgl. Rump und Mayerböck 2021, S. 32.

bei der Kontrolle von Testzentren (wobei nicht unerhebliche Betrugsdimensionen mangels entsprechender Kontrollinstanzen aufgedeckt wurden[14]) oder der Beschaffung von Schutzmasken[15], hätte Misstrauen gegenüber den politischen Entscheider*innen zumindest in Teilen nachvollziehbar gemacht. Ein entsprechendes Absinken des Demokratievertrauens konnte hingegen in beiden Erhebungen nicht festgestellt werden, vielmehr war gesamtgesellschaftlich von 2018/19 auf 2020/21 ein nicht unerheblicher Anstieg festzustellen.

Bemerkenswert insgesamt ist, dass das Vertrauen gegenüber Politiker*innen deutlich geringer ausgeprägt ist als gegenüber den demokratischen Institutionen oder Gruppierungen allgemein. Obwohl die o. g. Hinweise zur eingeschränkten Vergleichbarkeit berücksichtigt werden müssen, ist der Befund zum nur mittelmäßig ausgeprägten Demokratievertrauen unter den befragten PVB doch ernst zu nehmen.

Denn letztlich müssen alle PVB an ihrem Eid auf die Demokratie gemessen werden und unterliegen daher einem anderen Maßstab als die Gesellschaft allgemein. Wenn PVB nicht in die Demokratie vertrauen – wie sollen sie dann selbst für sie einstehen und demokratische und rechtsstaatliche Prinzipien umsetzen und verteidigen? Auch wenn die folgerichtige Anschlussfrage in der vorliegenden Erhebung nicht gestellt wurde, ist dennoch unumgänglich darüber nachzudenken, welcher Staats- und Regierungsform dann mehr zugetraut werden würde.

Bei aller Brisanz möglicher Antworten darauf ist gleichzeitig auch nachvollziehbar, dass insbesondere das Vertrauen in die Demokratie unter PVB dann leidet, wenn politische Entscheidungen zwar durchgesetzt, aber nicht nachvollzogen werden können. Dass die Durchsetzung der pandemischen Schutzmaßnahmen hier ein Faktor sein könnte, lassen zumindest die unter Abschnitt 10.1.1 getätigten Aussagen zur Beeinflussung der Wahlentscheidungen zulasten der regierenden Fraktion (CDU/CSU) vermuten. Auch der Umstand, dass rund 14 % die AfD als Wahloption ansehen (siehe Abschnitt 10.1.2), ist zumindest ein starkes Indiz für mangelndes Vertrauen in die regierenden Parteien. Ob das der Demokratie entgegengebrachte Vertrauen bzw. Misstrauen Einfluss auf konkretere Einstellungen gegenüber bestimmten sozialen, gesellschaftlichen und ethnischen Gruppen nimmt, wird in Kapitel 11 detailliert betrachtet.

[14] Vgl. Schattauer 2022.

[15] Vgl. Landtag Nordrhein-Westfalen 2021.

10.3 Zivilcouragierte Orientierung

Neben den grundlegenden politischen Einstellungen mit Blick auf die Parteien und den demokratischen Rechtsstaat wurde die Wahrnehmung von möglichen Bedrohungen unserer Gesellschaft durch populistische und rassistische Kräfte sowie dem Engagement für eine offene und integrative Gesellschaft als Gesamtskala einer zivilcouragierten Orientierung[16] erfragt. Die Gesamtskala weist mit $\alpha = 0{,}74$ eine zufriedenstellende Reliabilität auf.

Mit 91,3 % (n = 294) findet es der ganz überwiegende Teil der Befragten gut, wenn sich Menschen gegen die Hetze gegen Minderheiten einsetzen. Nicht eindeutig positionieren sich 6,5 % (n = 21) mit der Teils/teils-Kategorie, 2,1 % (n = 7) stehen der Aussage (eher) ablehnend gegenüber. Mit einem Mittelwert von MW = 4,44 ist dieses Item das mit der stärksten Zustimmung innerhalb der Skala zu zivilcouragierter Orientierung.

Dass man sich stärker für eine vielfältige und offene Gesellschaft engagieren müsse, bestätigen mit 69,0 % (n = 223) etwas mehr als zwei Drittel der Befragten, 22,6 % (n = 73) sind hier allerdings geteilter Ansicht. Mit 8,3 % (n = 27) ist auch der Anteil derer, die kein stärkeres Engagement befürworten, deutlich größer als bei der ersten Frage.

Sich Sorgen über die Zunahme des Rassismus in der Gesellschaft zu machen, bestätigen 62,9 % (n = 203). Die Teils/teils-Kategorie ist mit 21,7 % (n = 70) nur marginal schwächer ausgeprägt als im vorherigen Item. 15,5 % (n = 50) geben an, sich (eher) keine Sorgen um die Zunahme von Rassismus zu machen.

Den Rechtspopulismus in der Gesellschaft als Bedrohung der Demokratie wahrzunehmen, bejahen insgesamt 59,3 % (n = 191). Rund ein Fünftel der Befragten wählte mit 20,5 % (n = 66) die Teils/teils-Kategorie. Ein mit 20,1 % (n = 65) fast gleich großer Anteil stimme der Aussage tendenziell eher nicht zu.

Insgesamt spricht die Gesamtskala mit einem MW = 3,93 dafür, dass die zivilcouragierte Orientierung unter den PVB etwas geringer ausgeprägt ist als in der Mitte-Studie 2018/19 mit MW = 4,05.[17] Dass die einzelnen Aussagen auf teils deutlich unterschiedlich starke Zustimmung stoßen, trifft auch auf die Ergebnisse der Mitte-Studie 2018/19 zu. Interessant ist, dass die Items sowohl gesamtgesellschaftlich als auch innerpolizeilich in der gleichen Rangfolge auf Zustimmung bzw. Ablehnung treffen (Tabelle 10.4).

---

[16] Vgl. Berghan und Zick 2019, S. 228.

[17] Vgl. Zick und Berghan 2019, S. 230.

Tabelle 10.4 Zivilcouragierte Orientierung

Zivilcouragierte Orientierung							
	Anteil der Befragten in %					MW	
	(1)	(2)	(3)	(4)	(5)	WeKoPol	Mitte 2019
Ich finde es gut, wenn sich Menschen gegen die Hetze gegen Minderheiten einsetzen. (n=322; SD=0,76)	1,2	0,9	6,5	35,4	55,9	4,44	4,33
Wir müssen uns stärker für eine vielfältige und offene Gesellschaft engagieren. (n=323; SD=0,98)	1,2	7,1	22,6	33,7	35,3	3,95	4,12
Ich mache mir Sorgen, dass der Rassismus in der Gesellschaft zunimmt. (n=323; SD=1,10)	3,4	12,1	21,7	34,7	28,2	3,72	4,06
Der Rechtspopulismus in unserer Gesellschaft bedroht die Demokratie. (n=322; SD=1,17)	4,3	15,8	20,5	30,4	28,9	3,64	3,68
Gesamtskala Zivilcouragierte Orientierung (n=322; SD=0,77; α=0,75)						3,93	4,05
MW=Mittelwert | SD=Standardabweichung | n=Anzahl Befragter | α=Cronbachs Alpha							

So wird in beiden Erhebungen dem Engagement gegen die Hetze gegen Minderheiten am deutlichsten zugestimmt, unter den PVB mit MW = 4,44 noch etwas stärker als in der Gesamtgesellschaft mit MW = 4,33.

Als nächstes folgen die Zustimmungswerte zur Aussage, „Wir müssen uns stärker für eine vielfältige und offene Gesellschaft engagieren“ mit MW = 3,95 in der Polizei und MW = 4,12 in der Gesamtgesellschaft. Da diese, ähnlich der ersten Aussage, auf positive Initiativen gegen diskriminierende oder benachteiligende Entwicklungen abzielt, ist auf den ersten Blick nicht schlüssig, warum beide Erhebungen hier geringere Zustimmungswerte als zu der ersten Aussage zeigen. Allerdings könnte die Formulierung „wir müssen“ aus Sicht der Befragten implizieren, dass das eigene Engagement (noch) nicht ausreicht, während das erste Item die Verantwortlichkeit mit „(…) wenn sich Menschen (…) engagieren“ deutlich genereller gefasst ist und auch die jeweilig befragte Person nicht zwangsläufig mit einbezieht. Befragte, die der Meinung sind, sich selbst bereits genug zu engagieren, könnten somit dem ersten Item deutlicher zustimmen als dem zweitgenannten. Die Differenzierung zwischen beiden Aussagen fällt dabei anhand der Mittelwertdistanzen von 0,49 in der hier zugrunde liegenden Erhebung bzw. 0,21 in der Mitte-Studie 2018/19 in der Polizei deutlicher auf als in der Gesamtgesellschaft. Ob dies impliziert, dass PVB sich selbst, ggf. aufgrund ihres Berufs, grundlegend als engagierter wahrnehmen, kann nur vermutet werden. Die Sorgen über die Zunahme des Rassismus in der Gesellschaft sind in der Polizei mit MW = 3,72 deutlich weniger als in der Gesamtgesellschaft mit MW = 4,06 ausgeprägt. Hingegen wird der Bedrohung der Demokratie durch den Populismus in beiden Erhebungen nahezu gleich mit MW = 3,64 bzw. MW = 3,68 zugestimmt. Dies stellt in der Mitte-Studie 2018/19 einen deutlichen Abstand zu den übrigen Zustimmungswerten mit 0,48 dar, während im hier zugrunde liegenden Projekt der Abstand nur 0,08 zum nächsten Item beträgt. Dies ist damit zu begründen, dass die Sorge um eine Zunahme des Rassismus polizeilich deutlich niedriger bewertet wird als in der Gesamtgesellschaft. Mit einer Differenz von 0,34 fällt in diesem Item die Differenz zwischen beiden Erhebungen deutlich größer aus als bei den drei anderen Aussagen mit 0,11, 0,17 und 0,04.

Als Erklärungsansätze kämen verschiedenste Ausgangsannahmen in Betracht, etwa dass PVB weniger sensibel auf Rassismus reagieren, da zumindest teilweise entsprechende Stereotypen gewissen Bevölkerungsgruppen gegenüber im dienstlichen Alltag erlebt werden und sich als (kriminalistische) Erfahrungswerte verfestigen, wie z. B. die Verknüpfung (süd-)osteuropäischer Bevölkerungsgruppen mit Eigentumsdelikten.[18] Eine gegensätzliche Vermutung läge darin, dass innerpolizeilich die letzten Jahre eine deutliche Öffnung in Richtung Diversität und Toleranz in den eigenen Reihen stattgefunden hat und beispielsweise die Aufnahme von Menschen mit Migrationshintergrund in den Polizeidienst forciert wird. Verdeutlicht man sich, dass die Polizei lange Zeit durch männliche Hegemonie und hierarchische Strukturen geprägt war, könnte innerpolizeilich durchaus die Wahrnehmung bestehen, dass insgesamt Liberalisierung und Öffnung – und damit wichtige Faktoren, die eher gegen Rassismus stehen dürften – die aktuellen innerdienstlichen Entwicklungen prägen.

Ob sich Argumente für oder gegen diese Vermutungen identifizieren lassen, kann insbesondere der Blick auf die Verbreitung von GMF (und Rassismus als Dimension) in den folgenden Kapiteln zeigen.[19]

---

[18] Vgl. Bosch und Thurn 2022, S. 190.

[19] Eine Faktorenanalyse gab keinen Anlass, die beiden Teilaspekte (soziales Engagement und Sorge vor Populismus bzw. Rassismus) als gesonderte Hauptkomponenten einzeln zu betrachten; eine entsprechende Prüfung ergab nur einen Faktor mit einem Eigenwert>1, der mit einem Wert von 2,339 eine Varianzaufklärung von 58,46 % leistete und auf dem alle vier einzelnen Items deutlich positive Ladungen (zwischen 0,632 und 0,826) aufwiesen.

10.4 Reflexionsbereitschaft

Neben der zivilcouragierten Orientierung wurde auch die individuelle Bereitschaft zur Reflexion eigener Stereotypen im polizeilichen Alltag erfasst. Denn wie bereits in Abschnitt 2.3 kurz angesprochen, besteht die Annahme zu innerpolizeilichen Rechtfertigungsmustern, wenn es um Stereotype und deren Bestätigung durch unreflektierte polizeiliche Praxen geht. Der Reflexionsbereitschaft eigener Stereotypen kommt daher eine zentrale Bedeutung zu, setzt diese sowohl die Fähigkeit, bewusst oder unbewusst angenommene Stereotypen bzw. Vorurteile als solche zu erkennen, als auch die Bereitschaft, sich selbstkritisch mit diesen eigenen Maßstäben und deren Berechtigung auseinanderzusetzen, voraus.

Auf einer fünfstufigen voll-verbalisierten Skala von 1 (Stimme nicht zu) bis 5 (Stimme zu) wurden vier Items zur Auswahl gestellt. Dabei wurden je zwei Fragen pro bzw. contra der eigenen Reflexionsbereitschaft formuliert und (nach Recodierung[20]) in einer Gesamtskala zusammengefasst. Diese Gesamtskala ist aufsteigend in Richtung zunehmender Reflexionsbereitschaft gepolt und wies zunächst mit $\alpha = 0{,}56$ ein noch akzeptables Reliabilitätsmaß auf. Allerdings zeigte die entsprechende Prüfung, dass die Reliabilität auf $\alpha = 0{,}61$ ansteigen würde, wenn das letzte Item (Bestürzung über extremistische Chatgruppen in den eigenen Reihen) herausgenommen würde. Insofern wurde die Gesamtskala aus den ersten drei Items berechnet. Eine alternative Betrachtung (z. B. anhand zweier Subskalen) wurde nach entsprechenden Vorprüfungen zum potenziellen Reliabilitätsmaß der Subskalen verworfen.

Dass es normal sei, bei der regelmäßigen Feststellung von Verstößen bestimmter Gruppen, diesen gegenüber Vorurteile zu entwickeln, findet mit 51,4 % (n = 160) mehr als die Hälfte der Befragten. Geteilter Ansicht ist ein weiteres Viertel mit 25,1 % (n = 78), sodass mit 23,5 % (n = 73) ein minimal kleinerer Anteil auf die Ablehnung der Aussage entfällt.

Eine mehrjährige Diensterfahrung im Polizeiberuf führt nach Einschätzung von rund einem Drittel der befragten PVB mit 33,7 % (n = 105) bereits unweigerlich dazu, dass sich Vorurteile von ganz allein entwickelten. Eine etwas größere Gruppe steht dieser Behauptung mit 38,6 % (n = 120) unentschlossen gegenüber. Dagegen positionieren sich 27,7 % (n = 86).

Demgegenüber findet der allergrößte Teil mit 90,3 % (n = 281), man müsse sich eine offene und unvoreingenommene Sicht auf die Menschen bewahren. Die

[20] Anmerkung zur Tabelle 10.5: Die Items 1 („Es ist doch ganz normal….") und 2 („Wenn man einige Jahre….") wurden zur Berechnung der Gesamtskala recodiert (Item 1: MW = 2,67; SD = 1,13; Item 2: MW = 2,97; SD = 1,05).

Teils/teils-Kategorie wurde von 8,4 % (n = 26) gewählt, eher nicht stimmten 1,3 % (n = 4) diesem Vorsatz zu – auf die Antwortkategorie (1) entfielen keine Nennungen.

Tabelle 10.5 Reflexionsbereitschaft

Reflexionsbereitschaft						
	Anteil der Befragten in %					MW
	(1)	(2)	(3)	(4)	(5)	
Es ist doch ganz normal, wenn man bei bestimmten Personengruppen immer Verstöße feststellt, dass man dann Vorurteile gegen diese Gruppen entwickelt. (n=311; SD=1,13)	8,4	15,1	25,1	38,9	12,5	3,32
Wenn man einige Jahre im Polizeiberuf ist, entwickeln sich Vorurteile von ganz allein. (n=311; SD=1,05)	10,3	17,4	38,6	27,3	6,4	3,02
Man muss sich eine offene und unvoreingenommene Sicht auf die Menschen bewahren. (n=311; SD=0,70)	-	1,3	8,4	23,2	67,1	4,56
Ich bin bestürzt, wenn ich in der Zeitung von Kolleg*innen lese, die sich in Chatgruppen rassistisch geäußert haben. (n=311; SD=0,98)	2,6	2,9	11,9	17,6	65,0	4,40
Gesamtskala Reflexionsbereitschaft (n=311; SD=0,65, α=0,61)						3,65
MW=Mittelwert | SD=Standardabweichung | n=Anzahl Befragter | α=Cronbachs Alpha						

Bestürzt über rassistische Äußerungen durch Kolleg*innen in Chatgruppen zu sein, bejahten 82,6 % (n = 257) der PVB, weitere 11,9 % (n = 37) waren geteilter Meinung. Insgesamt 5,5 % (n = 17) stimmten dieser Aussage tendenziell nicht zu

Es ist deutlich hervorzuheben, dass die Mehrzahl der Befragten die Entwicklung von Vorurteilen gegenüber bestimmten Gruppen als Teil der beruflichen Normalität ansieht und sich nur jede/r vierte PVB dagegen positioniert. Deutlich ambivalenter wird die anlassunabhängige Entwicklung von Vorurteilen allein aufgrund einer gewissen Diensterfahrung beurteilt. Hier stehen sich 33,7 %, die dem tendenziell zustimmen, einer nur etwas kleineren Gruppe von 27,7 % gegenüber, die Diensterfahrung nicht automatisch in der Entstehung von Vorurteilen münden sehen.

Die Interpretation dieser Aussagen lässt mehrere Schlüsse zu. Vorurteile als Teil der dienstlichen Realität zu bewerten, ermöglicht einerseits erst die Problematisierung und das Hinterfragen zur (unbewussten) Entstehung eigener Vorurteile. Gleichzeitig ist dem polizeilichen Kontrollalltag immanent, mit kriminalistischer Erfahrung vorzugehen und es entspricht auch dem gesunden Menschenverstand, dass insbesondere Orte und Personen kontrolliert werden, denen eine kriminalistische bzw. sicherheitserhebliche Relevanz zugesprochen wird.

Diese Relevanz generiert sich zu großen Teilen aus Erfahrungswissen des polizeilichen Alltags, Lagebildern und statistischen Auswertungen. Ohne kritische Reflexion der darauf begründeten Maßnahmen begünstigen unreflektierte Zuschreibungsprozesse allerdings die Entstehung und Verfestigung „selbsterfüllender Prophezeiungen". Dass mehr als 90 % der Befragten gleichzeitig das Bewusstsein zeigen, sich eine offene und unvoreingenommene Sicht auf die Menschen bewahren zu müssen, passt nicht zu den vorgenannten Aussagen bzw. wirft zumindest die Frage auf, warum rein rechnerisch befragte PVB einerseits kritisch der Gefahr der Stereotypenbildung entgegenstehen, aber gleichzeitig eine Unumgänglichkeit entsprechender Entwicklungen im Polizeiberuf konstatieren.

Denkbar wäre als Interpretationsansatz, dass den Befragten die Diskrepanz zwischen ihrem theoretischen Ideal, offen und unvoreingenommen bleiben zu wollen, und der realen Entwicklung – sich eben der Bildung von Vorurteilen nach mehrjähriger Routine und einschlägigen Kontakterfahrungen nur schwerlich entziehen zu können, nicht bewusst ist. Dem Umgang mit Stereotypen und Vorurteilen kommt somit eine zentrale Bedeutung zu. Erst das bewusste Hinterfragen eigener Bewertungskategorien ermöglicht auch eine Veränderung bisher angenommener Haltungen gegenüber spezifischen Personengruppen. Entsprechende Einflüsse einer ausgeprägten Reflexionsbereitschaft auf gruppenbezogene Abwertungstendenzen werden in Abschnitt 11.4.2 näher analysiert.

Gruppenbezogene Menschenfeindlichkeit in der Polizei

11

Im folgenden Kapitel werden die Befunde zum Syndrom GMF chronologisch dargestellt und interpretiert. Zu Beginn erfolgt die deskriptive Darstellung[1] der einzelnen Dimensionen von GMF (Abschnitt 11.1). Daran schließen weitergehende Analysen zur Interkorrelation der Dimensionen im Sinne der Konstruktion von GMF als Syndrom an[2] sowie Überlegungen zur Bildung etwaiger Subskalen zur sinnvollen Vereinfachung der Gesamtskala mittels explorativer Faktorenanalyse[3] (Abschnitt 11.2). Um die hier gemessenen Befunde einordnen zu können, werden im Anschluss Vergleiche der einzelnen Dimensionen zu Befunden aus der Zivilgesellschaft angestellt (Abschnitt 11.2.1). Der Vergleich zu den Daten der Mitte-Studien 2018/2019 und 2020/2021 als zentralen Bezugspunkten der hier vorliegenden Erhebung erfolgt unter entsprechender Einordnung der Befunde mit Hinweisen auf bestehende Limitierungen bei der Vergleichbarkeit. Darüber hinaus werden auch die wenigen zum aktuellen Zeitpunkt vorliegenden vergleichbaren Ergebnisse aus anderen polizeiinternen Erhebungen zur Einordnung herangezogen In einem Zwischenfazit (Abschnitt 11.2.2) werden die Erkenntnisse zum Vorkommen von GMF in der Polizei und deren Interpretation kurz zusammengefasst. Den zweiten Schwerpunkt dieses Kapitels stellt die Betrachtung möglicher innerpolizeilicher Einflussfaktoren auf GMF dar. Dazu werden zunächst methodische Hinweise zum aufgestellten Regressionsmodell sowie zum Test der aufgestellten Hypothesen gegeben. Im Weiteren folgt die

[1] In den folgenden Kapiteln kann es bei der Darstellung der relativen Häufigkeiten zu minimalen Rundungsdifferenzen kommen, sodass die Summe der prozentualen Verteilung ggf. nicht immer glatt 100 % ergibt.

[2] Vgl. Heitmeyer 2002, S. 23.

[3] Vgl. Schnaudt 2020, S. 211.

© Der/die Autor(en), exklusiv lizenziert an Springer Fachmedien Wiesbaden GmbH, ein Teil von Springer Nature 2026
M. Haendschke, *Werte und Einstellungen von Polizeibeamtinnen und Polizeibeamten*, Kriminologische Studien,
https://doi.org/10.1007/978-3-658-50480-9_11

Analyse möglicher Einflussfaktoren in einer multiplen linearen Regressionsanalyse (Abschnitt 11.4), auf deren Grundlage die Hypothesen $H1^{GMF}$ bis $H15^{GMF}$ getestet werden. Das Kapitel schließt mit einer Diskussion der Ergebnisse, deren Interpretation und möglicher Limitationen der Untersuchung an sich bzw. der gewählten Untersuchungsmethode (Abschnitt 11.5).

11.1 Deskriptive Darstellung der einzelnen Dimensionen von GMF

Aus befragungsökonomischen und inhaltlichen Gründen wurden die Dimensionen von GMF ausgewählt, bei denen Berührungspunkte zu den betroffenen Gruppen im polizeilichen Alltag vermutet wurden. So wurde beispielsweise die Gruppe der Menschen mit Behinderung nicht betrachtet, weil diese nach Abgleich mit den Bezugsstudien[4] und eigenen Überlegungen keine Gruppe darstellen, zu denen regelmäßig polizeiliche Kontakte und/oder Wahrnehmungen bestehen. Zumindest wird dies bei anderen Gruppen wie asylsuchenden oder obdachlosen Menschen mit vergleichsweise deutlich größerer Wahrscheinlichkeit anzunehmen sein. Folgende Dimensionen des Syndroms GMF wurden für die Erhebung ausgewählt:

1. Sexismus (traditionell)
2. Abwertung homosexueller Menschen
3. Abwertung von Trans*Menschen
4. Abwertung asylsuchender Menschen
5. Muslimfeindlichkeit
6. Antiziganismus
7. Etabliertenvorrechte
8. Abwertung obdachloser Menschen
9. Fremdenfeindlichkeit
10. Rassismus
11. Antisemitismus (israelbezogen)

[4] In die Mitte-Studie 2020/21 wurde diese Dimension ebenfalls aus der Erhebung ausgeschlossen, da Abwertung gegenüber Menschen mit Behinderung in der Studie aus 2018/2019 kaum mehr messbar war. Vgl. dazu Zick (2021), S. 181–212.

Gemessen wurden die einzelnen GMF-Dimensionen mit den Original-Items der Mitte-Studien 2018/2019[5] und 2020/2021[6], wobei auch hier aus befragungsökonomischen Gesichtspunkten einzelne Dimensionen mit reduzierten Items gemessen wurden. Zum Zeitpunkt der Operationalisierung waren die Auflage 2020/21[7] sowie die aktuellste Auflage 2023/24 mit teils veränderten Items noch nicht veröffentlicht. Daraus ergibt sich, dass sich die später angeführten Vergleiche zwischen PVB und Zivilgesellschaft vor allem auf die Mitte-Studie 2018/19 beziehen. Die Items wurden auf einer fünfstufigen voll verbalisierten Likert-Skala gemessen, wobei eine Ablehnung der Aussagen mit niedrigen Werten (1; 2) bzw. eine Zustimmung mit höheren Werten (4; 5) einhergeht. Zudem wurde eine Mittelkategorie „Teils/teils" (3) zur Auswahl gestellt.

Für die Berechnung der jeweiligen Dimensionen wurden Mittelwertskalen berechnet, zudem erfolgte die Prüfung auf interne Reliabilität mittels Cronbachs α[8]. Sämtliche Items wurden dazu in die gleiche Richtung codiert, sodass ein größerer Mittelwert mit einer stärkeren Zustimmung zu der jeweiligen GMF-Dimension einhergeht. Zwei Dimensionen wurden mit nur jeweils einem Item gemessen (Abwertung homosexueller Menschen und Abwertung von Trans*Menschen), sodass sich in diesen Fällen die Berechnung einer Skala und eine Reliabilitätsprüfung erübrigte.[9]

[5] Vgl. Zick, Berghan und Mokros 2019, S. 70 ff.

[6] Vgl. Zick 2021, S. 188.

[7] Vgl. Zick 2021, S. 183.

[8] Zur Prüfung und Darstellung der Reliabilität der Teilskalen wird in den Mitte-Studien Cronbachs α angegeben. Dieser Koeffizient neigt bei Skalen mit lediglich zwei Items zur Unterschätzung der Reliabilität und wird nicht empfohlen. Der Spearman-Brown-Koeffizient $\rho^{(SP)}$ eignet sich besser und wird daher hier angegeben. Um die Vergleichbarkeit zu den Bezugsstudien dennoch zu ermöglichen, wurde Cronbachs α für alle Dimensionen und die Gesamtskala ebenfalls berechnet (von oben nach unten, beginnend mit der Dimension Sexismus): $\alpha = 0{,}62$; $\alpha = 0{,}55$; $\alpha = 0{,}69$; $\alpha = 0{,}83$, $\alpha = 0{,}49$; $\alpha = 0{,}56$; $\alpha = 0{,}27$; $\alpha = 0{,}36$; $\alpha = 0{,}56$; $\alpha = 0{,}86$. Dieser Koeffizient kann Werte zwischen 0 und 1 annehmen, wobei 1 einer optimalen Reliabilität entspricht. Mit $\alpha = 0{,}86$ liegt die Gesamtskala GMF im Bereich zwischen guter (>0,8) und exzellenter (>0,9) Reliabilität. Allerdings ist zu berücksichtigen, dass eine größere Anzahl einbezogener Items automatisch einen Anstieg von α bedingt und so die Gefahr einer Überschätzung der Reliabilität besteht. Daher bietet sich der Spearman-Brown-Koeffizient eher an. Vgl. dazu Eisinga et al. 2013, S. 638; Gliem und Gliem 2003, S. 87.

[9] Anmerkung zu Tabelle 11.1: In der Teildimension zur Abwertung Asylsuchender wurde zur Berechnung der Mittelwertskala das Item 1 („Bei der Prüfung von Asylanträgen…") recodiert: MW = 3,80; SD = 1,03. In der Teildimension Fremdenfeindlichkeit wurde das Item 2 („Die Bundesrepublik ist (…) überfremdet") einer anderen Skala der Mitte-Studie 2019

Tabelle 11.1 GMF – Dimensionen und Gesamtskala

Gruppenbezogene Menschenfeindlichkeit – Dimensionen und Gesamtskala						
Im Folgenden werden einige – teils provokante- Aussagen aufgeführt, die man manchmal hört. Mich interessiert Ihre ganz persönliche Meinung zu diesen Aussagen.	Anteil der Befragten in %					MW
	(1)	(2)	(3)	(4)	(5)	
Sexismus – traditionell (SD=0,46; $\rho^{(SP)}$ =0,70; n=320)						**1,26**
Frauen sollten sich wieder mehr auf die Rolle der Ehefrau und Mutter besinnen.	71,9	19,7	6,9	1,6	0,0	1,38
Für eine Frau sollte es wichtiger sein, ihrem Mann bei seiner Karriere zu helfen als selbst Karriere zu machen.	86,3	13,1	0,6	0,0	0,0	1,14
Abwertung homosexueller Menschen (SD=0,74; n=320)						**1,33**
Es ist ekelhaft, wenn sich Homosexuelle in der Öffentlichkeit küssen.	79,9	11,6	6,3	1,6	0,9	1,33
Abwertung von Trans*Menschen (SD=0,08; n=320)						**1,43**
Trans*Sexuelle und Trans*Gender sollten versuchen, nicht so aufzufallen.	72,8	15,9	7,8	2,8	0,6	1,43
Abwertung von Asylsuchenden (SD=0,87; $\rho^{(SP)}$=0,55; n=317)						**3,07**
Bei der Prüfung von Asylanträgen sollte der Staat großzügig sein.	29,7	35,3	23,4	9,4	2,2	2,19
Die meisten Asylbewerber*innen kommen nur hierher, um das Sozialsystem auszunutzen.	25,9	32,5	27,8	11,0	2,8	2,32
Muslimfeindlichkeit (SD=0,69; $\rho^{(SP)}$=0,69; n=318)						**1,47**
Muslimen sollte die Zuwanderung nach Deutschland untersagt werden.	72,0	15,7	10,4	1,3	0,6	1,43
Die Mehrheit der Muslime findet islamistischen Terrorismus gerechtfertigt.	62,6	24,9	9,9	2,2	0,3	1,53
Antiziganismus (SD=1,11; $\rho^{(SP)}$=0,84 n=317)						**2,64**
Ich hätte Probleme damit, wenn Sinti_zze und Rom_nja sich in meinem privaten Wohnumfeld aufhalten.	27,4	20,5	25,2	21,5	5,4	2,57
Sinti_zze und Rom_nja neigen zur Kriminalität.	18,4	23,1	30,7	22,5	5,4	2,73
Abwertung obdachloser Menschen (SD=0,58; $\rho^{(SP)}$=0,59; n=318)						**2,02**
Bettelnde Obdachlose sollten aus den Fußgängerzonen entfernt werden.	40,6	31,1	19,5	6,9	1,9	1,98
Die meisten Obdachlosen sind arbeitsscheu.	34,5	31,0	29,1	4,4	0,9	2,06

(Fortsetzung)

Tabelle 11.1 (Fortsetzung)

Gruppenbezogene Menschenfeindlichkeit – Dimensionen und Gesamtskala						
Im Folgenden werden einige – teils provokante- Aussagen aufgeführt, die man manchmal hört. Mich interessiert Ihre ganz persönliche Meinung zu diesen Aussagen.	Anteil der Befragten in %					MW
	(1)	(2)	(3)	(4)	(5)	
Fremdenfeindlichkeit (SD=0,69; $\rho^{(SP)}$=0,62; n=317)						**1,55**
Wenn Arbeitsplätze knapp werden, sollte man die in Deutschland lebenden Ausländer*innen wieder in ihre Heimat zurückschicken.	72,5	23,7	2,5	1,3	0,0	1,33
Die Bundesrepublik ist durch die vielen Ausländer*innen in einem gefährlichen Maß überfremdet.	53,3	24,3	13,9	6,9	1,6	1,79
Rassismus (SD=0,45; $\rho^{(SP)}$=0,32; n=317)						**1,26**
Aussiedler*innen sollten bessergestellt sein als Ausländer*innen, da sie deutscher Abstammung sind.	68,7	21,1	7,7	2,2	0,3	1,44
Die Weißen sind zu Recht führend in der Welt.	92,1	6,3	1,3	0,0	0,3	1,10
Antisemitismus – israelbezogen (SD=0,69; $\rho^{(SP)}$=0,38; n=312)						**1,77**
Was der Staat Israel heute mit den Palästinensern macht, ist im Prinzip auch nichts anderes als das, was die Nazis im Dritten Reich mit den Juden gemacht haben.	44,0	23,0	21,7	9,1	2,3	2,03
Bei der Politik, die Israel macht, kann ich gut verstehen, dass man etwas gegen Juden hat.	63,8	20,2	14,4	1,6	0,0	1,54
Etabliertenvorrechte (SD=0,93; $\rho^{(SP)}$=0,57; n=318)						**2,31**
Wer irgendwo neu ist, sollte sich erstmal mit weniger zufrieden geben.	17,4	24,3	30,0	22,1	6,3	2,76
Wer schon immer hier lebt, sollte mehr Rechte haben als die, die später zugezogen sind.	49,7	24,5	16,4	7,5	1,9	1,87
GMF-Gesamtskala (SD=0,47; $\rho^{(SP)}$=0,84; n=316)						**1,87**
Skalierung: (1) Stimme nicht zu (2) Stimme eher nicht zu (3) Teils/teils (4) Stimme eher zu (5) Stimme zu Legende: SD=Standardabweichung | $\rho^{(SP)}$=Spearman-Brown-Koeffizient | n=Anzahl Befragter						

Sexismus wurde über zwei Items gemessen, die ein traditionell konservatives Geschlechter- bzw. Rollenbild[10] beschreiben. Dabei werden Frauen insbesondere

zu rechtsextremen Einstellungen in Deutschland entnommen; die Vergleichbarkeit dieser Dimension ist daher eingeschränkt. vgl. Krause et al. 2019, S. 124.

[10] Vgl. Zick, Berghan und Mokros 2019, S. 61; Zick 2021, S. 188.

Aufgaben in Haushalt und Familie zugesprochen bzw. berufliche Selbstständigkeit und Entwicklungsambitionen abgesprochen. Beiden Items wurde in keinem Fall uneingeschränkt zugestimmt.

Der Aussage, dass Frauen wieder stärker eine traditionelle Rolle als Ehefrau und Mutter einnehmen sollten, stimmen 1,6 % der Befragten (n = 5) eher zu. Der Anteil derer, welche die Aussage mit „Teils/teils" bewerten, beträgt 6,9 % (n = 22). Insgesamt stimmen dieser Rollenzuschreibung 19,7 % (n = 63) eher nicht bzw. 71,9 % (n = 230) nicht zu. Die Erwartungshaltung, Frauen sollten ihre eigene Karriere zugunsten der Karriere ihres Mannes zurückstellen, wird noch deutlicher abgelehnt. Nur 0,6 % (n = 2) stehen dieser Aussage mit „Teils/teils" nicht klar ablehnend gegenüber, 13,1 % (n = 42) stimmten eher nicht und 86,3 % (n = 276) nicht zu. Betrachtet man die Dimension Sexismus über eine Mittelwertberechnung aus beiden Items, zeigt sich deutlich, dass mit 99,1 % (n = 317) den Aussagen nicht (82,2 %, n = 263) bzw. eher nicht (16,9 %, n = 54) zugestimmt wird und lediglich 0,9 % (n = 3) keine klare Ablehnung traditionell sexistischer Motive mit der Teils/teils-Kategorie artikulieren. Der Mittelwert der Dimension Sexismus liegt mit 1,26 (SD = 0,46) insgesamt deutlich im Bereich der Ablehnung gegenüber den aufgeführten Aussagen.

Die Abwertung Homosexueller ist nur marginal stärker ausgeprägt als Sexismus. Ekel gegenüber Homosexuellen zu empfinden, geben in Summe 2,5 % (n = 8) an[11], wobei der größere Anteil mit 1,6 % (n = 5) eher zustimmt und 0,9 % (n = 3) uneingeschränkt zustimmen. 6,3 % (n = 20) wählen die Antwortoption „Teils/teils". In Summe stimmen 91,3 % (n = 292) nicht zu, wobei der überwiegende Anteil mit 79,7 % (n = 255) nicht zustimmt und 11,6 % (n = 37) eher nicht zustimmen. Da diese Dimension nur mit einem Item gemessen wurde, entspricht der Mittelwert dieses Items mit 1,33 gleichzeitig dem der gesamten Dimension. Im Ergebnis wird die Abwertung homosexueller Menschen deutlich abgelehnt.

Die Abwertung von Trans*Menschen wird von einem vergleichsweise größeren Anteil i. H. v. 3,4 % (n = 11) vorgenommen, wobei 0,6 % (n = 2) zustimmen und weitere 2,8 % (n = 9) eher zustimmen. Der Aussage, Trans*Sexuelle und Trans*Gender sollten versuchen, nicht so aufzufallen, stehen 7,8 % (n = 25) unentschlossen mit „Teils/teils" gegenüber. 15,9 % (n = 51) stimmen eher nicht zu, weitere 72,8 % (n = 233) stimmen nicht zu. Im Vergleich zu anderen

[11] Dieser Anteil liegt deutlich unter dem, der Gesamtbevölkerung; vgl. Zick (2019), S. 68.
Dies ist insofern interessant, als dass der angegeben Anteil (nach Familienstand) homosexueller PVB mit 1,4 % deutlich hinter dem der Gesamtbevölkerung i. H. v. ca. 4 % zurücksteht. https://de.statista.com/statistik/daten/studie/1177268/umfrage/umfrage-in-deutschland-zu-sexueller-orientierung/

Dimensionen sexueller Freiheit und Lebensgestaltung (Sexismus und Abwertung homosexueller Menschen) werden Trans*Menschen deutlicher abgewertet, wenngleich der Mittelwert mit 1,43 auch hier dafürspricht, dass eine Abwertung dieser Menschen ganz überwiegend verneint wird.

Anders verhält es sich bei der Abwertung Asylsuchender. Großzügig bei der Prüfung von Asylanträgen zu sein, wird mit 65,0 % (n = 208) vom überwiegenden Teil der Befragten abgelehnt, wobei die Anteile derer, die uneingeschränkt (Stimme nicht zu, 29,7 %, n = 95) bzw. eher (35,3 %, n = 113) dagegen sind, ähnlich ausgeprägt sind. Mit Blick auf die 23,4 % (n = 75), die die Option „Teils/teils" wählen, verbleiben nur 11,6 % (n = 37), die einer großzügigen Prüfung eher zustimmen (9,4 %, n = 30) bzw. zustimmen (2,2 %, n = 7). Der Mittelwert der Antworten für diese Frage liegt bei 3,80 und damit deutlich näher an der Kategorie „Stimme eher zu" (4) als an „Teils/teils" (3). Allerdings ist die aufgeführte Fragestellung bereits in der Vergangenheit Gegenstand eines wissenschaftlichen Diskurses um die Zulässigkeit der Verknüpfung zwischen der Ablehnung von Asylsuchenden und dem Terminus der Großzügigkeit gegenüber dieser Gruppe gewesen. Die semantische Bedeutung „großzügig" wurde dabei in Verbindung mit einer Vorgehensweise außerhalb der rechtlichen Schranken gesetzt, sodass ein Beharren auf der Rechtslage nicht gleichgesetzt werden kann mit einer generellen Ablehnung von Asylsuchenden.[12]

Die Betrachtung der zweiten Fragestellung zeigt, dass mit 13,5 % (n = 44) ein deutlich geringerer Anteil der Befragten der Aussage zustimmt (2,8 %, n = 9) bzw. eher zustimmt (11,0 %, n = 35), Asylsuchende seien nur darauf aus, das Sozi alsystem auszunutzen. Die Kategorie Teils/teils ist mit 27,8 % (n = 88) in einer ähnlichen Größenordnung vertreten, wie bei der ersten Fragestellung, allerdings überwiegt der Anteil derer, die der Aussage eher nicht (32,5 %, n = 103) und nicht (25,9 %, n = 82) zustimmen, deutlich. Insgesamt zeigt sich, dass asylsuchende Menschen mit einem Mittelwert von 3,09 eher abgewertet als neutral oder positiv betrachtet werden. Damit ist die Zustimmung zur Abwertung Asylsuchender beträchtlich höher als bei den vorherigen Dimensionen.

Dass es dabei nicht primär um kulturelle Unterschiede bzw. die Unterstellung des „Fremden" geht, legt zumindest die Sicht auf Muslime nahe. 87,7 % der Befragten stimmen der Aussage, Muslimen sollte die Zuwanderung nach Deutschland untersagt werden nicht (72,0 %, n = 229) oder eher nicht (15,7 %, n = 50) zu. Die Antwortkategorie „Teils/teils" wählten 10,4 % (n = 33). Zugestimmt wurde der Aussage insgesamt von 1,9 % (6 PVB), wobei 1,3 % (4 PVB) eher zustimmten und 0,6 % (n = 2) ohne Einschränkung zustimmten.

---

[12] Vgl. Jacobi 2019, S. 3.

Die Unterstellung der Befürwortung terroristischer Aktivität ist ähnlich gering ausgeprägt, 87,5 % (n = 274) stimmen nicht (62,6 %, n = 196) bzw. eher nicht (24,9 %, n = 78) zu. 9,9 % (n = 31) wählen „Teils/teils". Zustimmung erfährt die Aussage von insgesamt 2,5 % (n = 8), verteilt auf 2,2 % (n = 7), die eher zustimmen, und 0,3 % (n = 1), die uneingeschränkt zustimmen. Die Betrachtung der gesamten Dimension zeigt, dass mit einem Mittelwert von 1,47 der größte Teil der Befragten Muslimen nicht abwertend gegenüber eingestellt ist. Der Kontrast zu asylsuchenden Menschen, die zum Befragungszeitpunkt zu großen Teilen ebenfalls muslimischen Glaubens bzw. muslimisch geprägten Kulturen angehörig gewesen sind, legt nahe, dass nicht primär die Zugehörigkeit zu anderen Ethnien oder Kulturen, sondern mutmaßlich auch die soziale Situation Bewertungsgrundlage gegenüber asylsuchenden Menschen gewesen ist.

Ähnlich sind die Einstellungen gegenüber Sinti_zze und Rom_nja einzuordnen. Mehr als ein Viertel der Befragten stimmt mit 26,9 % (85 PVB) der Aussage, Probleme damit zu haben, wenn Sinti_zze und Rom_nja sich in ihrem privaten Wohnumfeld aufhalten würden, tendenziell zu (5,4 %, n = 17 stimmen zu, 21,5 %, n = 68 stimmen eher zu). Mit 25,2 % (n = 80) ist der Anteil derer, die sich in der Teils/teils-Kategorie einordneten, nahezu von gleicher Größe. 20,5 % (n = 65) stimmen der Aussage eher nicht, weitere 27,4 % (n = 87) nicht zu.

Der Aussage, Sinti_zze und Rom_nja würden zu kriminellem Verhalten neigen, stimmen 5,4 % (n = 17) zu, 22,5 % (n = 71) stimmen eher zu. 20,7 % (n = 97) wählen die Mittelkategorie, 23,1 % (n = 73) stimmen eher nicht und weitere 18,4 % (n = 58) nicht zu. Nach der Abwertung von asylsuchenden Menschen ist der Antiziganismus mit einem Mittelwert von 2,64 der Teilskala am zweitstärksten ausgeprägt. Zwar liegt auch dieser noch im Bereich der Ablehnung der angeführten Aussagen. Wie die oben genannte Betrachtung der einzelnen Items aber zeigt, gibt es im Ergebnis ca. 25 % der Befragten, die einer der beiden Aussagen zustimmen und somit klare Abwertungstendenzen gegenüber Sinti_zze und Rom_nja berichten. Die Schnittmenge zwischen beiden Items zeigt, dass 71,7 % (n = 61) derer, die Probleme mit Sinti_zee und Rom_nja im eigenen Wohnumfeld hätten (n = 88), diese auch mit kriminellen Neigungen assoziieren.

Zur Abwertung obdachloser Menschen widersprechen knapp drei Viertel der Befragten der Aussage („stimme nicht zu": 40,6 %, n = 129 bzw. „stimme eher nicht zu": 31,1 %, n = 99), Obdachlose sollten aus den Fußgängerzonen entfernt werden. 19,5 % (n = 62) wählen „Teils/teils", 6,9 % (n = 22) stimmen eher zu, weitere 1,9 % (n = 6) stimmen uneingeschränkt zu. Arbeitsscheu zu sein wird obdachlosen Menschen in Summe von insgesamt 5,3 % (n = 17) der Befragten („Stimme zu":0,9 %, n = 3 oder „Stimme eher zu": 4,4 %, n = 14) unterstellt.

Die Mittelkategorie wurde durch 29,1 % (n = 92) belegt. 31,0 % (n = 98) stimmen eher nicht zu, 34,5 % (n = 109) stimmten nicht zu.

Die Items zur Messung der Fremdenfeindlichkeit wurden mit 0,46 Differenz sehr viel unterschiedlicher bewertet als in den anderen Dimensionen (mit Ausnahme der Abwertung Asylsuchender). Der Aussage, wenn Arbeitsplätze knapp würden, solle man die Ausländer*innen wieder in ihre Heimat zurückschicken, stimmen 1,3 % (n = 4) eher zu, uneingeschränkte Zustimmung wurde nicht artikuliert. Nur 2,5 % (n = 8) ordnen sich bei „Teils/teils“ ein, dies ist bei allen Items der GMF-Skala der niedrigste Wert in der Mittelkategorie. Mit 96,2 % (n = 304) stimmt ein Großteil der PVB der Aussage nicht (72,5 %, n = 229) oder eher nicht (23,7 %, n = 75) zu. Ein gefährliches Maß an Überfremdung durch die vielen Ausländer in der Bundesrepublik sehen demgegenüber deutlich mehr PVB. 8,5 % artikulierten ihre Zustimmung zu dieser Aussage („Stimme zu“: 1,6 %, n = 5 und „stimme eher zu“: 6,9 %, n = 22), 13,9 % (n = 44) wählen die Mittelkategorie. 53,3 % (n = 169) stimmen nicht, 24,3 % (n = 77) eher nicht zu.

Die rassistischen Aussagen wurden unter allen, gemeinsamen mit den sexistischen Items, am wenigsten befürwortet.

Einer Besserstellung von Aussiedler*innen gegenüber Ausländer*innen aufgrund ihrer deutschen Abstammung stimmen 0,3 % (n = 1) zu, 2,2 % (n = 7) stimmen eher zu. 7,7 % (n = 24) wählen die Mittelkategorie. Der ganz überwiegende Teil artikuliert Ablehnung mit, 21,1 % (n = 66) die eher nicht zustimmen und weiteren 68,7 % (n = 215) die nicht zustimmen. Noch deutlicher wird das zweite Item abgelehnt, in dem die Aussage, dass die Weißen zu Recht führend in der Welt seien, thematisiert wird. Der Großteil mit 98,4 % stimme nicht (92,1 %, n = 282) bzw. eher nicht (6,3 %, n = 20) zu. Auf die Kategorie „Teils/teils“ entfielen nur 1,3 % (n = 4), lediglich 0,3 % (n = 1) stimmten der Aussage zu, sodass hier tatsächlich von Einzelmeinungen gesprochen werden muss, die nicht klar ihre Ablehnung zur Vorherrschaft der Weißen auf der Welt äußern.

Das Reliabilitätsmaß ist in dieser Teilskala mit $\rho^{(SP)} = 0{,}32$ sehr gering, sodass die interne Reliabilität dieser Teilskala hinterfragt werden muss. Bei der inhaltlichen Analyse der Fragen steht zu vermuten, dass der Bezug zur deutschen Abstammung und der generell rassistisch-ideologischen Ausrichtung des Terminus „Weiße“ womöglich unterschiedliche Bezugspunkte zur Messung von Rassismus darstellen. Das Item zur Besserstellung von Aussiedlern erfährt unter Einbeziehung der Teils/teils-Kategorie 8 % weniger Widerspruch. Auch in der Bezugsstudie zeigt Rassismus ein schlechteres Reliabilitätsmaß, als die anderen

Dimensionen[13], auf Grund der Vergleichbarkeit wird dennoch an dieser Teilskala für die weitere Betrachtung festgehalten.

Die Items zur Messung von israelbezogenem Antisemitismus weisen erneut mit 0,49 eine ausgeprägte Mittelwertdifferenz auf. Parallelen zwischen den Handlungen Israels gegenüber den Palästinensern zum Holocaust zu sehen, stimmen 2,3 % (n = 7) zu, 9,1 % (n = 28) stimmen eher zu. 21,7 % (n = 67) positionieren sich in der Mittelkategorie. Knapp drei Viertel der Befragten stimmen mit 23,0 % (n = 71) eher nicht bzw. 44,0 % (n = 136) nicht zu.

Verständnis für Ressentiments gegenüber Jüdinnen und Juden aufgrund der Politik Israels zu haben, geben mit „Stimme eher zu“ 1,6 % (n = 5) an. Die Mittelkategorie wählen 14,4 % (n = 45), 20,2 % (n = 63) stimmen eher nicht zu, 63,8 % (n = 199) stimmen nicht zu. Während eine Verbindung zwischen israelischen Staatshandlungen und Jüdinnen und Juden nahezu keine Zustimmung erfährt, hält mehr als jede/r Zehnte den Holocaustvergleich für legitim.[14]

Als letzte Dimension werden die Etabliertenvorrechte betrachtet. Auch hier fällt der Unterschied der einzelnen Items beim Mittelwertvergleich auf (0,89). Mehr als ein Viertel stimmen der Aussage, wer irgendwo neu sei, solle sich erstmal mit weniger zufrieden geben, tendenziell zu („Stimme eher zu“: 6,3 %, n = 20 und „Stimme zu“: 22,1 %, n = 70). Die Mittelkategorie wählen 30,0 % (n = 95). Der größte Teil der Befragten lehnt die Aussage ab („Stimme eher nicht zu“: 24,3 %, n = 77 und „Stimme nicht zu“: 17,4 % (n = 55).[15] Die Auffassung, bereits hier Lebenden mehr Rechte als später Zugezogenen zusprechen zu können, teilen in Form uneingeschränkter Zustimmung 1,9 % (n = 6), 7,5 % (n = 24) stimmen eher zu. 16,4 % (n = 52) wählten die Mittelkategorie „Teils/ teils“, 24,5 % (n = 78) stimmten eher nicht und 49,7 % (n = 158) stimmten uneingeschränkt nicht zu.

---

[13] Zick, Berghan und Mokros 2019, S. 70.

[14] An dieser Stelle ist zu betonen, dass die Erhebung deutlich vor den terroristischen Anschlägen der Hamas auf Israel am 07.10.2023 und den folgenden militärischen Interventionen Israels im Gaza-Streifen mit einer Vielzahl ziviler Opfer stattfand; die Haltungen gegenüber Israel bei einer erneuten Erhebung düften mit großer Wahrscheinlichkeit noch kritischer ausfallen.

[15] Im Rahmen der Pretests wurde die Frage aufgeworfen, ob diese Frage auch auf die dienstliche Umgebung zu beziehen sei, also z. B. auf den Anspruch neuer Kolleg*innen auf der Dienststelle, Funktionen zu übernehmen oder eine überdurchschnittliche Beurteilung zu erhalten.

Es ist also deutlich, dass die Zustimmung zu den beiden Fragen, obwohl beide die Einstellung zu Etabliertenvorrechten messen (sollen), sehr unterschiedlich ausfällt. Der Mittelwert bei der ersten Frage beträgt 2,76, bei der zweiten Frage liegt der Mittelwert mit 1,87 deutlich niedriger.

Ein möglicher Grund könnte die Interpretation des verwendeten Terminus „irgendwo neu" sein. Denn dieser lässt weitere Interpretationen als die rein geographisch/gesellschaftliche Etablierung zu. Denkbar ist beispielsweise, dass im hierarchisch geprägten Verständnis der polizeilichen Berufswelt das „irgendwo neu sein" auch auf Dienststellen bezogen wird. Dabei wäre es als neues Mitglied der Dienstgruppe oder eines Kommissariats, selbstverständlich, in vielen Bereichen sozialer und organisatorischer Faktoren (z. B. in puncto Urlaubsvorplanung, Homeoffice, Beurteilungen) zunächst zurückhaltend zu agieren. Diese Formulierung könnte in diesem Kontext daher auf deutlich mehr Zustimmung gestoßen sein als die klar auf den geographischen Lebensraum bezogene Aussage des anderen Items.

11.2 Gesamtskala und Interkorrelationen

Die Auswertung der einzelnen Dimensionen von GMF zeigt, dass es deutliche Unterschiede in der Ausprägung von Abwertungstendenzen gegenüber den angeführten Gruppen gibt. Am stärksten ausgeprägt ist die Ablehnung von Asylsuchenden (3,07) sowie von Sinti_zze und Rom_nja (2,64). Danach folgt die Befürwortung von Etabliertenvorrechten (2,31). Traditioneller Sexismus und Rassismus (beide 1,26) weisen die niedrigsten Mittelwerte und damit die niedrigste Zustimmung auf. Die Mittelwerte der einzelnen Dimensionen differieren also teils deutlich. Ob trotz unterschiedlicher Bewertung die Ideologie der Ungleichwertigkeit entsprechend der von Heitmeyer[16] und Zick[17] angeführten theoretischen Grundlage als Bindeglied fungiert und die Betrachtung der Gesamtskala stützt, zeigen weitere Analysen.

Dazu gehört zunächst die Betrachtung von Interkorrelationen zwischen den einzelnen Dimensionen, die nach der Konstruktion als Syndrom (siehe Abschnitt 2.1.2) zu vermuten sind. Tatsächlich bestehen zwischen nahezu allen Dimensionen signifikante Korrelationen (siehe Tabelle 11.2). Die einzige Ausnahme stellt die Korrelation zwischen der Abwertung obdachloser Menschen und Sexismus dar, die sich als nicht signifikant zeigt.

[16] Vgl. Heitmeyer 2002, S. 23.

[17] Vgl. Zick, Berghan und Mokros 2019, S. 76.

Die Berechnung der Korrelationen erfolgte standardmäßig mit zweiseitigem Signifikanzniveau. Da eine gerichtete Hypothese zum positiven Zusammenhang zwischen den GMF Dimensionen vorliegt, wäre auch die Annahme eines einseitigen Signifikanzniveaus zulässig.[18] Somit lässt sich der p-Wert halbieren und nimmt mit $p = 0{,}0514$ einen marginal höheren Wert als das zu Grunde gelegte Signifikanzniveau ($p = 0{,}05$) an. Deshalb kann insgesamt von einem Zusammenhang aller Dimensionen ausgegangen werden. Ohnehin werden „harte Grenzen“ wie Alpha = 0,05 hinterfragt und Entscheidungen für oder gegen einen Effekt in ausschließlicher Abhängigkeit von p-Werten kritisch gesehen.[19] Da das inhaltliche Konstrukt der Ideologie der Ungleichwertigkeit als gemeinsames Bindeglied der Dimensionen von GMF bereits hinreichend beschrieben und bestätigt ist[20], bestehen also keine Gründe, die inhaltliche Validität des Syndroms GMF für den vorliegenden Datensatz auf Grund der einzelnen (nach sehr engen statistischen Kriterien), nicht als signifikant zu bezeichnenden Korrelation, anzuzweifeln.

Die höchsten Korrelationen bestehen zwischen der Abwertung von homosexuellen- und Trans*Menschen (0,897**) sowie Fremden- und Muslimfeindlichkeit (0,611**). Damit korrelieren zunächst Dimensionen von GMF hoch miteinander, die auch eine inhaltliche Nähe konstruieren lassen. Während die Abwertung von Homosexuellen und Trans*Menschen her Ausdruck eines illiberalen und tradierten Verständnisses von Sexualität bzw. sexueller Selbstbestimmung ist, zeigen sich durch die Korrelation von Fremden- und Muslimfeindlichkeit Ressentiments gegen Menschen, denen Andersartigkeit bzw. Fremdheit zugeschrieben wird.

[18] Vgl. Döring und Bortz 2016, S. 666.

[19] Vgl. Wasserstein et al. 2019, S. 2.

[20] Vgl. Zick, Berghan und Mokros 2019, S. 78.

Tabelle 11.2 Interkorrelationen der Dimensionen von GMF

Interkorrelationen der Dimensionen von GMF										
	Sexismus (1)	2	3	4	5	6	7	8	9	10
Abw. Homosexueller Menschen (2)	,285**									
Abw. v. Trans*Menschen (3)	,290**	,897**								
Abw. asylsuchender Menschen (4)	,152**	,297**	,304**							
Muslimfeindlichkeit (5)	,284**	,426**	,450**	,444**						
Antiziganismus (6)	,211**	,269**	,264**	,432**	,389**					
Etabliertenvorrechte (7)	,241**	,318**	,357**	,474**	,472**	,537**				
Abw. Obdachloser Menschen (8)	,092	,170**	,190**	,383**	,220**	,294**	,318**			
Fremdenfeindlichkeit (9)	,269**	,411**	,459**	,548**	,611**	,398**	,557**	,330**		
Rassismus (10)	,303**	,383**	,378**	,360**	,441**	,304**	,451**	,207**	,518**	
Antisemitismus (israelbezogen) (11)	,162**	,106*	,135**	,259**	,154**	,320**	,242**	,262**	,210**	,235**
*auf dem Niveau von 0,05 signifikant (zweiseitig) | ** auf dem Niveau von 0,01 signifikant (zweiseitig)										

Eine fremdenfeindliche Einstellung korreliert darüber hinaus am stärksten mit den meisten anderen Dimensionen. So geht Fremdenfeindlichkeit neben Muslimfeindlichkeit mit der Befürwortung von Etabliertenvorrechten (0,557**), der Abwertung asylsuchender Menschen (0,548**) und Rassismus (0,518**) einher. Vergleichbar stark ausgeprägt ist darüber hinaus der Zusammenhang zwischen der Befürwortung von Etabliertenvorrechten und Antiziganismus (0,537**). Vier der fünf Korrelationen >0,5 bestehen damit zwischen Fremdenfeindlichkeit und anderen Dimensionen. Auch Rassismus korreliert deutlich mit allen anderen Dimensionen, am stärksten mit Muslimfeindlichkeit (0,441**), den Etabliertenvorrechten (0,451**) und Fremdenfeindlichkeit (0,518**). Sexismus und die Abwertung obdachloser Menschen korrelieren zwar auch mit allen anderen Dimensionen von GMF, allerdings auf niedrigerem Niveau. So zeigt Sexismus den stärksten Zusammenhang mit rassistischen Einstellungen (0,303**) und die Abwertung obdachloser mit der Abwertung asylsuchender Menschen (0,383**). Es scheint über die Betrachtung der GMF-Gesamtskala und der einzelnen Dimensionen hinausgehend daher sinnvoll, neben der übergeordneten Ideologie der Ungleichwertigkeit zu prüfen, ob sich die hoch korrelierenden Elemente der Fremdenfeindlichkeit, des Rassismus und der Etabliertenvorrechte als Subskala zusammenfassen lassen. Dazu wird eine explorative Faktorenanalyse durchgeführt[21].

Die Vortests auf das Maß der Stichprobeneignung ergeben mit einem KMO-Wert[22] von 0,855 sowie einem signifikanten Bartlett-Test auf Sphärizität ($p < 0,001$) ein zufriedenstellendes Ergebnis und lassen keine Gründe erkennen, die gegen eine Faktorenanalyse sprechen.[23]

In einem ersten Schritt wurden alle Faktoren extrahiert, die einen Eigenwert >1 annehmen, das heißt, die mehr zur Erklärung beitragen, als es ein einzelnes Item leisten könnte.[24] Da es das Ziel ist aufzuklären, ob mehrere Dimensionen zu einer Subskala zusammengefasst werden sollten, wird in einem weiteren Schritt mittels Rotation versucht, Faktoren zu extrahieren, auf welchen einzelne Items möglichst hoch laden und gleichzeitig möglichst keine oder nur geringe Nebenladungen auf anderen Faktoren aufweisen.[25] Dies wird, wie bereits beschrieben, auch als *„Einfachstruktur“*[26] bezeichnet. Die erste Extraktion gibt fünf Faktoren mit entsprechenden Eigenwerten aus, wobei der erste Faktor mit einem Eigenwert von 6,028 und einer Varianzaufklärung von 30,14 % deutlich heraussticht und die weiteren Faktoren mit Eigenwerten zwischen 1,711 (Faktor 2) und 1,058 (Faktor 5) deutlich weniger Varianzaufklärung leisten (siehe Abbildung 11.1).

Nach einer Varimax-Rotation mit Kaiser – Normalisierung[27] der Faktoren wird deutlich, dass keine klare Trennung der Dimensionen anhand der Ladungen auf den extrahierten Faktoren vollzogen werden kann. So lädt beispielsweise das Item „Wer irgendwo neu ist, sollte sich erstmal mit weniger zufrieden geben“ auf Faktor 1 mit 0,466 und auf Faktor 2 mit 0,503. Eine trennscharfe Zuordnung der Etabliertenvorrechte zu einem der beiden Faktoren ist also nicht möglich. Vielmehr gibt die rotierte Komponentenmatrix Grund zur Annahme, dass weitere Dimensionen, obwohl sie auf spezifische Gruppen wie Asylsuchende oder

---

[21] Vgl. Schnaudt 2020, S. 200.

[22] Vgl. Field 2018, S. 808.

[23] Vgl. Schnaudt 2020, S. 214.

[24] Vgl. ebd., S. 216.

[25] Vgl. ebd., S. 217.

[26] Überla 2013, S. 184.

[27] Vgl. Wittenberg et al. 2014, S. 270.

Muslime abstellen, auf inhaltlich ähnliche Einstellungen zurückgehen bzw. eine trennscharfe Abgrenzung dieser Gruppen untereinander nicht gegeben ist.

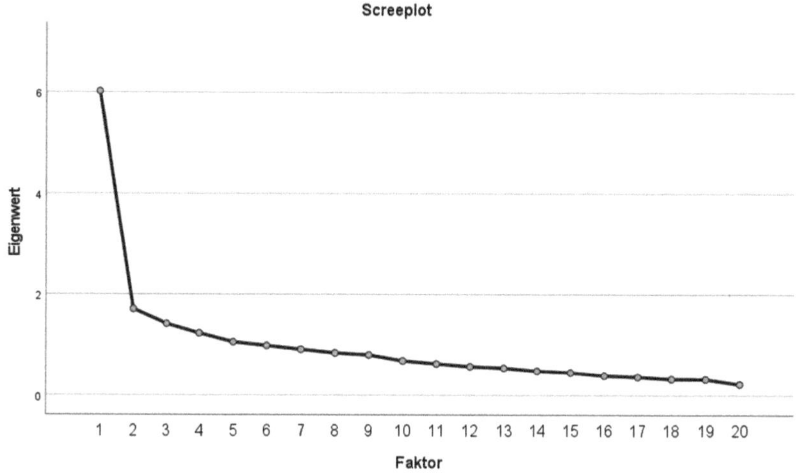

Abbildung 11.1 GMF Faktorenanalyse Scree Plot

So laden auf den Faktor 1 mit der höchsten Varianzaufklärung die Items zur Fremdenfeindlichkeit (0,736 und 0,642), der Muslimfeindlichkeit (0,691 und 0,657), sowie einzelne Items zur Abwertung von Asylsuchenden (Ausnutzung des Sozialsystem durch Asylsuchende 0,629), der Etabliertenvorrechte (Mehr Rechte der Einheimischen gegenüber zugezogenen 0,614) sowie von Rassismus (Besserstellung von Aussiedlern gegenüber Ausländern 0,501). Faktor 5 wiederum weist starke Ladungen der Items zur Abwertung Homosexueller (0,862) und Trans*menschen (0,739) auf.

Obwohl damit Hinweise auf eine mögliche Neukonstruktion bzw. Zusammenfassung einzelner Dimensionen von GMF vorliegen, wird im Weiteren auf die bewährte Erfassung der elf Dimensionen zurückgegriffen, um Vergleichbarkeit zu den Bezugsstudien zu gewährleisten.[28]

[28] An dieser Stelle ist zu erwähnen, dass im Zuge der Fortschreibung der Mitte-Studie 2022/ 23 eine eben solche Modifikation der GMF Skala erfolgte, die fortan nicht mehr 13 Einzeldimensionen umfasst, sondern Items zur Muslimfeindlichkeit, der Abwertung von Sinti_zze und Rom_nja, der Abwertung Geflüchteter und Etabliertenvorrechte zu einer neuen Skala

11.2.1 Vergleich zu anderen Studien

Der Vergleich zu den beiden Mitte-Studien 2018/19 und 2020/21 wurde auf die im Projekt WEKoPol ausgewählten elf Dimensionen von GMF beschränkt (siehe Abschnitt 11.1).[29] Zur besseren Übersicht wurde neben den Mittelwerten auch die Platzierung der einzelnen Dimension im Ranking der jeweiligen Erhebung in Klammervermerken dargestellt.[30]

Vergleicht man die im Rahmen dieser Arbeit erhobenen Daten mit den Befunden der Mitte-Studien 2018/19[31] und 2020/21[32] (siehe Tabelle 11.3) ist erkennbar, dass in den Mitte-Studien nahezu durchweg (bis auf die Abwertung asylsuchender Menschen und Antiziganismus) höhere GMF-Ausprägungen gemessen wurden. Der Mittelwert der Gesamtskala GMF hat von der Mitte-Studie 2018/19 mit 2,26 zur Fortschreibung 2020/21 mit 2,08 um 0,18 Punkte abgenommen. Beide Erhebungen zeigen somit um 0,39 (Mitte 2018/19) bzw. um 0,21 (Mitte 2020/21) höhere Mittelwerte für die Gesamtskala GMF als die vorliegende Erhebung im Projekt WEKoPol mit 1,87. Einzelne Dimensionen differieren dabei deutlich stärker. Die Muslimfeindlichkeit ist mit 2,30 (Mitte-Studie 2018/19) bzw. 1,95 (Mitte-Studie 2020/21) gegenüber 1,47 im Projekt WEKoPol bei einer Skalierung von 1 bis 5 sehr viel deutlicher in der Gesamtgesellschaft ausgeprägt als innerpolizeilich. Auch rassistische, fremdenfeindliche und antisemitische Einstellungen sind in den Mitte-Studien deutlich ausgeprägter gemessen worden als in der vorliegenden Erhebung.

Demgegenüber erfahren asylsuchende Menschen und die Gruppe der Sinti_zze und Rom_nja stärkere Abwertungen durch die befragten PVB als gesamtgesellschaftlich. Die Ablehnung gegenüber Sinti_zze und Rom_nja ist im vorliegenden Datensatz im Mittelwert mit 2,64 zu beziffern, in den Mitte-Studien beträgt dieser

---

„Rassismus" zusammenfasst und insgesamt nur noch vier Dimensionen (Rassismus, Klassismus, Antisemitismus, Hetero-/Sexismus) umfasst. Siehe dazu Zick und Mokros 2023a, S. 160.

[29] Anmerkung zu Tabelle 11.3: Zum Mittelwertvergleich der Einzeldimensionen ist anzumerken, dass als Vergleichswert der Mitte-Studie 2019 nur der MW des 5er-Splits angegeben, da auch diese Skalierung mit Mittelkategorie „Teils/teils" übernommen wurde. Siehe dazu Zick/Küpper/Berghan (2019), S. 70 ff. In der Teildimension Fremdenfeindlichkeit ist aas Item „Die Bundesrepublik ist (…) überfremdet" einer anderen Skala der Mitte-Studie entnommen worden; die Vergleichbarkeit dieser Dimension ist daher eingeschränkt.

[30] Hierzu ist anzumerken, dass das Ranking nur in der Mitte-Studie 2020/21 von Platz eins bis elf reicht, da in den beiden anderen Erhebungen jeweils zwei Dimensionen identische Werte aufweisen und somit ein Platz doppelt vergeben ist.

[31] Vgl. Zick, Berghan und Mokros 2019, S. 70 ff.

[32] Vgl. Zick 2021, S. 192.

Tabelle 11.3 GMF in Polizei und Zivilgesellschaft

GMF in Polizei und Zivilgesellschaft			
	Mittelwerte der Einzeldimensionen		
	WEKoPol	Mitte 2018/19	Mitte 2020/21
Sexismus – traditionell	1,26 (10)	1,61 (10)	1,65 (10)
Abwertung homosexueller Menschen	1,33 (9)	1,71 (9)	1,63 (11)
Abwertung von Trans*Menschen	1,43 (8)	1,87 (8)	1,90 (8)
Abwertung von Asylsuchenden	3,07 (1)	3,39 (1)	2,92 (1)
Muslimfeindlichkeit	1,47 (7)	2,30 (5)	1,95 (7)
Antiziganismus	2,64 (2)	2,37 (4)	2,28 (3)
Abwertung obdachloser Menschen	2,02 (4)	2,15 (7)	2,04 (5)
Fremdenfeindlichkeit	1,55 (6)	2,19 (6)	1,96 (6)
Rassismus	1,26 (10)	1,87 (8)	1,76 (9)
Antisemitismus – israelbezogen	1,77 (5)	2,40 (3)	2,22 (4)
Etabliertenvorrechte	2,31 (3)	2,90 (2)	2,66 (2)
GMF-Gesamtskala	1,87	2,26	2,08
MW=Mittelwert | (x)=Platzierung der jeweiligen Dimension von 1-11			

2,37 (2018/19) bzw. 2,28 (2020/21). Die Abwertung asylsuchender Menschen ist in den vorliegenden Daten mit 3,07 zwischen den beiden Bezugsstudien einzuordnen. Während in der Mitte-Studie 2018/19 die Abwertung Asylsuchender mit 3,39 noch stärker ausgeprägt war als im Projekt WEKoPol, liegt der Mittelwert der aktuelleren Erhebung der Mitte-Studie 2020/21 mit 2,92 etwas dahinter.

Bei der Abwertung obdachloser Menschen ist festzustellen, dass die Werte zwischen den Mitte-Studien mit 2,15 (2018/19) bzw. 2,02 (2020/21) und der hier durchgeführten Erhebung (2,02) sehr nah beieinander liegen.

Die einzelnen in GMF erfassten Gruppen werden augenscheinlich unterschiedlich stark durch die befragten PVB bzw. die Gesamtgesellschaft abgewertet. Allerdings sind auch deutliche Parallelen zu erkennen, wenn man die in den Klammervermerken aufgeführten Platzierungen betrachtet. Die Dimensionen mit

Bezug zur sexuellen Identität bzw. familiärer und sozialer Rollenverteilung (Sexismus, Abwertung Homosexueller und Trans*Menschen) auf den Plätzen 8 bis 10 erfahren sowohl gesellschaftlich als auch innerpolizeilich am wenigsten Zustimmung. Trans*Menschen werden dabei im Vergleich zu Homosexuellen in allen Erhebungen stärker abgewertet.

Auch die Dimensionen, die den stärksten Zuspruch erfahren, sind in allen drei Erhebungen identisch. Mit deutlichem Abstand betrifft dies die Abwertung von asylsuchenden Menschen, die in allen Befunden auf Platz eins liegt. In der Mitte-Studie 2018/19 und dem Projekt WEKoPol sind zudem die Abstände zur zweitstärksten Dimension mit 0,49 bzw. 0,46 sehr ähnlich ausgeprägt. Auch die Befürwortung von Etabliertenvorrechten ist studienübergreifend im oberen Bereich des Rankings auf Platz zwei (Mitte-Studien) bzw. Platz drei (WEKoPol) vertreten, Gleiches gilt für die Abwertung von Sinti_zze und Rom_nja (Plätze zwei, drei bzw. vier).

Es kann also festgehalten werden, dass zwar deutliche Unterschiede zwischen PVB und der Gesamtgesellschaft darin bestehen, wie stark Abwertungstendenzen gegenüber den einzelnen Gruppen berichtet werden. Welche Gruppen sowohl insgesamt als auch innerpolizeilich stark oder schwach abgewertet werden, ist studienübergreifend aber ähnlich verteilt. Ob dies auf polizei- bzw. erhebungsspezifische Merkmale zurückzuführen ist, wird im Anschluss noch diskutiert (Abschnitt 11.2.2).

Deshalb werden nun auch zumindest im Ansatz vergleichbare Erhebungen (siehe Tabelle 11.4)[33] aus anderen polizeiinternen Erhebungen herangezogen, um Hinweise auf polizeispezifische Verteilungen und Erklärungsansätze zu erhalten. Dazu wurden Studien analysiert, die ebenfalls GMF anhand der Items der Mitte-Studien gemessen haben. Eine uneingeschränkte Vergleichbarkeit ist dabei nicht anzunehmen, da weder die Einzeldimensionen deckungsgleich abgefragt noch innerhalb der jeweiligen Dimension die identischen Items genutzt wurden.

Für die Stichprobe von Gutschmidt und Vera ist zudem anzumerken, dass ausschließlich PVB im Aufstiegsverfahren zum höheren Dienst (und damit als höchste Führungskräfte der Polizeien) im Rahmen des Masterstudiums an der Deutschen Hochschule der Polizei befragt wurden[34]. Damit handelt es sich ausschließlich um PVB, die keinen Bürgerkontakt (mehr) haben und in puncto Außenwirkung und politischer Erwägungen anders agieren dürften als

[33] Vgl. Gutschmidt und Vera 2019, S. 196.

[34] Vgl. ebd., S. 8.

der Durchschnitt aller PVB. Außerdem ist das Studium an gesonderte Zulassungsvoraussetzungen[35] gebunden, sodass die Stichprobe nicht übertragbar auf die Gesamtorganisation ist.

Die MEGAVO-Stichprobe wurde bundesweit erhoben, sodass sich das gesamtgesellschaftlich dokumentierte Ost-West-Gefälle[36] in Form deutlich stärker ausgeprägter Abwertungstendenzen in den neuen Bundesländern[37] auch in diesen Befunden widerspiegeln könnte. Dadurch wäre per se ein höherer GMF-Wert in der MEGAVO-Studie als in der auf NRW begrenzten vorliegenden Erhebung im Projekt WEKoPol zu erklären.

Tabelle 11.4 GMF im innerpolizeilichen Vergleich

GMF im innerpolizeilichen Vergleich			
	Gutschmidt/Vera	WEKoPol	MEGAVO
Sexismus – traditionell	1,26	1,26	1,4
Abwertung homosexueller Menschen	1,58	1,33	
Abwertung Trans*Menschen		1,43	
Abwertung von Asylsuchenden		3,07	3,0
Muslimfeindlichkeit	2,23	1,47	2,3
Antiziganismus		2,64	2,3
Abwertung obdachloser Menschen		2,02	2,3
Fremdenfeindlichkeit	1,76	1,55	1,9
Rassismus		1,26	2,5
Antisemitismus – israelbezogen		1,77	1,4
Etabliertenvorrechte		2,31	2,5
GMF-Gesamtskala	1,85	1,87	2,13

Die Stärke der GMF-Gesamtskala von WEKoPol entspricht ungefähr der bereits durch Gutschmidt und Vera gemessenen aus dem Jahr 2019.[38] In der

[35] Näheres ist in § 23 der Verordnung über die Laufbahn der Polizeivollzugsbeamtinnen und Polizeivollzugsbeamten des Landes Nordrhein-Westfalen (LVOPol) geregelt.

[36] Vgl. Küpper, Schröter und Zick 2019, S. 255.

[37] Vgl. Küpper et al. 2021, S. 59.

[38] Vgl. Gutschmidt und Vera 2019, S. 13.

MEGAVO Erhebung[39] ist ein höherer Mittelwert mit 2,13 feststellbar, der sich zwischen den Mittelwerten der Mitte-Studien bewegt. Im Vergleich der Einzeldimensionen ist Sexismus in allen drei Erhebungen am geringsten ausgeprägt, in der MEGAVO Erhebung entspricht der Mittelwert mit 1,4 zudem auch dem für Antisemitismus festgestellten Wert, während im Projekt WEKoPol mit 1,77 Antisemitismus stärker ausgeprägt vorliegt.

Die Muslimfeindlichkeit bewegt sich in den Messungen von Gutschmidt und Vera sowie dem Projekt MEGAVO mit 2,23 und 2,3 auf nahezu identischem Niveau, während die PVB im Projekt WEKoPol deutlich weniger Zustimmung mit 1,47 zeigten. Auch die Fremdenfeindlichkeit liegt mit 1,76 bzw. 1,9 in den beiden anderen Erhebungen erkennbar höher, als im Projekt WEKoPol mit 1,55.

Eine klar erkennbare Parallele besteht bei der Abwertung von Asylsuchenden, die in WEKoPol und MEGAVO mit annähernd gleicher Stärke (3,0 bzw. 3,07) berichtet wird und zudem in beiden Erhebungen die mit Abstand stärkste Dimension im Ranking darstellt. Danach differieren die Abwertungen je nach Erhebung. So zeigt der Bundesschnitt in der MEGAVO Erhebung gleichstarke Tendenzen zur Befürwortung von Rassismus und Etabliertenvorrechten (beide mit Mittelwert 2,5), während im Projekt WEKoPol die Abwertung von Sinti_zze und Rom_nja mit 2,64 auf die Abwertung Asylsuchender folgt. Antiziganismus und Antisemitismus sind zudem die einzigen Dimensionen von GMF, die im Projekt WEKoPol stärker ausgeprägt sind, als in der MEGAVO Studie. Welche Schlüsse aus diesen Befunden gezogen werden können und welche Limitierungen bei der weiteren Interpretation berücksichtigt werden müssen, wird im Folgenden Kapitel dargestellt.

11.2.2 Zwischenfazit und Limitierungen

GMF kann für die vorliegende Erhebung als sehr heterogen verbreitet bezeichnet werden. In der vorliegenden Stichprobe unterstellen knapp 14 % der befragten PVB Asylsuchenden, lediglich Sozialleistungen abgreifen zu wollen. Mehr als ein Viertel der Befragten schreibt Sinti_zee und Rom_nja pauschal eine Neigung zur Kriminalität zu und äußert sich auch skeptisch beim Aufeinandertreffen im privaten Wohnumfeld. Die Zustimmungsanteile für Sexismus, die Abwertung Homosexueller, Rassismus oder Muslimfeindlichkeit hingegen bewegen sich mit maximal 2,5 % auf sehr geringem Niveau. Obwohl die Mittelwerte insgesamt in weiten Teilen deutlich hinter denen der Gesamtbevölkerung aus den Mitte-Studien

[39] Vgl. Schiemann et al. 2023.

liegen und in weiten Teilen die Ablehnung von menschenfeindlichen Narrativen belegen, geben einzelne Befunde Grund zu kritischen Nachfragen.

Obwohl innerhalb der Mitte-Studien ein deutlicher Rückgang zu verzeichnen ist, bleibt der Abstand von der Abwertung Asylsuchender zu den anderen Dimensionen doch sehr deutlich. Wenngleich die gesamtgesellschaftliche Debatte über die Zuwanderung bzw. Aufnahme von Geflüchteten in den Jahren 2015 und 2016 ihren Höhepunkt erreichte[40], sind abwertende Tendenzen innerpolizeilich nicht von der Hand zu weisen, und auch in der Bevölkerung weisen die vorliegenden Befunde – trotz eines deutlichen Rückgangs der Abwertungen von 2019 auf 2021 – auf eine stärkere Abwertung asylsuchender Menschen im Vergleich zu sämtlichen anderen Gruppen hin.

Inwieweit die Einstellung gegenüber asylsuchenden Menschen als gesamtgesellschaftlicher Trend auf PVB wirkt (im Sinne der Normalisierungshypothese nach Heitmeyer[41]) oder die Interaktionen im polizeilichen Alltag Ausschlag für Abwertungen geben, wird mit Blick auf die bereits skizzierten Kontakterfahrungen noch zu hinterfragen sein. Ein Anhaltspunkt für die Aufnahme bzw. Reproduktion gesamtgesellschaftlicher Einstellungen könnte die ähnliche Rangfolge bei der Sicht auf die betrachteten Gruppen sein. Dass Antiziganismus in der Polizei deutlich ausgeprägter als in den Mitte-Studien vorkommt, spricht möglicherweise dafür, dass der polizeiliche Alltag und negativ geframte Kontakterfahrungen Stereotype gegenüber diesen Gruppen verstärken können. So käme dem Kontext organisationseigener Besonderheiten eine besondere Bedeutung gegenüber anderen Einflussfaktoren zu. Denn wie in Abschnitt 3.1 gezeigt wurde, sind z. B. bereits identifizierte demographische Förderungsfaktoren für GMF nicht in Gänze auf die Polizei NRW übertragbar. Abgesehen vom rechtsstaatlichen Anspruch an alle PVB und deren auf die FDGO geschworenen Eid liegen somit auch Förderungsfaktoren für GMF in der Polizei NRW in geringerem Ausmaß vor als in der Gesamtgesellschaft. Einzeln betrachtet, sind hier eine Reihe von demographischen Faktoren anzuführen:

So ist das durchschnittliche Bildungsniveau in der Polizei NRW aufgrund der Einstellungsvoraussetzungen (Abitur/Fachoberschulreife Polizei) höher als gesamtgesellschaftlich (siehe Abschnitt 6.2.2). Da bestätigt wurde, dass insbesondere die niedrigsten Bildungsabschlüsse stärkere Zustimmung zu GMF

[40] Der Angriffskrieg Russlands gegen die Ukraine hat zwar erneute Fluchtbewegungen hervorgerufen, diese können sich auf die hier erhobenen Daten mit Befragungszeitpunkt von August 2021 bis Oktober 2021 allerdings noch nicht ausgewirkt haben.

[41] Vgl. Heitmeyer 2022, S. 572.

berichten[42], liegen in der Polizei NRW niedrigere Zustimmungswerte zu GMF nahe, weil z. B. Menschen ohne Schulabschluss oder Hauptschulabschlüsse nicht oder nur marginal repräsentiert werden.

Auch das Alter ist aufgrund der Pensionierungsgrenze mit 62 Jahren (und der nur begrenzten Möglichkeit, die Lebensarbeitszeit auf Antrag zu verlängern) nur verzerrt abbildbar. Da Zusammenhänge zwischen steigendem Lebensalter und stärkerer Zustimmung zu GMF in den Bezugsstudien aufgezeigt werden konnten[43], sprächen die Merkmale Bildungsgrad und Lebensalter dafür, dass GMF in der Polizei geringer ausgeprägt vorkommen müsste oder zumindest diese demographischen Merkmale nicht im gleichen Maße als Förderungsfaktoren zu identifizieren sein sollten.

Da diese limitierenden Faktoren auch für die Befragten der MEGAVO Studie vorgelegen haben dürften, stützen deren Befunde die Wahrnehmung, dass die Abwertung Asylsuchender, obdachloser Menschen und Sinti_zze und Rom_nja unter PVB besonders ausgeprägt ist und nicht nur trotz des Fehlens demographischer Einflussfaktoren vorkommen, sondern womöglich gerade auf Grund polizeispezifischer Merkmale in dieser Form ausgeprägt sind.

Die auffälligen Unterschiede zwischen MEGAVO und WEKoPol für die Dimensionen Rassismus und Fremdenfeindlichkeit, die bei den PVB in NRW deutlich niedrigere Zustimmung erkennen lassen, könnten wiederum entweder mit dem bereits angesprochenen Ost-West Gefälle oder mit anderen Rahmenbedingungen (wie z. B. dem Zugang zum mittleren Polizeidienst mit niedrigeren Bildungsabschlüssen als in NRW) erklärt werden. Darüber hinaus lassen sich auch NRW-spezifische polizeiinterne Prozesse anführen, die ihrerseits die Sensibilität der PVB in Bezug zu Themen wie Rassismus, Sexismus und den eigenen Einstellungen im Allgemeinen erhöht und somit ggf. auch die Beantwortung der entsprechenden Items beeinflusst haben dürften.

In diesem Zusammenhang ist die bereits im Jahr 2019 durch den NRW-Innenminister Herbert Reul (CDU) angestoßene Wertedebatte anzuführen, die in einer Überarbeitung polizeiinterner Führungsleitsätze bzw. einer entsprechenden „Rahmenkonzeption zur verantwortlichen Wahrnehmung von Führung“[44] mündete.

Die Verfahren im Polizeipräsidium Essen gegen mehrere Mitglieder einer Dienstgruppe und der darin vorgebrachte Tatvorwurf rechtsextremistischer und

[42] Vgl. Zick 2021, S. 196.

[43] Vgl. ebd., S. 196.

[44] Vgl. Ministerium des Innern des Landes Nordrhein-Westfalen 2024.

menschenverachtender Chat-Inhalte wurde darüber hinaus in einer entsprechenden Sonderinspektion aufgegriffen. Aus dieser heraus wurden für alle Kreispolizeibehörden Handlungsempfehlungen erarbeitet, die die demokratische Resilienz der Beschäftigten stärken und zahlreiche Optimierungen in der Alltagsorganisation einführen sollten. Dazu gehören zum Beispiel die Einführung und feste organisatorische Verankerung von Extremismusbeauftragten in jeder Kreispolizeibehörde, die Implementierung von Alltagsreflexionen als fester Bestandteil interner Fortbildungen und die thematische Aufarbeitung von GMF, Rassismus, Antisemitismus etc. innerhalb des Dienstunterrichts. Auch eine eigens durch das IM NRW ins Leben gerufene Stabsstelle „Rechtsextremistische Tendenzen in der Polizei NRW"[45] wurde vor dem Hintergrund dieser Ereignisse gegründet und mit der Durchführung einer eigenen Studie beauftragt (siehe Abschnitt 3.2).

In Summe haben sich also alle Polizeibeschäftigten in NRW über mehrere Monate in Intranetveröffentlichungen, durch entsprechende Dienstvorschriften oder über persönliche Kontakte (z. B. in den Projektbehörden, die an der Erhebung durch die Stabsstelle beteiligt waren) mit dem Themenkomplex auseinandergesetzt. Es ist daher wahrscheinlich, dass die Befragten in der vorliegenden Studie sensibler und damit auch reflektierter auf die Aussagen geantwortet haben als die Befragten der Vergleichsstudien.

Zudem muss der Faktor sozialer Erwünschtheit im Antwortverhalten berücksichtigt werden, der deutlich über den Referenzwerten liegt (siehe Abschnitt 6.1) und somit auch eine Verzerrung zugunsten der Befragten und damit niedrigerer GMF-Werte, als tatsächlich vorhanden, möglich erscheinen lässt. Gerade vor diesem Hintergrund sind die stärkeren Abwertungstendenzen gegenüber asylsuchenden Menschen sowie Sinti_zze und Rom_nja von besonderer Relevanz, insbesondere weil auch hier der Einfluss sozial erwünschten Antwortverhaltens einberechnet werden muss – und dennoch deutliche Abwertungen messbar bleiben.

Insofern geben die gemessenen Zustimmungswerte und die Möglichkeit einer Unterrepräsentation der Abwertungen Anlass, sich besonders mit organisationsimmanenten Förderungs- oder Schutzfaktoren auseinanderzusetzen.

---

[45] Vgl. Ministerium des Innern des Landes Nordrhein-Westfalen 2021c.

11.3 Vorbetrachtung demographischer Einflussfaktoren

In Abschnitt 4.1 wurde thesenbasiert hergeleitet, welche Faktoren sich möglicherweise fördernd oder begrenzend auf GMF auswirken. Es wurde bereits ausgeführt, dass die vorliegende Stichprobe in Bezug auf demographische Merkmale der Befragten von der Gesamtgesellschaft abweicht. Da anzunehmen ist, dass die Effekte von Alter und Bildung in der Polizei NRW geringer ausfallen als gesamtgesellschaftlich, werden der zusammengefassten Betrachtung aller potenzieller Einflussfaktoren mittels multipler Regression für die demographischen Variablen daher einige Detailbetrachtungen vorangestellt.

Dazu gehört die Berechnung von Korrelationen gleichermaßen, wie eine Betrachtung einzelner Teilgruppen (z. B. Altersgruppen) in Ergänzung zu den in der Regression genutzten unabhängigen Variablen.

Das Geschlecht der Befragten fungiert als erste demographische Kontrollvariable für die weitere Betrachtung. Eine zunächst durchgeführte Korrelationsberechnung zwischen dem Geschlecht und der jeweiligen GMF-Dimension sowie der Gesamtskala zeigt in fünf von zwölf Fällen signifikante positive Korrelationen, d. h., in diesen Fällen deutet der Korrelationskoeffizient auf einen positiven Zusammenhang zwischen der entsprechenden GMF-Dimension und dem männlichen Geschlecht hin, da die dichotome Variable „Geschlecht" Frauen (0) als Referenzkategorie gegenüber Männern (1) ausweist. Auf den ersten Blick fällt auf, dass drei der signifikanten Korrelationen mit Sexismus, der Abwertung von Homosexuellen und Trans*Menschen den Bereich der sexuellen Freiheit und Lebensführung tangieren. Die beiden anderen signifikanten Korrelationen bestehen bei der Muslimfeindlichkeit und in der Gesamtskala GMF (Tabelle 11.5).

Tabelle 11.5 GMF und Geschlecht

GMF und Geschlecht				
Dimensionen	**weiblich (n=81)**	**männlich (n=233)**	**Differenz**	**Korrelation**
Sexismus	1,15	1,29	0,14	0,158**
Abwertung homosexueller Menschen	1,14	1,45	0,31	0,217**
Abwertung Trans*Menschen	1,17	1,51	0,34	0,149**
Abwertung asylsuchender Menschen	2,98	3,09	0,11	0,062
Muslimfeindlichkeit	1,32	1,52	0,20	0,123*
Antiziganismus	2,55	2,67	0,12	0,051
Abwertung obdachloser Menschen	1,99	2,03	0,04	0,039
Fremdenfeindlichkeit	1,48	1,57	0,09	0,076
Rassismus	1,20	1,28	0,08	0,078
Antisemitismus - israelbezogen	1,79	1,77	-0,02	-0,016
Etabliertenvorrechte	2,14	2,36	0,18	0,103
GMF-Gesamtskala**	1,77	1,91	0,14	0,127*

*auf dem Niveau von 0,05 signifikant (zweiseitig) | ** auf dem Niveau von 0,01 signifikant (zweiseitig) | n=Anzahl

Der Vergleich der Zustimmungstendenzen wurde anhand der Mittelwerte durchgeführt, wenngleich die Bezugsstudien dafür einen Vergleich der prozentualen Zustimmungsanteile vornehmen[46]. Allerdings sagt der reine Zustimmungsanteil nur begrenzt etwas über das Gesamturteil der Befragten aus, da die Verteilung auf die Mittelkategorie „Teils/teils" sowie auf die ablehnenden Antwortoptionen komplett ausgeblendet werden. Es macht aber u. U. einen eklatanten Unterschied, ob ein Großteil der Befragten einer Aussage unentschlossen oder ablehnend gegenübersteht. Insofern wurde hier erneut auf den Vergleich der rechnerischen Mittelwerte zurückgegriffen.

Ein Vergleich von Männern (n = 233) und Frauen (n = 81) für die einzelnen Dimensionen zeigt, dass bei Männern geringfügig mehr Zustimmung in der Gesamtskala (MW = 1,91, SD = 0,48) als bei Frauen (MW = 1,77, SD = 0,43)

[46] Vgl. Zick, Berghan und Mokros 2019, S. 65.

mit 0,14 Differenz[47] vorliegt. Gemessen an der tatsächlichen Spannweite von 2,15 (Minimum = 1,05; Maximum = 3,20) entspricht diese Differenz gerundet 6,5 %.

Bei der Betrachtung der Einzeldimensionen fällt auf, dass israelbezogener Antisemitismus die einzige Dimension ist, die bei Frauen mit einer Differenz von 0,02 minimal stärker als bei Männern ausgeprägt ist. Sämtliche anderen Teilbereiche von GMF werden durch Männer stärker berichtet. Auffällig ist, dass insbesondere die geschlechts- bzw. sexualitätsbezogenen Dimensionen wie die Abwertung von Trans*Menschen (Differenz 0,34) und die Abwertung homosexueller Menschen (Differenz 0,31) im Vergleich zu den anderen Dimensionen bei Männern deutlich ausgeprägter sind als bei Frauen. Die anderen Dimensionen liegen im Geschlechtervergleich teils deutlich näher beieinander. So berichten Männer eine um 0,04 Punkte stärkere Abwertung von obdachlosen Menschen gegenüber Frauen oder einen um 0,08 Punkte stärkeren Rassismus. Der Befund, dass Männer mehr zu Abwertungstendenzen neigen als Frauen,[48] ist also auch für die hier vorliegenden Daten nachvollziehbar.

Als nächster Einflussfaktor wird das Lebensalter betrachtet. Es wurde bereits skizziert, dass auf Grund der durch das maximale Lebensalter von PVB begrenzten Altersspanne Alterseffekte wahrscheinlich in geringerem Ausmaß vorhanden sind als in dem Mitte-Studien.

Die Korrelation zwischen dem Lebensalter in Jahren und der GMF-Gesamtskala zeigt sich signifikant ($p < 0{,}05$), der Korrelationskoeffizient ist mit $\rho = 0{,}122^*$ als niedrig zu bezeichnen. Ergänzend zu dieser Analyse des absoluten Alters in Lebensjahren erfolgt die Betrachtung anhand von Altersgruppen. Für die Gesamtskala GMF ist festzustellen, dass die beiden Gruppen der Ältesten mit MW = 1,94 (50–59 Jahre) und MW = 2,02 (>59 Jahre) die höchsten GMF-Ausprägungen im Mittelwertvergleich aufweisen. Die beiden jüngsten Gruppen weisen mit MW = 1,79 (18–29 Jahre) und MW = 1,88 (30–39 Jahre) wiederum stärkere GMF-Tendenzen als die mittlere Gruppe mit MW = 1,76 (40–49 Jahre) auf. Ein linearer Anstieg über alle fünf Altersgruppen hinweg ist also nicht zu beobachten, wenngleich diese Entwicklung nur durch die mittlere Gruppe unterbrochen wird.

---

[47] Orientiert an Frauen als Referenzkategorie bedeutet ein positiver Wert höhere GMF-Werte bei Männern, ein negativer Wert dementsprechend höhere Zustimmung durch die weiblichen Befragten.

[48] Vgl. Zick 2021, S. 196.

Diese Feststellung trifft insofern auch auf die einzelnen Dimensionen zu, als dass ein klar erkennbarer stetiger Anstieg der GMF-Ausprägungen mit steigendem Lebensalter nur in einigen Einstellungsmustern besteht. Am deutlichsten ist dies bei der Abwertung homosexueller Menschen sowie der Muslimfeindlichkeit zu beobachten. In diesen beiden Dimensionen findet pro Altersstufe ein Zuwachs der GMF-Zustimmung statt, wobei der Anstieg in den beiden letzten Altersgruppen am stärksten ist (Anstieg pro Altersgruppe von jung nach alt bei der Abwertung Homosexueller: +0,07; +0,04; +0,23; +0,22; bei der Muslimfeindlichkeit: +0,06; +0,03; +0,29; +0,14). Auch die Abwertung von Trans*Menschen und Fremden ist mit zunehmendem Alter stärker ausgeprägt, allerdings sind in beiden Dimensionen zwischen zwei aufeinander folgenden Altersgruppen gleichbleibende Werte zu beobachten. Bei Fremdenfeindlichkeit liegt dies zwischen der Gruppe von 50 bis 59 Jahren und der Gruppe darüber vor, bei der Abwertung von Trans*Menschen bei der Gruppe von 30 bis 39 Jahren sowie bei der Gruppe von 40 bis 49 Jahren (Tabelle 11.6).

Tabelle 11.6 GMF und Alter

GMF und Alter						
Mittelwerte der Dimensionen	**Lebensalter in Jahren gruppiert**					**Korrelation**
	18-29 (n=74)	30-39 (n=73)	40-49 (n=47)	50-59 (n=94)	>59 (n=28)	
Sexismus	1,21	1,29	1,26	1,23	1,37	0,054
Abwertung homosexueller Menschen	1,19	1,26	1,30	1,53	1,75	0,237**
Abwertung Trans*Menschen	1,30	1,31	1,31	1,56	1,79	0,200**
Abwertung asylsuchender Menschen	3,01	3,11	3,02	3,12	3,07	0,037
Muslimfeindlichkeit	1,28	1,34	1,39	1,68	1,82	0,253**
Antiziganismus	2,44	2,86	2,37	2,77	2,64	0,062
Abwertung obdachloser Menschen	2,21	2,13	1,91	1,87	1,91	0,134*
Fremdenfeindlichkeit	1,38	1,46	1,47	1,75	1,75	-0,140*
Rassismus	1,24	1,17	1,19	1,33	1,50	0,183**
Antisemitismus – israelbezogen	1,83	1,91	1,65	1,64	1,91	0,148**
Etabliertenvorrechte	2,14	2,27	2,20	2,46	2,55	-0,083
GMF-Gesamtskala*	1,79	1,88	1,76	1,94	2,02	0,108

*auf dem Niveau von 0,05 signifikant (zweiseitig) | ** auf dem Niveau von 0,01 signifikant (zweiseitig) | n=Anzahl

Zwar berichten die beiden ältesten Gruppen auf der Gesamtskala GMF die höchsten Zustimmungswerte (MW = 1,94 bzw. MW = 2,02) insgesamt, in den einzelnen Dimensionen sind aber auch andere Verteilungen vorhanden. So erfolgt die Abwertung obdachloser Menschen in den beiden jüngsten Gruppen der 18- bis 29-Jährigen (MW = 2,21) sowie der 30- bis 39-Jährigen (MW = 2,13) deutlich ausgeprägter als in allen übrigen Altersgruppen. Der Antiziganismus ist in der Gruppe der 30- bis 39-Jährigen am deutlichsten ausgeprägt (2,86) und Sexismus am zweithäufigsten (1,29) hinter der Gruppe der Ältesten (1,37), wenngleich die Differenzen auf niedrigem Niveau bestehen. Auch die Abwertung Asylsuchender erfährt in der Altersgruppe von 30–39 Jahren mehr Zustimmung (MW = 3,11) als in der Gruppe von 40–49 Jahren und der Gruppe der Ältesten. Die Berechnung der Korrelationen zwischen der gruppierten Altersvariable und der jeweiligen GMF-Dimension zeigt ebenfalls, dass in sechs Fällen signifikante Zusammenhänge zwischen höherem Alter und stärkerer Zustimmung zu GMF vorliegen.

Am deutlichsten ist dies bei der Muslimfeindlichkeit mit einer hoch signifikanten Korrelation ($p < 0{,}01$) von $\rho = 0{,}253^{**}$ erkennbar, wobei auch die Korrelationen bei der Abwertung Homosexueller ($\rho = 0{,}237^{**}$), der Abwertung von Trans*Menschen ($\rho = 0{,}200^{**}$), dem Rassismus ($\rho = 0{,}183^{**}$) sowie dem Antisemitismus ($\rho = 0{,}148^{**}$) das gleiche Signifikanzniveau annehmen, wenngleich mit geringerer Stärke.

Nach Geschlecht und Alter wird auch das Vorliegen eines Migrationshintergrundes bei den Befragten genauer betrachtet (Tabelle 11.7).

Tabelle 11.7 GMF und Migrationshintergrund

GMF und Migrationshintergrund				
	PVB mit Mhg (n=26)	PVB ohne Mhg (n=292)	Diff.	Korrelation
Sexismus	1,32	1,25	0,07	0,041
Abwertung homosexueller Menschen	1,28	1,38	-0,10	-0,038
Abwertung von Trans*Menschen	1,27	1,44	-0,17	-0,092*
Abwertung asylsuchender Menschen	3,32	3,05	0,27	0,086
Muslimfeindlichkeit	1,38	1,48	-0,10	-0,041
Antiziganismus	3,05	2,61	0,44	0,110
Abwertung obdachloser Menschen	2,26	2,00	0,26	0,087
Fremdenfeindlichkeit	1,63	1,55	0,08	0,033
Rassismus	1,34	1,26	0,08	0,050
Antisemitismus – israelbezogen	1,78	1,77	0,01	0,001
Etabliertenvorrechte	2,36	2,30	0,06	0,017
GMF-Gesamtskala	1,98	1,86	0,12	0,064

*auf dem Niveau von 0,05 signifikant (zweiseitig) | n=Anzahl Befragter

Die GMF-Gesamtskala ist insgesamt um 0,12 Punkte stärker bei PVB mit Migrationshintergrund als bei PVB ohne Migrationshintergrund ausgeprägt[49]. Dies trifft auch, in deutlich unterschiedlicher Stärke, auf acht der elf Dimensionen zu. Am deutlichsten sind die Unterschiede bei der Abwertung von obdachlosen Menschen (Differenz 0,26), von asylsuchenden Menschen (Differenz 0,27) sowie von Sinti_zze und Rom_nja (Differenz 0,44) zu beobachten.

Auch israelbezogener Antisemitismus (Differenz 0,01), Etabliertenvorrechte (Differenz 0,06), Sexismus (Differenz 0,07), Fremdenfeindlichkeit (Differenz 0,08) und Rassismus (0,08) sind bei PVB mit Migrationshintergrund stärker ausgeprägt als bei PVB ohne Migrationshintergrund. Demgegenüber sind die

[49] Die Population der PVB ohne Migrationshintergrund übersteigt mit n = 292 gegenüber die der PVB mit Migrationshintergrund um mehr als das Zehnfache. Ein Vergleich dieser beiden Populationen muss insofern unter dem Hinweis erfolgen, dass naturgemäß Stichproben mit n < 30 besonders anfällig für nicht-normalverteilte Mittelwerte sind.

Abwertung von homosexuellen Menschen (Differenz 0,10), die Muslimfeindlichkeit (Differenz 0,10) und die Abwertung von Trans*Menschen (Differenz 0,17) bei PVB ohne Migrationshintergrund stärker ausgeprägt. Die Abwertung von Trans*Menschen ist die einzige Dimension, bei der eine signifikante Korrelation vorliegt ($-0{,}092$, $p < 0{,}05$). Da die dichotome Variable „Migrationshintergrund“ PVB ohne Migrationshintergrund (0) als Referenzkategorie gegenüber PVB mit Migrationshintergrund (1) ausweist, bedeutet das negative Vorzeichen, dass PVB ohne Migrationshintergrund hier stärkere Zustimmung zeigen, wenngleich in sehr geringem Ausmaß.

Als letzte demographische Variable werden etwaige Zusammenhänge zwischen dem Bildungsniveau und den GMF-Dimensionen dargestellt.

Zum Vergleich mit den Bezugsstudien wurde zunächst ein Indikator für die Schulbildung berechnet. Dieser ist dichotom skaliert (siehe Abschnitt 6.2.2) und differenziert nur zwischen mittlerem Schulabschluss (Realschulabschluss oder vergleichbar) und hohem Schulabschluss (Abitur oder vergleichbar). Da der Berufseinstieg in die Polizei NRW in den letzten Jahrzehnten seit Wegfall der Einstellungen im mittleren Dienst ausschließlich mit Abitur oder vergleichbaren Abschlüssen möglich war, zeigt dieser Bildungsindikator eine geringere Spannbreite als in den Bezugsstudien.

Betrachtet man die Schulbildung als potenziellen Einflussfaktor auf GMF, ist festzustellen, dass in sechs Fällen signifikant negative Korrelationen bestehen. Am deutlichsten ist der Zusammenhang bei der Muslimfeindlichkeit, bei der höhere Schulbildung hoch signifikant ($p < 0{,}01$) mit niedrigerer GMF-Zustimmung einhergeht, und zwar mit $\rho = -0{,}252^{**}$ (Tabelle 11.8).

Tabelle 11.8 GMF und Bildung

GMF und Bildung		
	Schulbildung	**Gesamtbildung**
Sexismus	-0,043	-0,056
Abwertung homosexueller Menschen	-0,182**	-0,188**
Abwertung von Trans*Menschen	-0,142**	-0,102*
Abwertung asylsuchender Menschen	-0,130*	-0,151**
Muslimfeindlichkeit	-0,252**	-0,229*
Antiziganismus	0,001	-0,141*
Abwertung obdachloser Menschen	-0,081	0,114*
Fremdenfeindlichkeit	-0,216**	-0,212**
Rassismus	-0,085	-0,171**
Antisemitismus – israelbezogen	0,104	0,004
Etabliertenvorrechte	-0,143*	-0,102
GMF-Gesamtskala	-0,120	-0,106
*auf dem Niveau von 0,05 signifikant (zweiseitig) | ** auf dem Niveau von 0,01 signifikant (zweiseitig) |		

Auf gleichem Signifikanzniveau bewegen sich die Korrelationen bei Fremdenfeindlichkeit (ρ = −0,216**), der Abwertung homosexueller Menschen (ρ = −0,182**) und der Abwertung von Trans*Menschen (ρ = −0,142**). Signifikant ($p < 0{,}05$) ist darüber hinaus die Korrelation zwischen der Schulbildung und den Etabliertenvorrechten (ρ = −0,143*) sowie der Abwertung asylsuchender Menschen (ρ = −0,130*). In keinem Fall besteht eine positive Korrelation zwischen der Schulbildung und einer der GMF-Dimensionen, d. h. grundsätzlich liegt der Schluss nahe, dass höhere Schulbildung mit niedrigeren GMF-Werten einhergeht, wenngleich dies nicht in allen Dimensionen signifikant nachweisbar ist.

Beim Vergleich mit dem Bildungsindikator der (akademischen) Gesamtbildung, also inklusive akademischer oder sonstiger beruflicher Bildungsabschlüsse, nimmt die Anzahl der signifikanten Korrelationen zu und weist für acht der zwölf Variablen entsprechende Zusammenhänge aus. Vier Korrelationen sind hoch signifikant, mit Fremdenfeindlichkeit (ρ = −0,212**), der Abwertung homosexueller Menschen (ρ = −0,188**), Rassismus (ρ = −0,171**) und der

Abwertung asylsuchender Menschen ($\rho = -0{,}151$**). Die Korrelationen zur Schulbildung zeigen sich bei der Abwertung homosexueller Menschen und der Fremdenfeindlichkeit nahezu gleich stark. Signifikant zeigen sich darüber hinaus die Muslimfeindlichkeit ($\rho = -0{,}229$*), die Abwertung von Sinti_zze und Rom_nja ($\rho = -0{,}141$*), die Abwertung obdachloser Menschen ($\rho = 0{,}114$*) und die Abwertung von Trans*Menschen ($\rho = -0{,}102$*).

Ob Abwertungstendenzen mit dem Bildungsniveau einhergehen, hängt also durchaus davon ab, ob man das schulische oder das berufliche bzw. akademische Bildungsniveau in Bezug dazu setzt. Hinsichtlich zu beobachtender Gemeinsamkeiten in puncto Signifikanzniveau und Effektstärke liegen die Abwertung homosexueller Menschen mit $\rho = -0{,}182$** (Index Schulbildung) bzw. $\rho = -0{,}188$** (Index Gesamtbildung) und die Fremdenfeindlichkeit mit $\rho = -0{,}216$** bzw. $\rho = -0{,}212$** am nächsten beieinander. Hervorzuheben ist, dass die Abwertung obdachloser Menschen als einzige Dimension mit $\rho = 0{,}114$* eine signifikant positive Korrelation mit der Gesamtbildung zeigt und in diesem Falle stärkere Abwertung mit höheren Bildungsabschlüssen einhergeht.

Die Vorbetrachtung der demographischen Merkmale hat gezeigt, dass männliche und ältere PVB eher zu Abwertungstendenzen neigen als jüngere und weibliche. Zudem hat überrascht, das PVB mit Migrationshintergrund in acht der elf Dimensionen von GMF stärkere Zustimmung gezeigt haben. Ob sich diese Effekte auch bei Konstanthaltung aller anderen potentiellen Einflussfaktoren in einem gemeinsamen Regressionsmodell nachvollziehen lassen, zeigt das folgende Kapitel.

11.4 Hypothesentest und Ergebnisse

Zur Falsifizierung der Hypothesen[50] $H1^{GMF}$ bis $H15^{GMF}$ wurde zunächst in mehreren Vortests geprüft, ob die Verteilung auf mehrere Organisationseinheiten (OE) innerhalb der Stichprobe die Durchführung einer Mehrebenenanalyse bedingte.[51] Mittelwertvergleiche zwischen den einzelnen OE mittels ANOVA und

[50] Da es sich bei der Hypothese $H16^{GMF}$ nicht um einen vermuteten Wirkungszusammenhang auf GMF, sondern auf die Korrelation zwischen GMF und NRM bezieht, wurde diese Hypothese nicht im Regressionsmodell zu den potenziellen Einflussfaktoren aufgenommen.

[51] Vgl. Tausendpfund 2020, S. 122.

Bonferroni-Korrektur legten bereits nahe, dass die Unterschiede zwischen den OE keine segmentierte Betrachtung erforderlich machten.[52]

Zusätzlich wurde der erste Schritt eines Mehrebenenmodells durchgeführt, um diesen Eindruck zu replizieren: Die Aufnahme der Abteilungszugehörigkeit in das Modell zeigte für die abhängige Variable GMF keinen Unterschied zum sog. Nullmodell (ohne jegliche Prädiktoren).[53] Folglich konnte eine multiple lineare Regression gerechnet werden. Der Test der Residuen auf Normalverteilung nach Kolmogorov-Smirnov wies zunächst mit einer Signifikanz von 0,002 darauf hin, dass die Daten für GMF nicht normalverteilt sind. Die Betrachtung des Q-Q-Diagramms legte allerdings, bis auf wenige Ausreißer, eine Verteilung entsprechend der erwarteten Normalverteilung nahe. Die größere Teststärke von analytischen Tests bei zunehmenden Stichprobengrößen kann für diese unterschiedlichen Ergebnisse bzgl. Normalverteilung auch hier als Grund angeführt werden.[54] Aufgrund dieser zu hohen Sensitivität werden weitere Prüfungen auf Normalverteilung ausschließlich mit Q-Q-Diagrammen durchgeführt und auf analytische Tests hierfür verzichtet.

Die Durchführung einer multiplen linearen Regression wurden mittels Einschlussverfahren in vier Stufen/Blöcken durchgeführt, wobei das Gesamtmodell in Stufe 4 eine Varianzaufklärung mit einem korrigierten $R^2 = 0{,}452$ leistete und eine Signifikanz im F-Test von <0,001 aufwies. Letzteres ist ein Zeichen dafür, dass das aufgestellte Modell einen Erklärungsbeitrag hinsichtlich der abhängigen Variable GMF leistet.[55]

Entsprechend der aufgestellten Hypothesen $H1^{GMF}$ bis $H15^{GMF}$ wurden zunächst die unabhängigen demographischen Variablen in das Modell (Stufe 1) aufgenommen. Im Anschluss daran wurden die Variablen zu politischen Grundhaltungen (Stufe 2) einbezogen, zu denen aufgrund bereits bestätigter Zusammenhänge in den Bezugsstudien entsprechende Zusammenhanghypothesen formuliert wurden. Im Anschluss wurden organisationsspezifische Variablen wie z. B. die Verwendungsbreite, die Arbeitszufriedenheit und die zur Cop Culture aufgenommen (Stufe 3). Zuletzt wurden kontaktbezogene Variablen mit aufgenommen (Stufe 4), bei denen in Form gerichteter Hypothesen ein bestimmter Einfluss auf GMF vermutet wurde.

---

[52] Die Differenz der Mittelwerte betrug maximal 0,42 (KA 1,7714; BPH 1,7738; FüST 1,8167; WWD 1,8383; Andere 1,8737; KK 1,9156; BD 2,1940), bei der Betrachtung der gesamten Stichprobe liegt ein Mittelwert von 1,8785 mit einer Standardabweichung von 0,47 vor.

[53] Vgl. Heck et al. 2022, S. 95.

[54] Vgl. Best und Wolf 2015, S. 100.

[55] Vgl. Field 2018, S. 527.

Multikollinearität konnte anhand von VIF-Werten zwischen 1,080 (UV3) bis 2,362 (UV2)[56] und entsprechenden Toleranzen >0,4 ausgeschlossen werden[57]. Der modifizierte Breusch-Pagan-Test ($p = 0{,}029$) sowie der White Test ($p = 0{,}255$) gaben gegensätzliche Hinweise zur Homoskedastizität. Daher wurden robuste Standardfehler mit HC3-Niveau berechnet, um potenzielle Verzerrungen der p-Werte infolge Heteroskedastizität und Autokorrelation zu korrigieren.[58] Die mehrstufige multiple Regressionsanalyse[59] zeigt, dass das Modell mit einem $R^2 = 0{,}491$ in Summe 49,1 % der Varianz der abhängigen Variable GMF aufzuklären vermag[60]. Dabei sind sieben der 15 einbezogenen unabhängigen Variablen mindestens auf dem Niveau von $p = 0{,}05$ signifikant (siehe Tabelle 11.9) und wirken sich somit statistisch signifikant auf GMF aus. Als hochsignifikant ($p < 0{,}001$) stellen sich die politische Grundhaltung sowie das Demokratievertrauen dar. Sehr signifikant ($p < 0{,}01$) sind darüber hinaus die Bereitschaft, eigene Stereotypen zu reflektieren und die Kontakterfahrungen mit spezifischen Gruppen. Als signifikant ($p < 0{,}05$) zeigen sich außerdem noch das Empfinden diesen Gruppen gegenüber, die Verwendungsbreite und das Alter.

[56] Schneider 2009, S. 225.

[57] Vgl. Field 2018, S. 402.

[58] Vgl. Hayes und Cai 2007, S. 714.

[59] Die Tabelle zeigt die vierte Stufe des berechneten Regressionsmodells. Die farbigen Abstufungen zeigen die Variablen, die in der jeweiligen Stufe hinzugenommen wurden. Zwischen Stufe 4 und 5 (UV16 – Abteilungszugehörigkeit) gibt es bzgl. der Varianzaufklärung mit einem nahezu identischen R^2 (Stufe 4: 0,489 gegenüber Stufe 5: 0,485, wobei das korrigierte R^2 in Stufe 5 mit 0,445 kleiner ist als in Stufe 4) keinerlei Zuwachs, sodass dies ebenfalls den Verzicht auf ein Mehrebenenmodell aufgrund der unterschiedlichen Organisationseinheiten stützt.

[60] Die Angaben des korrigierten R^2 beziehen neben der Varianzaufklärung auch die Anzahl an berücksichtigten Variablen mit ein. Mit zusätzlichen Variablen, auch inhaltlich irrelevanten, steigt das R^2 automatisch an, ohne informatorischen Mehrwert zu generieren. Daher ist nach dem „Occam's Razor"-Grundsatz ein Modell optimal, wenn es nicht mehr Variablen aufnimmt als zur Erklärung der beobachteten Zusammenhänge erforderlich ist. Das korrigierte R^2 berechnet daher Strafterme mit zunehmender Anzahl von Variablen mit ein. Vgl. dazu Osborne 2017.

Tabelle 11.9 Regressionsmodell GMF

Regressionsmodell GMF							
Abhängige Variable: GMF-Gesamtskala						**95 % KI**	
Koeffizienten	**b**	**SE**	**ß**	**T**	**P**	**UG**	**OG**
(Konstante)	3,482	0,421		8,273	<0,001	2,652	4,312
UV1 Geschlecht	0,062	0,045	0,060	1,373	0,171	-0,027	0,152
UV2 Alter*	0,006	0,003	0,170	2,007	0,046	0,000	0,012
UV3 Migrationshintergrund	0,107	0,098	0,065	1,090	0,277	-0,086	0,300
UV4 Bildungsindex	-0,068	0,055	-0,070	-1,250	0,213	-0,176	0,039
UV5 politische Grundhaltung***	0,163	0,046	0,214	3,499	<0,001	0,071	0,254
UV6 Demokratievertrauen***	-0,166	0,037	-0,236	-4,542	<0,001	-0,238	-0,094
UV7 Reflexionsbereitschaft**	-0,127	0,041	-0,185	-3,060	0,003	-0,209	-0,045
UV8 Verwendungsbreite*	-0,083	0,034	-0,163	-2,464	0,015	-0,150	-0,017
UV9 Arbeitszufriedenheit	-0,032	0,030	-0,065	-1,064	0,289	-0,090	0,027
UV10 CC - Rechtsstaatlichkeit	0,011	0,063	0,013	0,177	0,859	-0,112	0,134
UV11 CC – Gruppenkultur	0,017	0,046	0,025	0,366	0,714	-0,073	0,107
UV12 CC – Maskulinität	-0,041	0,045	-0,057	-0,919	0,359	-0,129	0,047
UV13 Kontakthäufigkeiten	-0,032	0,034	-0,055	-0,947	0,345	-0,099	0,035
UV14 Kontakterfahrungen**	-0,196	0,066	-0,209	-2,991	0,003	-0,325	-0,067
UV15 Kontaktempfinden*	-0,120	0,040	0,178	-2,428	0,016	-0,217	-0,022
n=212 | R^2=0,491 | korr. R^2 = 0,452 | F (12,654) = 15,197, p < 0,001 | Signifikanz (zweiseitig) |							
*auf dem Niveau p=0,05 signifikant | **auf dem Niveau p=0,01 signifikant | ***auf dem Niveau p=0,001 signifikant							

Im Vergleich der unabhängigen Variablen hat das Demokratievertrauen den stärksten (negativen) Effekt mit $\beta = -0{,}236$, gefolgt von der politischen Grundhaltung mit $\beta = 0{,}214$. Nach den politischen Einstellungen wirken sich die Kontakterfahrungen mit $\beta = -0{,}209$, die Reflexionsbereitschaft mit ß $= -0{,}185$ und das Kontaktempfinden mit $\beta = -0{,}178$ am deutlichsten (und mit negativem Vorzeichen) auf GMF aus. Das Alter mit $\beta = 0{,}170$ und die Verwendungsbreite haben von allen signifikanten Variablen mit $\beta = -0{,}163$ die geringsten Auswirkungen auf GMF im Vergleich der potenziellen Einflussvariablen untereinander. Richtung und Stärke der Koeffizienten werden im Folgenden chronologisch nach ihrer Aufnahme in das Regressionsmodell erläutert.

11.4.1 Demographische Faktoren

Das Geschlecht zeigt einen sehr niedrigen positiven Koeffizienten ($b = 0{,}062$), was bedeutet, dass Männer im Vergleich zu Frauen (Referenzkategorie) einen leicht höheren GMF-Wert aufweisen, allerdings nicht statistisch signifikant. Insgesamt stimmen männliche PVB, wie bereits die Vorbetrachtung gezeigt hat, in den meisten Dimensionen zwar deutlicher zu als weibliche PVB, ein statistisch belastbarer Schluss vom Geschlecht auf das Gesamtphänomen GMF entsprechend der Hypothese $H1^{GMF}$ konnte aber nicht bestätigt werden. $H1^{GMF}$ ist damit abzulehnen.

Als einziger signifikanter demographischer Faktor der Stufe 1 des Modells wirkt sich das Alter ($p = 0{,}05$) aus. Steigendes Lebensalter geht also mit stärkerer GMF-Zustimmung einher. Allerdings liegt der theoretische Maximalunterschied aufgrund des niedrigen Regressionskoeffizienten ($b = 0{,}006$) bei einer Altersspannweite im Datensatz von 44 Jahren bei $44^* \; 0{,}006 = 0{,}264$ Einheiten auf der GMF-Skala. Obwohl nicht konsistent linear über alle Dimensionen und Altersgruppen hinweg ein durchgängiger Anstieg der Zustimmung zu GMF mit steigendem Lebensalter zu beobachten ist, liegt für die Gesamtskala GMF ein entsprechender Zusammenhang vor, auch die grundsätzliche Aussage, dass ältere PVB eher zu GMF neigen als jüngere, stütz somit insgesamt die Hypothese $H2^{GMF}$, die damit anzunehmen ist.

Der Migrationshintergrund zeigt einen positiven, wenn auch nicht signifikanten Regressionskoeffizienten ($b = 0{,}107$), welcher dafürspricht, dass PVB mit Migrationshintergrund im Vergleich zu PVB ohne Migrationshintergrund einen leicht höheren GMF-Wert aufweisen. Dass PVB mit Migrationshintergrund in den meisten Dimensionen stärkere GMF-Ausprägungen zeigen, als PVB ohne Migrationshintergrund verdeutlicht diesen Zusammenhang. Zusammenfassend ist zu berichten, dass PVB mit Migrationshintergrund, entgegen der in $H3^{GMF}$ formulierten These, nicht weniger zu GMF neigen als PVB ohne Migrationshintergrund. $H3^{GMF}$ ist damit abzulehnen.

Das Bildungsniveau zeigt mit $b = -0{,}068$ einen sehr schwach negativen Regressionskoeffizienten, der mit $p = 0{,}213$ nicht signifikant ist. Wenngleich beide gebildeten Bildungsindizes (siehe Abschnitt 11.3) in sechs bzw. acht von zwölf Variablen signifikant negative Korrelationen aufzeigen und damit in diesen Fällen eine grundsätzlich hypothesenkonforme Wirkungsrichtung anzunehmen ist, kann die Hypothese $H4^{GMF}$ nicht angenommen werden.

11.4.2 Politische Grundhaltungen und Einstellungen

Nach den demographischen Variablen wurden die politischen Grundhaltungen in das Regressionsmodell aufgenommen. Dazu gehörte zunächst die politische Selbstverortung zwischen linker und rechter politischer Orientierung (siehe Abschnitt 10.1). Die Skalierung der politischen Grundhaltung erfolgte aufsteigend von „Links" (1), „Eher links" (2), „Genau in der Mitte" (3), „Eher rechts" (4) nach „Rechts" (5). Der Regressionskoeffizient $b = 0{,}163$ ist hoch signifikant ($p < 0{,}001$) und sagt aus, dass pro Einheit, um die die politische Orientierung weiter nach rechts ausschlägt, die GMF-Werte um 0,163 Einheiten ansteigen. Da sowohl UV und AV in diesem Falle Werte zwischen 1 und 5 annehmen können, beträgt die theoretische Differenz zwischen einer politischen Einordnung ganz links (1) und ganz rechts (5) 0,652 Einheiten auf der GMF-Skala (Tabelle 11.10).

Tabelle 11.10 GMF und politische Selbstverortung

GMF und politische Selbstverortung				
	MW			
	Links (n=9)	Eher links (n=59)	Mitte (n=218)	Eher rechts (n=30)
Sexismus	1,22	1,27	1,24	1,40
Abwertung homosexueller Menschen	1,00	1,25	1,34	1,91
Abwertung von Trans*Menschen	1,00	1,25	1,37	1,96
Abwertung asylsuchender Menschen	2,44	2,43	3,17	3,75
Muslimfeindlichkeit	1,33	1,33	1,48	1,81
Antiziganismus	1,94	2,32	2,64	3,55
Abwertung obdachloser Menschen	1,44	1,72	2,06	2,40
Fremdenfeindlichkeit	1,16	1,33	1,55	2,16
Rassismus	1,16	1,25	1,25	1,48
Antisemitismus – israelbezogen	1,50	1,66	1,78	2,03
Etabliertenvorrechte	1,83	2,03	2,31	2,95
GMF-Gesamtskala	1,50	1,66	1,88	2,35
n=Anzahl Befragter | MW=Mittelwert				

Die Detailbetrachtung der einzelnen Dimensionen zeigt, dass durchweg von links nach rechts eine Zunahme der Mittelwerte vorliegt[61].

Bei der Muslimfeindlichkeit und dem Rassismus ist allerdings zu beobachten, dass keine lineare Steigerung der Mittelwerte erfolgt, sondern zwischen der politischen Orientierung „Links“ und „Eher links“ (Muslimfeindlichkeit: MW = 1,33) bzw. einer Selbstverortung „Eher links“ und der politischen Mitte (Rassismus: MW = 1,25) identische Mittelwerte bestehen. Die Abwertung asylsuchender Menschen ist darüber hinaus die einzige Dimension, in der mehr Zustimmung durch Befragte linker politischer Selbstverortung berichtet wird als von PVB, die sich rechts davon als „eher links“ einschätzen. Der Unterschied ist mit 0,01 allerdings sehr gering. Insgesamt zeigen aber auch die einzelnen GMF-Dimensionen deutlich, dass der GMF-Wert ansteigt, je weiter rechts sich die Befragten einordnen. Die Hypothese $H5^{GMF}$ ist anzunehmen.

Als zweite Variable politischer Grundhaltungen wurde das Demokratievertrauen in das Modell mit aufgenommen. Das Vertrauen in die Demokratie hat einen höchst signifikanten ($p < 0{,}001$) negativen Einfluss auf die Ausprägung von GMF. Dabei sinkt mit $b = -0{,}166$ der GMF-Wert um 0,166 für einen Punkt mehr auf der Skala Demokratievertrauen. Gemessen an der Skalenspannweite hat das Demokratievertrauen einen maximalen Effekt mit 0,664 Einheiten auf der GMF-Skala zwischen Befragten mit niedrigem und hohem Demokratievertrauen. Obwohl die politische Selbstverortung und das Demokratievertrauen also nahezu gleich starke Effekte auf GMF zu haben scheinen, korrelieren die beiden Elemente nicht miteinander ($\rho = -0{,}085$). Für das Demokratievertrauen ist insgesamt festzustellen, dass Vertrauen in die Demokratie zu niedrigeren GMF-Ausprägungen führt. $H6^{GMF}$ kann somit angenommen werden.

Neben diesen politischen Grundhaltungen zur Demokratie und einer grundlegenden Disposition innerhalb des politischen Spektrums wurde auch die Reflexion eigener Stereotypen als individuelle Einstellung zum Umgang mit bestimmten Personengruppen in das Modell mit einbezogen.

Die Bereitschaft, die Bildung von eigenen Stereotypen kritisch zu reflektieren, wirkt sich hoch signifikant ($p = 0{,}003$) negativ mit einem Regressionskoeffizient von $-0{,}127$ auf GMF aus. Je stärker eigene Stereotypen bzw. die Herausbildung derselben reflektiert und hinterfragt werden, desto schwächer ist GMF ausgeprägt. Pro Anstieg der Reflexionsbereitschaft um 1 sinkt GMF um 0,127 Einheiten und so über das gesamte Skalenniveau im maximal 0,508 Einheiten.

[61] Die politische Selbstverortung in der Kategorie „Rechts“ wurde durch keine/n der Befragten vorgenommen, insofern entfällt diese Kategorie in der folgenden Betrachtung.

Im Gegensatz zum unkorrelierten Verhältnis der politischen Selbstverortung und dem Demokratievertrauen zeigt die Reflexionsbereitschaft signifikante Korrelationen mit beiden anderen Elementen. Mit $\rho = -0{,}174^{**}$ korreliert die politische Einordnung hoch signifikant ($p < 0{,}01$) negativ mit der Selbstreflexion, sodass eine ausgeprägtere Reflexion (entsprechend der nach rechts ansteigenden Skalierung der politischen Grundhaltung) mit niedrigeren (und damit nach links gerichteten) Werten auf der Skala politischer Einordnung einhergeht. Gleichzeitig ist auch eine signifikante positive Korrelation mit dem Demokratievertrauen ($\rho = 0{,}143^{*}$) zu beobachten, sodass Selbstreflexion mit Demokratievertrauen einhergeht. Abschließend ist die Hypothese $H7^{GMF}$ anzunehmen, wenngleich der statistisch nachweisbare Einfluss der individuellen Reflexionsbereitschaft schwächer ausgeprägt ist als die politischen Grundhaltungen und das Demokratievertrauen.

11.4.3 Organisationspezifische Merkmale

Nach den demographischen und politischen Variablen wurden in der vierten Stufe organisationsspezifische Merkmale hinsichtlich ihres Einflusses auf GMF analysiert. Dazu gehören die Verwendungsbreite, die Arbeitszufriedenheit sowie die drei unterschiedlichen Dimensionen von Cop Culture (siehe Abschnitt 8.4).

Die Verwendungsbreite zeigt mit $b = -0{,}083$ einen negativen Einfluss auf GMF, der zwar signifikant ist ($p = 0{,}015$), allerdings im Vergleich zu allen anderen Variablen am schwächsten ausgeprägt ist. Bezogen auf die Skalierung ist hier anzumerken, dass zwischen null und drei Vorverwendungen vor der aktuellen BOE (siehe Abschnitt 6.3.3) angegeben wurden, sodass die rechnerische Maximaldifferenz zwischen niedriger und hoher Verwendungsbreite 0,332 auf der GMF-Skala beträgt. Im Ergebnis bedeutet dies, dass je geringer die Verwendungsbreite, d. h., je weniger Dienststellen durchlaufen wurden, desto ausgeprägter die GMF-Tendenzen sind. Die Hypothese $H8^{GMF}$ kann damit angenommen werden.[62]

Die Arbeitszufriedenheit weist mit $b = -0{,}032$ einen negativen Regressionskoeffizienten auf, der nicht signifikant ist ($p = 0{,}289$); entsprechende

[62] Hier ist zu berücksichtigen, dass die Verwendungsbreite nicht in Relation zum Dienstalter erhoben wurde, sodass die tatsächliche Verwendungsbreite nicht unbedingt auf die tatsächliche Veränderungsbereitschaft der oder des Befragten zurückzuführen ist. Tatsächlich ist in den ersten Dienstjahren (sogenannte Erstverwendung) die Verwendung per Erlass geregelt und sieht in den meisten Fällen den Einsatz im WWD oder der BPH vor.

Erklärungsansätze werden in Abschnitt 11.5 diskutiert. Obwohl also die Richtung hypothesenkonform verläuft und sinkende Arbeitszufriedenheit mit steigenden GMF-Werten in Verbindung bringt, ist diese Feststellung nicht statistisch belastbar. $H9^{GMF}$ kann folglich nicht angenommen werden.

Die in Abschnitt 9.5 identifizierten Faktoren von Cop Culture wurden jeweils einzeln in das Modell aufgenommen, denn die unterschiedlichen Facetten ließen durchaus gegensätzliche Effekte auf GMF möglich erscheinen bzw. erwarten.

Die drei Subskalen zur Cop Culture zeigen keinerlei signifikanten Einfluss auf GMF mit $b = 0{,}011$ (Dimension 1 – Rechtsstaatlichkeit), $b = 0{,}017$ (Dimension 2 – Gruppenkultur) und $b = -0{,}041$ (Dimension 3 – Männlichkeit). Obwohl eine Interpretation dieser Regressionskoeffizienten damit nicht erforderlich ist, verwundern zumindest die Vorzeichen der Koeffizienten, da die Dimension 3 anhand des Vorzeichens eher auf niedrigere GMF-Werte hinweist als die beiden anderen Dimensionen. Dies würde den entsprechenden Erwartungen, dass ausgeprägte rechtsstaatliche Motive eher GMF entgegenstehen, während maskuline Eigenschaften eher das Gegenteil implizieren, konträr gegenüberstehen. Eine einzelne Betrachtung der verschiedenen Faktoren von Cop Culture mit der Gesamtskala GMF in Form von Korrelationen weist hingegen eher auf Effekte entsprechend dieser Erwartungshaltung hin; so korreliert die Dimension 1 als einzige signifikant ($p < 0{,}05$) mit GMF und zwar mit $p = -0{,}137^{*}$ negativ.

Letztlich lässt sich in Wechselwirkung mit den anderen Regressoren kein signifikanter Einfluss der Cop Culture Dimensionen auf GMF nachweisen. Insofern sind die entsprechenden Hypothesen $H10^{GMF}$, $H11^{GMF}$, und $H12^{GMF}$ zu verwerfen.

11.4.4 Kontaktspezifische Faktoren

Als letzter Komplex wurden kontaktbezogene Einflussfaktoren in der Stufe 4 des Regressionsmodells aufgenommen. Dazu gehörten die Kontakthäufigkeit, die Situationsbeschreibungen zu den Kontakterfahrungen mit den entsprechenden Gruppen sowie das Kontaktempfinden. Die im Gesamtmodell gezeigten Einflüsse unterliegen nach den Erkenntnissen aus Abschnitt 8.4 dabei möglicherweise dem Problem der Verzerrung. Denn es konnte gezeigt werden, dass unterschiedliche Beziehungen zwischen der Kontaktfrequenz, den Kontakterfahrungen (als Mediator) sowie dem Kontaktempfinden in den einzelnen Gruppen vorliegen. Insofern erfolgt, in Ergänzung der Gesamtskala GMF mit den gruppenübergreifenden Kontaktmerkmalen, eine dezidierte Betrachtung der Abwertung einzelner Gruppen im Kontext der zu dieser Gruppe berichteten Kontaktmerkmale.

Eine separate Betrachtung der kontaktspezifischen Einflüsse auf GMF lässt allerdings den Einfluss sämtlicher anderen Faktoren des Regressionsmodells außer Acht. Daher erfolgt, um beiden Argumenten Rechnung zu tragen, zunächst die Betrachtung der Kontaktmerkmale innerhalb des bereits dargestellten Regressionsmodells (Tabelle 11.9). So können Schlüsse im gesamten Zusammenwirken aller Regressoren gezogen werden.

Im Anschluss wird dies durch die Analyse der jeweiligen GMF-Dimension in direktem Bezug zu den gruppenspezifischen Kontakterfahrungen gesetzt. Die Abwertung von z. B. Muslimen wird also nur in Bezug zu den Kontakterfahrungen gegenüber muslimischen Bürger*innen gesetzt. So ist, neben den Aussagen zum Gesamtmodell, eine differenzierte gruppenbezogene Analyse der Auswirkungen von Kontakterfahrungen auf Abwertungstendenzen möglich.

In der Stufe 4 des Regressionsmodells zeigen die Kontakthäufigkeiten mit $b = -0{,}021$ einen negativen Koeffizienten, der nicht signifikant ist ($p = 0{,}345$). Wie häufig PVB Kontakt zu Angehörigen der aufgeführten Gruppen haben, wirkt sich also, über alle Gruppen übergreifend, nicht statistisch signifikant auf die Einstellungen bzw. in Form von GMF geäußerte Abwertungen diesen Gruppen gegenüber aus.

Zu den objektiven Kontakterfahrungen und dem Kontaktempfinden liegen demgegenüber Hinweise zu signifikantem Einfluss auf GMF vor. Die Kontakterfahrungen, die sich auf objektivierbare Situationsverläufe mit entsprechenden Gruppen beziehen, sind mit $b = -0{,}196^{**}$ sehr signifikant ($p = 0{,}003$) und haben negativen Einfluss auf GMF. Bei positiveren Situationserfahrungen sinkt folglich die GMF-Gesamtskala. Bezogen auf die Skalierung (1 bis 5) ist somit eine Differenz von 0,784 zwischen positivster und negativster Situationsbewertung auf der GMF-Skala rechnerisch anzunehmen.

Die Kontaktempfindungen als affektive Dimension haben mit $b = -0{,}120^{*}$ einen signifikanten negativen Einfluss auf GMF ($p = 0{,}016$). Je angenehmer das Kontaktempfinden, desto niedriger ist GMF ausgeprägt. Dabei sinkt die Abwertung auf der GMF-Skala um 0,120 je Zuwachs des Kontaktempfindens um 1. Da das Kontaktempfinden auf einer sechsstufigen Skala gemessen wurde, beträgt bei Konstanthaltung aller anderen UV die maximale Differenz zwischen „sehr unangenehmem" (1) und „sehr angenehmem" (6) Empfinden 0,600 auf der GMF-Skala, wenngleich die Effektstärke mit $ß = -0{,}178$ etwas schwächer als bei den Situationserfahrungen mit $ß = -0{,}209$ ist.

Obwohl also den Kontakterfahrungen und dem Kontaktempfinden signifikante und schlüssige Auswirkungen zugeordnet werden konnten, besteht die Gefahr der Verzerrung bzw. Mischverteilung durch unterschiedliche Einflüsse dieser beiden Kontaktmerkmale in den jeweiligen Gruppen. Denn beim detaillierten Blick auf die Kontakterfahrungen konnte gezeigt werden, dass die drei Faktoren der Kontaktfrequenz, der Kontakterfahrungen und des Kontaktempfindens in unterschiedlichen Wechselwirkungen auftreten (siehe Abschnitt 8.4). Während die Frequenz sich nur in zwei Gruppen auf die Kontakterfahrungen und das Empfinden der entsprechenden Gruppe gegenüber auswirkt, wirken die Kontakterfahrungen als Mediator auf das Empfinden der jeweiligen Gruppe in deutlich mehr Fällen. Deswegen schließt sich nun die Betrachtung der einzelnen Gruppen an, zu welchen sowohl menschenfeindliche Einstellungen als auch entsprechende Kontaktmerkmale erhoben wurden. Die jeweilige GMF-Dimension wurde dazu als abhängige Variable definiert, die Kontakthäufigkeit, die Kontakterfahrungen sowie das Kontaktempfinden als Regressoren. Zusätzlich wurde auch eine Mediation der jeweiligen Kontakterfahrungen über das Kontaktempfinden auf die entsprechende GMF-Dimension berechnet, um indirekte Effekte darstellen zu können, die bei der einzelnen Betrachtung der Kontakterfahrungen bzw. des Kontaktempfindens nicht sichtbar gewesen wären.

Zunächst wurde in diesem Verfahren die Muslimfeindlichkeit analysiert. Mit einem $R^2 = 0{,}191$ leistet das Modell eine Varianzaufklärung von 19,1 %. Die Muslimfeindlichkeit lässt sich also zu 19,1 % durch die im Modell umfassten Variablen erklären, sofern diese einen signifikanten Korrelationskoeffizienten aufweisen. Hoch signifikant zeigt sich mit $b = -0{,}300^{***}$ die Charakterisierung der Einsatzsituationen; folglich nimmt pro Einheit auf der Skala der Kontakterfahrungen die Abwertung von Muslimen um 0,300 ab. Somit besteht theoretisch zwischen PVB mit positiven bzw. negativen Situationserfahrungen ein Maximalunterschied von 1,2 Einheiten bei der Abwertung von Muslimen, was als erhebliche Differenz angesehen werden kann.

Je positiver die Einsatzsituationen mit Muslimen erfahren werden, desto geringer ist die Abwertung ausgeprägt. Die Kontakthäufigkeit sowie das Kontaktempfinden gegenüber Muslimen wirken sich nicht signifikant auf die Muslimfeindlichkeit aus. Auf Grund des Konfidenzintervalls der Moderation (siehe dazu die methodische Erläuterung auf S. 140) ist kein signifikanter indirekter Effekt darüber hinaus anzunehmen (Tabelle 11.11).

Tabelle 11.11 Muslimfeindlichkeit und Kontakte

Muslimfeindlichkeit und Kontakte							
Abhängige Variable: Muslimfeindlichkeit						95 % KI	
Koeffizienten	**b**	**SE(HC3)**	**β**	**T**	**P**	**UG**	**OG**
(Konstante)	2,964	0,276		10,039	<0,001	2,382	3,546
Kontakthäufigkeit	-0,062	0,041	-0,090	-1,419	0,157	-0,149	0,024
Kontakterfahrungen*** (a)	-0,300	0,064	-0,352	-4,129	<0,001	-0,443	-0,157
Kontaktempfinden (b)	-0,096	0,064	-0,130	-1,524	0,129	-0,220	0,028
Moderation der Erfahrungen über das Empfinden auf die Muslimfeindlichkeit							
Indirekter Effekt (a*b)	-0,071	0,050				-0,175	0,027
Anmerkungen: N = 220; R² = 0,191; korr. R² = 0,179; F (3,217) = 17,035; ***=auf dem Niveau von 0,001 signifikant (zweiseitig)							

Obwohl Grund zu der Annahme besteht, dass die Gruppen asylsuchender Menschen und Muslime große Schnittmengen in der durch PVB berichteten Wahrnehmung aufweisen (siehe Abschnitt 8.2), zeigen sich bei der Abwertung asylsuchender Menschen andere Einflussfaktoren.

Zunächst liefert das Modell zur Abwertung asylsuchender Menschen (Tabelle 11.12) mit $R^2 = 0{,}187$ eine ähnlich hohe Varianzaufklärung in Höhe von 18,7 %, wie das Modell zur Betrachtung von Muslimfeindlichkeit. Allerdings zeigt sich bei der Abwertung von asylsuchenden Menschen das Kontaktempfinden mit $b = -0{,}299^{***}$ hoch signifikant, sodass mit jeder Einheit Zuwachs auf der Skala des Kontaktempfindens die Abwertung asylsuchender Menschen um 0,299 absinkt. Je angenehmer die Kontakte also empfunden werden, desto geringer ist die Abwertung ausgeprägt.

Tabelle 11.12 Abwertung Asylsuchender und Kontakte

Abwertung Asylsuchender und Kontakte							
Abhängige Variable: Abwertung Asylsuchender Menschen						95 % KI	
Koeffizienten	**b**	**SE(HC3)**	**ß**	**T**	**P**	**UG**	**OG**
(Konstante)	4,458	0,354		13,163	<0,001	3,791	5,126
Kontakthäufigkeit	0,009	0,051	0,011	0,178	0,859	-0,093	0,111
Kontakterfahrungen (a)	-0,124	0,093	-0,116	-1,400	0,163	-0,299	0,051
Kontaktempfinden*** (b)	-0,299	0,072	-0,345	-4,271	<0,001	-0,438	-0,161
Moderation der Erfahrungen über das Empfinden auf die GMF Dimension							
Indirekter Effekt (a*b)	-0,248	0,061				-0,375	-0,129
Anmerkungen: N = 227; R² = 0,187; korr. R² = 0,177; F (3,224) = 17,224; ***=auf dem Niveau von 0,001 signifikant (zweiseitig)							

Obwohl die standardisierten Koeffizienten zum Effekt des Kontaktempfindens bei der Abwertung asylsuchender Menschen mit ß = −0,345 und beim Einfluss der Situationscharakterisierung auf die der Muslimfeindlichkeit mit ß = −0,352 nahezu gleich groß sind, ist der direkte Vergleich nicht möglich, da sich die ß-Werte nur innerhalb ihres jeweiligen Modells zum Vergleich der unabhängigen Variablen untereinander eignen, weil sie sich immer auf die entsprechende abhängige Variable (und damit auf verschiedene Größen unter den Modellen) beziehen.[63]

Ein weiterer Unterschied ist der zu beobachtende indirekte Effekt der Kontakterfahrungen über das Kontaktempfinden, der dafür spricht, dass sich die Kontakterfahrungen zwar nicht direkt auf die Abwertung Asylsuchender auswirken, aber die Empfindungen beeinflussen und sich darüber mittelbar auch auf die Abwertung Asylsuchender niederschlagen. Die Kontakthäufigkeit hat keinen statistisch signifikanten Einfluss auf die Abwertung Asylsuchender.

Eine noch etwas bessere Varianzaufklärung leistet das Modell zur Erklärung des Antiziganismus mit einem $R^2 = 0{,}231$ und somit 23,1 %. Hier besteht der höchste Aufklärungsanteil der Regressionsmodelle zur Analyse des Einflusses von Kontakten auf gruppenbezogene Abwertungen.

Als signifikante Einflussfaktoren zeigen sich, in Kontrast zu den bereits dargestellten Modellen zur Muslimfeindlichkeit und der Abwertung asylsuchender Menschen, sowohl die Kontakterfahrungen mit b = −0,331** sehr signifikant als auch das Kontaktempfinden mit b = −0,370*** als hoch signifikant. Für jede

[63] Vgl. Raithel 2008, S. 163 f.

Einheit auf der jeweiligen Skala sinkt die Abwertung von Sinti_zze und Rom_nja daher um 0,331 bzw. um 0,370 Einheiten. Positive Situationserfahrungen sowie angenehmes Kontaktempfinden wirken bei dieser Gruppe also gleichermaßen begrenzend auf die Abwertung (Tabelle 11.13).

Tabelle 11.13 Antiziganismus und Kontakte

Antiziganismus und Kontakte							
Abhängige Variable: Antiziganismus						95 % KI	
Koeffizienten	**b**	**SE(HC3)**	**ß**	**T**	**P**	**UG**	**OG**
(Konstante)	4,858	0,372		12,566	<0,001	4,096	5,621
Kontakthäufigkeit	-0,057	0,069	-0,053	-0,813	0,417	-0,197	0,082
Kontakterfahrungen** (a)	-0,331	0,106	-0,233	-3,069	0,002	-0,543	-0,118
Kontaktempfinden*** (b)	-0,370	0,090	-0,320	-4,238	<0,001	-0,542	-0,198
Moderation der Erfahrungen über das Empfinden auf die GMF Dimension							
Indirekter Effekt (a*b)	-0,246	0,061				-0,371	-0,128

Anmerkungen: N = 192; R^2 = 0,231; korr. R^2 = 0,218; F (3,189) = 18,878;
=auf dem Niveau von 0,01 signifikant (zweiseitig) | *=auf dem Niveau von 0,001 signifikant (zweiseitig)

Dabei ist im direkten Vergleich der Effekt des Kontaktempfindens mit ß = −0,320 stärker ausgeprägt als bei Situationscharakterisierung mit ß = −0,233. Dies ist an dieser Stelle innerhalb des Modells auch vergleichbar (s. o.) und erneut durch die unterschiedliche fünf- bzw. sechsstufige Skalierung zu verdeutlichen. So generiert die Situationscharakterisierung zwischen Minimum und Maximum bis zu 1,32 Punkte Unterschied (auf der Skala von 1 bis 5) für antiziganistische Einstellungen, während das Kontaktempfinden sogar bis zu 1,85 Einheiten Unterschied bewirkt. Die Kontakthäufigkeit zeigt sich auch hier nicht signifikant. Dieses Modell zeigt als einziges neben einem indirekten Effekt der Kontakterfahrungen über das Kontaktempfinden auch einen direkten Effekt der Kontakterfahrungen auf die Abwertung von Sinti_zee und Rom_nja. Beide Effekte zeigen sich zudem komplementär und ergänzen sich somit in ihrer Wirkrichtung.

Als letzte Gruppe des Gesamtsyndroms GMF, zu der auch dezidierte Kontakterfahrungen erhoben wurden, wurden obdachlose Menschen betrachtet. Zur Abwertung obdachloser Menschen liefert das aufgestellte Regressionsmodell mit einem $R^2 = 0{,}110$ zumindest im Vergleich zu den anderen Modellen nur eine geringe Varianzaufklärung von 11,0 %. Hoch signifikant wirkt sich hier das Kontaktempfinden mit b = −0,232 negativ auf die Abwertung obdachloser Menschen aus. Je angenehmer die Kontakte empfunden werden, desto geringer sind Abwertungstendenzen ausgeprägt – pro Einheit auf der Skala Kontaktempfinden sinkt die Abwertung um 0,232 ab. Insgesamt beträgt die Spannweite zwischen angenehmem und unangenehmem Kontaktempfinden folglich 1,16 Einheiten auf der Skala zur Abwertung obdachloser Menschen. Die Situationscharakterisierung und die Kontakthäufigkeit wirken sich nicht direkt aus. Allerdings besteht auch hier ein indirekter Effekt der Kontakterfahrungen über das Empfinden (Tabelle 11.14).

Tabelle 11.14 Abwertung Obdachloser und Kontakte

Abwertung Obdachloser und Kontakte							
Abhängige Variable: Abwertung Obdachloser						**95 % KI**	
Koeffizienten	**b**	**SE(HC3)**	**β**	**T**	**P**	**UG**	**OG**
(Konstante)	3,195	0,2302		10,690	<0,001	2,606	3,784
Kontakthäufigkeit	0,029	0,041	0,043	0,681	0,497	-0,054	0,111
Kontakterfahrungen (a)	-0,137	0,081	-0,115	-1,607	0,109	-0,304	0,031
Kontaktempfinden*** (b)	-0,232	0,064	-0,262	-3,660	<0,001	-0,357	-0,107
Moderation der Erfahrungen über das Empfinden auf die GMF-Dimension							
Indirekter Effekt (a*b)	-0,145	0,044				-0,239	-0,065
Anmerkungen: N = 227; R^2 = 0,110; korr. R^2 = 0,098; F (3,224) = 9,215; ***=auf dem Niveau von 0,001 signifikant (zweiseitig)							

Zusammenfassend liefert die separate Betrachtung der gruppenbezogenen Abwertungen im Kontext der kontaktspezifischen Merkmale wichtige Erkenntnisse. Auch wenn sich aus der Analyse des Regressionsmodells der Gesamtskala GMF bereits erkennen ließ, dass Kontaktempfinden und Situationscharakterisierung signifikanten Einfluss auf die Abwertung von Gruppen im Allgemeinen nehmen, zeigte die differenzierte Betrachtung, dass je nach Gruppe unterschiedliche Effekte vorliegen. Nicht für jede Gruppe sind die Kontakterfahrungen und das Kontaktempfinden gleichermaßen ausschlaggebend für potenzielle Abwertungen. Beide Merkmale sind aber nicht voneinander zu trennen, in sämtlichen Modellen existiert ein Effekt der Erfahrungen auf das Empfinden, der sich in drei von vier Fällen auch als entsprechender indirekter Effekt auf die Abwertungshaltungen ausgewirkt hat.

Auch die sehr unterschiedliche Varianzaufklärung zwischen 11,0 % und 23,1 % legt die Annahme nahe, dass für gruppenbezogene Abwertungstendenzen Kontakte bzw. Kontakterfahrungen unterschiedlich gewichtet als Erklärungsansatz herangezogen werden können.

Bezugnehmend auf die übergeordnete Fragestellung nach dem Einfluss von Kontakten auf GMF ist festzuhalten, dass die Kontaktfrequenz keinen Einfluss darauf hat, ob Gruppen abgewertet werden oder nicht. $H13^{GMF}$ ist damit abzulehnen.

Hingegen haben sowohl die Kontakterfahrungen sowie das Empfinden den Gruppen gegenüber signifikante Auswirkungen gezeigt, wenn auch nicht für alle Gruppen gleichermaßen. Allerdings wurde in der Hypothesenkonstruktion nicht zwischen indirekten und direkten Effekten differenziert. Da die Einflüsse der Kontakterfahrungen und des Kontaktempfindens im Gesamtmodell statistisch signifikant entsprechend der vermuten Wirkungsannahme vorlagen, können $H14^{GMF}$ und $H15^{GMF}$ angenommen werden.

Die Hypothese $H16^{GMF}$ über einen Zusammenhang zwischen GMF und NRM wird im folgenden Kapitel geprüft, nachdem auch die Befunde zu NRM dargestellt wurden. Nachdem nun die Ergebnisse zu den unterschiedlichen Einflussfaktoren dargestellt wurden, gilt es, diese kritisch zu hinterfragen, in den Kontext anderer Befunde zu setzen und potenzielle Anschlussfragen aufzuzeigen.

11.5 Zwischenfazit und Diskussion

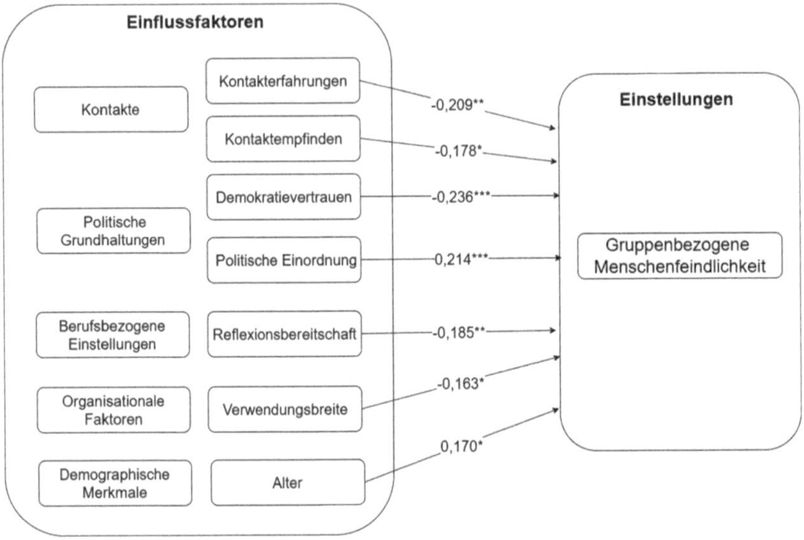

Abbildung 11.2 Einflussfaktoren auf GMF

Entsprechend der Grundannahme konnte bestätigt werden, dass GMF unter dem Einfluss zahlreicher Faktoren steht, die unterschiedlichen Bereichen zuzuordnen sind. Die Effekte zeigen unterschiedlich starken Einfluss auf GMF, positive Regressionskoeffizienten zeigen Risikofaktoren auf, die GMF begünstigen, während negative Faktoren Schutzfaktoren darstellen (Abbildung 11.2).

Neben politischen Grundhaltungen und der Verwendungsbreite als organisationale polizeispezifische Komponenten haben sich vor allem die verschiedenen Merkmale polizeilicher Kontaktsituationen als zentrale Einflussfaktoren dargestellt. Auch der individuellen Bereitschaft zur Reflexion eigener Stereotype kommt eine wichtige Bedeutung zu.

Diese Befunde werden nun mit Überlegungen zu den identifizierten Einflussfaktoren und Erklärungsansätzen verknüpft. Ausgehend von den Vorüberlegungen zu möglichen Förderungsfaktoren für die Entstehung und Festigung von gruppenbezogener Menschenfeindlichkeit in der Polizei überraschen die Befunde zunächst.

Denn GMF ist unter den befragten PVB allgemein deutlich geringer ausgeprägt als in den Mitte-Studien 2018/19 bzw. 2020/21. Dabei scheint die polizeiliche Arbeitswelt theoretisch durch polizeiliche Alltagserfahrungen wie Konflikte, Kontakte zu sozialen Randgruppen oder durch kulturell gewachsenes Hierarchieverständnis und nicht zuletzt in Alltagsroutinen gefestigten Zuschreibungsmechanismen für Abwertungstendenzen anfällig zu sein. Stereotypen und Abwertungen wurden zumindest nicht weniger als in der Gesamtgesellschaft vermutet. Das regelmäßig bestehende Hierarchiegefälle im Setting polizeilicher Einsatz- bzw. Kontaktsituationen legte ebenso nahe, dass hohe Kontaktfrequenz nicht mit dem Abbau von Vorurteilen einhergeht, da bestimmte Gruppen eben in einseitigen Zusammenhängen in Kontakt mit der Polizei geraten. Beim Blick auf diese potenziellen Faktoren konnte gezeigt werden, dass das Konstrukt GMF als komplexes Bündel an Einstellungen zahlreichen Einflussfaktoren unterliegt.

Unter den demographischen Merkmalen erwies sich das Geschlecht nicht als signifikanter Faktor. Obwohl einer Mehrzahl der Dimensionen von GMF stärker von Männern zugestimmt wurde, zeigten sich nur vier davon mit signifikantem Zusammenhang. Auffällig ist, dass dies zum Großteil Einstellungen zur sexuellen Selbstbestimmung (Homo-/Transsexualität) sowie zu den (tradierten) Rollenbildern der Gesellschaft (Sexismus) betrifft. Warum Geschlechterrollen und Sexualität von männlichen PVB offenbar deutlich tradierter bewertet werden, als von weiblichen PVB, bleibt dabei offen.

Ein Erklärungsansatz wäre eine Wirkung des Alters der Befragten als Moderator über das Geschlecht auf diese Einstellungen. Insofern wären die stärkere Befürwortung einer klassischen Rollenverteilung sowie Abwertungstendenzen gegenüber homo- oder transsexuellen Menschen mit anderen Wertmaßstäben während der innerfamiliären Primärsozialisation älterer PVB gegenüber toleranterer und liberaler Wertevermittlung jüngerer PVB als Generationeneffekt zu erklären gewesen. Dafür hätte auch gesprochen, dass Frauen der Stichprobe mit 34,8 Jahren im Durchschnitt deutlich jünger sind als Männer mit 42,9 Jahren. Eine entsprechende Prüfung mittels Moderation[64] ergab allerdings, dass das Alter nicht als Moderator für den Einfluss des Geschlechts auf die Ausprägung der drei o. g. Dimensionen fungiert. Die berechneten Interaktionsterme zeigten sich in keinem Fall signifikant ($p < 0{,}05$).[65]

[64] Vgl. Field 2018, S. 484.

[65] Die Berechnungen wurden mit dem „Process" Plugin für SPSS in der Version 4.2 von Hayes nach Mittelwertzentrierung und unter Einberechnung von HC3-Standardfehlern durchgeführt. Siehe dazu auch Field (2018), S. 490.

Die Muslimfeindlichkeit, die ebenfalls signifikant häufiger von männlichen PVB als von weiblichen PVB berichtet wird, ist somit die einzige Dimension, die auch einen Bezug zum dienstlichen Alltag hat – schließlich treten u. a. mit Muslimen die meisten dienstlichen Kontakte auf (siehe Abschnitt 8.1). Die Differenz zwischen männlichen und weiblichen PVB fällt mit 0,20 allerdings geringer aus als in den anderen Dimensionen.

Als einzige demographische Variable konnte dem Lebensalter ein signifikanter Einfluss auf die Zustimmung zu GMF nachgewiesen werden, wobei höheres Alter mit stärkeren GMF-Ausprägungen einhergeht. Allerdings wurde ein klar linearer Anstieg durch die mittlere Altersgruppe unterbrochen, die in acht von zwölf Dimensionen niedrigere Ausprägungen als die nächstjüngere Altersgruppe zeigte. Insofern wurden gleichermaßen die Beobachtungen der Mitte-Studie 2018/19 zu einem U-förmigem Verlauf[66] bestätigt, wonach jüngere und ältere Menschen eher Abwertungshaltungen als Menschen mittleren Alters berichten. Bezogen auf die polizeiliche Arbeitswelt kann dieser Umstand mit mehreren Faktoren in Verbindung gebracht werden.

So ist durchaus denkbar, dass negative Erfahrungen und (wiederkehrende) Konfliktsituationen mit bestimmten Bevölkerungsgruppen in jüngerem Alter als Berufseinsteiger*in einschneidender wahrgenommen werden als bei PVB mit längerer Berufserfahrung. Je gravierender die eigenen Erlebnisse bewertet werden, desto näher liegt auch eine affektive Reaktion in Form eines negativen Kontaktempfindens – dies konnte über die Betrachtung der Kontakterfahrungen belegt werden. Gleichzeitig wurde negatives Kontaktempfinden als Risikofaktor für Abwertungstendenzen identifiziert. Das Lebensalter könnte also auch als Moderator für die Bewertung und das Empfinden von Gruppenkontakten fungieren, da jüngere PVB mit geringer polizeilicher Erfahrung oder Sozialisation möglicherweise sensibler auf entsprechende Situationen reagieren bzw. mit weniger eigenen Situationserfahrungen die Bewertung über das eigene Empfinden überwiegt.

Junge PVB dürften darüber hinaus stärker gruppendynamischen und gruppenbezogenen sozialen Motiven unterliegen als ältere PVB. Insbesondere der Wunsch nach Zugehörigkeit und sozialer bzw. beruflicher Identität[67] dürfte Berufseinsteigern wichtiger sein als den PVB, die bereits seit Jahren in ihrer BOE als berufliche Peer Group etabliert sind. Insofern könnten auch entsprechende Abgrenzungsprozesse und die Überbetonung der eigenen Gruppe mit Abschottungs- und Abwertungstendenzen einhergehen.[68] Dies würde auch zu

[66] Vgl. Zick, Berghan und Mokros 2019, S. 88.

[67] Vgl. Groß et al. 2022, S. 166.

[68] Vgl. Groß et al. 2022, S. 171.

gruppenbezogenen Abwertungen bei jungen PVB führen (können). Hierzu sei auch angemerkt, dass die gruppenkulturelle Facette von Cop Culture sehr signifikant negativ mit dem Lebensalter korreliert ($\rho = 0{,}201^{**}$) und die These unterstützt, dass junge PVB sich stärker an bereits bestehenden Gruppen orientieren bzw. in diesen partizipieren möchten.

Bezogen auf die älteren PVB kommen mit hoher Wahrscheinlichkeit andere Punkte zum Tragen. Beispielsweise sinkt die Bereitschaft zur Reflexion eigener Stereotype mit steigendem Alter, dies legt zumindest der signifikant negative Korrelationskoeffizient $\rho = -0{,}114^{*}$ nahe. Gleichzeitig stellt die Selbstreflexion bzw. die Bereitschaft dazu einen wichtigen protektiven Faktor für GMF dar. Auch der gesamtgesellschaftlich über Jahre beobachtete Trend, dass ältere Menschen eher zu GMF tendieren, ist mittlerweile statistisch nicht mehr belastbar.[69]

Darüber hinaus ist anzuführen, dass materielle Ängste älterer Bürger*innen unter PVB nicht analog vorzufinden sein dürften, da PVB im Alter i. d. R. eine komfortablere materielle Ausgangssituation mit sicherer Pension (auf höherem Niveau als die gesetzliche Rente) haben. Bezogen auf das Alter lassen sich aber höhere GMF-Werte für junge und alte PVB gegenüber PVB in der Altersmitte im Ansatz erklären.

Überraschend ist die Tendenz, dass PVB mit Migrationshintergrund latent stärkere Zustimmung zu GMF berichten als PVB ohne Migrationshintergrund. Es liegt eher nahe zu vermuten, dass Menschen mit Migrationshintergrund, die ggf. selbst betroffen von Ausgrenzung, Stereotypisierung etc. sind oder waren, daher besonders sensibel und Minderheiten gegenüber tolerant eingestellt sind. Es gilt daher im weiteren Verlauf besonders zu hinterfragen, warum dies bei PVB augenscheinlich nicht der Fall ist bzw. welche Faktoren eine entsprechend protektive Funktion negativ beeinflussen.

Dafür, dass es keinen signifikant negativen Zusammenhang, entgegen der Hypothese $H3^{GMF}$ gibt, kommen mehrere Erklärungsansätze in Betracht. Wie eingangs beschrieben wurde (siehe Abschnitt 2.2), können sich Peers, also das direkte persönliche Umfeld, auf die Entwicklung von Einstellungen und damit auch von Vorurteilen, auswirken.[70] Gleichzeitig ist die Cop Culture als organisationskulturelle Rahmung möglicherweise besonders geeignet dazu, bestehende Deutungshoheiten z. B. für „gut und böse", „wir und die anderen" oder selektive Kontrollraster zu vermitteln.[71] Dafür würde z. B. sprechen, dass insbesondere

[69] Vgl. Zick und Mokros 2023a, S. 170.

[70] Mansel und Reinecke 2008, S. 528.

[71] Vgl. Schöne 2022, S. 250.

die Gruppen besonders durch PVB mit Migrationshintergrund abgewertet werden, denen gegenüber auch insgesamt am meisten Vorurteile berichtet werden.

Darüber hinaus konnte in Abschnitt 7.4 gezeigt werden, dass aus Sicht der PVB mit Migrationshintergrund die innerpolizeiliche Gleichbehandlung als unproblematisch zu bewerten ist. Zwar berichten auch 7,5 % (n = 3) von diskriminierenden Erfahrungen im Kreis der Kolleg*innen; insgesamt scheint die Feststellung aber belastbar zu sein, dass sich PVB mit Migrationshintergrund als gleichberechtigt und akzeptiert in der Polizei NRW fühlen.

Ob diese Gruppe daher besonders „engagiert" ihre Zugehörigkeit zur Organisation und den ggf. in der Gruppe gelebten Kontrollmaßstäben zeigen möchte oder gar dem Druck unterliegt, sich als vollwertige Gruppenangehörige beweisen zu müssen, kann nur gemutmaßt werden. Dass PVB mit Migrationshintergrund zumindest nummerisch immer noch eine nur kleine Gruppe innerhalb der Polizei NRW darstellen, ist hingegen mit knapp 10 % in der Stichprobe und (bezogen auf die Neueinstellungen in NRW) mit ca. 15 %[72] landesweit deutlich sichtbar.

Ein weiterer Erklärungsansatz könnte sein, dass PVB mit Migrationshintergrund in Einsatzsituationen mit Bürger*innen mit ähnlichen ethnischen, religiösen oder kulturellen Hintergründen als eher aktiv Einschreitende PVB agieren, weil z. B. Sprachbarrieren wegfallen oder die Situation durch den Kontakt zu PVB des gleichen Kulturkreises mutmaßlich besser deeskaliert werden kann. Fakt ist, dass PVB mit Migrationshintergrund signifikant häufiger Kontakte zu Muslimen und Asylsuchenden berichten und in beiden Fällen das Merkmal Migrationshintergrund signifikant mit der Kontakthäufigkeit korreliert ($\rho = 0{,}120^*$ bzw. $\rho = 0{,}128^*$).

Insgesamt verweist der Umstand, dass ein Migrationshintergrund unter PVB nicht hemmend auf GMF wirkt, möglicherweise darauf, dass GMF in der Polizei relativ gleich verteilt ist. Dies wäre damit zu begründen, dass entsprechende Einstellungen bereits vor Eintritt in die Polizei im Rahmen der vorberuflichen Sozialisation bestehen. Darunter würden z. B. politische Grundhaltungen zählen, die bereits im jungen Erwachsenenalter beispielsweise über das Elternhaus vermittelt werden[73].

In der Betrachtung von PVB mit und ohne Migrationshintergrund zeigt sich, dass sich PVB mit Migrationshintergrund etwas mehr linksorientiert positionieren als PVB ohne Migrationshintergrund. So wählten insgesamt 28,6 % (n = 8) der PVB mit Migrationshintergrund eine politische Selbstverortung links der Mitte, während dies 20,5 % (n = 61) der PVB ohne Migrationshintergrund taten.

---

[72] Vgl. Mediendienst Integration 2022b.

[73] Vgl. Abendschön und Vollmar 2006, S. 210.

Genau in der Mitte sahen sich in etwa gleich große Anteile mit 68,7 % (n = 204) der PVB ohne Migrationshintergrund bzw. 64,3 % (n = 18) der PVB mit Migrationshintergrund. Eine politische Einordnung rechts der Mitte wurde von PVB ohne Migrationshintergrund etwas häufiger mit insgesamt 10,8 % (n = 32) vorgenommen, bei PVB ohne Migrationshintergrund waren dies 7,1 % (n = 2). Natürlich muss bei der geringen Gesamtzahl der PVB mit Migrationshintergrund eine Bewertung entsprechend vorsichtig geschehen.

Festzuhalten ist, dass PVB mit Migrationshintergrund tendenziell weniger rechts und mehr nach links orientiert sind als PVB ohne Migrationshintergrund. Demgegenüber berichten PVB mit Migrationshintergrund ein geringeres Vertrauen in die Demokratie mit einem Mittelwert von MW = 3,03 gegenüber MW = 3,26 bei PVB ohne Migrationshintergrund.

Sowohl die eigene politische Orientierung als auch das grundsätzliche Vertrauen in die Demokratie konnten als hoch signifikant für die Ausprägung von GMF benannt werden. Dass PVB mit Migrationshintergrund (nicht signifikant) eher höhere GMF-Ausprägungen aufweisen, wäre möglicherweise auch darauf zurückzuführen, dass sie ein niedrigeres Demokratievertrauen berichten, welches sich mit ß = −0,252 etwas stärker als die politische Grundhaltung mit ß = 0,232 auswirkt. Die Gründe, die bei PVB mit Migrationshintergrund das Vertrauen in die Demokratie geringer ausfallen lassen, können anhand der vorliegenden Befunde nicht rekonstruiert werden. Dem Aspekt vorpolizeilicher Bildung und Sozialisation kommt in diesem Zusammenhang aber eine wichtige Bedeutung für mögliche Anschlussfragestellungen zu, etwa zum Demokratievertrauen zum Bewerbungszeitpunkt oder Einflussfaktoren auf das Demokratievertrauen von Jugendlichen oder Heranwachsenden mit Migrationshintergrund.

Da die Polizei als Symbol rechtsstaatlicher Gewalt fungiert, kommt dem Vertrauen in die Demokratie als mögliche Grundlage für ein Vertrauen in die Polizei eine gesteigerte Bedeutung aus Perspektive der Personalwerbung insofern zu, dass sich mutmaßlich Menschen mit Migrationshintergrund nur dann für die Polizei interessieren oder sich bei der Polizei gar bewerben, sofern sie diese als Institution eines vertrauenswürdigen demokratischen Gesamtapparates bewerten. Eigene Erfahrungen als Adressat polizeilicher Maßnahmen wären in diesem Kontext ebenfalls wichtige Anhaltspunkte.

Dass Bildung keinen durchgängig signifikanten Einfluss auf GMF unter PVB zeigt, hängt mit hoher Wahrscheinlichkeit damit zusammen, dass innerpolizeilich nur ein mittlerer bis hoher Bildungskorridor besteht. Denn seit mehr als 20 Jahren ist der Einstieg in den Polizeidienst ausschließlich im gehobenen Dienst möglich, an das qualifizierende Studium (Bachelor Polizeivollzugsdienst

[PVD], davor Diplom-Verwaltungswirt*in) ist ein entsprechend hoher Schulabschluss geknüpft (Abitur oder Fachabitur mit entsprechendem Praktikum). Mit der Einführung der Fachoberschulreife Polizei (FOS) im Jahr 2021 besteht seit einigen Jahren in NRW erstmals wieder für eine große Gruppe an Schulabgänger*innen die Möglichkeit, auch ohne (Fach)-Abitur das Studium im gehobenen Polizeivollzugsdienst zu absolvieren. Insofern lassen sich entsprechende Effekte der Schulbildung, insbesondere mit der Vermittlung wichtiger politischer und sozialer Inhalte, nachvollziehbar im aktuellen Personalkörper kaum abbilden.

Innerhalb des Studiums PVD werden zahlreiche Inhalte vermittelt, die auch die Wertebildung – etwa über Ethik, die Berufsrollenreflexion, interkulturelle Kompetenz oder Psychologie – tangieren. Eine wirkliche Differenzierung über unterschiedliche Bildungsniveaus hinsichtlich des Wissens über andere Ethnien und soziale Gruppen sowie dem Vorurteilsabbau diesen Gruppen gegenüber wäre also eher über Bildungsmaßnahmen möglich, die nach dem Studium durchlaufen werden.

So könnte man beispielsweise darauf abstellen, dass PVB mit besonderer Qualifikation (z. B. als Kontaktbeamt*innen für muslimische Institutionen, als qualifizierte Erstsprecher oder Verhandlungsgruppenangehörige, nach internen Weiterbildungen und Dienstunterrichten etc.) andere Abwertungen berichten als PVB ohne die entsprechenden Qualifizierungsmaßnahmen. Interessant wäre in diesem Zusammenhang auch, wie bzw. ob sich PVB mit anderer bzw. zusätzlicher akademischer (Vor-)Bildung von den übrigen PVB unterscheiden; etwa weil sie aufgrund anderer Studiengänge die polizeiliche Perspektive um andere Sichtweisen ergänzen oder zumindest weitläufiger reflektieren können. Aufgrund eines Erststudiums im sozialen Bereich (vor Eintritt in den Polizeidienst) könnte beispielsweise ein anderes Verständnis für soziale Probleme bestehen und daher die Ursache späterer polizeilicher Einsatzsymptomatiken anders „ausgehalten" bzw. eingeordnet werden.

Im Gegensatz zu den demographischen Aspekten zeigen die vorliegenden Befunde bezüglich der politischen Einstellungen wesentlich klarere Einflüsse auf GMF.

Sowohl die politische Selbstverortung zwischen Links und Rechts als auch das Demokratievertrauen üben einen signifikanten Einfluss auf GMF aus. Dies war aufgrund der bereits im Vorfeld gesicherten Befunde, dass rechte politische Einstellungen Abwertungstendenzen begünstigen[74] und Demokratiemisstrauen damit einhergeht[75], nicht überraschend.

---

[74] Vgl. Zick/Berghan/Morkos (2019), S. 93

[75] Vgl. Zick, Küpper und Berghan 2019b, S. 25.

Die politische Selbstverortung zeigt, auch im Vergleich zu anderen innerpolizeilichen Erhebungen, dass sich links der Mitte deutlich mehr PVB politisch selbst einordnen als rechts davon. Auch die Befunde der MEGAVO Erhebung zeigen, dass mit 23,5 %[76] mehr PVB tendenziell links orientiert sind als mit ca. 17 % rechts der Mitte[77]. Die Ergebnisse des Forschungsberichts des hessischen Informations- und Kompetenzzentrums gegen Extremismus (HKE) zeigen, dass sich dort etwas mehr PVB rechts der Mitte einordneten als in den anderen Erhebungen, bei denen der Anteil von PVB in der Mitte zwischen dem der Projekte MEGAVO und WEKoPol liegt. Für das Projekt WEKoPol fällt auf, dass die Antwortkategorie „Rechts" nicht gewählt wurde, und auch die abgestuft rechte Positionierung „eher rechts" von deutlich weniger PVB vorgenommen wurde als in den anderen Studien (Tabelle 11.15).

Tabelle 11.15 Politische Selbstverortung im innerpolizeilichen Vergleich

Politische Selbstverortung im innerpolizeilichen Vergleich					
	Anteil der Befragten in %				
	Links	Eher links	Mitte	Eher rechts	Rechts
WEKoPol 2021	2,8	18,6	68,5	10,1	-
HKE 2020	0,2	15	64,4	20,4	0,1
MEGAVO 2023	2,5	21	58	10	<1

Die Positionierung links der Mitte von mehr als einem Fünftel der befragten PVB spiegelt sich auch in zwei Erhebungen wider und wäre nicht unbedingt zu erwarten gewesen. Denn man unterstellt Polizist*innen gewissermaßen traditionell eine Affinität zu Hierarchien, Formalismus und eher konservativen Dispositionen – wie es im wissenschaftlichen Diskurs zuweilen geschieht.

Mit mehr als 20 % der potenziellen Wahlentscheidungen in NRW für Bündnis90/Die Grünen ist der zweitgrößte Wähler*innenanteil tatsächlich einer Partei

[76] Vgl. Schiemann et al. 2023, S. 46.

[77] Hier ist anzumerken, dass zur Vergleichbarkeit die zehnstufige Skala der politischen Orientierung auf fünf Stufen, analog der hier genutzten Skala, umgerechnet wurde. Zudem sind die Anteile in den Stufen neun und zehn jeweils mit <0,5 % beziffert, sodass sich die Gesamtsumme beider Antwortkategorien nur mit <1 % eingrenzen lässt und damit insgesamt die Kategorien sieben bis zehn (rechts der Mitte) gerundet auf ca. 17 % Zustimmung kommen.

zugewandt, die sicherheitspolitisch eher polizeikritisch agiert und z. B. die Forderung nach einer individuellen Kennzeichnungspflicht[78] oder die Rückabwicklung des in NRW 2022 eingeführten Distanzelektroimpulsgeräts[79] (DEIG – umgangssprachlich nach dem Hersteller „Taser" bezeichnet) artikuliert.

Dass PVB also klassisch konservativ wählen, können die unter Abschnitt 10.1 dargestellten Ergebnisse nicht bestätigen – so fallen der CDU nur 36,6 % zu. Dieser Anteil liegt nur marginal höher als das Wahlergebnis der CDU in der letzten Landtagswahl in NRW mit 35,7 %.[80] Die in Zusammenhang mit der Covid-19-Pandemie berichteten potenziellen Wahlverluste zulasten der CDU/CSU (siehe Abschnitt 10.1) müssen an dieser Stelle insofern berücksichtigt werden, als dass die Wahlentscheidung ohne Pandemie zugunsten der CDU von 44,1 % getroffen worden wäre. Und damit wäre sie deutlich höher gewesen als in der Gesamtbevölkerung.

Ob während der Pandemie nur das Vertrauen in die entscheidungserhebliche CDU-Fraktion gemindert wurde oder ob auch staatlichen Institutionen und dem demokratischen System generell mehr Misstrauen entgegengebracht wurde, zeigt die differenzierte Erfassung des Demokratievertrauens, welches einen noch größeren Effekt auf GMF ausübte als die politische Orientierung. Grundsätzlich kann das Vertrauen in die demokratischen Institutionen als hoch bezeichnet werden. Dass gleichzeitig, je nach Dimension mehr oder weniger deutlich zu beobachtende Abwertungstendenzen vorliegen, überrascht insofern, als dass Vertrauen in die Demokratie theoretisch mit der Toleranz gegenüber allen gesellschaftlichen Gruppen einhergehen müsste. Möglicherweise wurde die Dimension staatlicher Organisation in der vorliegenden Erhebung durch die Befragten aber losgelöst von der theoretischen Konsequenz rechtsstaatlich demokratischer Prinzipien wie der FDGO betrachtet und ermöglicht so das grundsätzliche Vertrauen in Demokratie bei gleichzeitiger Abwertung gesellschaftlicher Gruppen. Die Feststellung, dass GMF in allen gesellschaftlichen und politischen Lagern beobachtet werden kann und auch von Wähler*innen aller demokratischen Parteien berichtet wird[81], stützt diese Erklärung.

Allerdings, und dies ist durchaus kritisch zu hinterfragen, werden den politischen Akteuren selbst deutlich mehr Zweifel bzgl. Integrität und Legitimität entgegengebracht als dem demokratischen System im Ganzen. Auch dieser Befund könnte, zumindest in Teilen, mit den politischen Maßnahmen während

[78] Vgl. Bündnis 90/Die Grünen 2022, S. 103.

[79] Vgl. ebd., S. 103.

[80] Vgl. Ministerium des Innern des Landes Nordrhein-Westfalen 2022.

[81] Vgl. Zick und Mokros 2023b, S. 84.

der Covid-19-Pandemie in Verbindung gebracht werden. So wurden in den letzten Jahren innerpolizeiliche Maßnahmen vom NRW-Innenminister in Form von Beschaffungen und Normierungen zugunsten der PVB initiiert, deren Wahrnehmung innerhalb der Polizei – im Vergleich zur Gesamtgesellschaft – die Pandemiemaßnahmen relativiert haben könnte.

Die politischen Grundwerte und Einstellungen sind darüber hinaus bereits früh in der Sozialisationsphase durch Eltern, Schule oder andere Peers entstanden und somit nur schwer durch Bildungs- oder Supervisionsmaßnahmen zu adressieren. Sie als signifikante Einflussfaktoren benennen zu können, wirft so gleichzeitig die Frage auf, ob bzw. wie man politisch rechts orientierten Einstellungen oder einem Misstrauen gegenüber der Demokratie (bzw. deren Vertreter*innen) als förderliche Faktoren von GMF entgegenwirken kann.

Ein erster Ansatzpunkt dazu könnte sich aus der individuellen Bereitschaft ergeben, Einstellungen und Handeln zu reflektieren. Denn die Reflexionsbereitschaft hat sich als signifikanter Schutzfaktor gegenüber GMF gezeigt, auch wenn der Effekt geringer ist als der von politischen Einstellungen. Dies ließe sich ggf. damit erklären, dass vorgenommene Abwertungshandlungen nicht als Stereotypen und damit als reflexionsbedürftig wahrgenommen werden, sondern einer Umdeutung als Ergebnis beruflicher Sozialisation und Erfahrung unterliegen.

Dass der Umgang mit eigenen Vorurteilen bzw. der Normalisierung von Vorurteilen sozusagen als „unausweichlicher Nebeneffekt des Polizeiberufs" durchaus problematisch ist, hat die vorliegende Erhebung über die entsprechenden Items gezeigt. Mehr als die Hälfte der Befragten fand bei wiederkehrenden Verstößen bestimmter Gruppen die Entstehung von Vorurteilen diesen Gruppen gegenüber normal. Rund ein Drittel sah allein in der jahrelangen Zugehörigkeit zur Polizei die Entstehung von Vorurteilen begründet (siehe Abschnitt 10.4).

Insofern ist es umso wichtiger, die Professionalisierung des Polizeiberufs und bestehende Fürsorgepflichten auch auf den transparenten Umgang mit bestehenden Stereotypen zu übertragen und auch kritisch zu sehende Haltungen aufzugreifen und zu thematisieren. Auf individueller und kollektiver Ebene können auf diese Weise durch Berufsrollen-, Alltags- oder moderierte Gruppenreflexionen sehr konkret entsprechende Routinen, Einstellungen und Wahrnehmungen aufgegriffen werden.

Tatsächlich wurde ein Modul zur Berufsrollenreflexion bereits vor einigen Jahren im Studium PDV implementiert und im Jahr 2023 wurde Personal (keine PVB) für die Begleitung und Durchführung von Reflexionsmaßnahmen in zahlreichen Polizeibehörden in NRW eingestellt. Insofern wäre in diesem Falle die entsprechende Auslastung sowie eine wissenschaftliche Evaluation zum Potenzial der Maßnahmen zielführend.

Bei der Frage nach Möglichkeiten, die PVB selbst ergreifen können, um die Festigung eigener Vorurteile gegenüber bestimmten Bevölkerungsgruppen zu verhindern oder – bei bereits spürbaren Veränderungen der eigenen Einstellungen – aus einem entsprechenden Negativkreislauf auszubrechen, liegt der Wechsel der Dienststelle nahe. Es scheint schlüssig, dass besonders konfliktträchtige Wachbereiche und Quartiere mit ausgeprägten sozialen Problemlagen wie Armut, Sucht- bzw. Drogenszenen oder sozialer Segregation eher dazu führen, dass sich über fortwährende negativ gerahmte Kontakte zwischen PVB und der Bevölkerung entsprechende Vorurteile festigen und die Einstellung der PVB gegenüber ihrer „Klientel" negativ beeinflussen.[82] Insofern ist der Wechsel in ein anderes Umfeld z. B. über Rotationsverfahren bereits in der Theorie durchaus sinnvoll.

Die Analyse der organisationsspezifischen Merkmale hat gezeigt, dass die Verwendungsbreite diese These stützt. Denn eine höhere Anzahl an (Vor-) Verwendungen geht signifikant mit niedrigeren GMF-Werten einher. Bereits in früheren Forschungsarbeiten wurde ein entsprechendes Rotationsmodell in der Polizei allgemein als sinnvoll erachtet[83] und auch aktuell werden diese Erkenntnisse im wissenschaftlichen Diskurs artikuliert. Im Abschlussbericht der Stabsstelle des IM NRW wurde ebenfalls die Annahme geäußert, dass Rotation der „Verfestigung dysfunktionaler Strukturen"[84] entgegenwirken kann.

Dabei sind positive Faktoren (Aufbrechen einseitiger Erfahrungskontexte) und negative Aspekte (Gefahr von Wissensverlust) gleichermaßen in der Forderung nach durchdachten Rotationsmechanismen enthalten:

> *„Deshalb muss es ein durchdachtes Muster der Rotation geben, sodass vor allem jüngere Polizistinnen und Polizisten andere Erfahrungen machen können. Normalerweise gehen wir davon aus, dass Einstellungen dann Verhalten erzeugt, wenn Personen mit bestimmten Einstellungen entsprechend bestätigende Erfahrungen in ihren Arbeitskontexten machen. Das Verhältnis ist aber komplexer. Verhalten kann auch andere Einstellungen erzeugen, wenn Erfahrungen in veränderten Arbeitskontexten gemacht werden."*[85]

Allerdings bedingen Rotationsverfahren, sofern sie als feste Vorgabe der Maximalverwendung auf spezifischen Dienststellen umgesetzt würden, entsprechend

[82] Vgl. Gutschmidt und Czudnochowski 2022b, S. 212.

[83] Vgl. Backes et al. 1997, S. 204.

[84] Ministerium des Innern des Landes Nordrhein-Westfalen 2021a, S. 71.

[85] Heitmeyer 2022, S. 575.

organisatorische Rahmenbedingungen. Planstellen, Auswahlkriterien bei Stellenbesetzungsverfahren etc. müssten angepasst werden, um im jährlichen Umsetzungsverfahren den Stellenwechsel von „Problemdienststellen“ zu anderen BOE zu ermöglichen.

Insbesondere aus Sicht der Personalvertretungen und im Interesse eines positiven Arbeitsklimas sind verpflichtende Umsetzungen (außer bei der Sanktionierung dienstlichen Fehlverhaltens) gegen den Willen der/des Betroffenen im Rahmen regelmäßiger Fristen nur in Ausnahmefällen vorgesehen.[86] Dass bestehende Dienstgruppen sich zum Teil vehement gegen die Einführung neuer Schichtsysteme bzw. Personalpools wehren, weil dies zur Veränderung der Dienstgruppe und Durchmischung mit anderen Kolleg*innen aus „fremden“ Dienstgruppen führen würde, zeigt in diesem Zusammenhang, wie wichtig aus Sicht vieler PVB das kollegiale Umfeld ist und wie schwer Akzeptanz gegenüber von außen erwirkten Veränderungen des dienstlichen Sozialgefüges geschaffen werden kann.

Auch in der Außendarstellung wäre es aus polizeilicher Sicht natürlich heikel, Viertel oder Bereiche im eigenen Zuständigkeitsbereich als „Problemviertel“ o. Ä. zu klassifizieren. Denn auch wenn alle Beteiligten aus Politik, Kommunalverwaltung, Justiz etc. erkannt haben dürften, dass die Polizei nicht originär für die Beseitigung sozialer Missstände verantwortlich ist – die Verantwortlichkeit, daraus erwachsenden (kriminellen) Phänomenen zu begegnen, besteht dennoch. Die Diskussion um sogenannte No-Go-Areas hat bereits vor Jahren verdeutlicht, wie sensibel aus sicherheitspolitischem Interesse heraus ein polizeilicher Offenbarungseid bezüglich (partiellem) Kontrollverlust in einzelnen Stadtvierteln gesehen wird.

Darüber hinaus käme, so nachvollziehbar die Belastung in konfliktintensiven Wachbereichen auch ist eine verpflichtende Rotation einem Zugeständnis gleich, problematische Einstellungen und die Festigung von Vorurteilen unter den PVB anders nicht in den Griff bekommen zu können. Ein freiwillig initiierter Stellenwechsel würde demgegenüber die Einsicht oder Bereitschaft der jeweiligen PVB erfordern, die eigenen Einstellungen zu reflektieren und als problematisch zu erkennen. Wenn das eigene Umfeld allerdings entsprechende Einstellungen und Praktiken vorlebt und als normal impliziert, wird es (besonders für Berufseinsteiger*innen) umso schwieriger, Abstand zum eigenen Handeln und reflexartigen Zuschreibungen einzunehmen.

[86] So bestehen in einigen Polizeibehörden i. Z. m. Korruptionsschutz Höchstverweildauern insbesondere in Organisationseinheiten, die eng und autark in kriminellen Szenen wie z. B. Rotlicht- oder Betäubungsmittelkriminalität eingesetzt sind.

Eine weitere Grundannahme war, dass zufriedene PVB im Einklang mit den Zielen und Werten der Organisation, also der offiziellen Leitkultur agieren. Somit würde Rechtsstaatlichkeit, Professionalität und Neutralität handlungsleitend sein und GMF daher im Großen und Ganzen protektiv entgegenstehen. Zwar gibt die Richtung des Regressionskoeffizienten mit $b = -0{,}032$ einen Hinweis darauf, dass Arbeitszufriedenheit negativ, also limitierend auf GMF wirkt; gleichzeitig ist der beobachtete Effekt aber nicht signifikant und nur schwach ausgeprägt.

Während die Verwendungsbreite also als protektiver Faktor gegenüber GMF benannt werden kann, trifft dies auf die Arbeitszufriedenheit nicht zu. Dies könnte zunächst damit erklärt werden, dass in der berichteten Arbeitszufriedenheit zwar viele Faktoren des dienstlichen Alltages aufgehen, wie z. B. Commitment, interne Konflikte oder Überforderungsempfinden (siehe Abschnitt 9.6.3), aber gleichzeitig auch alternative Maßstäbe für Zufriedenheit in der Polizei über gemeinsame kulturelle Ziele und Vorgaben bestehen. So könnten eine Vielzahl an Fahndungserfolgen, das Erfüllen sportlicher Ideale oder ein positives Gruppengefüge durchaus hohe Arbeitszufriedenheit generieren, ohne zeitgleich der Entwicklung von GMF entgegenzustehen. Vielmehr könnten einige alternative Ideale, etwa möglichst viele Fahndungstreffer bei Personenkontrollen und damit Maßnahmen zu generieren, gerade zu menschenfeindlicheren Handlungen führen.

Bei der Analyse der unterschiedlichen Ausprägungen von Cop Culture zeigten sich beispielsweise, dass es durchaus BOE gibt, in denen Mut und Stärke als typisch angesehen werden – entsprechendes Vorgehen im Einsatzraum müsste dabei nicht zwangsläufig deeskalierend und professionell (gemessen an den offiziellen Vorgaben) ablaufen –, könnte aber trotzdem Bestätigung innerhalb der eigenen Gruppe und damit Zufriedenheit generieren.

Ob und in welcher Form typische Elemente einer Cop Culture ein entsprechendes dienstliches Umfeld begünstigen, konnte nicht eindeutig geklärt werden. Denn ein signifikanter Einfluss der drei verschiedenen Facetten von Cop Culture auf die GMF-Gesamtskala konnte nicht bestätigt werden.

Allerdings zeigen sich, analog zur Detailanalyse von Gutschmidt und Vera[87], einzelne Korrelationen signifikant – so z. B. zwischen der professionell-rechtsstaatlichen Cop-Culture-Skala und der GMF-Gesamtskala –, wobei mit $\rho = -0{,}136^*$ das negative Vorzeichen für niedrigere GMF-Werte bei stärkerer Verbreitung von Neutralität, Verantwortungsbewusstsein etc. im dienstlichen Umfeld steht. Ebenso liegen signifikant negative Korrelationen zwischen den professionellen Attributen und Sexismus ($\rho = -0{,}138^*$), Antiziganismus ($\rho = -0{,}123^*$) und Rassismus ($\rho = -0{,}114^*$) vor. Diese inhaltlich eindeutigen und erwartbaren

[87] Vgl. Gutschmidt und Vera 2019, S. 16.

Korrelationen stehen allerdings im Konflikt mit ebenfalls signifikant negativen Korrelationen der maskulin-heroischen Dimension von Cop Culture, die theoretisch eher in Verbindung mit stärkeren Abwertungen zu bringen wäre. Genau dies ist aber im Bereich der Abwertung von homo- und transsexuellen Menschen nicht der Fall ($\rho = -0{,}139^*$ bzw. $\rho = -0{,}120^*$). Signifikant positive Korrelationen zwischen einer der Cop-Culture-Skalen und GMF-Dimensionen existieren nicht.

Wenngleich die Betrachtung unterschiedlicher typischer Attribute der polizeilichen Binnenkultur interessante Ansatzpunkte liefert und insbesondere die Wahrnehmung des eigenen Gruppengefüges als zentrales Element polizeilichen Arbeitens verdeutlicht, wäre für zukünftige Betrachtungen ggf. eine weitere Ausschärfung der Cop-Culture-Skalen erforderlich.

Denn wie in Abschnitt 9.5 mithilfe der Faktorenanalyse gezeigt werden konnte, lassen sich die einzelnen Attribute zwar relativ deutlich einzelnen Hauptkomponenten bzw. Subskalen von Cop Culture zuordnen. Die gleichzeitig bestehenden sehr signifikanten ($p < 0{,}01$) Korrelationen der Subskalen untereinander legen jedoch nahe, dass es aus Perspektive der PVB Arbeitsbereiche gibt, in denen mehrere Facetten von Cop Culture als typisch wahrgenommen werden. Da es also nicht ausgeschlossen ist, dass in BOE hohe Ansprüche an Rechtsstaatlichkeit und Professionalität auf der einen und z. B. Opferbereitschaft und Solidarität mit der eigenen Gruppe auf der anderen Seite gleichzeitig bestehen, bestünde bei Auswirkungen auf GMF eine Konkurrenz beider Dimensionen zueinander, die sich dann (und dies könnte eine Erklärung für keine klaren Auswirkungen der Cop-Culture-Skalen auf GMF sein) gegenseitig aufheben oder zumindest als Mischverteilung in ihrem Einfluss nivellieren müssten.

Wesentlich konkretere Auswirkungen auf Abwertungshaltungen konnten im Bereich der Intergruppenkontakte aufgezeigt werden. Kontakterfahrungen und Kontaktempfinden zeigten sich als deutliche Einflussfaktoren auf GMF.

Die reine Kontaktfrequenz hat keinen Effekt auf die Wahrnehmung und etwaige Abwertungstendenzen den betrachteten Gruppen gegenüber gezeigt. Dies entspricht damit auch der naheliegenden Vermutung, dass es auf das Setting der Kontaktsituationen ankommt und z. B. seltenere, aber dafür angenehmere Kontakte Abwertungstendenzen eher verhindern als häufige, aber neutral bewertete Einsatzsituationen.

Dies zeigte sich z. B. bei obdachlosen Menschen oder PoC, die im Vergleich zu den anderen Gruppen die geringste Kontaktfrequenz aufwiesen, aber die mit den positivsten Situationserfahrungen und den angenehmsten Empfindungen verknüpft wurden. Allerdings besteht diese Verknüpfung nicht stringent über alle Gruppen hinweg.

Obwohl beispielsweise bei den berichteten Kontakthäufigkeiten (Abschnitt 8.1) die begründete Vermutung aufkam, dass zwischen den Gruppen der asylsuchenden Menschen und der Gruppe der Muslime größtenteils Überschneidungen vorliegen dürften, zeigte die Betrachtung der Abwertungstendenzen deutlich, dass Abwertungen gegenüber Asylsuchenden mit dem Empfinden dieser Gruppe gegenüber verknüpft sind, während bei Muslimen die tatsächlich gemachten Einsatzerfahrungen ausschlaggebend zu sein scheinen. Dies könnte ein Indikator dafür sein, dass sich auch die gesamtgesellschaftlich emotionalisierte Diskussion über asylsuchende Menschen in der Wahrnehmung dieser Gruppe durch PVB niederschlägt und PVB weitestgehend unabhängig von den tatsächlichen Erfahrungen im Kontakt mit asylsuchenden Menschen auf Basis von Empfindungen ihre Einstellung formen. Dafür spricht auch die ähnlich hohe Zustimmung zur Abwertung Asylsuchender innerhalb der MEGAVO Studie, die länderübergreifend über mehrere Erhebungszeitpunkte hinweg nahezu identische Abwertungstendenzen gezeigt hat. Die hier dargestellte deutliche Abwertung Asylsuchender ist also kein zufälliger Stichprobeneffekt im hier zu Grunde liegenden Datensatz.

Insgesamt ist vor dem Hintergrund der Komplexität des aufgestellten Regressionsmodells festzuhalten, dass die Beobachtungen primär als Anknüpfungspunkte für weitere Betrachtungen zu verstehen sind. Obwohl die entsprechenden methodischen Schritte zum Ausschluss rein zufälliger Beobachtungen getroffen wurden, unterliegen die dargestellten Befunde den bereits skizzierten Limitierungen. An dieser Stelle ist daher nochmals hervorzuheben, dass der allgemeine Zusammenhang zwischen Kontaktmerkmalen und GMF mit großer Wahrscheinlichkeit dadurch verzerrt ist, dass nicht zu allen in der Gesamtskala GMF erfassten Gruppen (Homo- und transsexuellen Menschen, jüdische Menschen) auch Kontakterfahrungen erfasst wurden. Sachgerecht scheint, auf Grund der unterschiedlichen Erfahrungen im Kontakt mit den einzelnen Gruppen, hier zukünftig von der Betrachtung als Gesamtsyndrom Abstand zu nehmen. Darüber hinaus sind auch das regional begrenzte Setting, wie auch der zeitlich begrenzte Erhebungszeitraum als Limitierungen dieser Befunde anzuführen. Eine landeseinheitliche Längsschnittbetrachtung wäre daher zur Aufhellung und weiteren Betrachtung der dargestellten Befunde besonders wünschenswert.

Nach GMF als zentralem Einstellungskonstrukt folgt nun die Darstellung demokratiebezogener Einstellungen im Kontext von Narrativen der neuen Rechten, auch als neue Rechte Mentalitäten bezeichnet.

Neue Rechte Mentalitäten 12

Neue Rechte Mentalitäten bezeichnen ein mehrdimensionales Konstrukt, welches in Ergänzung klassisch rechtsextremistischer Elemente insbesondere die Ablehnung des demokratischen Rechtstaates, die Unterstellung illegitimer Staatsführung und die Konstruktion einer Opferrolle gegenüber staatlichen Akteuren umfasst. Auch die Nähe zu Narrativen mit verschwörungstheoretischer Prägung und Delegitimierung der staatlichen Akteure ist darin enthalten. Die Deklaration der eigenen Gruppe als „das Volk“ oder „besorgte Bürgerinnen und Bürger“ verwischt dabei bewusst die Grenze zwischen dem Prozess demokratischer Teilhabe und rechtspopulistischer Eskalation des gesamtgesellschaftlichen Diskurses.

Dieses Konstrukt wurde erstmals in der Mitte-Studie 2016 anhand mehrerer Dimensionen erforscht. Dazu gehören die Ablehnung des Establishments, der Aufruf zum Widerstand gegen die etablierten Strukturen, die Unterstellung eines Meinungsdiktats, die Konstruktion einer Islamverschwörung, antifeministische und anti-europäische Motive sowie die nationale Rückbesinnung gegen die EU in Anlehnung an die identische Erhebung in der Mitte-Studie 2019. Sämtliche Dimensionen wurden mit zwei teils gegengepolten Items gemessen, ausgenommen hiervon ist lediglich die Unterstellung einer Islamverschwörung in Deutschland mit einem Item.

© Der/die Autor(en), exklusiv lizenziert an Springer Fachmedien Wiesbaden GmbH, ein Teil von Springer Nature 2026

M. Haendschke, *Werte und Einstellungen von Polizeibeamtinnen und Polizeibeamten*, Kriminologische Studien,
https://doi.org/10.1007/978-3-658-50480-9_12

12.1 Deskriptive Darstellung der einzelnen Dimensionen

Im Folgenden werden die einzelnen Dimensionen von NRM mit den genutzten Items sowie deren prozentualer Verteilung dargestellt. Aus Gründen der besseren Lesbarkeit werden die Antwortkategorien zur Zustimmung („Stimme eher zu"; „Stimme zu") bzw. zur Ablehnung („Stimme eher nicht zu"; „Stimme nicht zu") zusammengefasst und nur bei Auffälligkeiten thematisiert. Die prozentuale Verteilung lässt sich detailliert der Tabelle 12.1[1] entnehmen. Der Aussage, die Regierung würde der Bevölkerung die Wahrheit verschweigen, stimmten insgesamt 12,1 % (n = 39) tendenziell zu. Etwas mehr als ein Drittel der Befragten waren mit 34,2 % (n = 110) geteilter Meinung. Mehr als die Hälfte 53,7 % (n = 173) sehen demnach keine entsprechende Verheimlichungspraxis durch die politisch Verantwortlichen. Das deutlich härter formulierte Item im gleichen Sachzusammenhang, dass die regierenden Parteien das Volk betrügen würden, wird von weniger Befragten bejaht. So stimmten dieser Aussage insgesamt mit 5,5 % (n = 18) nur ca. halb so viele Befragte zu, wie der ersten Aussage. Die Mittelkategorie „Teils/teils" ist mit 13,4 % (n = 43) ebenfalls in geringerem Umfang als beim ersten Item gewählt worden.

[1] Anmerkung zu Tabelle 12.1: In der Teildimension Rückbesinnung gegen die EU wurde das Item 2 („Der Zusammenhalt der EU…") zur Berechnung der Gesamtskala recodiert (MW = 1,87, SD = 0,93).

Tabelle 12.1 Neue Rechte Mentalitäten

Neue Rechte Mentalitäten						
Wie beurteilen Sie die folgenden Aussagen?	**Anteil der Befragten in %**					**MW**
Anti-Establishment (SD=0,88; $\rho^{(SP)}$=0,76; n=322)	**(1)**	**(2)**	**(3)**	**(4)**	**(5)**	2,11
Die Regierung verschweigt der Bevölkerung die Wahrheit.	24,2	29,5	34,2	8,4	3,7	
Die regierenden Parteien betrügen das Volk.	41,7	39,4	13,4	4,3	1,2	
Aufruf zum Widerstand (SD=0,91; $\rho^{(SP)}$=0,88; n=323)						1,83
Man muss sich gegen die aktuelle Politik wehren.	44,3	32,8	17,0	5,0	0,9	
Es ist Zeit, mehr Widerstand gegen die aktuelle Politik zu zeigen.	50,8	26,0	15,2	7,1	0,9	
Unterstellung eines Meinungsdiktats (SD=1,08; $\rho^{(SP)}$=0,72; n=322)						2,98
In Deutschland darf man nichts Schlechtes über Ausländer sagen, ohne gleich als Rassist beschimpft zu werden.	7,4	13,0	24,1	31,3	24,1	
In Deutschland kann man nicht mehr frei seine Meinung äußern, ohne Ärger zu bekommen.	29,7	23,5	24,8	14,9	7,1	
Islamverschwörung (SD=1,14; n=322)						2,07
Die deutsche Gesellschaft wird durch den Islam unterwandert.	42,2	24,8	19,6	10,2	3,1	
Rückbesinnung gegen die EU (SD=0,713; $\rho^{(SP)}$ =0,37; n=322)						1,73
Deutschland wäre ohne die EU besser dran.	62,4	20,8	13,0	2,8	0,9	
Der Zusammenhalt der EU muss gestärkt werden.	2,8	2,5	13,6	41,5	39,6	
Ethnopluralismus (SD=0,748; $\rho^{(SP)}$=0,31; n=321)						2,28
Jedes Volk besitzt eine unveränderliche Identität.	9,7	19,9	27,1	30,2	13,1	
Unterschiedliche Völker sollten sich nicht mischen.	72,4	19,6	5,3	2,5	0,3	
Antifeminismus (SD=0,834; $\rho^{(SP)}$=0,51; n=321)						1,92
Es gibt heutzutage einen Krieg gegen die traditionelle Ehe und Familie.	62,9	23,1	10,0	3,4	0,6	
Durch den Feminismus werden in unserer Gesellschaft die Männer systematisch benachteiligt.	31,7	28,6	22,7	12,7	4,3	
Gesamtskala Neue Rechte Mentalitäten (SD=0,59; α=0,83 n=321)						2,14
MW=Mittelwert | SD=Standardabweichung | α=Cronbachs Alpha | $\rho^{(SP)}$=Spearman Brown Koeffizient | n=Anzahl Befragter						

Umso deutlicher fällt dahingegen die Ablehnung der Aussage durch die übrigen 81,0 % (n = 261) aus. Obwohl diese Subskala zum Anti-Establishment mit einem $\rho^{(SP)} = 0{,}76$ eine gute Reliabilität aufweist[2], unterscheiden sich die einzelnen Items deutlich in ihrer Zustimmung bzw. Ablehnung durch die Befragten. Die Aussagen über den Aufruf zum Widerstand werden durch die Befragten beispielsweise nahezu deckungsgleich bewertet.

So liegt die Zustimmung zur Aussage, „Man muss sich gegen die aktuelle Politik wehren" bei 5,9 % (n = 19). Die Mittelkategorie wurde von 17,0 % (n = 55) gewählt, tendenziell nicht zuzustimmen äußerten 77,1 % der Befragten (n = 249). Zum zweiten Item „Es ist Zeit, mehr Widerstand gegen die aktuelle Politik zu zeigen" äußerten sich die Befragten mit 8,0 % Zustimmung (n = 26), 15,2 % (n = 49) waren geteilter Meinung und 76,8 % (n = 248) standen dieser Aussage (eher) ablehnend gegenüber. Mit einem $\rho^{(SP)} = 0{,}88$ ist die Reliabilität dieser Subskala gut bis exzellent zu bewerten.[3]

Die Items zur Unterstellung eines Meinungsdiktates sind differenziert zu betrachten, da sie inhaltlich durch die Befragten offensichtlich unterschiedlich bewertet wurden. So existiert mit 55,4 % (n = 179) eine breite Zustimmung zur Aussage, „In Deutschland darf man nichts Schlechtes über Ausländer*innen sagen, ohne gleich als Rassist*in beschimpft zu werden". Damit liegt der Anteil an Zustimmung deutlich höher als der Anteil derer, die der Aussage mit 20,4 % (n = 66) nicht zustimmten. Geteilter Ansicht waren hier 24,1 % (n = 78).

Dagegen wurde die zweite Aussage, „In Deutschland kann man nicht mehr frei seine Meinung äußern, ohne Ärger zu bekommen" durch die Befragten klar abgegrenzt. Dort betrug die Zustimmung insgesamt nur 22,0 % (n = 71). In Kontrast zur ersten Frage stimmten mit 53,2 % (n = 172) deutlich mehr PVB der Aussage nicht zu. Der Anteil der Kategorie Teils/teils lag mit 24,8 % (n = 80) sehr nah an dem des ersten Items.

Das unterschiedliche Antwortverhalten wird auch durch einen Mittelwertvergleich beider Items ersichtlich, wonach die Aussage mit Bezug zur Äußerung über Ausländer*innen mit MW = 3,52 klare Zustimmung erfährt, während das zweite Item auf die generelle Meinungsäußerung bezogen mit MW = 2,46 deutlich ambivalenter gesehen wird.

---

[2] Zum Vergleich: Auch Cronbachs $\alpha = 0{,}76$ liefert einen fast identischen Wert; allerdings neigt Cronbachs α bei Skalen mit zwei Items zur Überschätzung der Reliabilität; daher wird der Spearman-Brown-Koeffizient verwendet ($\rho^{(SP)}$).

[3] Vgl. Schrepp 2020, S. 250.

Mit $\rho^{(SP)} = 0{,}72$ kann der Subskala dennoch eine relativ hohe Reliabilität zugemessen werden, sodass die Gründe für das unterschiedliche Bewertungsverhalten beider Aussagen ggf. in den Formulierungen zu suchen sind. Der überwiegende Teil der Befragten sieht keine Unterwanderung der deutschen Gesellschaft durch den Islam. So stimmten in Summe 67,0 % (n = 216) der Befragten in der Tendenz nicht zu. 13,3 % (n = 43) bejahten hingegen entsprechende Unterwanderungstendenzen. Auf die Teils/teils-Kategorie entfielen 19,6 % (n = 63) der Stimmen.

Der EU gegenüber positionierten sich die Befragten mit großer Mehrheit positiv. „Dass Deutschland ohne die EU bessergestellt" wäre, fanden in Summe nur 3,7 % (n = 12) wenn man die entsprechenden Zustimmungsanteile („Stimme eher zu", „Stimme zu") addiert. Dagegen stimmen in Summe 83,2 % (n = 268) der entsprechenden Aussage nicht zu. Geteilter Meinung waren hier 13,1 % (n = 42).

Die pro-EU gerichteten Aussage, „Der Zusammenhalt in der EU muss gestärkt werden", fand mit 81,1 % (n = 262) in etwa so viel Zustimmung, wie die vorherige Aussage auf Ablehnung stieß. Die Teils/teils-Kategorie war mit 13,6 % (n = 44) ebenso ähnlich verteilt und mit 5,3 % (n = 17) entsprechend auch die Gruppe derer, die der Aussage eher nicht zustimmten. Mit $\rho^{(SP)} = 0{,}37$ weist diese Skala allerdings nur eine niedrige Reliabilität auf.[4]

Die Aussagen zum Ethnopluralismus werden, ähnlich zu vorgenannten Dimensionen, von den Befragten unterschiedlich beurteilt. Mit 43,3 % (n = 139) schreiben mehr Befragte jedem Volk eine unveränderliche Identität zu, als dieser Aussage nicht eindeutig aufgrund ihrer Wahl der Mittelkategorie (27,1 %, n = 87) oder ablehnend gegenüberstehen (29,6 %, n = 95). Die Durchmischung unterschiedlicher Völker kritisch zu sehen, geben im Gegensatz dazu 2,8 % (n = 9) an und auch die Teils/teils-Kategorie ist mit 5,3 % (n = 17) deutlich geringer vertreten. Der überwiegende Teil betrachtet mit 91,9 % (n = 296) eine Durchmischung nicht negativ.

Bei der Betrachtung der antifeministischen Aussagen ist festzuhalten, dass die beiden Items augenscheinlich ebenfalls einer unterschiedlichen Bewertung durch die Befragten unterliegen. Ein Krieg gegen die traditionellen Institutionen der Ehe und Familie wurde nur von 4,0 % (n = 13) bejaht, 86,0 % (n = 276) stehen dieser Aussage ablehnend gegenüber. Die Mittelkategorie „Teils/teils" wurde von mit 10,0 % (n = 32) gewählt. In Kontrast dazu wird die systematische Benachteiligung von Männern von 17,0 % bejaht (n = 56) und von 60,3 % (n = 194)

[4] Das Item musste für die Berechnung aufgrund seiner gegenläufigen Polung recodiert werden.

als nichtzutreffend eingestuft. Die Mittelkategorie wurde hier von 22,7 % der Befragten (n = 73) gewählt.

12.2 Vergleichende Analyse

Im Vergleich der unterschiedlichen Dimensionen miteinander fällt zunächst auf, dass lediglich die Unterstellung eines Meinungsdiktats mit MW = 2,98 keine klare Ablehnung anhand des Mittelwertes zeigt. Sämtliche anderen Dimensionen befinden sich im Bereich mehr oder weniger deutlicher Ablehnung, wenn man sich nur auf die Mittelwerte stützen würde. Nach der Unterstellung eines Meinungsdiktats wird den ethnopluralistischen Statements am meisten Zustimmung mit MW = 2,28 entgegenbracht. Danach folgt die Ablehnung des Establishments mit einem Mittelwert von 2,11 und knapp dahinter mit 2,07 die Behauptung einer Islamverschwörung. Die antifeministische Dimension mit MW = 1,92 und der Aufruf zum Widerstand mit MW = 1,83 schließen sich an, am wenigsten Zustimmung erfährt die Rückbesinnung gegen die EU mit MW = 1,73.

Beim Vergleich mit der Bezugsstudie[5] fällt auf, dass beim Mittelwertvergleich von NRM in der Polizei geringere Ausprägungen als in der Gesamtgesellschaft vorliegen. Lediglich die antifeministischen Aussagen erfahren in der Polizei NRW stärkere Zustimmung als in der Gesamtgesellschaft (siehe dazu FN5).

Die Unterstellung eines Meinungsdiktates ist dabei die deutlich am stärksten ausgeprägte Dimension, deren Mittelwert als einziger nicht klar im Bereich von Ablehnung liegt, sondern mit 2,98 nahezu der Mittelkategorie „Teils/teils" entspricht. Dies ist auch innerhalb der Mitte-Studie 2018/19 zu beobachten, wobei

[5] Anmerkung zur Tabelle 12.2: Als Vergleichswert der Mitte-Studie 2019 wird nur der MW des 5er-Splits angegeben, da auch diese Skalierung mit Mittelkategorie „Teils/teils" übernommen wurde. Vgl. Zick/Küpper/Berghan (2019), S. 70 ff. In der Teildimension Anti-Establishment: die beiden hier abgefragten Einzelitems wurden in der Mitte-Studie 2020/21 in einer Gesamtskala „Populismus" mit mehreren anderen Items betrachtet; daher wurde der Mittelwert dieser beiden Items als Teilskala manuell berechnet, um Vergleichbarkeit herzustellen, vgl. Küpper et al. 2021, S. 54. Teildimension Aufruf zum Widerstand: Die Vergleichbarkeit ist eingeschränkt. In der Mitte-Studie 2020/21 wurde der Aufruf zum Widerstand nur über das Item „Es ist Zeit, mehr Widerstand gegen die aktuelle Politik zu zeigen" abgebildet. Vgl. Häusler und Küpper 2021, S. 238 Zur Teildimension Antifeminismus: Als modifiziertes Konstrukt „Antigenderismus" gemessen mit drei neuen Items; daher nicht vergleichbar, sondern nur als Anhaltspunkt zu verstehen. vgl. Mokros et al. 2021, S. 253.

dort der Mittelwert mit 3,03 sehr nahe an dem hier gemessenen liegt.[6] Die Vergleichbarkeit zu den Befunden der Mitte-Studie 2020/21 ist nur eingeschränkt gegeben (siehe Anmerkung zur Tabelle 12.2 in den Fußnoten).

Bezieht man die dort generierten Ergebnisse mit ein, so ist der Ethnopluralismus[7] in der Polizei (MW = 2,28) sehr viel deutlicher ausgeprägt als gesamtgesellschaftlich (MW = 1,54), wobei ein derart starker gesellschaftlicher Rückgang gegenüber der Mitte-Studie 2018/19 (MW = 2,49) um 0,95 Skaleneinheiten nicht plausibel erscheint. Vielmehr ist zu vermuten, dass die Modifikation des Messinstrumentes hier deutlich niedrigere Werte abbildet, da in der Mitte-Studie 2020/21 nur das Item genutzt wurde, welches sowohl im Projekt WEKoPol als auch in der Erhebung 2018/19 deutlich geringere Zustimmung erfuhr.

Zusammenfassend lässt sich zwar feststellen, dass NRM in der Polizei insgesamt deutlich weniger Zustimmung durch die befragten PVB als in den gesamtgesellschaftlichen Vergleichserhebungen erfährt. Allerdings liegen deutliche Unterschiede bei der Zustimmung zu den einzelnen Dimensionen vor. Auch die Differenz zwischen Polizei und Gesamtgesellschaft weicht je nach angesprochenen Themen deutlich voneinander ab. Insofern scheint es erforderlich, die gesellschaftlichen bzw. politischen Statements näher zu betrachten.

[6] Vgl. Zick/Küpper (2021), Tabelle 8.0.1., S. 238. Diese Dimension ist die einzige, die auch in der Mitte-Studie 2021 mit identischen Items gemessen wurde und daher vergleichbar ist, auch in 2021 beträgt hier der MW 3,03.

[7] Die Vergleichbarkeit ist eingeschränkt. In der Mitte-Studie 2020/21 wurde der Aufruf zum Widerstand nur über das Item „Unterschiedliche Völker sollten sich nicht mischen" abgebildet. Vgl. Häusler/Küpper (2021)., S. 238.

Tabelle 12.2 Neue Rechte Mentalitäten – Vergleich zur Zivilgesellschaft

Neue Rechte Mentalitäten – Vergleich zur Zivilgesellschaft			
	MW		
	WEKoPol	Mitte 2018/19	Mitte 2020/21
Anti-Establishment	2,11	2,78	2,45
Aufruf zum Widerstand	1,83	2,76	2,50
Unterstellung eines Meinungsdiktats	2,98	3,03	3,03
Islamverschwörung	2,07	2,54	2,42
Rückbesinnung gegen die EU	1,73	2,05	
Ethnopluralismus	2,28	2,49	1,54
Antifeminismus	1,92	1,77	2,02
NRM-Gesamtskala	2,14	2,48	
MW=Mittelwert			

Betrachtet man die gegen das Establishment gerichteten Aussagen, besteht innerpolizeilich deutlich weniger Argwohn und Misstrauen gegenüber der Regierung als gesamtgesellschaftlich. Erhebungsübergreifend besteht dabei eine Differenzierung zwischen dem eher passiven Element des Verschweigens von Inhalten, dem durch deutlich mehr Befragte aller Studien zugestimmt wird als einem aktiven Betrug an der Bevölkerung, der von weniger Befragten bejaht wird.

Letztlich gibt die erste Frage nach dem Verschweigen (von zumindest Teilen) der Wahrheit auch keinen Aufschluss darüber, ob dies inhaltlich durch die Befragten kritisch gesehen wird. So ist z. B. innerpolizeilich denkbar, dass in gewissen Situationen Verständnis für das Zurückhalten von Informationen gegenüber der Bevölkerung besteht, da dies auch polizeilicher Kommunikationspraxis entspricht. Die befragten PVB könnten beispielsweise an die Begrenzung öffentlich kommunizierter Informationen während laufender Einsatzlagen oder Ermittlungsverfahren gedacht haben, in denen Medien und Bevölkerung bewusst Informationen vorenthalten werden, z. B. um Panik, Spekulationen und Fake News oder Einsatztourismus zu vermeiden.

Die Frage nach den Schlüssen, die die Befragten aus etwaigen Zweifeln an der Vertrauenswürdigkeit politisch Verantwortlicher ziehen, führt zum nächsten Befund in Form des Aufrufs zum Widerstand.

Während gesamtgesellschaftlich zwischen 22,7 % (2020/21)[8] und ca. 30 % (2018/19)[9] die Erforderlichkeit sehen, sich gegen die aktuelle Politik zu wehren und Widerstand zu zeigen, teilen diese Einschätzung (gemittelt über beide abgefragten Items) nur ca. 7 % der befragten PVB. Ob dies tatsächlich mit einer anderen Einordnung etwaiger politischer Informationsdefizite im Sinne eines erforderlichen Verschweigens zu tun hat, kann nur vermutet werden. Ein Hinweis darauf könnte aber sein, dass gesamtgesellschaftlich der Aufruf zum Widerstand nahezu identisch im Mittelwertvergleich bewertet wird, wie die Haltung gegenüber dem Establishment (MW = 2,78 und MW = 2,76 für die Mitte-Studie 2018/19, bzw. MW = 2,45 und MW = 2,50 für die Mitte-Studie 2020/21). Für die vorliegende Stichprobe konnte zudem eine sehr signifikante Korrelation zwischen beiden Dimensionen ($\rho = 0{,}572^{**}$) festgestellt werden. Dies stellt für beide Dimensionen die jeweils höchste Korrelation zwischen den einzelnen Elementen dar. Höher ist im Gesamtvergleich nur die Korrelation zwischen der Gesamtskala NRM und Anti-Establishment ($\rho = 0{,}759^{**}$) bzw. dem Aufruf zum Widerstand ($\rho = 0{,}611^{**}$).

Trotz dieser Korrelation liegt die Zustimmung gegenüber dem Aufruf zum Widerstand innerpolizeilich auf deutlich niedrigerem Niveau als kritische Haltungen gegenüber dem Establishment. Die Formulierungen, „sich gegen die aktuelle Politik zu wehren“ oder „mehr Widerstand“ zu zeigen, ließen für die Befragten auch entsprechenden Spielraum zu. Insofern ist fraglich, ob Widerstand als Teilnahme an Protesten bzw. Demonstrationen, entsprechenden Wahlentscheidungen (z. B. als „Protestwähler*innen“) oder gar in übergriffigen und illegitimen Aktionen, wie etwa dem „Sturm“ auf den Bundestag, verstanden wurde. Es kann zumindest für den Anteil der Befragten, der eher drastische Formen mit diesen Formulierungen in Verbindung brachte, angenommen werden, dass PVB dies als Verstoß gegen ihre beamtenrechtlichen Pflichten und die FDGO und somit als Bedrohung der eigenen dienstlichen Existenz nochmals kritischer betrachten.

Interessant ist in diesem Zusammenhang auch, dass die gesamtgesellschaftlichen Erhebungen 2018/19 und 2020/21 keinen Hinweis darauf geben, dass das Misstrauen gegenüber den etablierten politischen Akteuren zugenommen hat,

---

[8] Vgl. Häusler und Küpper 2021, S. 239.

[9] Vgl. Häusler und Küpper 2019, S. 166.

obwohl während der Covid-19-Pandemie mit zunehmender Dauer der entsprechenden politisch verfügten Maßnahmen Kritik und Zweifel an der Erforderlichkeit zunahmen. Insofern wäre eher zu erwarten gewesen, dass das Misstrauen gegenüber den politischen Akteuren in der Erhebung während der pandemischen Maßnahmen 2020/21 stärker ausfallen würde als in den Jahren zuvor.

Die Unterstellung eines Meinungsdiktates wird, in Kontrast zu allen übrigen Dimensionen, innerpolizeilich nahezu identisch bewertet wie gesamtgesellschaftlich. Ebenfalls analog findet die Differenzierung zwischen einer Beschneidung der Meinungsfreiheit im Allgemeinen und bzgl. Aussagen gegenüber Menschen ausländischer Herkunft statt. Nicht mehr frei seine Meinung äußern zu können, bestätigen in dem Mitte-Studien fast identisch hohe Anteile mit 27,4 % (2018/19)[10] und 26,5 % (2020/21)[11], in der vorliegenden Erhebung liegt mit 22,0 % der Anteil nur unwesentlich dahinter. Dagegen stimmen (je nach Erhebung) fast doppelt so viele Befragten der Aussage zu, „nichts Schlechtes über Ausländer sagen zu dürfen, ohne als Rassist beschimpft zu werden". In den Mitte-Studien ist dabei ein leichter Rückgang zwischen beiden Erhebungen mit 54,8 % (2018/19)[12]bzw. 48,9 % (2020/21)[13] Zustimmung zu erkennen. Auch unter den PVB stimmten mehr als die Hälfte mit 53,2 % dieser Aussage zu.

In Kontrast dazu steht die behauptete Unterwanderung der deutschen Gesellschaft durch den Islam. Diese findet erneut gesamtgesellschaftlich deutlich mehr Zustimmung als unter den befragten PVB. Auch wenn die Zustimmung zu dieser These von rund 25 % der Befragten (2018/19)[14] auf ca. 20 % (2020/21)[15] gesunken ist, steht diesen mit 13,3 % nur ein rund halb so großer Anteil unter den PVB gegenüber. Bemerkenswert ist, dass die befragten PVB, die selbst angaben, einen Migrationshintergrund zu haben, hier mit 14,8 % (MW = 2,15) eine etwas höhere Zustimmung zeigten als die PVB ohne Migrationshintergrund mit 13,2 % (MW = 2,06). Obwohl der Unterschied hier äußerst gering ist, hätte eher eine gegenläufige Feststellung nahegelegen, da auch muslimisch geprägte Beamt*innen unter den PVB mit Migrationshintergrund sein dürften.

Die Rückbesinnung gegen die EU ist die im Projekt WEKoPol am niedrigsten ausgeprägte Dimension der NRM und liegt mit MW = 1,73 erneut deutlich hinter den Zustimmungswerten der Mitte-Studie 2018/19 (MW = 2,05). Während

---

[10] Vgl. Häusler und Küpper 2019, S. 164.
[11] Vgl. Häusler und Küpper 2021, S. 237.
[12] Vgl. Häusler und Küpper 2019, S. 166.
[13] Vgl. Häusler und Küpper 2021, S. 237.
[14] Vgl. Häusler und Küpper 2019, S. 167.
[15] Vgl. Häusler und Küpper 2021, S. 237.

gesamtgesellschaftlich knapp 17 % finden, dass Deutschland ohne die EU bessergestellt wäre[16], teilen diese Einschätzung nur 3,7 % der befragten PVB. Dass die EU insgesamt positiv gesehen wird, zeigt sich auch durch den relativ geringen Anteil der Mittelkategorie mit 13 %, rund 83 % der Befragten signalisieren deutliche Ablehnung einer nationalistischen Rückbesinnung, gesamtgesellschaftlich taten dies mit rund 68 % ein etwas geringerer Anteil. Demgegenüber stimmen 85,9 % in der Mitte-Studie 2018/19 mit dem Motiv überein, der Zusammenhalt in der EU müsse gestärkt werden, innerpolizeilich waren dies mit 81,1 % geringfügig weniger Befragte. Obwohl die Mitgliedschaft in der EU und das europäische Gesamtgefüge also eher positiv durch die befragten PVB bewertet werden, findet mehr als die Hälfte der Befragten mit 43 %, dass jedes Volk eine unveränderliche Identität besitze. Mit rund 27 % in der Mittelkategorie und ca. 30 % im Bereich der Ablehnung wird deutlich, dass diese Ansicht durchaus ambivalent beurteilt wird und keineswegs eine allgemeingültige Schlussfolgerung zulässt.

Gesamtgesellschaftlich zeigt sich ein ähnliches Bild, wenngleich tendenziell mehr Zustimmung zum Bestehen einer nationalen Identität vorliegt; hier wird diese Ansicht von rund 52 % befürwortet, während 18 % geteilter Meinung sind und sich 29 % dagegen positionieren[17]. Diese Facette von Ethnopluralismus wird in beiden Erhebungen im Durchschnitt deutlich positiver bewertet als die zweite Aussage, dass sich unterschiedliche Völker nicht mischen sollten. Dem stimmten gesamtgesellschaftlich etwa 7 % zu[18], unter den befragten PVB waren es nur knapp 3 %. In beiden Erhebungen ist zudem anzumerken, dass die Gesamtskala aus beiden Aussagen nur ein unzureichendes Reliabilitätsmaß mit $\alpha = 0{,}43$ bzw. $\rho^{(SB)} = 0{,}31$ aufweist.

Als letzte Dimension wird Antifeminismus durch die befragten PVB häufiger berichtet als gesamtgesellschaftlich.[19] Ein traditioneller Krieg gegen die Ehe und Familie wurde von rund 10 % der Befragten der Mitte-Studie 2018/19 bestätigt, während knapp 15 % geteilter Ansicht waren und der überwiegende Teil mit rund drei Vierteln diese Aussage tendenziell ablehnte. Demgegenüber stimmten im Projekt WEKoPol 4 % in Summe zu, 10 % wählten die Mittelkategorie und 86 % lehnten die Aussage zum Krieg gegen traditionelle Elemente des sozialen Zusammenlebens ab. Der zweiten Aussage, dass Männer

[16] Vgl. Häusler und Küpper 2019, S. 167.

[17] Vgl. Häusler und Küpper 2019, S. 165.

[18] Vgl. ebd., S. 165.

[19] Siehe Fußnote 40, der folgende Vergleich bezieht sich daher nur auf die Mitte-Studie 2018/19.

durch den Feminismus systematisch benachteiligt würden, stimmten gesamtgesellschaftlich etwas weniger Befragte mit 7 % zu, ungefähr gleich viele wählten die Teils/teils-Kategorie und 78 % äußerten eher Ablehnung. Die befragten PVB hingegen zeigten hier mit 17 % deutlich mehr Zustimmung, rund ein Fünftel war mit der Mittelkategorie zumindest nicht klar gegen die Unterstellung einer systematischen Benachteiligung von Männern. Abgelehnt wurde diese Unterstellung von rund 60 %.

Welche Faktoren insgesamt auf die Gesamtskala NRM wirken und deren Ausprägung positiv oder negativ beeinflussen können, zeigt die folgende Regressionsberechnung.

12.3 Hypothesentest und Ergebnisse

Analog zur bereits dargestellten Prüfung der Voraussetzungen linearer Regressionen für GMF (vgl. Abschnitt 11.4) wurde bei NRM verfahren. Es liegen keine Hinweise darauf vor, dass die Durchführung einer linearen Regression unzulässig ist.

Die lineare Regression wurden für NRM ebenfalls mittels Einschlussverfahren in drei Stufen/Blöcken durchgeführt, die nacheinander in das Modell mit einbezogen wurden. Das Gesamtmodell weist eine Signifikanz im F-Test von <0,001 sowie ein $R^2 = 0{,}575$ auf. Dies ist ein Zeichen dafür, dass das aufgestellte Modell zur Erklärung der abhängigen Variable NRM beiträgt.[20]

Entsprechend der aufgestellten Hypothesen $H1^{NRM}$ bis $H10^{NRM}$ wurden zunächst die unabhängigen demographischen Variablen in das Modell (Stufe 1) aufgenommen. Im Anschluss daran wurden die Variablen zu politischen Grundhaltungen (Stufe 2) einbezogen, zu denen aufgrund bereits bestätigter Zusammenhänge in den Bezugsstudien entsprechende Zusammenhanghypothesen formuliert wurden. Im Anschluss wurden polizeibezogene Einstellungen wie die eigene Arbeitszufriedenheit, das Commitment sowie die Einschätzungen zum Rückhalt in der Polizei aufgenommen (Stufe 3).

Multikollinearität konnte anhand von VIF-Werten zwischen 1,112 (UV3) bis 1,531 (UV8) ausgeschlossen werden[21]. Der modifizierte Breusch-Pagan-Test ($p = 0{,}03$) gab Anlass, Homoskedastizität zu befürchten. Daher wurden robuste Standardfehler mit HC3-Niveau berechnet, um potenzielle Verzerrungen der p-Werte

[20] Vgl. Field 2018, S. 527.

[21] Vgl. ebd., S. 402.

infolge Heteroskedastizität und Autokorrelation zu korrigieren.[22] Die Ergebnisse der multiplen Regression für die AV NRM sind in folgender Tabelle 12.3 dargestellt.

Tabelle 12.3 Regressionsmodell NRM

Regressionsmodell NRM							
Abhängige Variable: NRM-Gesamtskala						**95 % KI**	
Koeffizienten	**b**	**SE**	**β**	**T**	**P**	**UG**	**OG**
Konstante	4,017	0,301		13,364	<,001	3,425	4,609
UV1 Geschlecht	-0,043	0,068	-0,031	-0,624	0,533	-0,178	0,092
UV2 Alter**	0,006	0,002	0,131	2,686	0,008	0,002	0,010
UV3 Migrationshintergrund*	0,238	0,113	0,112	2,101	0,037	0,015	0,460
UV4 Bildungsindex*	-0,111	0,058	-0,095	-1,905	0,058	-0,226	0,004
UV5 politische Grundhaltung***	0,180	0,042	0,191	4,268	<,001	0,097	0,263
UV6 Demokratievertrauen***	-0,427	0,039	-0,499	-11,036	<,001	-0,503	-0,351
UV7 Zivilcourage***	-0,150	0,038	-0,197	-3,902	<,001	-0,226	-0,074
UV8 Arbeitszufriedenheit	0,029	0,032	0,050	0,924	0,356	-0,033	0,092
UV9 Commitment*	-0,074	0,042	-0,088	-1,746	0,082	-0,157	0,009
UV10 Rückhalt**	-0,077	0,026	-0,152	-2,913	0,004	-0,129	-0,025
n= 253; R²= 0,575; korr. R²= 0,557; F (10,243)= 32,869; p < 0,001 | Signifikanz (zweiseitig)							
*auf dem Niveau von p<0,05 signifikant **auf dem Niveau von p<0,01 signifikant ***auf dem Niveau von p<0,001 signifikant							

Die mehrstufige lineare Regression liefert mit einem korrigierten $R^2 = 0,557$ eine Varianzaufklärung von 55,7 % der abhängigen Variable NRM. Von den zehn in das Modell aufgenommenen Variablen sind fünf mindestens auf dem Niveau von p = 0,05 signifikant. Hoch signifikant (p = <0,001) zeigen sich das Demokratievertrauen, die politische Grundhaltung und die Zivilcourage. Als sehr signifikant (p = <0,01) können das Alter sowie der Rückhalt identifiziert werden. Signifikant (p = <0,05) ist darüber hinaus auch das Vorliegen eines Migrationshintergrundes der Befragten.

Für das Gesamtmodell wurde ein zweiseitiges Signifikanzniveau ausgegeben. Für gerichtete Hypothesen kann allerdings ein einseitiges Signifikanzniveau angenommen und der zweiseitig ausgegebene p-Wert halbiert werden.[23] Somit kommt

[22] Vgl. Hayes und Cai 2007, S. 714.

[23] Döring und Bortz 2016, S. 667.

auch dem Bildungsindex (p = 0,029) sowie dem Commitment (p = 0,041) signifikanter Einfluss auf NRM zu, da zu beiden UV eine eindeutige Wirkungsrichtung auf NRM vermutet wird (siehe Abschnitt 4.2).

Vergleicht man die UV miteinander, hat das Vertrauen in die Demokratie mit deutlichem Abstand (ß = −0,499) den stärksten (negativen) Effekt auf die Ausprägung von NRM. Danach folgen sehr ähnlich ausgeprägt die Zivilcourage (ß = −0,197) und die politische Grundhaltung (ß = −0,191), bevor der Rückhalt (ß = −0,152) und das Alter (ß = 0,131) mit größerem Abstand der standardisierten Koeffizienten folgen. Der Migrationshintergrund (ß = 0,112), das Bildungsniveau (ß = −0,095) und das Commitment (ß = −0,088) zeigen nochmals deutlich kleinere Effekte. Die Richtung und Höhe der Koeffizienten der signifikanten UV werden im Folgenden chronologisch nach ihrer Aufnahme in das Regressionsmodell erläutert.

12.3.1 Demographische Faktoren

Als erste demographische Variable wurde das Geschlecht in das Modell aufgenommen. Der Regressionskoeffizient zeigt mit b = −0,043 und p = 0,533 keinerlei signifikanten Zusammenhang, ein negativer Wert spricht zwar für einen höheren Wert bei Frauen (da das das Attribut „weiblich“ als Referenzkategorie bestimmt wurde[24]), die minimale Ausprägung schränkt diese Annahme allerdings deutlich ein. Da die bisherigen Befunde ebenfalls keinerlei signifikanten Zusammenhang zwischen der Gesamtskala und dem Geschlecht vermuten ließen, wurde ein Vergleich der einzelnen Dimensionen vorgenommen, um ggf. innerhalb einzelner Dimensionen signifikante Zusammenhänge erkennen zu können. Das Anti-Establishment, die Rückbesinnung gegen die EU und Ethnopluralismus werden etwas stärker von Frauen befürwortet, wohingegen die Unterstellung eines Meinungsdiktats, die Islamverschwörung, der Antifeminismus und letztlich auch die Gesamtskala etwas mehr Zustimmung durch Männer erfährt. Der Aufruf zum Widerstand weist für beide Geschlechter einen identischen Mittelwert auf. Die Differenzen der anderen Dimensionen bewegen sich von – 0,01 bis 0,31. Dabei liegt lediglich in einem Fall eine signifikante Korrelation mit ρ = 0,167** vor und legt einen Zusammenhang zwischen Geschlecht und antifeministischen Einstellungen nahe, wobei männliche PVB zu höheren Werten tendieren.

[24] Orientiert an Frauen als Referenzkategorie bedeutet ein positiver Wert höhere NRM-Werte bei Männern, ein negativer Wert dementsprechend höhere Zustimmung durch die weiblichen Befragten.

Tabelle 12.4 NRM und Geschlecht

NRM und Geschlecht				
	weiblich (n=81)	männlich (n=239)	Differenz	Korrelation
Anti-Establishment	2,12	2,09	-0,03	-0,013
Aufruf zum Widerstand	1,82	1,82	-	0,001
Unterstellung eines Meinungsdiktats	2,78	3,04	0,26	0,105
Islamverschwörung	1,90	2,12	0,22	0,083
Rückbesinnung gegen die EU	1,73	1,72	-0,01	-0,008
Ethnopluralismus	2,40	2,22	-0,22	-0,107
Antifeminismus	1,68	1,99	0,31	0,167**
NRM-Gesamtskala	2,07	2,15	0,08	0,056

** auf dem Niveau von 0,01 signifikant (zweiseitig) | n=Anzahl Befragter

Für das Gesamtphänomen NRM lässt sich insgesamt kein statistisch belastbarer Zusammenhang zwischen dem Geschlecht der Befragten und NRM nachweisen. Dies entspricht der formulierten Erwartungshaltung, die Hypothese $H1^{NRM}$ ist somit anzunehmen.

Das Alter zeigt sich demgegenüber sehr signifikant ($p = 0{,}008$), wenngleich der Regressionskoeffizient ($b = 0{,}006$) nur einen sehr niedrigen positiven Einfluss annehmen lässt. Dies entspricht, gemessen an der Altersspannweite von 44 Jahren, einer theoretischen Differenz auf der Skala NRM zwischen jungen und alten PVB von 0,264 Skaleneinheiten.

Aufgrund der Beobachtungen in Abschnitt 11.3 ist zu vermuten, dass auch NRM nicht linear über alle Altersklassen ansteigt, sondern ggf. erneut eine u-förmige Verteilung zu erwarten ist. Bei der Betrachtung nach Altersgruppen zeigt sich, dass in der Gesamtskala ein mit dem Alter (linear) einhergehender Anstieg der NRM von der mittleren Altersgruppe der 40- bis 49-Jährigen unterbrochen wird. Zwischen allen anderen Gruppen ist zumindest deutlich häufiger ein Anstieg von der jüngeren Gruppe zu der nächstälteren Gruppe zu beobachten als eine Abnahme der NRM-Ausprägungen. So steigen zwischen der Gruppe der Jüngsten und den 30- bis 39-Jährigen, zwischen der mittleren Gruppe zu den 50- bis 59-Jährigen sowie von dieser Gruppe bis zu den Ältesten sechs von acht Dimensionen an (Tabelle 12.5).

Tabelle 12.5 NRM und Alter

NRM und Altersgruppen					
	Altersgruppen in Jahren				
	18-29 (n=76)	**30-39** (n=73)	**40-49** (n=47)	**50-59** (n=96)	**>59** (n=29)
NRM-Gesamtskala	2,01	2,14	2,07	2,21	2,29
Anti-Establishment	1,95	2,16	1,95	2,20	2,32
Aufruf zum Widerstand	1,75	1,87	1,87	1,80	1,96
Unterstellung eines Meinungsdiktats	2,76	3,14	2,84	3,01	3,31
Islamverschwörung	1,57	1,91	1,96	2,53	2,48
Nationale Rückbesinnung gegen die EU	1,61	1,66	1,82	1,85	1,65
Ethnopluralismus	2,25	2,14	2,18	2,40	2,44
Antifeminismus	1,98	1,95	1,82	1,87	2,00
n=Anzahl Befragter					

Die NRM-Ausprägungen von den 30- bis 39-Jährigen sinken demgegenüber zur mittleren Altersgruppe in vier Bereichen ab, eine weitere Dimension („Aufruf zum Widerstand“) weist einen identischen Wert zur Vorgruppe auf. Die Gruppe der Ältesten (<59 Jahre) weist zudem, mit einer Ausnahme[25], in jeder Dimension höhere Werte als die beiden jüngsten Altersgruppen (18–29 Jahre bzw. 30–39 Jahre) auf. Beim Vergleich mit der nächstjüngeren Altersgruppe (50–59 Jahre) zeigt die Gruppe der Ältesten bei fünf von sieben Dimensionen einen Anstieg, die Aussagen zur Islamverschwörung sowie zur nationalen Rückbesinnung gegen die EU treffen dagegen bei der jüngeren Gruppe auf mehr Zustimmung. Ethnopluralismus und Antifeminismus wiederum sind die Dimensionen, die beim Vergleich der Gruppe der jüngsten (18–29 Jahre) mit der nächstälteren (30–39 Jahre) etwas absinken und nicht ansteigen. Der Trend, dass NRM-Einstellungen über die meisten Dimensionen hinweg mit zunehmendem Alter ansteigen, besteht in der mittleren Altersgruppe dahingegen nicht. Hier sinken vier Dimensionen im Vergleich zur vorherigen Altersgruppe ab, eine bleibt unverändert und lediglich zwei Dimensionen (Nationale Rückbesinnung gegen die EU sowie Ethnopluralismus) steigen an. Die Gesamtskala bewegt sich im Vergleich der jüngsten mit der ältesten Gruppe insgesamt über eine deutlich geringere Spannweite (Mittelwerte

[25] Bei der nationalen Rückbesinnung gegen die EU liegt die Gruppe der 30 bis 39-jährigen um 0,01 höher als die Gruppe der Befragten >59 Jahre.

von 2,01 bis 2,29) als die einzelnen Dimensionen, bei denen die Unterschiede zwischen Jung und Alt teils deutlich größer ausfallen. Die deutlichsten Steigerungen sind bei Anti-Establishment-Haltungen (+0,37), der Unterstellung eines Meinungsdiktats (+0,55) und der Islamverschwörung (+0,91) zu verzeichnen. Im Ergebnis ist, unter Berücksichtigung der geschilderten Einschränkungen, festzuhalten, dass mit steigendem Alter auch höhere NRM-Ausprägungen einhergehen. Die Hypothese $H2^{NRM}$ kann somit angenommen werden.

Ob die Befragten selbst einen Migrationshintergrund haben, wirkt sich signifikant ($p = 0{,}03$) auf NRM aus. Der positive Regressionskoeffizient ($b = 0{,}238$) zeigt, dass PVB mit Migrationshintergrund im Vergleich zu PVB ohne Migrationshintergrund (Referenzkategorie) einen im Schnitt um 0,238 Einheiten höheren NRM-Wert aufweisen (Tabelle 12.6).

Tabelle 12.6 NRM und Migrationshintergrund

NRM und Migrationshintergrund (MgH)				
	PVB mit MgH n=27	PVB ohne MgH n=294	Differenz	MW gesamt
Anti-Establishment	2,62	2,06	0,56	2,11
Aufruf zum Widerstand	2,07	1,81	0,26	1,83
Unterstellung eines Meinungsdiktats	3,24	2,96	0,28	2,98
Islamverschwörung	2,15	2,06	0,09	2,07
Nationale Rückbesinnung gegen die EU	1,98	1,71	0,27	1,73
Ethnopluralismus	2,35	2,27	0,08	2,28
Antifeminismus	2,11	1,90	0,21	1,92
NRM-Gesamtskala	2,37	2,11	0,26	2,14
n=Anzahl Befragter | MW=Mittelwert				

Der direkte Vergleich der einzelnen Dimensionen zeigt, dass PVB mit Migrationshintergrund durchweg höhere Zustimmung berichten und dies auf teils hohem Niveau. Besonders deutlich ist die Differenz beim Anti-Establishment (0,56), wo PVB mit Migrationshintergrund orientiert am Gesamtmittelwert eine ca. 26,5 % höhere Zustimmung zeigen.

Auch bei den antifeministischen Statements (0,21), beim Aufruf zum Widerstand (0,26), der nationalen Rückbesinnung gegen die EU (0,27) und der

Unterstellung eines Meinungsdiktats (0,28) weisen PVB mit Migrationshintergrund deutlich höhere Mittelwerte auf. Für die Gesamtskala NRM beträgt die Differenz 0,26. Insgesamt zeigen PVB mit Migrationshintergrund durchweg höhere Zustimmung zu den Narrativen der NRM. Die in der $H3^{NRM}$ formulierte Annahme, dass PVB mit Migrationshintergrund weniger zu NRM neigen, muss somit verworfen werden.

Als letzte demographische Variable wurde das Bildungsniveau der Befragten in Stufe 1 des Modells aufgenommen. Da höhere Bildung mit niedrigeren rechtsgerichteten Einstellungen in Verbindung zu bringen ist[26] und somit die These aufgestellt wurde, dass höhere Bildung auch mit niedrigeren NRM-Werten einhergeht (siehe Abschnitt 4.2), konnte einseitiges Signifikanzniveau angenommen werden. Mit $p = 0{,}025$ kommt damit Bildung ein signifikanter negativer Einfluss auf NRM zu. Mit $b = -0{,}111$ und der dreistufigen Skalierung des Bildungsniveaus (niedrig, mittel, hoch), übt Bildung somit eine maximale Wirkung von $-0{,}222$ auf NRM aus.

Die Detailbetrachtung der einzelnen Dimensionen mittels Korrelationen zeigt, dass das Bildungsniveau insgesamt einen etwas deutlicheren Einfluss auf NRM zu haben scheint als die Schulbildung. Hierbei sei erneut der Hinweis auf die nur dichotom darstellbare Differenzierung aufgrund der vertretenen Bildungsabschlüsse unter den befragten PVB gegeben (siehe Abschnitt 6.2.2). Die Gesamtbildung konnte dreistufig zwischen Menschen ohne Studium, mit Bachelor- oder gleichwertigem Studium und höheren Abschlüssen abgebildet werden.

Durchweg weisen beide Bildungsindizes negative Korrelationskoeffizienten zu NRM auf, wobei sich nicht alle signifikant zeigen. Im Bereich der Schulbildung zeigt der sehr signifikante ($p = 0{,}001$) Korrelationskoeffizient mit $-0{,}317$ zur Behauptung einer Islamverschwörung den stärksten Zusammenhang. Insgesamt zeigen sich für die Schulbildung vier von acht Dimensionen sowie die Gesamtskala mindestens auf dem Niveau von $p = 0{,}05$ signifikant (Tabelle 12.7).

[26] Küpper, Berghan und Rees 2019, S. 186.

Tabelle 12.7 NRM und Bildung

NRM und Bildung		
	Schulbildung	**Gesamtbildung**
Anti-Establishment	-0,166	-0,172**
Aufruf zum Widerstand	-0,052	-0,066
Unterstellung eines Meinungsdiktats	-0,157*	-0,114*
Islamverschwörung	-0,317**	-0,147**
Nationale Rückbesinnung gegen die EU	-0,148*	-0,159**
Ethnopluralismus	-0,130*	-0,190**
Antifeminismus	-0,089	-0,142*
NRM-Gesamtskala	-0,199**	-0,210**
*auf dem Niveau von 0,05 signifikant (zweiseitig) | ** auf dem Niveau von 0,01 signifikant (zweiseitig)		

Der Bildungsindikator für akademische Abschlüsse weist, mit Ausnahme des Aufrufs zum Widerstand, signifikante negative Korrelationen für alle Dimensionen und die Gesamtskala NRM auf. Am deutlichsten geht hier höhere Bildung mit niedrigerem Ethnopluralismus mit −0,190 (p = 0,001) einher. Auch der Zusammenhang zur Gesamtskala ist sehr signifikant negativ und für den Bildungsindex akademischer Bildung noch etwas deutlicher ausgeprägt als für Schulbildung. Insgesamt zeigen sich neben dem signifikant negativen Korrelationskoeffizienten auch alle Dimensionen mit signifikanten Zusammenhängen zwischen höherer Bildung und niedriger Zustimmung zu den NRM-Aussagen. $H4^{NRM}$ ist somit anzunehmen.

12.3.2 Politische Grundhaltungen und Einstellungen

In Stufe 2 des Regressionsmodells wurden, analog zu GMF, politische Grundhaltungen aufgenommen, die alle hoch signifikant ($p<0,001$) sind. Die politische Orientierung zwischen Links und Rechts (aufsteigend skaliert) zeigt mit b = 0,180 einen positiven Einfluss auf NRM; je weiter rechts die politische Einstellung verortet wird, desto größer wird auch der NRM-Wert und zwar mit einer Einheit auf der politischen Skala zwischen Links und Rechts um 0,180 Punkte auf der NRM-Skala. Die Skalierung von 1 bis 5 lässt somit rechnerisch einen Unterschied von 0,720 auf der GMF-Skala zwischen der politischen Grundhaltung „Links“ (1) und „Rechts“ (5) zu.

Ein Vergleich der Mittelwerte zeigt für die Gesamtskala einen stetigen Anstieg der NRM-Mittelwerte von linker nach rechter politischer Selbsteinschätzung. Allerdings ist die Differenz zwischen linker und gemäßigt linker Selbstverortung mit 0,02 als sehr gering zu bezeichnen. Mit 0,29 zeigt sich zwischen gemäßigt linker Positionierung und einer Verortung in der Mitte ein deutlich größerer Unterschied, der zur nächsten Kategorie gemäßigt rechter Einordnung nochmals ansteigt und mit 0,41 die größte Differenz darstellt. Zwischen einer Einschätzung links und gemäßigt rechts liegen also theoretisch im Mittel insgesamt 0,72 Einheiten auf der NRM-Skala, was orientiert am Skalenniveau (1–5) einen entsprechend erheblichen Unterschied darstellt (Tabelle 12.8).

Tabelle 12.8 NRM und politische Selbstverortung

NRM und politische Selbstverortung				
	Links (n=9)	**Eher links** (n=59)	**Mitte** (n=220)	**Eher rechts** (n=32)
Anti-Establishment	2,00	1,91	2,11	2,53
Aufruf zum Widerstand	2,77	1,98	1,70	2,23
Unterstellung eines Meinungsdiktats	2,16	2,38	3,07	3,75
Islamverschwörung	1,56	1,68	2,12	2,66
Rückbesinnung gegen die EU	1,11	1,50	1,78	1,95
Ethnopluralismus	1,77	2,04	2,32	2,59
Antifeminismus	1,44	1,52	1,99	2,35
Gesamtskala NRM	1,85	1,87	2,16	2,57
n=Anzahl Befragter				

Während, der theoretischen Konstruktion entsprechend, sich die gemessenen Mittelwerte also in den meisten Fällen aufsteigend von links nach rechts entwickeln, zeigt die Gruppe der politisch links orientierten PVB höhere Zustimmung zu den gegen das Establishment gerichteten Aussagen als die moderat links Orientierten. Bei Aufruf des Widerstandes ist sogar sehr deutlich sichtbar, dass ein klassisch u-förmiger Trend besteht, sodass die Mitte mit MW = 1,70 die niedrigsten Zustimmungswerte zeigt, wohingegen die eher rechts orientierten PVB mit MW = 2,23 deutlich mehr Zustimmung zeigen. Eklatant ist hier allerdings die Differenz zu den linksorientierten PVB, die hier mit MW = 2,77 nochmals deutlich mehr Zuspruch zum Widerstand gegen die Regierung zeigen als die eher rechts positionierten PVB. Zumindest für diese Dimension ist also festzuhalten, dass das Motiv des Widerstands nicht ausschließlich für rechtsgerichtete Personen zu verfangen scheint.[27]

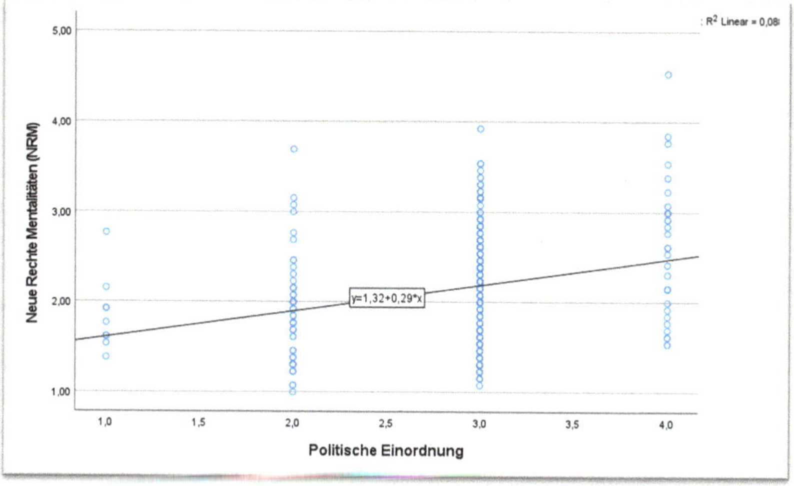

Abbildung 12.1 NRM und politische Selbstverortung

Zudem trifft auf die meisten Dimensionen der erwartete Verlauf von links nach rechts zu, sodass PVB, die sich politisch in der Mitte verorten, höhere Zustimmungswerte als politisch linksorientierte PVB aufweisen. Dass eine politische Selbstverortung in der Mitte der Befürwortung rechtspopulistische Thesen nicht entgegensteht, lässt sich mit der in Abschnitt 2.1.3 dargestellten Anschlussfähigkeit rechtspopulistischer Narrative erklären. Die aufgeführte Regressionsgerade (siehe Abbildung 12.1) unterstreicht diese Annahme. Betrachtet man die Schnittmengen der Zustimmung zu NRM und der politischen Selbstverortung, wird

---

[27] Aufgrund der nur sehr kleinen absoluten Anzahl mit n = 9 sind die in der Gruppe der linksorientierten PVB generierten Befunde entsprechend vorsichtig zu interpretieren.

deutlich, dass PVB mit der politischen Einordnung „Eher rechts“[28] in allen Dimensionen die höchste Zustimmung[29] berichten.

Ein entsprechender Verlauf lässt sich beispielhaft anhand der Unterstellung eines Meinungsdiktats aufzeigen. Dort stimmen 20,5 % (n = 14) der linksorientierten Befragten den Aussagen zu. PVB, die sich selbst in der Mitte verortet haben, stimmten mit 43,8 % (n = 97) zu, und aus dem Bereich eher rechts eingestellter Befragter äußerten 65,5 % (n = 21) ihre Zustimmung. Ein deutlicher Anstieg von Links nach Rechts ist auch beim Anti-Establishment, bei der Ablehnung der EU, bei der Islamverschwörung und beim Antifeminismus festzustellen, sodass fünf von sieben Dimensionen in diesem Trend liegen.

Es verwundert allerdings nicht, dass einzelne Teilmotive auch von Personen geteilt werden, die sich selbst politisch links einordnen. Dem Aufruf zum Widerstand wird beispielsweise im Bereich linker politischer Orientierung[30] (n = 68) von 11,7 % (n = 8) zugestimmt, eher rechts eingestellte Befragte[31] (n = 32) teilen diese Einstellung zu 18,7 % (n = 6). Damit liegen beide politischen Lager deutlich über den 6,3 % (n = 14) Zustimmung derer, die sich in der politischen Mitte verorten (n = 222). Auch beim Ethnozentrismus liegen politisch links verortete Befragte mit 5,8 % (n = 4) etwas über dem Zustimmungsanteil der Befragten aus der politischen Mitte mit 5,4 % (n = 12) wobei die Unterschiede hier äußerst gering sind. Dagegen setzen sich rechts Eingestellte mit 18,7 % (n = 6) Zustimmung deutlich nach oben ab. Zusammenfassend kommt der eigenen politischen Grundhaltung ein signifikanter Einfluss auf neue rechte Einstellungen zu. Die Annahme, dass je weiter rechts die eigene Einstellung verortet wird, die Zustimmung zu NRM ebenfalls ansteigt, konnte bestätigt werden. Die Hypothese $H5^{NRM}$ ist somit anzunehmen.

Als weite Variable zu politischen Grundhaltungen der Befragten wurde das Demokratievertrauen in das Modell mit aufgenommen. Wie eingangs bereits aufgezeigt wurde, wirkt sich dieses hoch signifikant bei $b = -0{,}427$ mit mittlerem negativem Effekt auf NRM aus. Daraus folgt, dass pro Einheit auf der Skala Demokratievertrauen NRM um 0,427 abnimmt. Aus der fünfstufigen Skalierung resultiert daher ein theoretischer Unterschied von 1,70 Einheiten auf der NRM-Skala zwischen Befragten der niedrigsten und höchsten Stufe des Demokratievertrauens. Damit kommt dem Vertrauen in die Demokratie eine zentrale

[28] Die Kategorie „Rechts“ wurde nicht gewählt.

[29] Hierunter wurden Antwortkategorien „Stimme eher zu“ und „Stimme zu“ zusammengefasst.

[30] Hierunter wurden die Einstellungen „Links“ und „Eher links“ zusammengefasst.

[31] Keine/r der Befragten ordnete sich politisch „Rechts“ ein.

Bedeutung bei der Frage nach Einflussfaktoren auf die Zugänglichkeit für subversive Botschaften rechtsgerichteter und nationalistischer Bewegungen zu. Damit wird auch hier die zuvor formulierte These bestätigt, dass höheres Vertrauen in die Demokratie NRM protektiv entgegensteht. $H6^{NRM}$ ist folglich anzunehmen.

Als letzte Variable in der Stufe 2 zur Abbildung politischer Grundwerte und Einstellungen wurde eine zivilcouragierte Einstellung aufgenommen. Ähnlich zum Demokratievertrauen wurde auch hier vermutet, dass ein ausgeprägtes zivilcouragiertes Bewusstsein NRM entgegenwirkt.

Mit $b = -0{,}150$ zeigt sich auch hier ein hoch signifikant negativer Einfluss auf NRM ($p<0{,}001$). Eine ausgeprägte zivilcouragierte Einstellung steht also NRM entgegen. Mit 0,60 Einheiten auf der NRM-Skala ist der maximale Effekt (rechnerisch) allerdings geringer als bei der grundlegenden politischen Ausrichtung und dem Demokratievertrauen. Dass unter den drei Facetten politischer Einstellungen in Form der Selbstverortung, des Demokratievertrauens und der zivilcouragierten Orientierung deutliche Zusammenhänge bestehen, belegen die jeweiligen signifikanten Korrelationskoeffizienten. Der Zusammenhang zur politischen Orientierung weist mit $\rho = -0{,}334^{**}$ darauf hin, dass zivilcouragierte Einstellungen rechtsgerichteten Positionen entgegenstehen, die positive Korrelation mit $0{,}236^{**}$ zum Demokratievertrauen stützt diese Annahme. Da sich also die Zivilcourage als signifikanter Faktor für geringere NRM-Zustimmung zeigt, kann die Hypothese $H7^{NRM}$ angenommen werden.

Die politischen Werte und Einstellungen zeigten sich insgesamt alle als hoch signifikant und bestätigten damit Befunde, die bereits in den Mitte-Studien abgebildet werden konnten. Da es sich insbesondere bei der politischen Grundhaltung um einen Faktor handelt, der sich als Wertemaßstab bereits im Kinder- und Jugendalter herausbildet[32], scheint eine Einflussnahme nur begrenzt möglich. Insofern kommt den folgenden, organisationsspezifischen Faktoren, eine besondere Bedeutung für die später zu beantwortende Frage nach Anknüpfungsmöglichkeiten zu.

12.3.3 Organisationsspezifische Einstellungen

Als erste organisationsspezifische Einstellung wurde die Arbeitszufriedenheit betrachtet. Analog zu den Beobachtungen im Phänomen GMF zeigt sich die Arbeitszufriedenheit mit $b = 0{,}029$ nicht signifikant ($p = 0{,}356$). Die entsprechende Hypothese $H8^{NRM}$ ist entsprechend zu verwerfen.

---

[32] Vgl. Abendschön und Vollmar 2006, S. 206.

Commitment wurde als präventiv wirkender Faktor auf NRM angenommen und zeigt sich mit b = −0,074 zunächst konform zur vermuteten Wirkrichtung im Sinne einer begrenzenden Wirkung auf NRM. Da für die Berechnung des Gesamtmodells zweiseitige Signifikanz angenommen wurde, es sich bei der Vermutung hinsichtlich eines klar definierten Wirkungszusammenhangs allerdings um eine einseitige gerichtete Hypothese handelt[33], kann hier einseitiges Signifikanzniveau angenommen und somit der p-Wert halbiert werden. Damit entspricht auch das Commitment mit p = 0,045 dem geforderten Signifikanzniveau von p = 0,05 und kann entsprechend interpretiert werden. Der ß-Wert zeigt bereits, dass Commitment im Vergleich aller unabhängigen Variablen den geringsten Einfluss auf NRM aufweist. Mit p = −0,074 sinkt NRM um 0,074 Einheiten je Einheit auf der Commitment-Skala. Die rechnerische Maximaldifferenz zwischen niedrigem und hohem Commitment beträgt somit 0,296 Einheiten auf der NRM-Skala. Dennoch kann im Ergebnis ein signifikanter mindernder Einfluss von Commitment auf NRM bestätigt und die Hypothese $H9^{NRM}$ damit angenommen werden.

Als letzte Variable wurde die Skala zum empfundenen Rückhalt (siehe Abschnitt 9.3) aufgenommen, wobei deren Skalierung von niedrigem zu hohem Rückhalt aufsteigend vorgenommen wurde. Zum Einfluss auf NRM zeigt sich diese Variable sehr signifikant (p = 0,004), mit b = −0,077 wirkt sich Rückhalt zwischen niedriger und hoher Ausprägung maximal mit 0,308 Einheiten auf der NRM-Skala aus. Somit ist der Effekt minimal größer als der von Commitment.

Rückhalt wirkt sich als letzte der organisationsspezifischen Variablen signifikant auf NRM aus, wobei stärker empfundener Rückhalt zu niedrigeren NRM-Werten führt. Die Hypothese $H10^{NRM}$ ist damit anzunehmen.

Abschließend ist ein etwaiger Zusammenhang zwischen GMF und NRM entsprechend der Hypothese $H15^{GMF}$ zu betrachten. Beiden Einstellungskonstruktionen liegen Motive zugrunde, die der FDGO entgegenstehen. Es lag daher nahe, einen entsprechend positiven Zusammenhang zu vermuten, ohne dabei eine Wirkrichtung GMF→NRM oder NRM→GMF anzunehmen. Die Berechnung des Korrelationskoeffizienten zeigt mit ρ = 0,659** einen sehr signifikanten positiven Zusammenhang mittlerer Stärke an.

Dies spricht dafür, dass GMF und NRM miteinander einhergehen; wer dazu neigt, bestimmte Bevölkerungsgruppen abzuwerten, neigt mit höherer Wahrscheinlichkeit auch dazu, demokratiefeindlichere Einstellungen zu teilen als Menschen, die dies nicht tun. $H15^{GMF}$ kann damit angenommen werden.

[33] Vgl. Döring und Bortz 2016, S. 667.

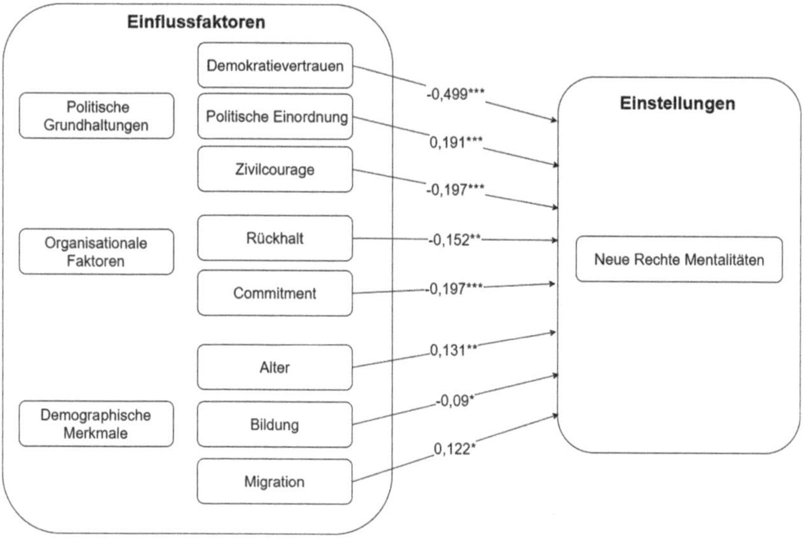

Abbildung 12.2 Einflussfaktoren auf NRM

12.4 Zwischenfazit und Diskussion

Neue Rechte Mentalitäten haben sich im Rahmen dieser Erhebung sehr unterschiedlich verteilt gezeigt. Grundsätzlich lag es nah zu vermuten, dass PVB i. d. R. aufgrund ihrer Sozialisation, ihres Selbstverständnisses (als Teil der Exekutive auch Teil des staatlichen Gesamtapparates zu sein) sowie einer anzunehmenden Hierarchietreue eher weniger anfällig für populistische und rechtsgerichtete Postulate sind. Insbesondere delegitimierenden Aussagen und verschwörungsmythischen Unterstellungen zuzustimmen, würde ja implizieren, dass die befragten PVB (auch) an ihrer eigenen Legitimation zweifeln und letztlich auch den politisch Verantwortlichen gegenüber illoyal agieren, nach deren Weisungen und Vorgaben sie selbst täglich handeln.

Außerdem ist vorwegzunehmen, dass PVB gerade im Hinblick auf ihre Treue zur FDGO am Anspruch gemessen werden müssen, antidemokratischen Bestrebungen entschieden entgegenzutreten und als Stellvertreter*innen der Exekutive eben keinen Spielraum für völkische oder nationalistisch gefärbte Ausformungen ihres Dienstes haben. Daher sind die Zustimmungswerte bezüglich der Unterstellung eines Meinungsdiktats, dem Antifeminismus und dem Ethnopluralismus genauer zu untersuchen, da sie (in Kontrast zu den anderen Dimensionen) auf gleichem Niveau liegen oder sogar höhere Zustimmung als in den Vergleichserhebungen der Mitte-Studien 2018/19 bzw. 2020/21 erfahren.

Analog zu den Befunden der Mitte-Studien wurde bei der Unterstellung eines Meinungsdiktats insbesondere der Aussage zugestimmt, man dürfe nichts Schlechtes gegen Ausländer sagen, ohne als Rassist beschimpft zu werden. Die Unterstellung eines Meinungsdiktats ist innerpolizeilich daher insbesondere mit der Diskussion um die Nationalität von Straftäter*innen sowie ethnischen Zuschreibungsprozessen in Verbindung zu bringen.

Beispielsweise ist hier die Debatte um den Begriff *„Nafri“*[34] anzuführen, der aus polizeilicher Perspektive (zunächst) eine legitime Abkürzung für eine nordafrikanisches Täterklientel darstellte.[35] Der Bedarf, auf kriminalistische Erfahrungen zurückzugreifen, wird dabei oft als kriminalistisches Profiling und damit als berechtige Gegenkonstruktion zum Racial Profiling angeführt.[36] Wenngleich auf dieses Problemfeld später noch genauer eingegangen wird (siehe Abschnitt 13.1) ist hier zumindest festzuhalten, dass es unter PVB durchaus die Wahrnehmung gibt, dass (eigentlich berechtigte) Feststellungen, z. B. zur ethnischen Zugehörigkeit von Straftäter*innen oder phänotypischen Verdachtsmomenten, zu Unrecht nur hinter vorgehaltener Hand getätigt werden dürfen, womit die hohe Zustimmung erklärt werden könnte.[37]

Dabei beschränkt sich diese Debatte nicht nur auf die PVB und das direkte Polizeihandeln, auch die Nennung der Nationalität von Tatverdächtigen in Presseveröffentlichungen oder polizeiinternen Informationsquellen (z. B. sogenannten WE-Meldungen[38] zu wichtigen Ereignissen) sowie die bewusste Nachfrage zur Nationalität von Tatverdächtigen oder gar deren Vornamen (wie regelmäßig durch die AfD vorgenommen[39]) ist Teil einer weiter gefächerten Debatte zwischen Informationserfordernis und Stigmatisierung.[40] Wenngleich nur vermutet werden kann, dass diese Debatte innerpolizeilich besondere Wirkung aufgrund der

---

[34] Neeb 2017, S. 1.

[35] Vgl. Zeit Online 2017.

[36] Vgl. Herrnkind 2014, S. 36.

[37] Die Betrachtung polizeiinternen Jargons wie etwa „Rubu“ für Menschen rumänischer bzw. bulgarischer Herkunft, „ZappZaraps“ oder „Rotationseuropäer“ für Sinti und Roma, „Ölaugen“ oder „Krausköppe“ für Menschen arabischer Herkunft etc. und des Zusammenhangs zwischen Sprache, Alltagsrassismen und Stereotypen in der Polizei würde an dieser Stelle zu weit führen, wäre aber mit Sicherheit ein interessantes Feld für weitere Forschungsarbeiten.

[38] Ministerium des Innern des Landes Nordrhein-Westfalen 2018, S. 1.

[39] Vgl. Landtag Nordrhein-Westfalen 2022, S. 3.

[40] Vgl. Singelnstein und Walburg 2021, S. 5.

Bezüge zur alltäglichen Kontrollpraxis ausübt, bleibt die Unterstellung eines Meinungsdiktats die einzige Dimension, in der die befragten PVB und die Gesamtgesellschaft nahezu übereinstimmende Tendenzen berichten.

Auch im Bereich der antifeministischen Einstellungen gilt es, die innerpolizeiliche Zustimmung vor dem Hintergrund organisationsspezifischer Prozesse darzustellen. Während die Mitte-Studie 2018/19 für beide Items der antifeministischen Dimension nahezu identische Ausprägungen aufweist,[41] verfängt innerpolizeilich die Meinung, dass Männer benachteiligt würden, deutlich mehr. Ein möglicher Grund könnte die seit einigen Jahren mit dem Stichwort der „Frauenförderung" verknüpfte, teils emotional geführte Debatte um Beurteilungs- bzw. Beförderungspraktiken in NRW sein. In Zusammenhang mit dem § 19 (6) LBG NRW[42] gab es, aus Sicht der männlichen Beamten, eine deutliche Benachteiligung gegenüber Kolleginnen, die bei gleichem Beurteilungsergebnis bis zu fünf Jahre weniger Diensterfahrung aufweisen mussten, um den männlichen Beamten gegenüber bei Beförderungen auf Grundlage der Frauenförderung bevorzugt zu werden[43]. Wenngleich aus personalpolitischer und organisationskultureller Perspektive die Förderung von Frauen in der Polizei NRW natürlich sinnvoll und wünschenswert ist, so sorgte die temporäre Praxis nach oben beschriebenem Verfahren für zahlreiche Klageverfahren, Rechtsunsicherheit und nicht zuletzt auch internen Unmut.[44] Obwohl die Frauenförderung verwaltungsrechtlich angepasst wurde, generiert auch die aktuell gültige Fassung des § 19 (6) mitunter kritisierte Beförderungsentscheidungen. Dies betrifft vor allem dienstjunge Beamt*innen, die bei ihrer ersten Regelbeurteilung noch keinerlei andere Hilfskriterien (Vorbeurteilung, Datum der letzten Ernennung etc.) vorweisen können und (wie bei der ersten Beurteilung im Amt) i. d. R. eine „Standardbeurteilung" erhalten. So kommt es vor, dass ganze Jahrgänge nach ihrer dreijährigen Probezeit nahezu eine identische Beurteilung (z. B. drei Punkte in allen sieben Leistungsmerkmalen, in Summe 21 Punkte) erhalten und dann mangels anderer Kriterien ausschließlich die weiblichen PVB befördert werden, da sie bis zu zwei Jahre weniger Diensterfahrung benötigen, um bei gleicher Eignung und Befähigung bevorzugt zu werden. Dies führt dazu, dass männliche PVB dann von zahlreichen weiblichen PVB aus späteren Einstellungsjahrgängen „überholt" werden und dies entsprechend ungerecht finden.

[41] Vgl. Zick/Küpper (2019), S. 164 ff.: Dem Krieg gegen Ehe und Familie wird hier von 10,8 % zugestimmt, der Benachteiligung von Männern 7,2 %. Ablehnen stehen der ersten Aussage hier 73,4 % und dem zweiten Statement 79,4 % gegenüber. Die Mittelkategorie ist mit 14,8 % bzw. 14,4 % vertreten.

[42] Vgl. OVG Nordrhein-Westfalen 2017.

[43] Vgl. OVG Nordrhein-Westfalen, Beschluss vom 05.09.2019, 6 B 852/19.

[44] Vgl. Bund Deutscher Kriminalbeamter e. V 2016.

Es ist wenig überraschend, dass der o. g. Aussage auch signifikant mehr Männer mit 20,5 % (n = 49) als Frauen mit 6,2 % (n = 5) zustimmten. Auch die sehr signifikante Korrelation $\rho = 0{,}227^{**}$ zwischen dieser Aussage und dem Geschlecht (Referenzkategorie = weiblich) zeigt eine überproportionale Zustimmung von Männern. Letztlich lässt sich hier zumindest eine mögliche Erklärung für die deutlich höhere Zustimmung zur (empfundenen) Benachteiligung von Männern in der Polizei aufzeigen.

Im Bereich der ethnopluralistischen Aussagen ist zunächst zu unterstreichen, dass rund 43 % der befragten PVB jedem Volk eine unveränderliche Identität zuschreiben. Dies irritiert insofern, als dass die Polizei eine der Institutionen ist, die gesellschaftlichem Wandel und dessen Auswirkungen (z. B. in Form von Integrations- oder Segregationsprozessen) täglich begegnet bzw. begegnen muss. Die Veränderlichkeit unserer Gesellschaft zeigt sich auf zahlreichen Ebenen, aber eben auch in polizeilichen Sachverhalten.

Auch innerpolizeilich wäre zu erwarten gewesen, dass die Auseinandersetzung mit der eigenen Diversität und insbesondere die Einstellung von PVB mit Migrationshintergrund eher zum Bewusstsein einer offenen und in stetigen Anpassungsprozessen begriffenen Gesellschaft führt. Wenngleich gesellschaftliche Veränderungen aufgrund verschiedenster Faktoren deutlich langsamer in Behörden vollziehen (lassen), wäre doch zu erwarten, dass auch unter den PVB die Wahrnehmung besteht, dass „das deutsche Volk" (sofern der Begriff Volk überhaupt ein einheitliches Definitionsmerkmal bilden kann[45]), durch Zuwanderung und Pluralisierung und der Dynamisierung zahlreicher Lebensbereiche längst stetigen Veränderungen unterliegt.

Dass unsere Identität unveränderlich sei, kann mit Blick auf die Entwicklung der letzten 60 Jahre in Deutschland (so die Erwartungshaltung) eigentlich niemand mehr ernsthaft behaupten. Die nur durch knapp 3 % der PVB dann auch artikulierte Zustimmung zu einer kritischen Sicht auf die Durchmischung unterschiedlicher Völker, unterstreicht eher die Veränderlichkeit einer (wie auch immer gearteten) Identität unterschiedlicher Völker. Dass diese 3 % mit ihrer Meinung eine klassisch rassistische Ansicht dokumentieren, gibt umso mehr Grund, diesen Umstand zu hinterfragen. Insgesamt zeigt sich stärkere Zustimmung zu den Motiven der Neuen Rechten mit MW = 2,18, als gruppenbezogene Abwertungshaltungen in der Gesamtskala GMF mit MW = 1,87 geäußert werden. Bei der Betrachtung von Einflussfaktoren (siehe Abbildung 12.2) zeigte sich, analog zu GMF, auch für NRM ein komplexes Bündel an Faktoren, die entweder protektive oder verstärkende Wirkung auf NRM nehmen. Bei der Frage nach möglichen

[45] Vgl. Behr 2019, S. 386.

Förderungs- oder Schutzfaktoren wurde zunächst der Befund bestätigt, dass das Geschlecht kein Prädiktor rechtspopulistischer Einstellungen ist.[46]

Demgegenüber konnte Alter als Faktor identifiziert werden, wobei analog zur Gesamtgesellschaft[47] höheres Alter eher mit rechtspopulistischen Einstellungen einhergeht.

Dass dieser Trend, analog zu den beobachteten Zusammenhängen zwischen dem Alter und GMF, von der mittleren Altersgruppe durchbrochen wird, spricht entweder für eine Reproduktion des gesamtgesellschaftlich zu beobachtenden u-förmigen Zusammenhangs oder dafür, dass in der mittleren Altersgruppe die Schutzfaktoren besonders häufig oder die Risikofaktoren besonders gering vorkommen. Die Detailanalyse im Vergleich der Mittelwerte in der mittleren Altersgruppe und den entsprechenden Gesamtmittelwerten zeigt, dass die Gruppe der 39- bis 49-Jährigen für einige der identifizierten Schutzfaktoren stärkere Ausprägungen aufweist (Tabelle 12.9). Dazu gehört z. B. eine politische Selbstverortung etwas weiter links, eine um 0,19 stärker ausgeprägte Reflexionsbereitschaft, ein um 0,03 höheres Commitment, um 0,08 Skaleneinheiten positiver bewertete Kontakterfahrungen sowie um 0,10 positiver ausgeprägtes Kontaktempfinden.

Tabelle 12.9 Altersgruppe 39–49 und Förderungsfaktoren

Altersgruppe 39-49 und Förderungsfaktoren			
Einflussfaktoren	MW	MW Gesamt	Differenz
Politische Grundhaltung	2,79	2,88	-0,09
Demokratievertrauen	3,29	3,48	-0,19
Reflexionsbereitschaft	3,59	3,40	0,19
Commitment	4,20	4,17	0,03
Rückhalt	3,04	3,23	-0,19
Kontakterfahrungen	2,77	2,71	0,08
Kontaktempfinden	3,39	3,29	0,10
NRM-Gesamtskala	2,07	2,14	-0,07
GMF-Gesamtskala	1,76	1,87	-0,11
MW=Mittelwert			

[46] Vgl. Häusler und Küpper 2019, S. 186.

[47] Vgl. ebd., S. 187.

Gleichzeitig zeigen sich aber auch einige signifikante protektive Faktoren geringer als im Gesamtdurchschnitt ausgeprägt, wie z. B. das um 0,19 Punkte geringere Demokratievertrauen und der im gleichen Maße geringer empfundene Rückhalt. Für GMF ließe sich hier ein Zusammenhang vermuten, da mit den kontaktbezogenen Faktoren sowie der Reflexionsbereitschaft drei sehr deutliche Einflussfaktoren bei der mittleren Altersgruppe stärker als beim Gesamtdurchschnitt ausgeprägt sind. Für NRM ist dies allerdings nicht abbildbar, da hier bei den 39- bis 49-Jährigen insbesondere das Demokratievertrauen als stärkster Einflussfaktor auf NRM geringer, als bei der Stichprobe insgesamt zu beobachten ist. Insofern bleibt die Frage nach der Ursache für diese Besonderheit unter den Altersgruppen unbeantwortet.

Am meisten verwundert unter den demographischen UV die Beobachtung, dass (analog zu GMF) die PVB mit Migrationshintergrund durchweg stärker zu NRM tendieren als PVB ohne Migrationshintergrund. Da gezeigt werden konnte, dass sich die politische Grundhaltung, das Demokratievertrauen und die Zivilcourage hoch signifikant auf die Zustimmung zu NRM auswirken, wurde geprüft, ob es zwischen PVB mit- bzw. ohne Migrationshintergrund in diesen Bereichen deutliche Unterschiede gibt. Auf der Skala der politischen Grundhaltungen liegen beide Gruppen im Mittelwertvergleich sehr nah beieinander (MW = 2,75 bei PVB mit Migrationshintergrund bzw. MW = 2,88 bei PVB ohne Migrationshintergrund), wobei PVB ohne Migrationshintergrund mehr nach rechts tendieren. So ordnen sich 17,1 % (n = 32) dieser Gruppe eher rechts ein, PVB mit Migrationshintergrund nur zu 7,1 % (n = 2), wobei eine Selbstverortung rechts gar nicht gewählt wurde. Für die Zivilcourage weisen PVB ohne Migrationshintergrund einen etwas geringeren Mittelwert auf (MW = 3,92) als PVB mit Migrationshintergrund (MW = 4,01).

Demgegenüber berichten PVB ohne Migrationshintergrund ein höheres Demokratievertrauen (MW = 3,26) als PVB mit Migrationshintergrund (MW = 3,03). Bezugnehmend auf die Stärke der Regressionskoeffizienten kommt dem Demokratievertrauen ein stärkerer Effekt auf NRM zu, sodass sich bei gegenläufigen Tendenzen innerhalb der politischen Grundhaltungen und dem Demokratievertrauen eher letzteres niederschlagen dürfte und somit ein Ansatzpunkt zur Erklärung der stärkeren Ausprägungen bei NRM von PVB mit Migrationshintergrund sein könnte. Warum PVB, trotz ihrer weniger rechts gerichteten politischen Grundhaltung weniger Vertrauen in die Demokratie äußern, bleibt offen. Denkbar wären hier z. B. eigene Diskriminierungserfahrungen (außerhalb der Polizei).

Bildung hingegen ist sehr naheliegend mit den unter NRM subsumierten Aussagen in Verbindung zu bringen. Insbesondere verschwörungstheoretisch anmutende Unterstellungen, wie die einer Islamverschwörung, oder stark populistische Formulierungen, wie dem Krieg gegen Ehe und Familie, haben bereits in den Mitte-Studien deutlich stärkere Zustimmung durch Menschen mit niedriger formaler Bildung erfahren.[48] Allerdings wurde unter den PVB auf das Bildungsniveau unter Einbeziehung erlangter akademischer Abschlüsse abgestellt. Wie gezeigt werden konnte, hat dies noch größere Auswirkungen auf die gemessenen Einstellungen als die Schulbildung. Dies dürfte allerdings auch auf die lediglich dichotom vorliegende Differenzierung zwischen mittlerer und hoher Schulbildung in der zugrunde liegenden Datenbasis zurückzuführen sein.

Auf die Polizei bezogen, wäre ein Abstellen auf die Schulbildung insofern nicht ausreichend gewesen, als dass das Bachelorstudium als Standardqualifikation einstellungserhebliche Faktoren wie die Selbstreflexion in der Rolle als Polizist*in, berufsethische Fragestellungen zu Diskriminierung, Grundrechten und Verhältnismäßigkeit sowie soziologische Problemstellungen und Perspektiven vermittelt. Dass angehende PVB während des Studiums also einer positiven Entwicklung unterliegen und durch die Auseinandersetzung mit den beispielhaft angeführten Inhalten eher Vorurteile und entsprechende Einstellungen ab- als aufbauen, konnte eine entsprechende Erhebung in NRW bereits zeigen.[49] Allerdings ist mit Ende des Studiums und Eintritt in den polizeilichen Alltag eine gegenläufige Entwicklung in Form der Zunahme entsprechender Einstellungen zu beobachten. Auch, wenn dies nicht anhand des formalen Bildungsniveaus aufgezeigt werden konnte, kommen mit hoher Wahrscheinlichkeit auch informellen weiterbildenden Maßnahmen, wie z. B. Fortbildungen, Dienstunterrichten etc. eine wichtige Bedeutung bei der Festigung und Auseinandersetzung mit der eigenen Rolle und der Reflexion von Einstellungen und Alltagsroutinen zu.

Dass die herangezogenen politischen Haltungen und Einstellungen allesamt hoch signifikanten Einfluss auf NRM zeigten, war wenig überraschend. Das eine politische Orientierung nach rechts mit neuen rechten Motiven einhergeht, ist naheliegend und wurde auch bestätigt. Ob bzw. in welchem Maße grundlegende politische Haltungen im Erwachsenenalter veränderbar sind, ist dabei durchaus zu hinterfragen – erfolgt doch ihre Prägung bereits im Kindesalter und wird auch von Merkmalen des Elternhauses determiniert.[50] Andererseits zeigt die jüngere Vergangenheit, dass aktuelle Geschehnisse durchaus Einstellungen zu konkreten Sachverhalten oder (politischen) Akteuren beeinflussen können.

[48] Vgl. Häusler und Küpper 2019, S. 186.

[49] Vgl. Krott et al. 2018.

[50] Vgl. Abendschön und Vollmar 2006, S. 210.

Da zum Zeitpunkt der Befragung zahlreiche einschneidende Maßnahmen zur Bekämpfung der Covid-19-Pandemie umgesetzt wurden ist durchaus denkbar, dass sich die Kritik gegenüber den politisch Verantwortlichen und Zweifel an der Legitimität (der Maßnahmen) auf die Ergebnisse ausgewirkt haben.

Dies dürfte insbesondere auf eine zunächst unklare Informationslage zur Herkunft und Gefährlichkeit des Covid-19-Virus sowie auf nicht immer nachvollziehbare politische Maßnahmen zur Eindämmung der Covid-19-Pandemie zutreffen. Wie in Abschnitt 10.1.1 außerdem gezeigt wurde, brachten die Befragten die Covid-19-Pandemie in direkten Zusammenhang mit ihrer potenziellen Wahlentscheidung, und zwar bei 7,5 % (n = 24) zulasten der damals in der Regierungsverantwortung maßgeblichen CDU. Allerdings konnte nicht belegt werden, dass dieses Wähler*innenpotenzial als „Protestwähler" hin zur AfD abgewandert ist; vielmehr wurden Wahlentscheidungen zugunsten anderer bürgerlicher Parteien getroffen.

Ein ausgeprägtes Vertrauen in die Demokratie hat sich als signifikanter Schutzfaktor vor NRM gezeigt, was inhaltlich wenig verwunderlich ist. Denn insbesondere die Aussagen zur Unterstellung eines Meinungsdiktats, zum Anti-Establishment oder bzgl. des Aufrufs zum Widerstand kann theoretisch nur befürworten, wer grundlegend die demokratische Legitimierung unserer politisch Verantwortlichen und deren Integrität anzweifelt. In Abschnitt 10.2 konnte in diesem Zusammenhang gezeigt werden, dass die Befragten zwischen ihrem Vertrauen in staatliche Institutionen auf der einen und politischen Akteuren auf der anderen Seite deutlich differenzieren, wobei den handelnden Personen deutlich mehr Misstrauen als den übergeordneten Institutionen und Behörden entgegengebracht wird. Mehr als ein Drittel der befragten PVB stimmte der Aussage zu, dass Politiker*innen zum eigenen Vorteil bestehende Gesetze umgehen würden – mehr als ein weiteres Drittel war mit der Mittelkategorie zumindest nicht klar anderer Meinung. Daraus folgt, nicht nur auf die Polizei bezogen, dass sich politisch Verantwortliche unbedingt über die Strahlkraft ihrer Handlungen bewusst sein müssen. Denn Verfehlungen wirken nicht nur auf die Wahrnehmung ihrer eigenen Person, sondern auch auf das Vertrauen in die zugrunde liegenden politischen Strukturen.

Da das Demokratievertrauen bzw. Demokratiemisstrauen sehr ähnlich ausgeprägt ist, wie in der Gesamtbevölkerung[51], ist fraglich, inwieweit hier übergeordnete gesellschaftliche und politische Entwicklungen und Sachverhalte Bewertungsgrundlage sind, die unabhängig von der Funktion als Polizeibeamtin bzw. Polizeibeamter die eigenen Einschätzungen prägen.

---

[51] Vgl. Berghan und Zick 2019, S. 232.

Eine Wechselwirkung zwischen übergeordneten Grundhaltungen und polizeispezifischen Faktoren ist hingegen bei den Feststellungen zur Zivilcourage denkbar. Die Gesamtskala zum Engagement gegen Diskriminierung und für eine offene Gesellschaft sowie der Einordnung von Populismus und Rassismus als Bedrohungen für unsere Gesellschaft hat sich, nach dem Demokratievertrauen, als stärkster Einflussfaktor auf NRM gezeigt.

Während das Engagement für Offenheit und gegen Diskriminierung durch die befragten PVB im Vergleich zur Gesamtgesellschaft grundsätzlich sehr ähnlich bewertet wurde (siehe Abschnitt 10.3), äußerten die PVB gleichzeitig eine deutlich niedrigere Sorge über die Zunahme des Rassismus in der Gesellschaft. Obwohl keine Indikation für eine separate Betrachtung dieser beiden Facetten (Engagement/Besorgnis) als unterschiedliche Faktoren vorlag, ist die deutlich geringere Sorge vor rassistischen und populistischen Kräften bei PVB doch gesondert zu hinterfragen.

Dass die Bedrohung durch Rechtspopulismus oder Rassismus für Gesellschaft und Demokratie durch PVB niedriger eingeschätzt wird als im gesellschaftlichen Durchschnitt, könnte damit begründet werden, dass PVB ein höheres Zutrauen in die Resilienz unserer politischen Strukturen haben – das höhere Demokratievertrauen (bzw. das niedrigere Demokratiemisstrauen), welches gezeigt werden konnte, wäre ein möglicher Indikator.

Andererseits könnte eine geringere Besorgnis auch dafürsprechen, dass die befragten PVB im Falle einer tatsächlichen Zunahme weniger kritische Konsequenzen durch „mehr" Rassismus fürchten, weil sie selbst zum größten Teil nicht betroffen sind bzw. wären. Dies würde auch implizieren, dass Rassismus als Einstellungsfacette akzeptiert wird oder rassistische Tendenzen zumindest als normal empfunden werden.

Allerdings steht dieser These entgegen, dass unter den PVB deutlich weniger Rassismus (MW = 1,26) im Rahmen der Betrachtung von GMF (siehe Abschnitt 11.3) als in der Gesamtgesellschaft (MW = 1,87) geäußert wurde.[52] Obwohl es keine Anhaltspunkte für sozial erwünschtes Antwortverhalten bei den rassistischen Items gibt ($\rho = -0{,}036$), weisen andere (stärker befürwortete) Teilbereiche durchaus Schnittmengen zu rassistischen Einstellungen auf, wie z. B. die Abwertung von Asylsuchenden oder Sinti_zze und Rom_nja.

Analog zu den identifizierten Einflussfaktoren auf GMF, zeigten sich die Arbeitszufriedenheit nicht als signifikantes Merkmal in Bezug zu den Ausprägungen von NRM. Die Ausgangsannahme war, dass unzufriedene PVB ggf. die

---

52 Vgl. Zick, Berghan und Mokros 2019, S. 70.

Gesamtorganisation, Vorgesetzte oder übergeordnete Strukturen wie den Stellenplan, das Beurteilungssystem oder politische Schwerpunktsetzungen zumindest mitverantwortlich für die eigene Situation machen. Denn wenn beispielsweise bestimmte Delikte aufgrund öffentlichen oder politischen Drucks priorisiert werden (wie z. B. die Bekämpfung des sexuellen Missbrauchs oder der Kinderpornographie in den letzten Jahren), hat dies unumgänglich auch Auswirkungen auf andere Arbeitsbereiche. Dort, wo dann weniger der insgesamt begrenzten (Personal-)Ressourcen zur Verfügung stehen, kommt es mutmaßlich zu negativen Auswirkungen wie steigender Arbeitsbelastung, weniger individuellem Ermittlungsspielraum oder weniger Möglichkeiten für individuelle Weiterentwicklung (etwa in Form von Hospitationen auf anderen Dienststellen, Fortbildungen, Nebenämtern etc.).

Dass sich die Arbeitszufriedenheit aber nicht als förderlich für die Ablehnung der politisch etablierten Institutionen oder Argwohn gegenüber dem politischen System zeigt, spricht dafür, dass die konkreten Einflussfaktoren auf Arbeitszufriedenheit (siehe Abschnitt 9.6.3) nicht in einen übergeordneten Zusammenhang gesetzt werden.

Das Commitment weist hingegen signifikant limitierenden Einfluss auf NRM auf. Wenn PVB sich auf globaler Ebene mit der Institution Polizei und dem Berufsbild identifizieren, spricht dies bereits für eine Organisationstreue und ein Vertrauen in den behördlichen Gesamtapparat. Die relativ geringe Ausprägung des Korrelationskoeffizienten könnte damit zu erklären sein, dass Commitment besonders auf die Dimensionen der NRM wirkt, die den politischen Institutionen das Vertrauen absprechen oder gar zum Widerstand gegen selbige aufrufen.

Eine Detailbetrachtung mittels Korrelationsberechnung bestätigt diese Annahme und zeigt, dass das Commitment signifikant negativ mit dem Aufruf zum Widerstand ($\rho = -0{,}242^{**}$) sowie dem Anti-Establishment ($\rho = -0{,}170^{**}$) korreliert. Auch zum Antifeminismus ($\rho = -0{,}165^{**}$), der Islamverschwörung ($\rho = -0{,}147^{**}$) und der Unterstellung eines Meinungsdiktats ($\rho = -0{,}131^{*}$) bestehen signifikante Korrelationen, die allesamt niedriger ausgeprägt sind, wenn Commitment zunimmt. Zur Ablehnung der EU sowie dem Ethnopluralismus bestehen demgegenüber keine signifikanten Zusammenhänge.

Eine ähnliche Vermutung war auch mit dem empfundenen Rückhalt verbunden, welcher sowohl das Vertrauen in übergeordnete Strukturen (Rechtssicherheit, Unterstützung durch Vorgesetzten) als auch die dadurch geförderte eigene Handlungssicherheit umfasst. PVB hingegen, die weniger Rückhalt empfinden, sehen sich demgegenüber eher unsicher und befürchten entweder mangelnde Anerkennung oder Rückendeckung durch die Vorgesetzten oder sehen sich als PVB insgesamt der ständigen Gefahr ausgesetzt, durch erforderliche Maßnahmen selbst rechtlich angreifbar zu sein.

Da ein signifikanter negativer Einfluss von Rückhalt auf NRM aufgezeigt werden konnte, ist die Abstraktion des empfundenen (globalen) Rückhalts auf übergeordnete politische Strukturen durch die PVB durchaus eine denkbare Erklärung. Interessant ist in diesem Zusammenhang auch, dass Rückhalt signifikante negative Korrelationen zu sämtlichen Dimensionen von NRM aufweist, zwischen $\rho = -175^{**}$ beim Aufruf zum Widerstand und $\rho = -0{,}351^{**}$ bei der Unterstellung eines Meinungsdiktats. Rückhalt geht also besonders damit einher, dass PVB das Gefühl haben, sich auch kritisch äußern zu können und ggf. auch Sachverhalte zu benennen, die in Öffentlichkeit und Medien eher unpopulär sind.

13 Handlungsleitende Einstellungen

Nachdem nun aufgezeigt wurde, welche Faktoren sich auf GMF und NRM auswirken und zumindest andiskutiert wurde, wie die Befunde interpretiert werden könnten, folgt als letzter Schritt die Verknüpfung dieser Einstellungen mit konkreten Handlungsabsichten der PVB. Dass es eine solche Verbindung tatsächlich gibt, kann zwar aufgrund bisheriger Erkenntnisse vermutet werden (siehe Kapitel 2) – statistisch nachgewiesen wurde dies innerpolizeilich (nach aktuellem Kenntnisstand) im deutschsprachigen Raum noch nicht.

Dabei werden zwei behavioristische Einstellungskomplexe betrachtet, die immer wieder mit Polizeihandeln in Verbindung gebracht werden: Racial Profiling und der sogenannte „Code of Silence“[1] (auch als „Mauer des Schweigens“ bezeichnet).

[1] Vgl. Ivković et al. 2022, S. 6.

© Der/die Autor(en), exklusiv lizenziert an Springer Fachmedien Wiesbaden GmbH, ein Teil von Springer Nature 2026

M. Haendschke, *Werte und Einstellungen von Polizeibeamtinnen und Polizeibeamten*, Kriminologische Studien,
https://doi.org/10.1007/978-3-658-50480-9_13

13.1 Racial Profiling

Racial Profiling wurde anhand von vier Items erhoben[2], wobei sich drei Items auf bereits vorher abgefragte spezifische Bevölkerungsgruppen (Asylbewerber*innen, Sinti_zze und Rom_nja, PoC) beziehen. Auf einer voll-verbalisierten Skala von „Stimme nicht zu“ (1) bis „Stimme zu“ (5) wurden die Befragten gebeten, sich entsprechend gegenüber den angeführten Aussagen zu positionieren. Drei dieser Items waren pro Racial Profiling und eines contra entsprechender Kontrollroutinen gepolt. Eine Reliabilitätsberechnung mittels Cronbachs Alpha zeigte, dass eine aus allen vier Items berechnete Gesamtskala ein $\alpha = 0{,}63$ aufweisen würde, die Reliabilität aber durch Streichen des ersten Items (kein Verständnis für die gezielte Kontrolle von Asylsuchenden durch Kolleg*innen) auf $\alpha = 0{,}66$ optimiert werden könnte.

Eine Faktorenanalyse[3] mittels Varimax-Rotation und Extraktion von Hauptkomponenten mit Eigenwerten > 1 zeigte, dass es lediglich einen entsprechenden Faktor (1,933) gab, auf dem alle vier Items positive Ladungen zeigten und der 48,31 % der Varianz aufzuklären vermag. Das bereits angesprochene Item wies allerdings mit 0,496 eine deutlich niedrigere Ladung auf als die drei anderen Items mit Werten von 0,726 bis 0,767. Mangels anderer Faktoren erfolgte die Berechnung der Gesamtskala Racial Profiling dennoch anhand aller vier Items, da auch der Zuwachs im Reliabilitätsmaß bei Streichung nicht im Verhältnis zum informatorischen Mehrwert des Items zu sehen war.

---

[2] Anmerkungen zur Tabelle 13.1: Die Items dieser Skala stammen aus einem Fragebogen des Projekts DeWePol (Stand 08/2021) der Akademie der Polizei Hamburg und wurden leicht abgewandelt. Die Formulierung „in meiner Stadt“ wurde im Fragebogen mit der jeweiligen Polizeibehörde, in der die Erhebungen durchgeführt wurde, (Hamburg/Bonn) ersetzt. Das Item 1 („Ich habe kein Verständnis....“) wurde zur Berechnung der Gesamtskala recodiert (MW = 2,84; SD = 1,22).

[3] KMO-Kriterium: 0,702, Bartlett-Test <0,01.

Tabelle 13.1 Racial Profiling

Racial Profiling						
Bitte nehmen Sie anhand der Skala Stellung zu folgenden Aussagen:	Anteil der Befragten in %					MW
	(1)	(2)	(3)	(4)	(5)	
Ich habe kein Verständnis für Kolleg*innen, die als Asylbewerber*innen erkennbare Menschen gezielt kontrollieren. (n=284; SD=1,22)	11,6	17,6	30,6	23,9	16,2	3,15
Wenn man Sinti_zze und Rom_nja kontrolliert, kann man ziemlich sicher sein, einen Verstoß festzustellen. (n=281; SD=1,05)	16,4	23,5	37,7	19,6	2,8	2,69
Wenn Menschen mit dunkler Hautfarbe kontrolliert werden, ist die Wahrscheinlichkeit, auf eine Straftat zu stoßen, höher als bei anderen. (n=281; SD=1,02)	39,9	30,6	20,3	7,8	1,4	2,00
An bestimmten Orten in meiner Stadt lohnt es sich, ausländisch aussehende Menschen zu kontrollieren. (n=280; SD=1,22)	9,3	10,4	22,9	33,2	24,3	3,53
Gesamtskala Racial Profiling (n=281 SD=0,78; α=0,63;)						2,77
n=Anzahl Befragter | MW=Mittelwert | SD=Standardabweichung | α=Cronbachs Alpha						

Die gezielte Kontrolle von Asylbewerber*innen wird von 40,1 % (n = 114) als nicht verständlich eingestuft. Demgegenüber äußern 29,2 % der Befragten (n = 83) Verständnis für entsprechende Kontrollen zu haben. Knapp ein Drittel der Befragten ist geteilter Ansicht mit 30,6 % (n = 87).

Bei der Kontrolle von Sinti_zze und Rom_nja ziemlich sicher einen Verstoß annehmen zu können, bejaht mit 22,4 % (n = 63) rund jede/r fünfte Befragte. Deutlich mehr PVB stimmen dieser Aussage mit 39,9 % (n = 112) tendenziell nicht zu, ein etwa gleich großer Anteil positioniert sich in der Mittelkategorie mit 37,7 % (n = 106).

Der Behauptung, bei Menschen mit dunkler Hautfarbe[4] im Rahmen einer Kontrolle mit höherer Wahrscheinlichkeit auf Straftaten zu stoßen als bei anderen Menschen, stimmen in Summe 9,2 % (n = 26) der befragten PVB zu. Etwa ein Fünftel wählt mit 20,3 % (n = 57) die Teils/teils-Kategorie, mit 70,5 % (n =

[4] Der Fragetext wurde bewusst auf das Merkmal der Hautfarbe reduziert, um entsprechende Kontrollpraktiken auf Basis phänotypischer Merkmale abzubilden, wenngleich in der Übrigen Arbeit die soziale Kategorie der PoC als Beschreibung genutzt wurde.

198) positioniert sich der weitaus größte Teil dieser Aussage ablehnend gegenüber, wobei der Anteil uneingeschränkter Ablehnung mit 39,9 % noch etwas größer ist, als der latenter Ablehnung mit 30,6 %.

Dass sich an bestimmten Orten in der eigenen Stadt die Kontrolle ausländisch aussehender Menschen lohne, bestätigt mit 57,5 % (n = 161) deutlich über die Hälfte der Befragten. Weitere 22,9 % (n = 64) äußern sich unentschlossen in der Teils/teils-Kategorie, 19,7 % (n = 55) widersprechen der Aussage. Anhand der Mittelwerte lassen sich mehrere Befunde ablesen:

Erstens unterscheidet sich die Bereitschaft, aufgrund äußerlicher Merkmale Menschen zu kontrollieren bzw. diesen allein aufgrund ihrer (augenscheinlichen) ethnischen Zugehörigkeit potenziell kriminelles Verhalten zuzuschreiben und damit einen Kontrollerfolg zu antizipieren, je nach aufgeführter Gruppe deutlich. So liegt der Mittelwert bei Asylsuchenden bei MW = 2,84 (siehe FN2), bei Sinti_zze und Rom_nja bei MW = 2,69 und bei PoC bei MW = 2,00. Während also rund jede/r dritte PVB verdachtsunabhängige Kontrollen bei Menschen, die augenscheinlich als Asylsuchende auftreten, gerechtfertigt findet, ist dies bei Sinti_zze und Rom_nja rund jede/r fünfte und bei PoC ungefähr jeder elfte. Zuschreibungsprozesse und die Bereitschaft, die eigenen Maßnahmen bzw. Kontrollen auf äußere Merkmale fußen zu lassen, zeigen sich also sehr individuell.

Zweitens ist beim Bezug auf bestimmte Orte gruppenunabhängig die Kontrolle ausländisch aussehender Personen allgemein von mehr als jeder/jedem zweiten Befragten befürwortet worden. Dass nur knapp 20 % der befragten PVB dieser Aussage widersprochen haben, verdeutlicht, dass Kontrollroutinen auf Basis phänotypischer Merkmale weit verbreitet und akzeptiert sind. Dabei liegen keine klar interpretierbaren Unterschiede zwischen den demographischen Merkmalen Geschlecht und Alter der Befragten vor. Die Mittelwerte weiblicher (MW = 2,768) und männlicher (MW = 2,760) PVB unterscheiden sich erst in der dritten Nachkommastelle.

Bei den fünf Altersgruppen zeigt die Gruppe der jüngsten PVB zwischen 19 und 29 Jahren (n = 76) die geringste Zustimmung (MW = 2,59), die darauffolgende Gruppe der 30 bis 39-Jährigen (n = 64) zeigt demgegenüber die deutlichsten Ausprägungen (MW = 2,95). Über die folgenden drei Altersgruppen hinweg sinken die Ausprägungen von Racial Profiling kontinuierlich ab[5], liegen aber immer noch deutlich über der Gruppe der Jüngsten. Eine ähnliche Differenz liegt bei der Verwendungsbreite der PVB vor. Die PVB, die bereits

---

[5] 40 bis 49 Jahre (n = 45): MW = 2,80; 50 bis 59 Jahre (n = 71): MW = 2,79; 60 Jahre und älter (n = 25): MW = 2,67.

zwei andere Dienststellen vor ihrer aktuellen Verwendung durchlaufen hatten (n = 121), äußerten deutlich mehr Zustimmung zu entsprechenden Kontrollroutinen (MW = 2,92), als PVB in ihrer Erstverwendung (n = 72; MW = 2,49) oder mit nur einer anderen Vorverwendung (n = 59; MW = 2,76). Auch die PVB mit drei oder mehr Vorverwendungen (n = 29) berichteten niedrigere Zustimmung (MW = 2,78).

Die Anzahl der Vorverwendungen korreliert signifikant mit mittlerer Stärke zu den Altersgruppen (R[6] = 0,572, p<0,001), sodass anzunehmen ist, dass die 30 bis 39-jährigen PVB gleichzeitig auch Schnittmengen zu der Gruppe mit zwei Vorverwendungen aufweisen. Dies würde, nach i. d. R. drei- bis vierjähriger Erstverwendung auch mit den in dieser Altersgruppe im Durchschnitt anzunehmenden Dienstjahren korrespondieren. Eine Betrachtung mittels Kreuztabellen bestätigt, dass der größte Teil dieser Altersgruppe mit 53,6 % (n = 52) zwei Vorverwendungen berichtet, während gar keine (19,6 %; n = 19), eine (18,6 %; n = 18) oder drei und mehr Verwendungen (8,2 %; n = 8) deutlich seltener mit dieser Gruppe einhergehen.[7]

Neben dieser partiellen Besonderheit bei den Altersgruppen zeigen auch PVB mit Migrationshintergrund (n = 25), analog zu den Feststellungen bei GMF (siehe Abschnitt 11.3.) und NRM (siehe Abschnitt 12.3.) im Mittel höhere Zustimmung (MW = 2,94) als PVB ohne Migrationshintergrund (n = 256; MW = 2,74). Ob sich diese Merkmale auch unter Konstanthaltung der jeweils anderen bei gleichzeitiger Berücksichtigung von GMF als vermutetem Einflussfaktoren auf die Bereitschaft zu Racial Profiling auswirken, zeigt die gemeinsame Betrachtung innerhalb eines Regressionsmodells.

Zur Falsifizierung der Hypothese $H1^{RP}$ wurde vor Aufstellung des linearen Regressionsmodells geprüft, ob die entsprechenden Voraussetzungen zur Berechnung einer mehrstufigen multiplen Regression vorliegen. Die Durchführung einer multiplen linearen Regression wurden mittels Einschlussverfahren in zwei Stufen/Blöcken durchgeführt, wobei das Gesamtmodell in Stufe 2 mit von $R^2 = 0{,}285$ und einer Signifikanz im F-Test von <0,001 einen Erklärungsbeitrag hinsichtlich der abhängigen Variable Racial Profiling leistet und 28,5 % der Varianz erklärt. Entsprechend der aufgestellten Hypothese $H1^{RP}$ wurden zunächst die bereits

---

[6] Da es sich bei beiden Variablen „Anzahl Vorverwendungen" und Altersgruppe um Intervallskalierte Variablen handelt, wurde hier der Korrelationskoeffizient R nach Pearson angegeben.

[7] Hier ist anzumerken, dass die Kreuztabelle deutlich mehr Fälle mit n = 447 betrachtet, als die einzelnen Variablen Verwendungsbreite und Altersgruppe auf Racial Profiling bezogen (n = 281), da RP am Ende des Fragebogens deutlich mehr fehlende Werte aufwies, als die demographischen Angaben zu Beginn des Fragebogens.

deskriptiv dargestellten demographischen Kontrollvariablen (Geschlecht, Alter, Migrationshintergrund) in das Modell eingeführt. Im Anschluss daran wurde GMF als Prädiktorvariable (Stufe 2) mit einbezogen. Multikollinearität konnte anhand von VIF-Werten zwischen 1,082 (UV4) bis 1,131 (UV2) ausgeschlossen werden[8]. Der modifizierte Breusch-Pagan-Test (p = 0,127) sowie der White Test (p = 0,529) wiesen auf Homoskedastizität hin. Dennoch wurden robuste Standardfehler mit HC3-Niveau berechnet, um potenzielle Verzerrungen der p-Werte infolge Heteroskedastizität und Autokorrelation zu korrigieren.[9] Die Ergebnisse der multiplen Regression für die AV RP sind folgender Tabelle zu entnehmen.

Tabelle 13.2 Regressionsmodell Racial Profiling

Regressionsmodell Racial Profiling							
Abhängige Variable: Racial Profiling						**95 % KI**	
Koeffizienten	**b**	**SE (HC3)**	**β**	**T**	**P**	**UG**	**OG**
Konstante	1,320	0,224	-	5,881	<0,001	0,878	1,762
Geschlecht	-0,105	0,090	-0,064	-1,171	0,243	-0,283	0,072
Alter	-0,001	0,003	-0,013	-0,220	0,826	-0,007	0,006
Migration	0,054	0,160	0,020	0,334	0,739	-0,262	0,369
GMF	0,870	0,096	0,542	9,018	<0,001	0,680	1,060

n=261; R^2= 0,285; korr. R^2= 0,274; F (11,144)= 25,638; p < 0,001 | Signifikanz (zweiseitig)

**auf dem Niveau von p<0,01 signifikant ***auf dem Niveau von p<0,001 signifikant

Mit einem R^2 liefert das Modell eine Varianzaufklärung von 28,5 % der abhängigen Variable RP. Dabei zeigt sich keine der vorher betrachteten Kontrollvariablen signifikant. Der Einfluss von GMF ist demgegenüber hoch signifikant (p<0,001). GMF hat mit b = 0,870 einen sehr deutlich positiven rechnerischen Einfluss auf RP; mit jeder Einheit Zuwachs auf der GMF-Skala steigt auch Racial Profiling um 0,870 Punkte an. Der Unterschied innerhalb der Bereitschaft zu Racial Profiling zwischen PVB mit niedriger und hoher gruppenbezogener Menschenfeindlichkeit beträgt also 3,48 Einheiten. Dies ist bei der Skalenspannweite (Maximalunterschied von 4,0 bei der Skalierung von (1) bis (5)) als sehr hoch einzuschätzen. Die Hypothese $H1^{RP}$ zum Einfluss von GMF auf RP kann damit angenommen werden.

[8] Vgl. Field 2018, S. 402.

[9] Vgl. Hayes und Cai 2007, S. 714.

13.2 Code of Silence

Als Code of Silence wird eine polizeiinterne informelle Maßgabe beschrieben, Verfehlungen von Kolleg*innen nicht öffentlich zu artikulieren (siehe dazu ausführlich Abschnitt 2.2). Die folgende Skala wurde in Richtung Verschwiegenheit gepolt, sodass ein höherer Mittelwert eine höhere Zustimmung zur entsprechenden Abschottung darstellt (Tabelle 13.3).[10]

Tabelle 13.3 Code of Silence

Code of Silence						
Wie sehen Sie aus Ihrer Erfahrung den Umgang mit Zwang in Polizei und Justiz?	**Anteil Befragter in %**					
	(1)	**(2)**	**(3)**	**(4)**	**(5)**	**MW**
Wenn mal Zwang über das notwendige Maß hinaus eingesetzt würde, halte ich es für wahrscheinlich, dass niemand etwas sagt. (n=275, SD=1,34)	13,1	27,3	34,9	21,8	2,9	2,74
Wenn ich mitbekommen würde, dass Zwang unrechtmäßig angewendet wird, würde ich die beteiligten Kolleg*innen anzeigen. (n=271; SD=1,05)	3,3	17,0	31,4	32,1	16,2	3,41
Gesamtskala (n=273; SD=0,85; $\rho^{(SP)}$=0,48)						2,67
n=Anzahl Befragter | MW=Mittelwert | SD=Standardabweichung | ρ(SP)=Spearman-Brown-Koeffizient						

Knapp jede/r vierte befragte PVB hält es mit 24,7 % (n = 68) für wahrscheinlich, dass niemand etwas sagen würde, wenn Zwang über das notwendige Maß hinaus eingesetzt würde. Etwas mehr als ein Drittel der Befragten wählen mit 34,9 % (n = 96) die Teils/teils-Kategorie, der größte Anteil widerspricht mit 40,4 % (n = 111) der Aussage. Dass sie selbst ihre Kolleg*innen anzeigen würden, wenn sie mitbekämen, dass Zwang unrechtmäßig eingesetzt wird, bestätigen mit 48,3 % (n = 131) knapp die Hälfte der Befragten. 31,4 % (n = 85) äußern sich ambivalent, jede/r fünfte Befragte äußert mit 20,3 % (n = 55), tendenziell keine Anzeige zu erstatten.

In der Konsequenz äußerten also ungefähr die Hälfte der befragten PVB keine Zustimmung dazu, Kolleg*innen bei unrechtmäßiger Zwangsanwendung anzuzeigen. Natürlich ist der Teils/teils-Kategorie eine gewisse „Uninterpretierbarkeit“ immanent – da man sie weder in die eine noch die andere Skalenhälfte deuten

[10] Das Item 2 („Wenn ich mitbekommen würde…“) wurde zur Berechnung der Gesamtskala recodiert (MW 2,59; SD 1,05).

kann. Allerdings wäre die klare Erwartungshaltung bei dieser Frage gewesen, dass sich die PVB deutlicher in Richtung Integrität und Rechtsstaatlichkeit positionieren würden. Insgesamt ist der Code of Silence mit MW = 2,67 in etwa so stark ausgeprägt, wie die Bereitschaft zu Racial Profiling.

Zur Falsifizierung der Hypothesen $H1^{COS}$ bis $H4^{COS}$ wurde vor Aufstellung des linearen Regressionsmodells geprüft, ob die entsprechenden Voraussetzungen zur Berechnung einer mehrstufigen multiplen Regression vorliegen (Tabelle 13.4).

Tabelle 13.4 Regressionsmodell Code of Silence

Regressionsmodell Code of Silence							
Abhängige Variable: Code of Silence						**95 % KI**	
Koeffizienten	**b**	**SE(HC3)**	**β**	**T**	**P**	**UG**	**OG**
Konstante	3,648	0,490	-	7,441	<0,001	2,681	4,614
UV 1 Alter**	-0,011	0,004	-0,180	-2,718	0,007	-0,020	-0,003
UV 2 NRM	0,000	0,103	0,000	0,002	0,999	-0,203	0,203
UV 3 Rückhalt*	0,133	0,053	0,182	2,494	0,013	0,028	0,239
UV 4 Reflexionsbereitschaft***	-0,268	0,081	-0,226	-3,325	0,001	-0,427	-0,109

n=242; R² = 0,125; korr. R² = 0,111; F (4,238) = 8,521; p < 0,001 | Signifikanz (zweiseitig)
*auf dem Niveau p=0,05 signifikant **auf dem Niveau p=0,01 signifikant | ***auf dem Niveau p=0,001 signifikant

Die Durchführung einer multiplen linearen Regression wurden mittels Einschlussverfahren in vier Stufen/Blöcken durchgeführt, wobei das Gesamtmodell in Stufe 4 eine Varianzaufklärung von $R^2 = 0{,}124$ leistete und eine Signifikanz im F-Test von <0,001 aufwies. Letzteres ist ein Zeichen dafür, dass das aufgestellte Modell einen Erklärungsbeitrag hinsichtlich der abhängigen Variable COS leistet.[11] Entsprechend der aufgestellten Hypothesen $H1^{COS}$ bis $H4^{COS}$ wurde zunächst das Alter in das Modell (Stufe 1) aufgenommen. Im Anschluss daran wurde die Variable NRM (Stufe 2) sowie der empfundene Rückhalt (Stufe 3) mit einbezogen. Als letztes folgte die Einberechnung der Reflexionsbereitschaft in das Modell einberechnet (Stufe 4). Multikollinearität konnte anhand von VIF-Werten zwischen 1,082 (UV4) bis 1,237 (UV3) ausgeschlossen werden[12]. Der modifizierte Breusch-Pagan-Test (p = 0,798) sowie der White Test (p = 0,754) gaben keine Hinweise zur Heteroskedastizität. Dennoch wurden robuste Standardfehler mit HC3-Niveau berechnet, um potenzielle Verzerrungen der p-Werte

[11] Vgl. Field 2018, S. 527.

[12] Vgl. ebd., S. 402.

infolge Heteroskedastizität und Autokorrelation zu korrigieren.[13] Die Ergebnisse der multiplen Regression für die AV COS sind der Tabelle 13.4 zu entnehmen.

Mit einem $R^2 = 0,124$ liefert das Modell eine Varianzaufklärung von 12,4 % der abhängigen Variable COS. Drei der unabhängigen Variablen zeigen sich mindestens auf dem Niveau von $p = 0,05$ signifikant. Der Einfluss der Reflexionsbereitschaft ist hoch signifikant ($p<0,001$), das Alter und der empfundene Rückhalt zeigen sich sehr signifikant ($p = 0,01$).

Beim Vergleich der standardisierten ß-Koeffizienten zeigt die Reflexionsbereitschaft den stärksten (negativen) Effekt mit ß = −0,226. Das Alter liegt mit ß = −0,180 etwas dahinter, der Rückhalt weist mit ß = 0,180 als einzige Variable einen positiven Koeffizienten mit identischer Stärke auf. Mit b = −0,268 ist der negative Effekt der Reflexionsbereitschaft auf die Zustimmung zum Code of Silence maximal 1,072 Einheiten; nimmt die Reflexionsbereitschaft um eine Einheit zu, sinkt die Zustimmung zum Code of Silence um 0,268 Einheiten.

Das Alter weist mit b = −0,011 daraufhin, dass mit jedem Lebensjahr die Zustimmung zum Code of Silence theoretisch um 0,011 sinkt. Gemessen an der Altersspannweite von 44 Jahren beträgt der Maximalunterschied zwischen jüngsten und ältesten PVB also 0,484 Einheiten auf der COS-Skala. Ältere PVB berichten, wenn auch auf niedrigem Niveau, weniger Zustimmung zum Code of Silence.

Der Rückhalt weist mit b = 0,114 einen maximalen Effekt auf den COS in Höhe von 0,456 Einheiten hin. PVB, die positiven Rückhalt empfinden, bestätigen gleichzeitig eher Verschwiegenheit nach außen. NRM zeigen mit $p = 0,999$ keinerlei signifikanten Einfluss auf die Bereitschaft, sich nach dem COS zu verhalten. In Bezug zu den aufstellten Hypothesen ist festzustellen, dass nur eine der angestellten Wirkungsvermutungen als zutreffend bezeichnet werden kann. Der Code of Silence wird zwar signifikant durch das Alter beeinflusst, allerdings in entgegengesetzter Wirkrichtung. Nicht ältere PVB bestätigen eher eine Abschottung und die Bereitschaft, Kolleg*innen im Falle von Fehlverhalten zu decken, sondern jüngere PVB. Auf Grund des gering ausgeprägten Korrelationskoeffizienten ist davon auszugehen, dass die entsprechende Verteilung nicht linear absteigend nach Altersgruppen erfolgt, sondern ggf. analog zu den Befunden bei Racial Profiling einzelne Altersgruppen besonders deutliche Verteilungen aufweisen. Tatsächlich wird der COS in der Gruppe der jüngsten PVB zwischen 19 und 29 Jahren (n = 79) am deutlichsten bejaht (MW = 3,00), danach in der Gruppe der 30 bis 39-Jährigen (n = 66; MW = 2,74). Die drei übrigen Altersgruppen

[13] Vgl. Hayes und Cai 2007, S. 714.

stimmen dem Code of Silence deutlich weniger zu.[14] Damit trifft die Feststellung aus dem Regressionsmodell, dass jüngere PVB Verschwiegenheit nach außen eher bestätigen zu, wenn auch nicht in klar linearem Verlauf.

Auch die theoretisch schlüssige Annahme, dass PVB die sich dem Rückhalt durch Vorgesetzte und Justiz versichert sehen, eher Fehlverhalten von Kolleg*innen berichten, weil sie nicht fürchten müssen, dass sie ohne Rückendeckung durch die jeweilige Führungskraft als „Nestbeschmutzer" oder „Kollegenschwein" dastehen, hat sich nicht bestätigt. Vielmehr konnten Hinweise darauf erlangt werden, dass innerkollegialer Rückhalt auch damit einhergeht, Fehlverhalten nicht nach außen zu tragen.

Ebenso falsifiziert wurde der Schluss von neuen rechten Mentalitäten auf den Code of Silence, der darin begründet war, dass die Ablehnung von demokratischen Prinzipien durch PVB gleichzeitig eher (falsch verstandene) Kollegialität und Verschwiegenheit zu Lasten der offiziellen Leitlinien, rechtsstaatlichen Prinzipien und letztlich auch der Öffentlichkeit begünstigt. Einzig die Wirkung der Reflexionsbereitschaft fiel entsprechend der Annahme, dass reflektierte PVB illegitime Handlungen (wie das Vertuschen von Straftaten) durch Kolleg*innen eher nicht mittragen, aus. Zusammenfassend kann somit im Ergebnis nur die $H4^{COS}$ angenommen werden. Die Hypothesen $H1^{COS}$ bis $H3^{COS}$ sind als falsifiziert zu betrachten.

13.3 Zwischenfazit und Diskussion

Die in Kapitel 4 gezogenen Verbindungen zwischen GMF und NRM sowie daraus abzuleitenden polizeilichen Handlungen hat sich in Bezug auf Racial Profiling bestätigt. PVB, die stärkere gruppenbezogene Menschenfeindlichkeit berichten, billigen auch eher die anlassunabhängige Kontrolle von Personen(-gruppen) allein auf Grund phänotypischer Merkmale.

Obwohl offensichtlich zwischen ethnischen bzw. kulturellen Gruppen bei der Zuschreibung von kriminellem Verhalten differenziert wird, assoziieren mehr als die Hälfte der PVB mit „ausländischem Aussehen" allgemein einen potenziellen Kontrollerfolg, sofern dies an bestimmten Orten geschieht. Obwohl diese Orte nicht näher spezifiziert wurden, ist anzunehmen, dass die befragten PVB hier Örtlichkeiten im Hinterkopf hatten, die z. B. besonders frequentiert sind, an denen günstige Tatgelegenheitsstrukturen bestehen oder an denen regelmäßig bereits

[14] 40 bis 49 Jahre (n = 47): MW = 2,40; 50 bis 59 Jahre (n = 68): MW = 2,46; 60 Jahre und älter (n = 26): MW = 2,50.

„Kontrollerfolge“ generiert werden konnten. Die Formulierung, dass es sich „lohne“, impliziert ja ein (nicht näher definiertes) Erfolgserlebnis durch die Auswahl dieser speziellen Kontrollörtlichkeit. Da diese Aussage auf deutlich mehr Zustimmung trifft, als die einzelnen Gruppen innerhalb des Syndroms GMF abgewertet werden, spricht dafür, dass nicht nur PVB dieser Aussage zugestimmt haben, die gleichzeitig klare Abwertungstendenzen berichtet haben.

Zwar könnte man vermuten, dass soziale Erwünschtheit dazu geführt hat, dass Abwertungshaltungen nicht ehrlich berichtet wurden – die deutlich geäußerten Vorbehalte gegenüber asylsuchenden und Sinti_zee und Rom_nja sowie innerhalb der Racial Profiling Skala sprechen aber eher dagegen. Die entsprechend berechnete KSE-G Skala[15] gibt auch keinerlei Hinweise auf sozial erwünschtes Antwortverhalten innerhalb der Racial Profiling Skala ($\rho = -0{,}074$).

Auch wenn die Items zu Racial Profiling konkret auf die Kontrolle der jeweiligen Gruppe bezogen und somit konkretere Handlungsabsichten thematisierten, als die generellen Aussagen zur Abwertung der jeweiligen Gruppe innerhalb des Syndroms GMF, sind auch indirekte Effekte anderer Faktoren über GMF nicht auszuschließen. Beispielsweise sind hier die Kontaktmerkmale anzuführen, die zwar in Form der Kontakterfahrungen und des Kontaktempfindens sowohl direkte als auch indirekte Effekte auf GMF gezeigt haben, sich allerdings auch direkt auf die Kontrollabsichten gegenüber der entsprechenden Gruppe auswirken könnten.[16]

---

[15] Vgl. Kemper et al. 2014, S. 19.

[16] Anmerkung zu Tabelle 13.5: Zum direkten Effekt (c) bei Asylsuchenden Menschen mit $b = -0{,}122$; $p = 0{,}158$; $n = 228$.

Tabelle 13.5 Mediation von Kontaktmerkmalen über GMF auf Kontrollabsichten

Mediation von Kontaktmerkmalen über GMF auf Kontrollabsichten					
	Variablen		Gesamtmodell		
Asylsuchende Menschen	**b**	**SE(HC3)**	**p**	**R^2**	**F-Test**
Effekt Empfinden → GMF (a)	-0,371***	0,053	<0,001	0,179	(1:226) 49,0966
Effekt GMF → Kontrollabsicht (b)	0,303**	0,094	<0,001	0,079	(2:225) 9,8595
Direkter Effekt Empfinden → Kontrollabsicht (c)	-0,122	0,086			
			95% KI UG		**95% KI OG**
Indirekter Effekt gesamt (a*b)	-0,112	0,039	-0,195		-0,04
Sinti_zze und Rom_nja	**b**	**SE(HC3)**	**p**	**R^2**	**F-Test**
Effekt Empfinden → GMF (a)	-0,503***	0,075	<0,001	0,194	(1:190) 44,0192
Effekt GMF → Kontrollabsicht (b)	0,363***	0,069	<0,001	0,385	(2:189) 56,8968
Direkter Effekt Empfinden → Kontrollabsicht (c)	-0,361***	0,073			
			95% KI UG		**95% KI OG**
Indirekter Effekt gesamt (a*b)	-0,183	0,045	-0,282		-0,102

*auf dem Niveau von p=0,05 signifikant | **auf dem Niveau von p=0,01 signifikant | ***auf dem Niveau von p=0,001 signifikant

b=Koeffizient | SE(HC3)=Standardfehler mit HC3 Korrektur | 95 % KI UG/OG=Konfidenzintervall Unter-/Obergrenze

Da asylsuchende Menschen sowie Sinti_zze und Rom_nja die einzigen Gruppen waren, zu denen sowohl Kontaktmerkmale, spezifische Abwertungshaltungen im Syndrom GMF sowie konkrete Kontrollabsichten erhoben wurden, konnte zumindest für diese beiden Gruppen mittels Mediation (siehe Abschnitt 8.4) geprüft werden, ob sich neben der in der Regression (siehe Tabelle 13.2) gezeigten signifikanten Wirkung von GMF auf die Kontrollabsichten auch Einflussfaktoren von GMF in Form der Kontaktmerkmale auf die Kontrollabsichten auswirken. Für asylsuchende Menschen und Sinti_zee und Rom_nja konnten direkte Effekte des Kontaktempfindens auf die Abwertung diesen Gruppen gegenüber bereits nachgewiesen werden (siehe Abschnitt 11.4.4). Daher war neben der Feststellung zur generellen Auswirkung von GMF auf die Gesamtskala Racial Profiling (siehe Abschnitt 13.1.) nicht überraschend, dass indirekte Effekte des Kontaktempfindens über die jeweilige GMF-Dimension auf die Kontorollabsicht zu beobachten sind. Ein direkter Effekt des Kontaktempfindens auf die Kontrollabsicht liegt signifikant nur bei Sinti_zze und Rom_nja vor (−0,361***). Dies steht der generellen Wirkungsannahme von GMF auf Racial Profiling zwar nicht entgegen, verdeutlicht aber die Komplexität und Wechselwirkungen von Kontakten und den Einstellungen gegenüber den entsprechenden Gruppen. Neben Racial

Profiling wurde der Code of Silence als zweite handlungsbezogene Einstellungsfacette betrachtet. Die meisten diesbezüglichen Thesen waren nicht zutreffend. Einzig die Annahme, dass sich eine ausgeprägtere Reflexionsbereitschaft negativ auf Abschottungstendenzen bzw. Verschwiegenheit auswirkt, konnte bestätigt werden. PVB, die ihr Handeln selbst bereit sind zu hinterfragen, neigen also weniger dazu, Kolleg*innen vorbehaltlos zu decken. Demgegenüber erwiesen sich die Wirkungsrichtungen für das Lebensalter und den Rückhalt als entgegengesetzt zur Annahme. So geht nicht höheres Lebensalter, sondern niedrigeres mit dem Code of Silence einher. Die Vermutung war, dass eher ältere PVB aufgrund ihrer Sozialisation stärker kollegial geprägt wären und noch eher einem tradierten Beamtenpathos und Vorstellungen von Berufsehre und (falsch verstandenem) Korpsgeist anhängen würden.

Allerdings finden sich auch Ansatzpunkte, höhere Zustimmung durch jüngere PVB zu erklären. So stehen sie in größerer Abhängigkeit von Vorgesetzten (bzgl. eigener Entwicklungsoptionen) und müssen sich, je nach Dienstalter oder Verwendungszeit, auf der jeweiligen Dienststelle erst noch „beweisen". Der Druck auf junge PVB, sich zu integrieren und sich entsprechend „kollegial" zu verhalten, ist also vermutlich höher als bei älteren PVB. Ähnlich zu interpretieren ist auch der Befund, dass höherer Rückhalt – entgegen der Hypothese – keineswegs mit mehr Offenheit einhergeht und damit hemmend auf den COS wirkt; vielmehr zeigen PVB, die höheren Rückhalt empfinden, auch eher ein dem COS entsprechendes Verhalten. Wer also das Gefühl hat, dass die Vorgesetzten Rückendeckung geben, deckt selbst auch eher Kolleg*Innen, selbst über das legitime Maß hinaus. Ein Zusammenhang zwischen dem Code of Silence und Racial Profiling ist auf Basis der vorliegenden Stichprobe nicht ersichtlich ($\rho = 0{,}088$, $p = 0{,}156$).

14 Resümee, Anknüpfungspunkte und Limitierungen

Der Ausgangspunkt dieser Arbeit war die Frage, ob es organisationsimmanente Faktoren in der Polizei NRW gibt, welche die Entstehung und den Fortbestand menschen- und demokratiefeindlicher Einstellungen fördern oder verhindern. Auch wenn zahlreiche Aspekte betrachtet wurden, zeigte sich eine enorme Komplexität bei der Ausdifferenzierung von Faktoren, die direkt oder indirekt auf GMF, NRM und die Billigung von Racial Profiling sowie dem Code of Silence wirken. So konnten einige Einflussfaktoren identifiziert werden, die determinierend für GMF und NRM bestehen und auch gesamtgesellschaftlich schon als Prädiktoren benannt werden konnten. Dazu gehören z. B. die politischen Grundhaltungen und Einstellungen zur Demokratie.

Allerdings – und das soll im Zentrum dieses Resümees stehen – konnten darüber hinaus polizeispezifische Merkmale herausgearbeitet werden, die einerseits den dienstlichen Alltag in der Polizei NRW besonders prägen und die andererseits Gruppenbezogene Menschenfeindlichkeit und Neue Rechte Mentalitäten beeinflussen. Hierunter fällt die individuelle Bereitschaft, eigene Vorurteile zu reflektieren und die Eindrücke dienstlicher Routinen und kriminogener Phänomene und Gruppierungen nicht als einzige Quelle des eigenen Menschenbildes zuzulassen. Damit einher geht besonders die Verwendungsbreite als mögliches präventives Momentum im Verantwortungsbereich der jeweiligen Behördenleitung und letztlich der übergeordneten politischen Entscheidungsebene auf ministerieller Ebene. Rotation über entsprechende Verwendungskonzepte (bzw. Personalentwicklungskonzepte) zu schaffen, ist daher im Interesse aller Beteiligten.

© Der/die Autor(en), exklusiv lizenziert an Springer Fachmedien Wiesbaden GmbH, ein Teil von Springer Nature 2026

M. Haendschke, *Werte und Einstellungen von Polizeibeamtinnen und Polizeibeamten*, Kriminologische Studien,
https://doi.org/10.1007/978-3-658-50480-9_14

Am deutlichsten stechen in der Gesamtbetrachtung die Auswirkungen von Kontakterfahrungen im dienstlichen Alltag heraus. Zwischen Konflikten, Anfeindungen, emotionalen Ausnahmesituationen und Stress ist das Setting der Situation und die Bewältigungsoptionen der eingesetzten Beamt*innen selten genau vorherzusehen. Manchmal – und das ist auch ein Teil der Realität – können weder Aus- oder Fortbildung, Ausstattung und Handlungskompetenz der Agierenden verhindern, dass Einsatzsituationen eskalieren oder die beteiligten Bürger*innen jeglichen Spielraum für einen glimpflichen Ausgang durch ihr Verhalten nehmen. Aber wie die Beamt*innen im Nachgang mit der Situation, ihrem eignen Verhalten und Gedanken über Handlungen, beteiligte Menschen bzw. Gruppen umgehen, kann beeinflusst werden. Besonders zu begrüßen sind entsprechende Maßnahmen zur Alltagsreflexion und Stärkung der demokratischen Resilienz, die (auf NRW bezogen) bereits angestoßen wurden.

Zur zweiten Leitfrage nach den Auswirkungen von GMF und NRM auf konkrete Handlungsabsichten kann kein eindeutiges Fazit gezogen werden.

Obwohl GMF sehr deutlichen direkten Einfluss auf die Bereitschaft zu Racial Profiling gezeigt hat, wirken sich NRM nicht auf Abschottungstendenzen in Form des Code of Silence aus. Dass Einstellungen wirklich handlungsleitende Auswirkungen nach sich ziehen, hängt also von weit mehr als einer theoretisch herstellbaren inhaltlichen Verknüpfung der Einstellungen und Handlungen ab. Die Entstehung und Festigung von Einstellungen und Meinungen scheint dabei in der Polizei besonders empfänglich für kollektive Vereinfachungsmuster zu sein. In zahlreichen, völlig unterschiedlichen Bereichen konnte gezeigt werden, dass die befragten PVB oft von Umständen ausgingen, die sie für die Polizei als allgemeingültig annahmen. Dem entgegen standen die berichteten eignen Erfahrungen, die sich mit den Annahmen nicht deckten (siehe Abschnitt 7.5).

Für den Gesamtdiskurs rund um die Polizei zwischen hoheitlichen Aufgaben, staatlichem Gewaltmonopol und gesellschaftliche Erwartungen an eine moderne und rechtsstaatliche Institution ist es sicherlich förderlich, wenn Behörden, Medien und Politik differenziert die komplexen Umstände betrachten, in denen PVB agieren müssen. Das Erzeugen vereinfachter und populistischer Bilder von PVB als Spielbällen von Gewaltexzessen, No-Go Areas oder Ausweglosigkeit gegenüber einer Vielzahl an (neuen) Deliktsfeldern schürt die Gefahr, dass diese Allgemeinplätze aufgenommen und reproduziert werden. Somit entstehen Wahrnehmungen von einer generellen Überlastung, drastischer Gewaltfrequenz oder dem Kampf gegen die Windmühlen der Vorgangsbelastung, die in Einzelfällen sicherlich zutreffend sind und professionelle Unterstützung der jeweiligen Beamt*innen erforderlich machen – in vielen Fällen aber zu einer

Wahrnehmungsblase führen können, die ohne Reflexion in die Übernahme von demokratie- und menschenfeindlichen Einstellungen münden kann.

Dieser Gefahr gegenüber steht das insgesamt positive Bild der Befragten auf die Polizei NRW als „ihre" Organisation. Die Stärkung der Vereinbarkeit von Beruf und Familie im Rahmen des behördlichen Gesundheitsmanagements (BGM Pol) wird offensichtlich durch die Befragten wahrgenommen, auch wenn manche Arbeitsbereiche aufgabenbedingt nicht die Flexibilität bieten können, die insbesondere Familien mit kleinen Kindern benötigen. Auch die Mitgestaltungsperspektiven und nur geringe Überforderungsempfindungen sprechen für einen insgesamt positiven dienstlichen Rahmen. In den meisten Fällen wurde auch transparenter Umgang und Ansprechbarkeit der Führungskräfte im Konfliktfall geäußert. Sehr deutlich hervorzuheben ist allerdings die negative Wahrnehmung der Entwicklungsoptionen und des Beurteilungssystems. Besonders die PVB im uniformierten Außendienst innerhalb des WWD und der BP zeigen darüber hinaus eine deutliche Konflikt- und Gewaltexposition. Nicht verwunderlich sind in diesem Zusammenhang die Beobachtungen zum Gewalterleben und besonders zur Tendenz, Gewalt zu normalisieren. So verständlich und naheliegend entsprechende Deutungsmuster zum Selbstschutz der Betroffenen auch sind, so erforderlich ist es im Interesse der Mitarbeitenden (auch aus Perspektive des Dienstherrn), entsprechender Verrohung entgegenzuwirken.

Dass bereits in anderen Bereichen Sensibilität für die Mitarbeitenden und ihre Ansichten herrscht, haben die Maßnahmen der letzten Jahre zur Stärkung der demokratischen Resilienz in NRW gezeigt. Allerdings konnten auch zahlreiche Anknüpfungspunkte ausgemacht werden, die fortwährend weiterer wissenschaftlicher Befassung bedürfen.

Insbesondere die nicht zu erwartenden Befunde von PVB mit Migrationshintergrund haben die Frage aufgeworfen, warum gerade diese Gruppe in allen Bereichen stärkere Abwertungstendenzen aufzuweisen scheint. Ob diese PVB den Druck verspüren, sich innerpolizeilich besonders zu beweisen und so versuchen, als erstrebenswert empfundene Praktiken besonders strikt zu befolgen (sozusagen als „Überkompensation" der eigenen Fremdheit), wäre eine zentrale Anschlussfrage dieser Befunde. In diesem Zusammenhang sind auch die zahlreichen Limitierungen zu nennen, die bereits an der jeweiligen Stelle benannt wurden. Hervorzuheben ist hier sicherlich auch die Erhebung der Einstellungen und Kontaktmerkmale, ohne diese mit den Pendants aus dem privaten Erleben abzugleichen. Sicher wäre hierdurch erkennbar geworden, ob die jeweiligen Einstellungen sich innerpolizeilich zunächst (auch entgegen privater Ansichten) entwickelt haben, oder ob eine entsprechende Disposition bereits vorher Bestand hatte.

Überhaupt sind weitere Längsschnittbetrachtungen mit mehreren Erhebungswellen eigentlich unumgänglich – auch um die Einordnung von Einzelereignissen (wie z. B. der Covid-19 Pandemie, dem Gaza-Konflikt etc.) und deren Auswirkungen auf entsprechende Einstellungen vornehmen zu können. Es ist daher zu hoffen, dass sich die politischen Entscheider*innen weiter für wissenschaftliche Betrachtungen öffnen und den entsprechenden Mehrwert im Interesse der eignen Beschäftigten erkennen, und zwar nicht erst dann, wenn es wieder zu herausragend negativen „Einzelfällen" kommt. Denn insgesamt ist festzustellen, dass die vorliegende Erhebung die PVB zum Großteil als menschenfreundlich, reflektiert und zufrieden ausgewiesen hat.

Allerdings sind besonders die Beamt*innen aus gesellschaftlicher und politischer Perspektive relevant, bei denen mehrere der identifizierten Risikofaktoren zutreffen und sich so gegenseitig verstärken können. Denn wenn man diese Kleingruppen oder „Einzelfälle" nicht adressiert und auffängt, wird man auch entsprechende Entgleisungen und menschenfeindliche Haltungen, die dann auch entsprechende Handlungen fördern und unreflektiert Verbreitung finden, nicht verhindern können. Und eine für „Einzelfälle" durchlässige Struktur an Fürsorge, Entwicklungsoptionen und abgeschotteten Deutungsmustern steht dem argumentativen Rückzug auf eine Einzelfallproblematik letztlich entgegen.

Literaturverzeichnis

Abdul-Rahman, Laila (2019): Punitivität von Kommissaranwärter*innen. In: Polizei und Wissenschaft 2019 (02), S. 2–17. URL: https://www.researchgate.net/publication/341164463_Punitivitat_von_Kommissaranwarterinnen_Polizei_Wissenschaft_22019_S_2-17.

Abdul-Rahman, Laila; Singelnstein, Tobias (2022): Rechtswidrige polizeiliche Gewaltanwendung: Interaktion, Risikofaktoren und Auslöser. In: Mario Staller und Swen Körner (Hg.): Handbuch polizeiliches Einsatztraining. Professionelles Konfliktmanagement – Theorie, Trainingskonzepte und Praxiserfahrungen. Wiesbaden: Springer Fachmedien Wiesbaden; Imprint Springer Gabler, S. 483–502.

Abendschön, Simone; Vollmar, Meike (2006): Kinder, Politik und die Zukunft der Demokratie: Können Kinder Demokratie leben lernen? In: Edeltraud Roller, Frank Brettschneider und Jan W. van Deth (Hg.): Jugend und Politik: „Voll normal!". Der Beitrag der politischen Soziologie zur Jugendforschung. Veröffentlichung des Arbeitskreises „Wahlen und politische Einstellungen" der Deutschen Vereinigung für Politische Wissenschaft (DVPW) (Springer eBook Collection Humanities, Social Science). Wiesbaden: VS Verlag für Sozialwissenschaften, S. 205–224.

Akademie der Polizei Hamburg (2021): Forschungsprojekt „Demokratiebezogene Einstellungen und Werthaltungen innerhalb der Polizei Hamburg" (DeWePol). URL: https://akademie-der-polizei.hamburg.de/forschungsprojekt-dewepol-770982, Stand: 03.07.2024.

Allport, Gordon W. (1971): Die Natur des Vorurteils. Köln: Kiepenheuer & Witsch.

Aronson, Elliot; Wilson, Timothy D.; Akert, Robin M. (2014): Sozialpsychologie. 8., aktualisierte Auflage, Nachdruck (ps Psychologie). München: Pearson.

Backes, Otto; Heitmeyer, Wilhelm; Dollase, Rainer (1997): Risikokonstellationen im Polizeialltag. Forschungsbericht des Instituts für interdisziplinäre Konflikt- und Gewaltforschung der Universität Bielefeld. Bielefeld.

Baier, Dirk.; Amberg, Cyril; Kamenowski, Maria; Manzoni, Patrik et al. (2023): Politische Einstellungen von Polizistinnen und Polizisten. Befunde einer Schweizer Auszubildenden-Längsschnittstudie. In: SIAK-Journal – Zeitschrift für Polizeiwissenschaft und polizeiliche Praxis (2/2023), S. 4–17. URL: https://www.bmi.gv.at/104/Wissenschaft_und_Forschung/SIAK-Journal/SIAK-Journal-Ausgaben/Jahrgang_2023/files/Baier_2_2023.pdf, Stand: 24.07.2024.

© Der/die Herausgeber bzw. der/die Autor(en), exklusiv lizenziert an Springer Fachmedien Wiesbaden GmbH, ein Teil von Springer Nature 2026

M. Haendschke, *Werte und Einstellungen von Polizeibeamtinnen und Polizeibeamten*, Kriminologische Studien,
https://doi.org/10.1007/978-3-658-50480-9

Bauer, Gerrit (2020): Lineare Regression. In: Markus Tausendpfund (Hg.): Fortgeschrittene Analyseverfahren in den Sozialwissenschaften. Ein Überblick. 1st ed. 2020 (Springer eBook Collection). Wiesbaden: Springer Fachmedien Wiesbaden; Imprint Springer VS, S. 7–44.

Beelmann, Andreas; Lehmann, Lena (Hg.) (2022): „Radikalisierung im digitalen Zeitalter – Risiken, Verläufe und Strategien der Prävention (RadigZ)“ ; Teilvorhaben (TV) II „Ermittlung des Gefahrenpotenzials und Identifikation vulnerabler Gruppen“: Schlussbericht : Berichtszeitraum: 15.02.2017 bis 29.02.2020. Unter Mitarbeit von Thomas Bliesener, Nicole Bögelein, Laura-Romina Goede und Thomas Görgen. Friedrich-Schiller-Universität Jena; Kriminologisches Forschungsinstitut Niedersachsen. Hannover.

Behr, Rafael (2002): Cop Culture – Der Alltag des Gewaltmonopols. Männlichkeit, Handlungsmuster und Kultur in der Polizei. In: Betrifft Justiz (69), S. 272–276.

Behr, Rafael (2012): Die „Gewalt der Anderen“ oder: Warum es bei der aktuellen Gewaltdebatte nicht (nur) um Gewalt geht. In: Thomas Ohlemacher und Jochen-Thomas Werner (Hg.): Empirische Polizeiforschung XIV: Polizei und Gewalt. Interdisziplinäre Analysen zu Gewalt gegen und durch Polizeibeamte (Schriften zur empirischen Polizeiforschung, 15). Frankfurt am Main: Verl. für Polizeiwissenschaft, S. 177–196.

Behr, Rafael (2019): Menschenrechtsgewährleistung und interkulturelle Kompetenz in der Polizeiarbeit. In: Dieter Kugelmann (Hg.): Polizei und Menschenrechte. Unter Mitarbeit von Christina Kosin. Redaktionsschluss: August 2019 (Schriftenreihe / Bundeszentrale für Politische Bildung, Band 10451). Bonn: bpb Bundeszentrale für Politische Bildung, S. 383–396.

Behrendes, Udo (2022): Polizeikultur(en). In: Daniela Hunold und Tobias Singelnstein (Hg.): Rassismus in der Polizei. Wiesbaden: Springer Fachmedien Wiesbaden, S. 693–727.

Berg, Christoph (2017): Zusammenhänge zwischen beruflicher Identität, Commitment und Arbeitszufriedenheit. In: Z. Arb. Wiss. 71 (3), S. 169–178. https://doi.org/10.1007/s41449-017-0066-7.

Berghan, Wilhelm; Zick, Andreas (2019): Zwischen Demokratiebefürwortung und Ungleichwertigkeitsbehauptungen: Einstellungen zur Demokratie. In: Franziska Schröter (Hg.): Verlorene Mitte – feindselige Zustände. Rechtsextreme Einstellungen in Deutschland 2018/19. Unter Mitarbeit von Frank Faulbaum, Alexander Häusler, Daniela Krause, Pia Lamberty, Nico Mokros und Jonas H. Rees. Friedrich-Ebert-Stiftung. Bonn, S. 223–242.

Besa, Kris-Stephen (2018): Studien zur lehramtsbezogenen Berufswahlmotivation in schulpraktischen Ausbildungsphasen.

Best, Henning; Wolf, Christof (2015): The Sage handbook of regression analysis and causal inference. Los Angeles, Calif.: Sage Reference.

Borg, Ingwer; Gabler, Siegfired (2002): Zustimmungsanteile und MIttelwerte von Likert-skalierten Items. In: ZUMA Nachrichten 2022 (26), S. 7–25. URL: https://www.ssoar.info/ssoar/bitstream/handle/document/20788/ssoar-zuma-2002-50-borg_et_al-zustimmungsanteile_und_mittelwerte_von_liker-skalierten.pdf?sequence=1&isAllowed=y&lnkname=ssoar-zuma-2002-50-borg_et_al-zustimmungsanteile_und_mittelwerte_von_liker-skalierten.pdf, Stand: 19.03.2024.

Bornewasser, Manfred (2000): Mitarbeiterzufriedenheit in der Polizei: Weg von der abstrakten Beschreibung, hin zur konkreten Veränderung. In: Karlhans Liebl und Thomas

Ohlemacher (Hg.): Empirische Polizeiforschung. Interdisziplinäre Perspektiven in einem sich entwickelnden Forschungsfeld. Herbolzheim: Centaurus-Verl., S. 35–47.

Bosch, Alexander; Thurn, Roman (2022): Strukturell – Institutionell – Individuell – Dimensionen des polizeilichen Rassismus: Versuch einer Begriffsklärung. In: Daniela Hunold und Tobias Singelnstein (Hg.): Rassismus in der Polizei. Wiesbaden: Springer Fachmedien Wiesbaden, S. 181–198.

Bosold, Christiane; Ohlemacher, Thomas; Kirchberg, Wolf; Lauterbach, Oliver (2002): Polizei im Wandel. Das Erhebungsintsrument der standardisierten Befragung der Vollzugsbeamtinnen und -beamten der niedersächsischen Polizei 2001. Hg. v. Kriminologisches Forschungsinstitut Niedersachsen (Forschungsberichte des Kriminologischen Forschugnsinstitut Niedersachsen e.V., 86). URL: https://kfn.de/wp-content/uploads/Forschungsberichte/FB_86.pdf, Stand: 04.04.2023.

Breusch, T. S.; Pagan, A. R. (1979): A Simple Test for Heteroscedasticity and Random Coefficient Variation. In: Econometrica 47 (5), S. 1287–1294. https://doi.org/10.2307/1911963.

Brück, Christian (2015): Die psychotische Parallelwelt. Zum Substanzkonsum und Leben von psychisch kranken wohnungslosen Männern (Schriftenreihe zur angewandten Suchtforschung, Band 1). Berlin, Münster, Wien, et al.: LIT.

Bund Deutscher Kriminalbeamter e. V (2016): 2.000 Beförderungen vorgezogen – Frauenförderung bei der Polizei – Bund Deutscher Kriminalbeamter e. V. URL: https://www.bdk.de/der-bdk/was-wir-tun/aktuelles/Frauenquote%20Teil2, Stand: 23.03.2024.

Bundesamt für Verfassungsschutz (2022): Bundesamt für Verfassungsschutz obsiegt vor Verwaltungsgericht in Köln gegen die AfD. Hg. v. Bundesamt für Verfassungsschutz. URL: https://www.verfassungsschutz.de/SharedDocs/pressemitteilungen/DE/2022/pressemitteilung-2022-1-afd.html, Stand: 02.07.2023.

Bundespolizei (Hg.) (2024): Bundespolizei – Aktuelles – #Einer von uns – Bundespolizei nimmt Anteil am Tod des Mannheimer Kollegen. Bundespolizei. URL. https://www.bundespolizei.de/Web/DE/04Aktuelles/01Meldungen/2024/06/240603-mannheim.html, Stand: 16.07.2024.

Bündnis 90/Die Grünen (2022): Wahlprogamm zur Landtagswahl NRW 2022. URL: https://gruene-nrw.de/dateien/ltw22_Wahlprogramm_gruenenrw.pdf, Stand: 17.03.2024.

Burghardt, Daniel; Dziabel, Nadine; Zirfas, Jörg (2017): Vulnerabilität. Pädagogische Herausforderungen. Unter Mitarbeit von Thomas Höhne, Markus Dederich, Diana Lohwasser und Robert Stöhr. 1. Auflage. Stuttgart: Kohlhammer Verlag. URL: http://nbn-resolving.org/urn:nbn:de:bsz:24-epflicht-1293322.

Bussing, André (1991): Struktur und Dynamik von Arbeitszufriedenheit: Konzeptuelle und methodische Überlegungen zu einer Untersuchung verschiedener Formen von Arbeitszufriedenheit. In: Lorenz Fischer und Ingwer Borg (Hg.): Arbeitszufriedenheit (Beiträge zur Organisationspsychologie, 5). Stuttgart: Verl. für Angewandte Psychologie, S. 85–114.

Cleff, Thomas (2015): Deskriptive Statistik und explorative Datenanalyse. Eine computergestützte Einführung mit Excel, SPSS und STATA. 3., überarbeitete und erweiterte Auflage (Springer-Gabler Lehrbuch). Wiesbaden: Springer Gabler.

Clement, Ute (2019): Berufliche Sozialisation und berufliches Lernen. In: Maja Apelt, Ingo Bode, Raimund Hasse, Uli Meyer et al. (Hg.): Handbuch Organisationssoziologie (Living reference work). Wiesbaden: Springer VS, S. 1–12.

Cohen, Jacob (1988): Statistical power analysis for the behavioral sciences. 2. ed. Hillsdale, NJ: Erlbaum. URL: http://www.loc.gov/catdir/enhancements/fy0731/88012110-d.html.

Cremer, Hendrik (2013): „Racial Profiling". Menschenrechtswidrige Personenkontrollen nach § 22 Abs. 1a Bundespolizeigesetz ; Empfehlungen an den Gesetzgeber, Gericht und Polizei (Studie / Deutsches Institut für Menschenrechte). Berlin: Dt. Inst. für Menschenrechte. URL: https://www.institut-fuer-menschenrechte.de/fileadmin/Redaktion/Publikationen/Racial_Profiling_Menschenrechtswidrige_Personenkontrollen_nach_Bundespolizeigesetz.pdf, Stand: 03.04.2023.

Danner, Daniel (2015): Reliabilität – die Genauigkeit einer Messung (GESIS Survey Guidelines). URL: https://www.gesis.org/fileadmin/upload/SDMwiki/Reliabilitaet_Danner_08102015_1.1.pdf, Stand: 26.03.2024.

Decker, Oliver; Kiess, Johannes; Heller, Ayline; Brähler, Elmar. (2022): Autoritäre Dynamiken in unsicheren Zeiten. Neue Herausforderungen – alte Reaktionen? Leipziger Autoritarismus Studie 2022. Hg. v. Oliver Decker, Johannes Kiess, Ayline Heller und Elmar. Brähler. Heinrich-Böll Stifung; Otto Brenner Stiftung. Gießen.

Decker, Oliver; Kiess, Johannes; Heller, Ayline; Schuler, Julia et al. (2022): Die Leipziger Autoritarismus Studie 2022: Methode, Ergebnisse und Langzeitverlauf. In: Oliver Decker, Johannes Kiess, Ayline Heller und Elmar. Brähler (Hg.): Autoritäre Dynamiken in unsicheren Zeiten. Neue Herausforderungen – alte Reaktionen? Leipziger Autoritarismus Studie 2022. Heinrich-Böll Stifung; Otto Brenner Stiftung. Gießen, S. 31–90.

Deutsche Polizeigewerkschaft (2023): DPolG weist Forderung nach Polizeibeauftragten zurück. „Unmittelbarer Zwang ist keine rechtswidrige Polizeigewalt". Hg. v. Deutsche Polizeigewerkschaft (DPolG). Deutsche Polizeigewerkschaft (DPolG). Berlin. URL: https://www.dpolg.de/aktuelles/news/dpolg-kein-strukturelles-problem-zu-gewaltanwendung-in-der-polizei/, Stand: 21.11.2023.

Deutsche Polizeigewerkschaft (DPolG) Berlin (2024): Polizeifamilie. URL: https://www.dpolg.berlin/ueber-uns/polizeifamilie/, Stand: 22.07.2024.

Deutsche Polizeigewerkschaft Niedersachsen (2023): BKA – Lagebild zur Gewalt gegen PVB veröffentlicht. Hg. v. Deutsche Polizeigewerkschaft (DPolG). Deutsche Polizeigewerkschaft (DPolG). URL: https://www.dpolg.org/aktuelles/news/bka-lagebild-zur-gewalt-gegen-pvb-veroeffentlicht/, Stand: 21.11.2023.

Döring, Nicola; Bortz, Jürgen (2016): Forschungsmethoden und Evaluation in den Sozial- und Humanwissenschaften. Unter Mitarbeit von Sandra Pöschl-Günther. 5. vollständig überarbeitete, aktualisierte und erweiterte Auflage 2016 (SpringerLink Bücher). Berlin, Heidelberg: Springer. URL: http://link.springer.com/book/10.1007/978-3-642-41089-5.

Dovidio, John F.; Kawakami, Kerry; Gaertner, Samuel L. (2002): Implicit and explicit prejudice and interracial interaction. In: Journal of personality and social psychology 82 (1), S. 62–68. https://doi.org/10.1037//0022-3514.82.1.62.

DPolG – Deutsche Polizeigewerkschaft (2020): „Einsatzkräfte fordern politischen Rückhalt statt schulmeisterlicher Belehrungen!&quot. URL: https://www.dpolg.de/aktuelles/news/einsatzkraefte-fordern-politischen-rueckhalt-statt-schulmeisterlicher-belehrungen/, Stand: 31.03.2023.

Dutton, Jane E.; Dukerich, Janet M.; Harquail, Celia V. (1994): Organizational Images and Member Identification. In: Administrative Science Quarterly 39 (2), S. 239–263. https://doi.org/10.2307/2393235.

Eisinga, Rob; Grotenhuis, Manfred te; Pelzer, Ben (2013): The reliability of a two-item scale: Pearson, Cronbach, or Spearman-Brown? In: Int J Public Health 58 (4), S. 637–642. https://doi.org/10.1007/s00038-012-0416-3.

El Mafaalani, Aladin (2021): Wozu Rassismus? Von der Erfindung der Menschenrassen bis zum rassismuskritischen Widerstand (KiWi, 1796). Köln: Kiepenheuer & Witsch. URL: https://www.perlentaucher.de/buch/aladin-el-mafaalani/wozu-rassismus.html.

Ellrich, Karoline (2012): Punitivität bei Polizeibeamten. Ein Vergleich mit der Allgemeinbevölkerung. In: Thomas Ohlemacher und Jochen-Thomas Werner (Hg.): Empirische Polizeiforschung XIV: Polizei und Gewalt. Interdisziplinäre Analysen zu Gewalt gegen und durch Polizeibeamte (Schriften zur empirischen Polizeiforschung, 15). Frankfurt am Main: Verl. für Polizeiwissenschaft, S. 83–106.

Ellrich, Karoline; Baier, Dirk. (2022): Gewalt gegen die Polizei – ein Überblick zur Verbreitung, zu Einflussfaktoren und Implikationen für die Praxis. In: Mario Staller und Swen Körner (Hg.): Handbuch polizeiliches Einsatztraining. Professionelles Konfliktmanagement – Theorie, Trainingskonzepte und Praxiserfahrungen. Wiesbaden: Springer Fachmedien Wiesbaden; Imprint Springer Gabler, S. 503–522.

Fahrner, Matthias (2022): Vulnerabilität und Resilienz der freiheitlichen Demokratie. Volkssouveränität, Marktplatz der Meinungen und andere Probleme der deutschen Verfassungsrechtsdogmatik aus Sicht der freiheitlich demokratischen Grundordnung. 1st ed. (Schriften zum Öffentlichen Recht). Berlin: Duncker & Humblot. URL: https://ebookcentral.proquest.com/lib/kxp/detail.action?docID=7109580.

Faulbaum, Frank; Berghan, Wilhelm (2019): Methodik und Design der Mitte-Studie 2018/19. In: Franziska Schröter (Hg.): Verlorene Mitte – feindselige Zustände. Rechtsextreme Einstellungen in Deutschland 2018/19. Unter Mitarbeit von Frank Faulbaum, Alexander Häusler, Daniela Krause, Pia Lamberty, Nico Mokros und Jonas H. Rees. Friedrich-Ebert-Stiftung. Bonn, S. 41–51.

Felfe, Jörg; Six, Bernd (2006): Die Relation von Arbeitszufriedenheit und Commitment.

Field, Andy (2018): Discovering statistics using IBM SPSS statistics. 5th edition (SAGE edge). Los Angeles, London, New Delhi, et al.: SAGE.

Fittkau, Karl-Heinz; Heyna, Phil (2020): Wirksames Führen in der Polizei. Transformationale Führung – Chance auf ein modernes Führungsverständnis. Wiesbaden, Heidelberg: Springer Gabler. URL: https://ebookcentral.proquest.com/lib/kxp/detail.action?docID=6319936.

Fittkau, Karl-Heinz; Reinhardt, Hagen (Hg.) (2023): Burnout und Commitment. Die Stärkung des organisationalen Commitments als Möglichkeit der Burnout-Prävention. 1. Auflage 2023 (essentials). Wiesbaden: Springer Fachmedien Wiesbaden GmbH; Springer Gabler.

Focus Online (2015): Gangs, Salafisten, Rocker, Cyber-Kriminelle: Der NRW-Polizei droht im Kampf gegen Kriminelle der Kollaps. In: FOCUS online. URL: https://www.focus.de/politik/deutschland/neue-kriminalitaetsfelder-stellen-polizei-vor-probleme-focus-der-nrw-polizei-droht-im-kampf-gegen-kriminelle-der-kollaps_id_4850845.html, Stand: 30.01.2024.

FRA- Agentur der Europäischen Union für Grundrechte (2011): EU-MIDIS. Erhebung der Europäischen Union zu Minderheiten und Diskriminierung : Bericht über die wichtigsten Ergebnisse. Europäische Union. Luxembourg (TK-32-10-550-DE-C). URL: http://fra.europa.eu/sites/default/files/fra_uploads/663-FRA-2011_EU_MIDIS_DE.pdf, Stand: 04.04.2023.

Fröhlich, Werner; Ganser, Christian; Köhler, Eva (2016): Gruppenbezogene Menschenfeindlichkeit in Bayern. Forschungsbericht des Instituts für Soziologie des Ludwig-Maximilians-Universität-München. Ludwig-Maximilian-Universität München. München.

FR-Online. (2021): Polizei-Skandal in NRW: 53 rechtsextreme Verdachtsfälle bestätigt. Hg. v. Frankfurter Rundschau. URL: https://www.fr.de/panorama/polizei-nrw-skandal-rechtsextremismus-verdachtsfaelle-bestaetigt-chatgruppe-news-91049135.html, Stand: 10.01.2023.

Gabriel, Lisa (2011): Der Weg von der Theorie in die Praxis liegt dazwischen. Erläuterungen und Vergewisserung zu GMF. In: Amadeo Antonio Stiftung (Hg.): Die Theorie in der Praxis. Projekte gegen Gruppenbezogene Menschenfeindlichkeit. Initiativen für Zivilgesellschaft und demokratische Kultur, S. 34–55.

Gabriel, Oscar W. (1994): Wertewandel, neue politische Bewegungen und kommunale Selbstverwaltung : kommunale Demokratie im Übergang zum Postindustrialismus. Unter Mitarbeit von Universität Stuttgart.

Ganter, Stephan (2003): Soziale Netzwerke und Interethnische Distanz. Theoretische und Empirische Analysen Zum Verhältnis Von Deutschen und Ausländern (Studien Zur Sozialwissenschaft Ser). Wiesbaden: VS Verlag fur Sozialwissenschaften GmbH. URL: https://ebookcentral.proquest.com/lib/kxp/detail.action?docID=6306482.

GdP – Gewerkschaft der Polizei Brandenburg (2023): Polizei erwartet mehr Rückhalt von der Politik. URL: https://www.gdp.de/gdp/gdpbra.nsf/id/DE_Polizei-erwartet-Rueckhalt-von-der-Politik?open&ccm=150050, Stand: 31.03.2023.

Genkova, Petia; Hasse, Louisa (2022): Auswirkungen von imaginiertem Kontakt auf Einstellungen, Vorurteile, Intergruppenangst und Verhaltensabsichten deutscher Studierender gegenüber Gasthörenden mit Geflüchteten-Status. In: Petia Genkova, Edwin Semke und Henrik Schreiber (Hg.): Diversity nutzen und annehmen. Praxisimplikationen für das Diversity Management (Open Access). Wiesbaden, Heidelberg: Springer, S. 221–239.

Georg, Stephanie; Wolter, Christine; Maria, Andreas Santa; Kleiber, Dieter et al. (2019): Berufliche Gratifikationskrisen, arbeitsbezogene Erschöpfung und Frühberentung bei der Polizei. In: Zeitschrift für Arbeits- und Organisationspsychologie A&O 63 (4), S. 191–203. https://doi.org/10.1026/0932-4089/a000309.

Gewerkschaft der Polizei (GdP) (Hg.) (2017): Auch Mensch. Polizei im Spannungsfeld. URL: https://www.auchmensch.de/assets/downloads/AuchMensch2017_Die_Kampagne.pdf, Stand: 16.07.2024.

Gewerkschaft der Polizei (GdP) (2023): GDP zu Bundeslagebild Gewalt gegen Polizeibeamtinnen und Polizeibeamten 2022. Kopelke: Wir brauchen dringend mehr Unterstützung im Dienst. Hg. v. Gewerkschaft der Polizei (GdP). URL: https://www.gdp.de/gdp/gdp.nsf/id/DE_Kopelke-Wir-brauchen-dringend-mehr-Unterstuetzung-im-Dienst-?open&ccm=000, Stand: 21.11.2023.

Gewerkschaft der Polizei (GdP) (2024): Beförderungsfrust: GdP schreibt Minister an. URL: https://gdpnrw.de/bachelor/nrw-presse/befoerderungsfrust-gdp-schreibt-minister-an/, Stand: 22.07.2024.

Gliem, Jospeh A.; Gliem, Rosemary R. (2003): Calculating, Interpreting, and Reproting Cronbach's Alpha Reliability Coefficient for Likert-Type Scales. 2003 Midwest Research to Practice Conferen in Adult, Continiuing, and Cummunity Education. Columbus, Ohio, Stand: 05.03.2023.

Görgen, Thomas; Hunold, Daniela (2019): Gewalt durch und gegen Polizistinnen und Polizisten. In: Dieter Kugelmann (Hg.): Polizei und Menschenrechte. Unter Mitarbeit von Christina Kosin. Redaktionsschluss: August 2019 (Schriftenreihe / Bundeszentrale für Politische Bildung, Band 10451). Bonn: bpb Bundeszentrale für Politische Bildung, S. 121–135.

Groening, Zoe (2023): Gewerkschaft der Polizei kritisiert fehlenden Rückhalt der Staatsanwaltschaft. Hg. v. Radio Hamburg. URL: https://www.radiohamburg.de/aktuelles/hamburg/Gewerkschaft-der-Polizei-kritisiert-fehlenden-R%C3%BCckhalt-der-Staatsanwaltschaft-id778480.html, Stand: 31.03.2023.

Groß, Eva; Clasen, Julia; Zick, Andreas (2022): Ursachen und Präventionsmöglichkeiten bei Vorurteilen und Diskriminierungen in der Polizei. In: Daniela Hunold und Tobias Singelnstein (Hg.): Rassismus in der Polizei. Wiesbaden: Springer Fachmedien Wiesbaden, S. 145–179.

Groß, Hermann (2015): Sicherheit und Thrill: Veränderungen der Berufs- und Studienmotivation von hessischen Polizeistudierenden 2009–2013. In: Carsten Stark (Hg.): Soziologie und Polizei. Zur soziologischen Beschäftigung mit und für die Polizei. 1. Aufl. (Reihe Verwaltungssoziologie, Band 4). Norderstedt: Books on Demand, S. 19–34.

Gutschmidt, Daniela; Czudnochowski, D. (2022a): Von Einstellungen zu polizeilichen Praxen. In: Daniela Hunold und Tobias Singelnstein (Hg.): Rassismus in der Polizei. Wiesbaden: Springer Fachmedien Wiesbaden, S. 199–216.

Gutschmidt, Daniela; Czudnochowski, David (2022b): Von Einstellungen zu polizeilichen Praxen. In: Daniela Hunold und Tobias Singelnstein (Hg.): Rassismus in der Polizei. Wiesbaden: Springer Fachmedien Wiesbaden, S. 199–216.

Gutschmidt, Daniela; Vera, Antonio. (2019): Cop Culture und Gruppenbezogene Menschenfeindlichkeit in der Polizei: eine empirsiche Analyse. In: H. Groß und P. Schmidt (Hg.): Empirische Polizeiforschung XXIII: Polizei und Migration. Frankfurt Main: Verlag für Polizeiwissenschaft, S. 227–250.

Gutschmidt, Daniela; Vera, Antonio. (2021): Stress, Organisationskultur und Coping in der Polizei. In: Perspektiven der Polizeiforschung – 1. Nachwuchstagung Empirische Polizeiforschung 4./5. März 2021. Unter Mitarbeit von Nathalie Hirschmann, Daniela Hunold, Sven Lüders, Christoph Meißelbach, Marschel Schöne und Birgitta Sticher, S. 11–30.

Hadjar, Andreas (2004): Ellenbogenmentalität und Fremdenfeindlichkeit Bei Jugendlichen. Die Rolle des Hierarchischen Selbstinteresses. Wiesbaden: VS Verlag fur Sozialwissenschaften GmbH. URL: https://ebookcentral.proquest.com/lib/kxp/detail.action?docID=6301243.

Haendschke, Maximilian (2019): Gefahrenantizipation im täglichen Polizeidienst. Analysen zu Auswirkungen auf individuelle Handlungsstrategien und die Einschreitschwelle polizeilicher Maßnahmen (Schriftenreihe Polizei & Wissenschaft). Frankfurt am Main: Verlag für Polizeiwissenschaft.

Haendschke, Maximilian (2022): Umgang mit psychisch auffälligen Personen – Reflexion der Trainingskonzeption und Handlungsroutinen innerhalb des Einsatztrainings der Polizei NRW. In: Mario Staller und Swen Körner (Hg.): Handbuch polizeiliches Einsatztraining. Professionelles Konfliktmanagement : Theorie, Trainingskonzepte und Praxiserfahrungen. Wiesbaden, Heidelberg: Springer Gabler, S. 873–890.

Häusler, Alexander; Küpper, Beate (2019): Neue rechte Mentalitäten in der Mitte der Gesellschaft. In: Franziska Schröter (Hg.): Verlorene Mitte – feindselige Zustände. Rechtsextreme Einstellungen in Deutschland 2018/19. Unter Mitarbeit von Frank Faulbaum, Alexander Häusler, Daniela Krause, Pia Lamberty, Nico Mokros und Jonas H. Rees. Friedrich-Ebert-Stiftung. Bonn, S. 147–172.

Häusler, Alexander; Küpper, Beate (2021): Rechtsextreme Widerstandspostulate und völkisch autoritäre Rebellion. In: Andreas Zick und Beate Küpper (Hg.): Die geforderte Mitte. Rechtsextreme und demokratiegefährdende Einstellungen in Deutschland 2020/21. Unter Mitarbeit von Sabine Achour, Wilhelm Berghan, Hannes Delto, Alexander Häusler, Nora Rebekka Krott, Pia Lamberty et al. Friedrich-Ebert-Stiftung. Bonn, S. 225–245.

Hayes, Andrew; Cai, Li (2007): Using heteroskedasticity-consistent standard error estimators in OLS regression: An introduction and software implementation. In: Behaviour Research Methods 2007 (39), S. 709–722. URL: https://link.springer.com/content/pdf/10.3758/BF03192961.pdf, Stand: 17.03.2023.

Hayes, Andrew F. (Hg.) (2022): Introduction to mediation, moderation, and conditional process analysis. A regression-based approach. Unter Mitarbeit von Todd D. Little. Third edition (Methodology in the Social Sciences). New York, London: The Guilford Press. URL: https://ebookcentral.proquest.com/lib/kxp/detail.action?docID=6809031.

Heck, Ronald H.; Thomas, Scott L.; Tabata, Lynn N. (2022): Multilevel and longitudinal modeling with IBM SPSS. Third edition (Quantitative methodology series). New York, London: Routledge Francis & Taylor Group.

Heitmeyer, Wilhelm (2002): Deutsche Zustände. Folge 1. 1st ed. Berlin: Suhrkamp Verlag. URL: https://ebookcentral.proquest.com/lib/kxp/detail.action?docID=5777591.

Heitmeyer, Wilhelm (2022): Polizei als uneinsichtige Institution. In: Daniela Hunold und Tobias Singelnstein (Hg.): Rassismus in der Polizei. Wiesbaden: Springer Fachmedien Wiesbaden, S. 561–577.

Hermanutz, Max (Hg.) (2015): Gewalt gegen Polizisten – sinkender Respekt und steigende Aggression? Eine Beleuchtung der Gesamtumstände (Schriftenreihe Polizei & Wissenschaft). Frankfurt am Main: Verlag für Polizeiwissenschaft.

Hermanutz, Max; Hamann, Susanne (2012): Psychische Störungen. In: Max Hermanutz, Hans Peter Schmalzl, Hans-Peter Schmalzl und Lisa Bodamer (Hg.): Moderne Polizeipsychologie in Schlüsselbegriffen. 3., völlig neu bearb. und gestaltete Aufl. Stuttgart, München, Hannover, Berlin, Weimar, Dresden: Boorberg, S. 230–240.

Herrnkind, Martin (2014): Filzen Sie die üblichen Verdächtigen! oder: Racial Profiling in Deutschland. In: Polizei und Wissenschaft (3), S. 35–58. URL: https://www.humanrights.ch/cms/upload/pdf/160606_Racial_Profiling_FilzenSiedieueblichenVerdaechtigen.pdf, Stand: 23.03.2024.

Hessisches Informations- und Kompetenzzentrum gegen Extremismus (HKE) (2020): Polizeiliche Alltagserfahrungen – Herausforderungen und Erfordernisse einer lernenden Organisation. Forschungsbericht 2020. Hg. v. Hessisches Ministerium des Innern und